고득점 합격의 지름길

국어

머리말

여행을 떠나는 사람에게 나침반이란!

현재 자신이 있는 곳이 어디인지, 가고자 하는 곳이 어디에 있는지,
어느 방향으로 가야 하는지, 알려 주는 길잡이!

검정고시를 준비하는 여러분에게 고졸 국어란?

변화된 교과 내용과 다년간의 기출문제 유형 분석을 바탕으로
국어 학습의 올바른 방향을 제시하는 합격의 길잡이!

"천재는 노력하는 자를 막지 못하고, 노력하는 자는 즐기는 자를 막지 못한다."라는 말이 있습니다. 지금도 꿈을 위해서 주경야독하시는 여러분들에게 무엇보다 필요한 것은 목표 의식과 긍정적인 마인드가 아닌가 생각이 됩니다. 여러분의 목표, 즉 꿈을 실현하기 위해서 끈질긴 노력도 중요하지만 꿈이라는 보상을 받기 위해서 현재의 공부를 즐기시려는 자세가 더욱 중요할 것 같습니다.

본 교재는 각 갈래별 핵심 개념을 간략하게 정리하고 출제될 가능성이 높은 핵심 작품들을 선정하여 완벽하게 시험에 대비할 수 있도록 하였습니다. 고졸 국어는 다음과 같은 특징을 가지고 있습니다.

> **첫째,** 2015 개정 교육과정의 내용과 다년간의 기출문제를 토대로 주요 작품과 이론을 갈래별로 정리·수록하여 작품에 대한 이해력과 독해 능력을 향상시키도록 하였습니다.
>
> **둘째,** 작품에 대한 완벽한 이해를 위해 작품의 특징, 갈래, 내용, 구성 등을 분석한 〈핵심정리〉를 수록해 작품 전체를 읽지 않아도 작품의 흐름 및 중요 내용을 한눈에 파악할 수 있습니다. 특히 성취 기준과 관련된 갈래별 핵심 내용 및 해당 작품에서 꼭 짚고 넘어가야 할 중요한 내용을 문제화하여 학습 내용을 다시 확인할 수 있습니다.
>
> **셋째,** 단원별로 기출문제를 분석하여 자주 출제되는 문제의 유형을 파악하고, 각 문제에 따른 자세한 해설을 달았으며, 문제 해결력과 응용력을 길러 줄 수 있는 한 단계 더 나아간 **고난도** 문제를 제시하였습니다.

고졸 국어는 그동안의 검정고시 기출문제의 철저한 분석을 통해 검정고시에서 요구하는 성취 기준에 따라 재구성된 책입니다. 교재의 안내에 따라 인내심을 가지고 꾸준히 공부한다면 좋은 결과를 이룰 수 있을 것입니다. 모쪼록 이 책이 여러분들의 꿈을 이루는 데 커다란 힘이 되었으면 하는 바람입니다.

– 편저자 박분교

1 시험 과목 및 합격 결정

시험 과목 (7과목)	필수	국어, 수학, 영어, 사회, 과학, 한국사(6과목)
	선택	도덕, 기술·가정, 체육, 음악, 미술 과목 중 1과목
배점 및 문항	문항 수	과목별 25문항(단, 수학 20문항)
	배점	문항당 4점(단, 수학 5점)
합격 결정	고시합격	각 과목을 100점 만점으로 하여 평균 60점(소수점 셋째 자리에서 절사) 이상을 취득한 자를 합격자로 결정(단, 평균이 60점 이상이라 하더라도 결시과목이 있을 경우에는 불합격 처리)
	과목합격	시험성적 60점 이상인 과목은 과목합격을 인정하고, 본인이 원할 경우 다음 차수의 시험부터 해당 과목의 시험을 면제하며, 그 면제되는 과목의 성적은 이를 고시성적에 합산함 ※ 과목합격자에게는 신청에 의하여 과목합격증명서 교부

2 응시 자격

① 중학교 졸업자 및 이와 같은 수준 이상의 학력이 있다고 인정된 사람

   ※ 3년제 고등기술학교 졸업(예정)자의 경우에도 중학교 졸업자 및 이와 동등 이상의 학력이 있다고 인정된 사람 이어야 함

② 고등학교에 준하는 각종 학교 졸업자 또는 졸업 예정자와 중학교 또는 동등 이상의 학력이 있는 자를 대상으로 하는 3년제 직업훈련 과정의 수료자

③ 초·중등교육법 시행령 제97조, 제101조, 제102조에 해당하는 사람

④ 보호소년 등의 처우에 관한 법률 시행령 제69조제3호에 해당하는 사람

   ※본 공고문에서 졸업 예정자는 최종 학년에 재학 중인 사람을 말함

┤ 응시자격 제한 ├

1. 고등학교 또는 초·중등교육법 시행령 제98조제1항제2호의 학교를 졸업한 사람 또는 재학 중인 사람 (휴학 중인 사람 포함)
2. 공고일 이후 중학교 또는 초·중등교육법 시행령 제97조제1항제2호의 학교를 졸업한 사람
3. 고시에 관하여 부정행위를 한 사람으로서 처분일로부터 응시자격 제한 기간이 경과되지 않은 사람
4. 공고일 기준으로 이후에 1의 학교에 재학 중 제적된 사람(단, 장애인복지법 제32조의 규정에 의하여 등록된 장애인으로서 신체적·정신적 장애로 학업을 계속하는 것이 불가능하여 자퇴한 사람은 제외)

3 제출서류(현장접수)

① 응시원서(소정서식) 1부

② 동일한 사진 2매(탈모 상반신, 3.5cm×4.5cm, 3개월 이내 촬영)

③ 본인의 해당 최종학력증명서 1부

- 졸업(졸업예정)증명서(소정서식)

  ※ 상급학교 진학여부가 표시된 검정고시용에 한함

   졸업 후 배정받은 상급학교에 진학하지 않은 사람은 미진학사실확인서 추가 제출

- 중·고등학교 재학 중 중퇴자는 제적증명서

- 중학교 의무교육 대상자 중 정원 외 관리대상자는 정원 외 관리증명서

- 중학교 의무교육 대상자 중 면제자는 면제증명서(소정서식)

- 평생교육법 제40조에 따른 학력인정 대상자는 학력인정서

- 초·중등교육법 시행령 제96조제1항제2호 및 제97조제1항제3호에 따른 학력인정 대상자는 학력인정증명서(초졸 및 중졸검정고시 합격자는 합격증서사본 또는 합격증명서)

- 합격과목의 시험 면제를 원하는 사람은 과목합격증명서 또는 성적증명서

  ※ 과목합격자가 응시하는 경우, 학력이 직전 응시원서에 기재된 것과 같은 때에는 과목합격증명서의 제출로서

   본인의 해당 최종학력증명서를 갈음함

- 3년제 고등공민학교, 중·고등학교에 준하는 각종 학교와 직업훈련원의 졸업(수료, 예정)자는 졸업(졸업예정, 수료)증명서

- 3년제 고등기술학교 및 졸업(예정)자는 직전학교 졸업증명서

④ 신분증 : 주민등록증, 외국인등록증, 운전면허증, 대한민국 여권, 청소년증 중 하나

시험에 관한 자세한 사항은 한국교육과정평가원 홈페이지(http://www.kice.re.kr)
또는 ARS(043-931-0603) 및 각 시·도 교육청 홈페이지에서 확인하시기 바랍니다.

구성 미리보기

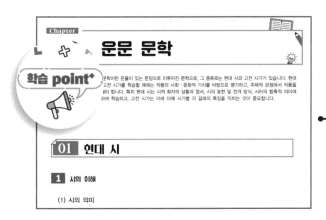

학습 point⁺

단원별로 학습 point를 분석하여 좀 더 쉽고 효율적으로 학습할 수 있는 방법을 제시하였어요.

핵심정리

작품의 구성 및 특징, 내용 등을 정리하여 개념을 확실하게 다질 수 있도록 하였어요.

바로 바로 CHECK

핵심 내용을 얼마나 정확히 이해 하였는지 스스로 점검해 보며 실력 을 확인하는 시간을 가져 보세요.

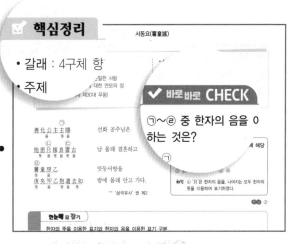

한눈에 감 잡기

작품에 대한 완벽한 이해를 위해 핵심 내용을 한눈에 파악할 수 있도록 정리하였어요.

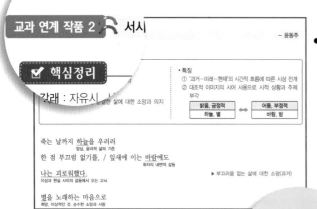

교과 연계 작품 2 서시

− 윤동주

✔ 핵심정리

갈래 : 자유시, ...결한 삶에 대한 소망과 의지

• 특징
① '과거−미래−현재'의 시간적 흐름에 따른 시상 전개
② 대조적 이미지의 시어 사용으로 시적 상황과 주제 부각

밝음, 긍정적	↔	어둠, 부정적
하늘, 별		바람, 밤

죽는 날까지 하늘을 우러러
_{양심, 윤리적 삶의 기준}
한 점 부끄럼 없기를, / 잎새에 이는 바람에도
_{화자의 내면적 갈등}
나는 괴로워했다.
_{이상과 현실 사이의 갈등에서 오는 고뇌}
▶ 부끄러움 없는 삶에 대한 소망(과거)

별을 노래하는 마음으로
_{희망, 이상적인 것, 순수한 소망과 사랑}

교과 연계 작품

함께 학습하면 도움이 되는 관련 작품을 수록하여 이해력을 향상시킬 수 있도록 하였어요.

기초 다지기

본격적인 문법 학습에 앞서 필요한 지식을 탄탄히 쌓을 수 있도록 하였어요.

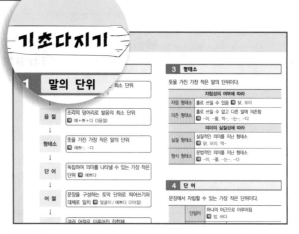

기초다지기

1 말의 단위

		최소 단위
음 절	소리의 덩어리로 발음의 최소 단위 예 예+쁘+다 (3음절)	
형태소	뜻을 가진 가장 작은 말의 단위 예 예쁘−, −다	
단 어	독립하여 의미를 나타낼 수 있는 가장 작은 단위 예 예쁘다	
어 절	문장을 구성하는 토막 단위로 띄어쓰기와 대체로 일치 예 얼굴이 / 예쁘다 (2어절)	
	여러 어절로 이루어진 진합체	

3 형태소

뜻을 가진 가장 작은 말의 단위이다.

	자립성의 여부에 따라	
자립 형태소	홀로 쓰일 수 있음 예 닭, 모이	
의존 형태소	홀로 쓰일 수 없고 다른 말에 의존함 예 −이, −를, 먹−, −는−, −다	
	의미의 실질성에 따라	
실질 형태소	실질적인 의미를 지닌 형태소 예 닭, 모이, 먹−	
형식 형태소	문법적인 의미를 지닌 형태소 예 −이, −를, −는−, −다	

4 단 어

문장에서 자립할 수 있는 가장 작은 단위이다.

단일어	하나의 어근으로 이루어짐 예 밥, 바다

실전예상문제

출제 가능성 높은 예상문제 풀이를 통해 실력을 점검해 보세요.

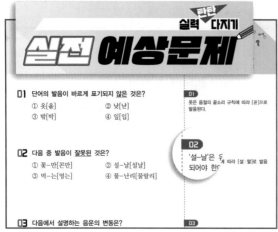

실력 탄탄 다지기

실전 예상문제

01 단어의 발음이 바르게 표기되지 않은 것은?
① 옷[옫] ② 낮[낟]
③ 밖[박] ④ 잎[입]

01
옷은 음절의 끝소리 규칙에 따라 [옫]으로 발음된다.

02 다음 중 발음이 잘못된 것은?
① 꽃−만[꼰만] ② 설−날[설날]
③ 먹−는[멍는] ④ 물−난리[물랄리]

02
'설−날'은 ...에 따라 [설∶랄]로 발음되어야 한...

03 다음에서 설명하는 음운의 변동은?

03

정답 및 해설

'왜 정답이 아닌지' 상세하게 설명한 해설을 통해 이론 학습에서 놓친 부분을 한 번 더 살펴보세요.

PART

I

문 학

01 운문 문학

운문 문학이란 운율이 있는 문장으로 이루어진 문학으로, 그 종류로는 현대 시와 고전 시가가 있습니다. 현대 시와 고전 시가를 학습할 때에는 작품의 사회·문화적 가치를 바탕으로 평가하고, 주체적 관점에서 작품을 해석해야 합니다. 특히 현대 시는 시적 화자의 상황과 정서, 시의 표현 및 전개 방식, 시어의 함축적 의미에 집중하여 학습하고, 고전 시가는 이에 더해 시기별 각 갈래의 특징을 익히는 것이 중요합니다.

01 현대 시

1 시의 이해

(1) 시의 의미

시는 마음속에 떠오르는 생각이나 느낌을 운율이 있는 말로 압축해서 나타낸 운문 문학이다.

(2) 시의 특징

① 운율이 있다.
② 절제된 언어와 압축된 형식으로 표현한다.
③ 심상을 사용하여 독자의 감각이나 감정에 호소한다.
④ 시적 화자의 목소리를 통해 시인의 사상과 정서를 표현한다.

(3) 시의 종류

① 내용상의 분류

서정시	개인적인 감정이나 정서를 표현한 시
서사시	역사적인 사건, 영웅의 이야기, 신화, 민담, 전설 등을 소재로 하여 줄거리가 있는 이야기를 길게 서술한 시
극 시	극의 중심이 되는 등장인물의 대사를 시 형식으로 구성한 시

② 형식상의 분류

자유시	고정된 형식 없이 자유롭게 쓴 시로, 내재율을 지니고 있는 시
정형시	운율을 형성하는 요소가 일정한 규칙성을 지닌 시 → 시조
산문시	행과 연의 구분 없이 산문처럼 줄글로 써 내려간 시

(4) 시의 구성 요소

① 의미적 요소 : 시에 담긴 뜻과 사상 – 주제

② 음악적 요소 : 반복되는 소리의 질서에 의해 창출되는 운율감 – 운율

③ 회화적 요소 : 대상의 묘사나 비유에 의해 떠오르는 구체적인 모습 – 심상

④ 정서적 요소 : 시어에 의해 환기되는 심리 및 감정 반응 – 어조

(5) 운율의 형성 방법

① 동일한 음운의 반복 : 특정한 음(음운)을 반복하여 운율감을 형성하는 것

   예 갈래갈래 갈린 길 / 길이라도　　　　　　　　　　　　　　　 – 김소월, 「길」

② 동일한 음절 수의 반복(음수율) : 일정한 위치에 일정한 수의 음절을 반복적으로 배치함
으로써 운율감을 형성하는 것

   예 나 보기가 역겨워 / 가실 때에는 / 말없이 고이 보내 / 드리오리다　　 – 김소월, 「진달래꽃」
　　　　　 7　　　　　　　 5　　　　　　 7　　　　　　 5 　 → 7·5조의 음수율

③ 동일한 문장 구조의 반복 : 구절이나 시행 등이 일정하게 반복됨으로써 운율을 형성하는 것

   예 산에는 꽃 지네 / 꽃이 지네.
     갈 봄 여름 없이 / 꽃이 지네.　　　　　　　　　　　　　　 – 김소월, 「산유화」

(6) 시적 화자의 태도 및 정서

① 시적 화자 : 시 속에서 말하는 사람, 작가의 생각과 정서를 효과적으로 전달하기 위해
작가가 설정한 허구적 대리인

② 시적 상황

   ㉠ 시적 화자가 처해 있는 시간적, 공간적, 심리적 상황

   ㉡ 시적 상황에 대한 화자의 정서와 태도를 통해 주제가 형상화됨

     → 시적 상황이 긍정적인지 부정적인지를 알면 시를 이해하는 데 도움이 됨

③ 시적 화자의 태도 : 어떤 대상이나 처한 상황에 대해 시적 화자가 보이는 대응 방식

   → 외적으로 드러나는 모습　예 시련에 의연하게 대처하는 태도, 특정 상황에 대한 비판적 태도, 좌절하는 태도

④ 시적 화자의 정서 : 어떤 사물이나 상황을 접했을 때 드러나는 시적 화자의 심리 상태

　예 기쁨, 슬픔, 노여움, 괴로움 등

(7) 심상(이미지) 중요⁺

① 심상의 뜻 : 시를 읽을 때 마음속에 그려지는 감각적인 영상

② 심상의 종류

시각적 심상	색채, 명암, 모양, 움직임 등을 눈으로 보는 듯한 심상 예 뜰에는 반짝이는 금모래빛 ― 김소월, 「엄마야 누나야」
청각적 심상	소리, 음성, 음향 등을 귀로 듣는 듯한 심상 예 접동 접동 아우래비 접동 ― 김소월, 「접동새」
후각적 심상	코로 냄새를 맡는 듯한 심상 예 매화 향기 홀로 아득하니 ― 이육사, 「광야」
미각적 심상	혀로 맛을 보는 듯한 심상 예 메마른 입술에 쓰디쓰다 ― 정지용, 「고향」
촉각적 심상	피부를 통해 차가움과 뜨거움, 부드러움, 거침 등을 느끼는 듯한 심상 예 내 서늘한 가슴에 있네 ― 박인환, 「세월이 가면」
공감각적 심상	하나의 감각이 다른 감각으로 전이되는 것 예 향기로운 님의 말소리 → 청각의 후각화 ― 한용운, 「님의 침묵」 　　새파란 초생달이 시리다 → 시각의 촉각화 ― 김기림, 「바다와 나비」

(8) 시의 표현 방법 중요⁺

① 비유하기 : 원관념(표현하려는 대상)을 보조 관념(비교되는 사물)에 빗대어 표현하는 방법이다.

　㉠ 직유법 : 표현하고자 하는 사물과 비유되는 사물을 직접 마주 빗대어 나타내는 표현법(~처럼, ~같이, ~듯이 등)

　　예 사과같은 내 얼굴 / 돌담에 속삭이는 햇발같이　　　　　　　　― 김영랑, 「돌담에 속삭이는 햇발」

　㉡ 은유법 : 원관념과 보조 관념을 연결어 없이 암시적으로 빗대어 표현하는 표현법(A는 B이다, A = B)

　　예 겨울은 강철로 된 무지갠가 보다.　　　　　　　　　　　　　　― 이육사, 「절정」

　㉢ 의인법 : 사람이 아닌 대상에 감정과 인격을 부여하여 사람처럼 표현하는 표현법

　　예 허수아비가 바람에 춤을 춘다.

　㉣ 활유법 : 무생물을 생물인 것처럼 표현하는 방법

　　예 으르렁거리는 파도

　　ⓜ 대유법 : 부분으로 전체를 나타내거나 어떤 사물의 특징을 들어서 그 사물 자체를 나타내는 표현법

　　　　⑩ 우리에게 빵을 달라(빵＝음식) / 칼로 일어난 자는 칼로 망한다(칼＝무력)

② **강조하기** : 작가의 의도나 내용을 강조하고자 하는 표현법이다.

　　㉠ 반복법 : 같거나 비슷한 단어, 어구, 문장 등을 되풀이 하여 나타내는 표현법

　　　　⑩ 산에는 꽃 피네, 꽃이 피네, 갈 봄 여름 없이 꽃이 피네

　　㉡ 점층법 : 작은 것, 약한 것, 좁은 것에서 큰 것, 강한 것, 넓은 것으로 확대하여 나타내는 표현법 ⑩ 집, 마을, 나라와 세계

　　㉢ 영탄법 : 감탄하는 말로써 놀라움, 슬픔, 기쁨, 감동 등 감정을 강하게 나타내는 표현법

　　　　⑩ 선 채로 이 자리에 돌이 되어도 부르다가 내가 죽을 이름이여!　　　　　　　　　　－ 김소월, 「초혼」

　　㉣ 과장법 : 사물을 실제보다 지나치게 크게 또는 작게 표현하는 표현법

　　　　⑩ 산 같은 파도

　　㉤ 대조법 : 대상과 반대되는 사물이나 내용을 맞대어 표현하는 표현법

　　　　⑩ 인생은 짧고 예술은 길다.

③ **변화 주기** : 문장에 변화를 주어 표현 효과를 높이는 표현법이다.

　　㉠ 반어법 : 말하고자 하는 의도와 겉으로 표현한 내용을 정반대로 나타내는 표현법

　　　　⑩ (시험에서 10점을 맞은 딸에게) 아주 똑똑하네

　　　　　나 보기가 역겨워 가실 때에는 죽어도 아니 눈물 흘리우리다　　　　　　　　　－ 김소월, 「진달래꽃」

　　　　　→ 사랑하는 사람이 떠나는 슬픈 상황에서 속마음과는 반대로 절대로 울지 않겠노라고 말하고 있다.

　　㉡ 역설법 : 논리적으로 이치에 맞지 않지만, 그 속에 진실이 담긴 표현법(모순 형용)

　　　　⑩ 이것은 소리 없는 아우성　　　　　　　　　　　　　　　　　　　　　　　－ 유치환, 「깃발」

　　　　　아아, 님은 갔지마는 나는 님을 보내지 아니하였습니다.　　　　　　　　　－ 한용운, 「님의 침묵」

┌─ **심화학습** ── **반어법과 역설법의 차이**

반어법	표현 자체는 말이 되지만(문법적으로 정상), 겉으로 드러나는 의미와 실제로 전달하려는 의미가 상반된다. 즉, 반대로 말하는 것이다. ⑩ 춘향이 기가 막혀 "내려오는 관장마다 개개이 명관이로구나"　　　　　　　－ 작자 미상, 「춘향전」
역설법	표현 자체가 말이 안 되며, 겉으로 드러나는 논리가 모순되지만 살펴보면 그 속에 참 뜻이 담겨 있다. ⑩ 밤에 홀로 유리를 닦는 것은 외로운 황홀한 심사이어니　　　　　　　　　　－ 정지용, 「유리창」 　⇒ 외로움은 부정적, 황홀함은 긍정적 정서이므로 언뜻 모순되어 보이지만 깊이 생각해보면 화자의 정서를 잘 담고 있는 진술임을 알 수 있다.

ⓒ 도치법 : 문장의 정상적인 문장 순서를 바꾸는 표현법

　예 나는 아직 기다리고 있을 테요, 찬란한 슬픔의 봄을 　　　　　　　　　　　– 김영랑, 「모란이 피기까지는」

ⓔ 설의법 : 당연한 사실이나 결론의 내용을 의문문 형식으로 나타내는 표현법

　예 지금은 남의 땅－－－빼앗긴 들에도 봄은 오는가? 　　　　　– 이상화, 「빼앗긴 들에도 봄은 오는가」

ⓜ 대구법 : 비슷한 문장 형식이 서로 호응하고, 짝을 이루면서 변화를 주는 표현법

　예 콩 심은 데 콩 나고, 팥 심은 데 팥 난다.

④ **상징** : 추상적인 사물이나 관념 또는 사상을 구체적인 사물로 나타내는 표현 방법이다. 원관념은 나타나지 않으며, 보조 관념 자체가 독립적으로 함축과 암시의 뜻을 갖는다.

　예 윤동주 「십자가」에서 '십자가' → 개인이 추구하는 삶의 지향점을 의미

⑤ **감정이입** : 화자의 감정을 어떤 대상물에 옮겨서 표현하는 방법으로, 생물이나 무생물에다 감정을 불어넣어 그 대상과의 일체감을 나타낸다.

⑥ **객관적 상관물** : 객관적으로 존재하던 사물이나 대상이 화자에게 어떠한 생각이나 감정을 떠오르게 하는 것이다.

심화학습 　감정이입과 객관적 상관물의 차이

감정이입	화자의 감정이 대상에 그대로 이입된다. 예 천만리 머나먼 길에 고운 님 여희옵고 / 내 마음 둘 데 없어 냇가에 안자시니 / 저 물도 내 안 같아야 우러 밤길 예놋다 　　　　　– 왕방연, 「천만 리 머나먼 길에」 ⇒ 임금(단종)을 유배 보낸 참담한 심정을 물에 이입하여 표현하고 있다.(화자의 마음＝물의 마음)
객관적 상관물	화자의 정서를 간접적으로 드러내 주는 모든 대상물을 지칭하며, 넓게는 감정 이입의 대상도 이에 속한다. ※ **객관적 상관물의 유형** • 화자에게 어떠한 정서를 불러일으키는 대상 • 화자의 감정과 동일시되는 대상(＝ 감정이입) • 화자의 감정과 대비되는 대상 예 훨훨 나는 저 꾀꼬리 / 암수 서로 정답구나 / 　외로울사 이 내 몸은 / 뉘와 함께 돌아갈꼬 – 유리왕, 「황조가」 ⇒ 꾀꼬리는 화자의 처지와 반대되는 대상으로, 화자에게 외로움을 느끼게 하는 객관적 상관물이다.

(9) 작품의 감상과 비평

① **내재적 관점** : 시어의 운율과 표현, 작품의 구조 등 작품 자체의 내용 요소만을 근거로 하여 작품을 감상하고 비평하는 관점 → '**절대적 관점**'이라고 함

② **외재적 관점** : 작가, 독자, 현실 등의 작품 외적 요소를 근거로 하여 작품을 감상하고 비평하는 관점

표현론적 관점	작가와 작품의 관계에 감상과 비평의 초점을 맞춤
효용론적 관점	작품이 독자에게 주는 감동과 교훈에 감상과 비평의 초점을 맞춤
반영론적 관점	작품과 현실의 관계에 감상과 비평의 초점을 맞춤

2 현대 시 작품 감상

01 진달래꽃
— 김소월

> ☑ **핵심정리**
>
> - **갈래** : 자유시, 서정시, 민요시
> - **성격** : 민요적, 전통적, 소극적, 향토적
> - **제재** : 진달래꽃, 임과의 이별
> - **주제** : 승화된 이별의 정한(情恨)
>
> - **특징**
>   ① 이별의 상황을 가정하는 형식
>   ② 수미 상관법의 사용
>   ③ 민요조의 3음보(7 · 5조) 율격
>   ④ 차분하고 섬세한 어조

『나 보기가 / 역겨워

가실 때에는 /
가정적 이별의 상황

말없이 / 고이 보내 / 드리우리다.』   ◯ : 종결형 어미 반복으로 운율 형성
『 』 : 3음보(7 · 5조)   ▶ 이별의 상황에 대한 체념

영변(寧邊)에 약산(藥山)
실제 지명을 사용하여 토속적 분위기를 자아냄

진달래꽃
정성과 사랑의 표상(시적 화자의 분신)

아름 따다 가실 길에 뿌리우리다.   ▶ 떠나는 임에 대한 축복
           산화공덕(散花功德)의 전통

가시는 걸음 걸음

놓인 그 꽃을
        임에 대한 '나'의 사랑

사뿐히 즈려 밟고 가시옵소서.   ▶ 원망을 초극한 희생적 사랑
자기희생을 통해 이별의 정한을 숭고한 사랑으로 승화

『나 보기가 역겨워

가실 때에는

죽어도 아니 눈물 흘리우리다.』『 』: 수미상관(첫 연을 끝 연에 반복하는 문학적 구성)   ▶ 인고를 통한 슬픔의 극복
반어법, 애이불비(슬프지만 비탄에 빠지지 않음)

01 이 시에 대한 설명으로 적절하지 <u>않은</u> 것은?

① 이별 상황에서 소극적인 태도를 보이고 있다.
② 7·5조의 율격을 바탕으로 하는 정형시이다.
③ 규칙적 시행 배열이 리듬감을 형성하고 있다.
④ 특정 지명을 사용하여 향토감을 드러내고 있다.

해설 7·5조의 3음보 율격을 바탕으로 하는 자유시이다.

02 '진달래꽃'이 의미하는 것으로 가장 적절한 것은?

① 현실에 대한 비판
② 이별에 대한 두려움
③ 임에 대한 정성과 사랑
④ 임에 대한 원망

해설 '진달래꽃'은 임에게 보내는 사랑과 정성의 상징이다.

03 이 시의 정서를 가장 잘 드러낼 수 있는 낭송 방법은?

① 유쾌하고 천진난만하게 읽는다.
② 슬픔을 참고 견뎌 내듯 애절하게 읽는다.
③ 밝은 분위기를 살려 다정다감하게 읽는다.
④ 청자가 삶의 의욕을 느끼도록 힘차게 읽는다.

해설 이 시의 화자는 슬픔을 참고 견뎌 내는 인고적이고 소극적인 어조를 드러내고 있다.

정답 01. ② 02. ③ 03. ②

한눈에 감 잡기

1. '진달래꽃'의 상징적 의미
• 화자의 분신으로 임에 대한 사랑을 나타냄
• 붉고 선명한 이미지로 강렬한 사랑을 시각화시킴
• 임이 가시는 길에 뿌려지고 밟히는 자기희생 ⇒ 임에 대한 축복과 헌신적 사랑

2. 화자의 심정 변화

1연(기)	2연(승)	3연(전)	4연(결)
체념	축복	희생	초극

3. '죽어도 아니 눈물 흘리우리다.' – 반어법

표면적 의미	이면적 의미
임과의 이별은 슬프지만 참고 보내 주겠다.	사실 임이 떠난다면 매우 슬퍼하며 임을 붙잡을 것이다.

4. '진달래꽃'의 태도 및 어조
이별의 정한을 인종(忍從)으로 감수하는 소극적 태도, 차분한 어조

교과 연계 작품 산유화 — 김소월

✔ 핵심정리

- **갈래** : 자유시, 서정시
- **성격** : 민요적, 전통적, 관조적
- **제재** : 산에 피는 꽃
- **주제** : 존재의 근원적 · 절대적 고독

- **특징**
  ① 7 · 5조 3음보 율격의 변조
  ② 내용과 구조의 대응 → 1연과 4연의 수미 상관
  ③ 감정 이입을 통해 화자의 정서를 드러냄
  ④ 종결 어미 '-네'의 사용 → 각운의 효과와 감정의 절제

산에는 꽃 피네
세계, 우주(존재의 생성과 소멸의 공간)

꽃이 피네.
모든 생명체(존재) └── 존재의 생성

갈 봄 여름 없이 / 꽃이 피네.   ▶ 대자연의 섭리(생성)
계절의 순서를 의도적으로 변형 → 운율 형성

산에 / 산에 / 피는 꽃은

저만치 혼자서 피어 있네.   ▶ 존재의 고독
① 화자와의 거리 └── 절대적 · 근원적 고독
② 꽃들 사이의 거리

산에서 우는 작은 새여, / 꽃이 좋아
        감정 이입 인간, 시적 화자, 고독한 존재 → 본질적으로 고독할 수밖에 없는 모든 존재

산에서 / 사노라네.   ▶ 존재의 근원적 · 절대적 고독

산에는 꽃 지네 / 꽃이 지네.
            존재의 소멸

갈 봄 여름 없이 / 꽃이 지네.   ▶ 대자연의 섭리(소멸)

02 향수 — 정지용

✔ 핵심정리

- **갈래** : 자유시, 서정시
- **성격** : 향토적, 감각적, 묘사적, 회상적
- **제재** : 고향
- **주제** : 고향에 대한 그리움

- **특징**
  ① 향토적 소재와 시구의 사용
  ② 선명한 감각적 이미지의 사용
  ③ 아름답고 정감 어린 우리말을 적절하게 사용
  ④ 후렴구를 반복하면서 운율을 형성하고 그리움의 정서를 부각시킴

넓은 벌 동쪽 끝으로 / 옛 이야기 『지줄대는 실개천』이 휘돌아 나가고 『 』: 의인법
　　　　　　　　　　　　　　　거침 없으면서도 다정하고 나긋나긋한 소리를 내는

얼룩백이 황소가 / 해설피 금빛 게으른 울음을 우는 곳
　　　　　　　　　느리고 길게　　평화롭고 한가한 고향의 모습

––– 그 곳이 차마 꿈엔들 잊힐 리야.　　　　　　　　　▶ 평화롭고 한가한 고향 마을의 정경
　　　　설의법, 후렴 반복

㉠ 질화로에 재가 식어지면 / 비인 밭에 밤바람 소리 말을 달리고
　　　　　　　　　　　　　　　　공감각적 심상(청각의 시각화)

엷은 졸음에 겨운 늙으신 아버지가 / 짚베개를 돋아 고이시는 곳

––– 그 곳이 차마 꿈엔들 잊힐 리야.　　　　　▶ 겨울 밤 풍경과 늙은 아버지에 대한 회상

흙에서 자란 내 마음 / ㉡파아란 하늘 빛이 그리워
　　　　　　　　　　　이상 세계, 아름다운 꿈과 소망

함부로 쏜 화살을 찾으려 / 풀섶 이슬에 함추름 휘적시든 곳,
신비롭고 막연했던 유년의 꿈과 동경　　　　　'함초롬'의 사투리, 가지런하고 고운 모양

––– 그 곳이 차마 꿈엔들 잊힐 리야.　　　　　　　　▶ 꿈 많던 어린 시절의 회상

전설 바다에 춤추는 밤물결같은 / 검은 귀밑머리 날리는 어린 누이와
직유법, 원관념은 '검은 귀밑머리', 역동적 이미지를 나타냄

㉢아무렇지도 않고 예쁠 것도 없는 / 사철 발벗은 아내가
　　　　평범하고 소박한 모습　　　　　　　가난을 상징

따가운 햇살을 등에 지고 이삭 줍던 곳, / ––– 그 곳이 차마 꿈엔들 잊힐 리야.
　　촉각적 심상
　　　　　　　　　　　　　　　　　　　　　　▶ 어린 누이와 아내에 대한 회상

하늘에는 성근 별 / 알 수도 없는 모래성으로 발을 옮기고,
　　　　　　　　　　　　　　동화적이고 신비로운 분위기

서리 까마귀 우지짖고 지나가는 초라한 지붕, / ㉣『흐릿한 불빛에 둘러앉아 도란도란거리는 곳,』
가을 까마귀　　청각적 심상　　　　　　　　　　　　　　　『 』: 단란하고 행복한 모습

––– 그 곳이 차마 꿈엔들 잊힐 리야.　　　　　　　▶ 단란한 고향 마을의 정겨운 모습

✔ 바로바로 CHECK

01 이 시에 대한 설명으로 적절하지 <u>않은</u> 것은?

① 토속적인 시어와 소재를 사용하였다.
② 연마다 후렴구를 반복하여 형식적 안정감을 준다.
③ 화자는 가난에 시달렸던 어린 시절을 잊으려 한다.
④ 선명하고 참신한 감각적 이미지 사용이 두드러진다.

해설 이 시는 고향에 대한 그리움을 노래한 작품이다.

02 ㉠~㉣의 함축적 의미로 적절한 것은?

① ㉠ – 여름밤이 깊어 감
② ㉡ – 꿈과 소망이 깃든 동경의 세계
③ ㉢ – 아내를 무시하는 마음
④ ㉣ – 퇴색된 꿈

해설 ㉠ 겨울밤이 깊어 감
㉢ 평범한 아내의 모습
㉣ '초라한 지붕'과 함께 가난하고 소박한 환경을 환기시킴

정답 01. ③　02. ②

한눈에 감 잡기

1. 후렴구의 기능

후렴구	'그 곳이 차마 꿈엔들 잊힐 리야.'
기 능	• 동일한 내용의 반복으로 운율감을 줌 • 고향에 대한 화자의 그리움을 더욱 심화시킴 • 시 전체에 통일감을 줌

2. '향수'의 구성 분석

1연, 3연, 5연	아름다운 꿈이 서려 있는 고향의 모습
2연, 4연	가난하고 고단한 삶의 모습이 담긴 고향

➡ 고향에 대한 그리움

3. '향수'에 드러난 감각적 이미지와 기능

공감각적 이미지	• 옛 이야기 지줄대는 실개천 • 금빛 게으른 울음 • 밤바람 소리 말을 달리고
토속적 이미지	• 실개천　• 얼룩백이 황소 • 질화로　• 짚베개

➡ 시의 서정성을 극대화시키고 고향에 대한 정서적 환기력을 높임

➡ 유년의 추억을 떠올리게 하고 고향에 대한 향수를 불러일으킴

교과 연계 작품 　춘설　　　　　　　　　　　　　　　　　　　　　　　　　　 – 정지용

✔ 핵심정리

• 갈래 : 자유시, 서정시

• 성격 : 감각적, 묘사적

• 제재 : 춘설(봄에 내린 눈)

• 주제 : 춘설이 내린 자연 풍경에서 느껴지는 봄의 생명력

• 특징
① 감각적 심상이 두드러짐(시각, 촉각, 후각 등)
② 화자의 시선의 이동에 따라 봄의 다양한 이미지를 드러냄

문 열자 선뜻! / ㉠ 먼 산이 이마에 차라.
봄눈을 보는 놀라움(영탄법)　　공감각적 심상(시각의 촉각화)

▶ 문 열자 보이는 먼 산

우수절(雨水節) 들어 / 바로 초하루 아침,
봄비가 내리는 때

▶ 우수절 초하루의 아침

새삼스레 눈이 덮인 멧부리와 / 서늘옵고 빛난 이마받이하다.
　　봄의 생명력을 느끼게 하는 매개체
▶ 가깝게 느껴지는 눈 덮인 산

ⓛ 얼음 금 가고 바람 새로 따르거니 / ⓒ 흰 옷고름 절로 향기로워라.
　　　　변화하는 자연의 모습　　　　　　　공감각적 심상(시각의 후각화)
▶ 봄을 맞는 즐거움

옹송그리고 살아난 양이 / ⓔ 아아 꿈같기에 설어라.
　추위를 이기고 다시 찾아온 봄　　　　영탄법, 설의법
▶ 봄을 맞는 화자의 기쁨

미나리 파릇한 새순 돋고 / 옴짓 아니 기던 고기 입이 오물거리는,
　　　　봄의 생동감(시각적 심상)
▶ 생동감 넘치는 봄날의 자연

꽃 피기 전 철 아닌 눈에
　　　　뜻밖의 눈

핫옷 벗고 도로 춥고 싶어라.
온몸으로 봄을 만끽하고 싶음
▶ 차가운 눈 속에서 더 선명하게 봄을 느끼고 싶음

✔ 바로바로 CHECK

01 이 시의 시상 전개 방식에 대한 설명으로 알맞은 것은?

① 장소의 이동을 중심으로 시상을 전개
② 시선의 이동에 따른 화자의 정서 표현
③ 대립되는 소재를 반복하여 의미를 강조
④ 처음과 끝을 동일하게 하여 안정감을 줌

해설 이 시는 화자의 시선의 이동에 따라 시상이 전개되고 있다.

02 ㉠~㉣ 중 〈보기〉의 설명에 해당하는 것은?

> **보기**
> 겉으로는 모순된 것 같지만 진실을 표현하는 방법을 사용하여, 조금씩 살아나는 봄의 기운이 낯설면서도 꿈처럼 아름답다는 의미를 드러내고 있다.

① ㉠　　　　　　② ㉡
③ ㉢　　　　　　④ ㉣

해설 역설적 표현을 활용하여 '봄의 기운이 낯설면서도 꿈처럼 아름답다'는 의미를 드러내고 있다.

03 이 시의 표현상 특징으로 알맞지 않은 것은?

① 다양한 감각적 이미지를 활용하여 대상을 묘사하고 있다.
② 유사 어미를 반복 사용하여 시상의 통일성을 드러내고 있다.
③ 영탄적 표현을 통해 대상에 대한 설렘의 감정을 드러내고 있다.
④ 색채의 대비를 통해 화자의 내적 갈등을 선명하게 드러내고 있다.

해설 화자의 내적 갈등은 찾아볼 수 없다.

정답 01. ② 02. ④ 03. ④

03 절정

- 이육사

✔ 핵심정리

- **갈래** : 자유시, 서정시, 상징시
- **성격** : 상징적, 의지적, 단정적, 지사적
- **제재** : 현실의 극한 상황
- **주제** : 극한의 상황(일제 강점기)을 극복하려는 강한 의지

- **특징**
  ① 현재형 시제의 사용
  ② '기-승-전-결'의 한시적 구성 방식
  ③ 역설적 표현을 통한 주제의 형상화
  ④ 강한 상징어와 단정적 어조로 강인한 의지 표출

『매운 계절의 채찍에 갈겨』 『 』: 공감각적 심상(촉각의 미각화)
일제 시대의 가혹한 현실 └ 시련

마침내 북방으로 휩쓸려 오다.
　　　　수평적 한계점
　　　　　　　　　　　　　　　　　　　▶ **기** 현실의 수평적 한계 상황

하늘도 그만 지쳐 끝난 고원
　희망, 소망　　　　　　수직적 한계점
서릿발 칼날진 그 위에 서다.
　　　　생존의 극한 상황(절정)
　　　　　　　　　　　　　　　　　　　▶ **승** 현실의 수직적 한계 상황

어디다 무릎을 꿇어야 하나
한 발 재겨 디딜 곳조차 없다.
　극한 상황에 몰린 화자 → 절망, 체념
　　　　　　　　　　　　　　　　　　　▶ **전** 극한 상황에서의 화자의 심리

이러매 눈 감아 생각해 볼밖에
시상 전환 → 정신적 의지로 시련을 이겨 내고자 함
㉠『겨울은 강철로 된 무지갠가 보다.』『 』: 은유법, 역설법(일제 강점하의 고통을
　　시련　　　희망　　　　　　　　　희망적 삶을 위한 시련의 과정으로 인식)
　　　　　　　　　　　　　　　　　　　▶ **결** 극한 상황에 대한 초극 의지

한눈에 감 잡기

1. 시적 상황과 시적 화자의 태도

시적 상황	극한 상황의 점층적 고조 : 북방 → 고원 → 서릿발 칼날진 그 위
시적 화자의 태도	극한 상황에서 한 발 물러나 정신적인 여유와 달관의 경지를 획득하고 새로운 의지와 신념을 다짐 ⇒ 견디기 힘든 시련의 상황을 아름답고 황홀한 것으로 받아들임으로써 넉넉한 마음으로 관조하는 태도를 보임

2. 등장 시어들의 특징

매우 강렬한 이미지의 시어들이 등장함 예 '매운', '갈겨', '칼날진' 등 ⇒ 시적 화자가 처한 현실과 극한 상황을 표현하면서, 그것을 극복하고자 하는 시인의 지사적 의지와 신념을 드러내는 데 효과적

3. '겨울은 강철로 된 무지갠가 보다' – 역설법

극한 상황에서 참된 삶의 아름다움을 회복하는 시적 화자의 비극적 초월의 모습

✔ 바로바로 CHECK

01 이 시에 대한 설명으로 적절하지 <u>않은</u> 것은?

① 기승전결의 한시적 구성 방식을 취함
② 의인화된 사물의 등장으로 주제를 형상화함
③ 일제 강점기의 고통스러운 현실을 배경으로 함
④ 강렬하고 단정적인 어조를 사용하여 강인한 의지를 형상화함

해설 이 시에 의인화된 사물은 나타나지 않는다.

02 〈보기〉의 시어가 상징하는 의미로 알맞은 것은?

> **보기**
> 북방, 고원, 서릿발 칼날진 그 위

① 고향에 대한 향수
② 광복된 조국의 평화
③ 화자가 추구하는 이상향
④ 화자가 처한 극한의 상황

해설 '북방, 고원, 서릿발 칼날진 그 위'는 화자가 처한 극한의 상황을 상징하는 시어이다.

03 ㉠에 나타난 표현 기법이 사용된 것은?

① 청산이 그 무릎 아래 지란(芝蘭)을 기르듯
② 괴로웠던 사나이 행복한 예수 그리스도에게처럼
③ 내 마음은 나그네요, 그대 피리를 불어 주오.
④ 나 보기가 역겨워 가실 때에는 죽어도 아니 눈물 흘리오리다.

해설 ㉠ 역설법
① 의인법 ② 역설법 ③ 은유법 ④ 반어법

교과 연계 작품 1 광야(曠野) — 이육사

✔ 핵심정리

- **갈래** : 자유시, 서정시, 저항시
- **성격** : 의지적, 저항적, 미래 지향적, 상징적
- **제재** : 광야
- **주제** : 고통스러운 현실을 극복하려는 의지와 신념
- **특징**
  ① 시간의 흐름에 따라 시상 전개 : 과거 → 현재 →
  미래
  ② 생명력 넘치고 강렬한 시어를 바탕으로 웅장한 상
  상력과 의연한 기품을 드러냄

③ 대립적 시어 사용 : 눈 ↔ 매화 향기, 노래의 씨
④ 상징적인 시어 사용

눈	냉혹한 현실(고난), 일제의 억압
매화 향기	조국 광복의 기운, 시적 자아의 고매한 지조
가난한 노래의 씨	조국 광복을 위한 희생적 의지
초인	위대한 민족의 지도자
광야	역사의 현장, 우리 민족의 삶의 터전

까마득한 날에 / 하늘이 처음 열리고
　　　과거　　　　　　　　　천지개벽
어데 닭 우는 소리 들렸으랴.　　　　　　　　　　　▶ 광야의 생성과 원시성(과거)
　　　생명의 기척　　　설의법

『모든 산맥(山脈)들이 / 바다를 연모(戀慕)해 휘달릴 때도
　　　　　　　　　　　　　　　·의인법
참아 이 곳을 범(犯)하던 못 하였으리라.』　　　　　▶ 광야의 신성함과 광활함(과거)
『 』: 바다를 향해 뻗어 있는 산맥의 모습을 의인화하여 역동적으로 표현함

끊임없는 광음(光陰)을 / 부지런한 계절(季節)이 피여선 지고
　　　　　　세월　　　　　계절의 흐름을 꽃이 지고 피는 것으로 감각적으로 형상화함
큰 강물이 비로소 길을 열었다.　　　　　　　　　　▶ 역사와 문명의 시작(과거)
　　　역사, 문명

지금 눈 나리고
현재　부정적 현실(일제 강점기 상황)
매화 향기(梅花香氣) 홀로 아득하니
　　　조국 광복의 기운
내 여기 가난한 노래의 씨를 뿌려라.　　　　　　　▶ 부정적 현실에 대한 극복 의지(현재)
　　　조국 광복을 위한 자기희생적 의지

다시 천고(千古)의 뒤에 / 백마(白馬) 타고 오는 초인(超人)이 있어
　　가까운 미래　　　　　조국 광복을 가져오는 민족의 구원자, 지도자, 위대한 후손
『이 광야(曠野)에서 목놓아 부르게 하리라.』　　　▶ 미래에 대한 기대와 확신(미래)
우리 민족의 삶의 터전　　　『 』: 시적 화자의 굳은 의지가 표현됨

교과 연계 작품 2 🎵 교목

- 이육사

✔ 핵심정리

- **갈래** : 자유시, 서정시
- **성격** : 의지적, 상징적, 저항적
- **제재** : 교목
- **주제** : 혹독한 시대 상황에 굴복하지 않는 강한 의지

- **특징**
  ① 강인하고 의지적인 단정적 어조
  ② 각 연을 부사어와 부정어로 종결하여 저항 의지를
     표현함 → 차라리~말아라, 아예~아니라, 차마~못해라
  ③ 상징적인 시어 사용

푸른 하늘에 닿을 듯이
_{이상과 염원의 세계, 시각적 이미지}

세월에 불타고 (우뚝) 남아 서서 ◯ : 강렬한 느낌의 부사어 사용
_{시련의 극복}

(차라리) 봄도 꽃피진 말아라.　　　　　　　▶ 굽힐 수 없는 신념과 의지
_{현실적 유혹　　강한 저항 정신(내면적 다짐)}

낡은 거미집 휘두르고
_{화자가 처한 어려운 현실}

끝없는 꿈길에 혼자 설레이는
_{자유, 독립을 향한 결의}

마음은 (아예) 뉘우침 아니라.　　　　　　　▶ 후회 없는 삶의 결의
_{뉘우치지 않겠다}

검은 그림자 쓸쓸하면
_{암담한 시대 상황}

『(마침내) 호수 속 깊이 거꾸러져
_{죽음, 하강의 이미지}

(차마) 바람도 흔들진 못해라.』『 』: 죽을지언정 굽힐 수 없다는 의지　▶ 죽음마저 불사하겠다는 단호한 결의
_{외부의 힘(일제 탄압)}

04 참회록

– 윤동주

☑ 핵심정리

- **갈래** : 자유시, 서정시
- **성격** : 상징적, 성찰적, 자기 고백적
- **제재** : 녹이 낀 구리 거울, 나(시인)
- **주제** : 자아 성찰을 통한 참회와 현실 극복의 의지

- **특징**
  ① 시간의 흐름에 따른 시상 전개
  ② 상징적 소재의 사용 → 효과적 주제 전달
  ③ 속죄양 이미지 → 죽음을 각오한 비장한 의지

파란 녹이 낀 구리 거울 속에 / 내 얼굴이 남아 있는 것은
쇠망한 조국　　　　자아 성찰의 매개체　　　욕된 자아의 모습

어느 왕조(王朝)의 유물(遺物)이기에
　　　멸망한 조국　　　역사적 자아(망국민)

이다지도 욕될까.
망국민으로서의 자기 인식

▶ 역사에 대한 회한

나는 나의 참회(懺悔)의 글을 한 줄에 줄이자.
　　　　　　　　부끄럽고 무의미하기 때문에

『— 만(滿) 이십사 년 일 개월을』『 』: 화자가 살아온 삶

『무슨 기쁨을 바라 살아왔던가.』『 』: 무의미했던 과거 삶에 대한 참회

▶ 지금까지 살아온 삶에 대한 참회

내일이나 모레나 그 어느 즐거운 날에
　　　　　　　　조국 광복의 날 ↔ 밤

나는 또 한 줄의 참회록을 써야 한다.
　　　　현재에 대한 참회록

— 그 때 그 젊은 나이에
　　　이 시를 쓸 때

왜 그런 부끄런 고백을 했던가.
　　　　적극적이지 못하고 절망적인 고백

▶ 오늘의 고백에 대한 미래의 참회

밤이면 밤마다 나의 거울을
어두운 현실, 자기 성찰의 시간

손바닥으로 발바닥으로 닦아 보자.
　　　치열한 자아 성찰(의지적)

▶ 어두운 현실과 자아 성찰

그러면 어느 운석 밑으로 홀로 걸어가는
　　　　죽음, 어둠의 이미지

슬픈 사람의 뒷모양이
소명 의식을 지닌 화자의 비극적 자기 인식

거울 속에 나타나 온다.
　　현재의 거울에 비친 미래의 모습

▶ 미래의 삶에 대한 전망

한눈에 감 잡기

1. 시어의 의미

구리 거울	역사 의식을 동반한 자기 성찰의 매개체	밤	• 화자의 자기 성찰의 시간 • 암담한 시대 상황
내 얼굴	욕된 자아의 모습		
참회록	현재에 대한 참회	운석	죽음, 어둠의 이미지

2. 현실적 자아와 이상적 자아의 대비

1~2연		3~5연
소극적인 삶을 살아온 부끄러운 현실적 자아	⟷	성찰을 통해 현실의 '나'를 부끄러워하며 희생을 통해 극복하려는 이상적 자아

3. 시상 전개

과거	망국민으로서 살아온 지난 삶에 대한 참회
현재	무기력하게 살고 있는 현재에 대한 참회
미래	미래의 삶에 대한 전망(미래의 시점에서 현재의 참회를 다시 참회)

✔ 바로바로 CHECK

01 이 시에 대한 설명으로 알맞은 것끼리 묶인 것은?

> ㉠ 고백적 어조의 사용
> ㉡ 화자가 소망하는 이상향 제시
> ㉢ 상징적 소재를 통한 시상 전개
> ㉣ 공간적 이동을 통한 시상 전개

① ㉠, ㉡   ② ㉠, ㉢
③ ㉠, ㉣   ④ ㉢, ㉣

해설 ㉠ '이다지도 욕될까, 살아왔던가' 등 : 고백적 어조
㉢ '구리 거울, 운석' : 상징적 소재

02 이 시의 화자의 태도를 〈보기〉처럼 정리할 때 ㉠에 들어갈 내용으로 가장 알맞은 것은?

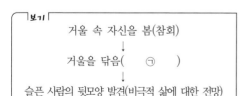

보기

거울 속 자신을 봄(참회)
↓
거울을 닦음(　㉠　)
↓
슬픈 사람의 뒷모양 발견(비극적 삶에 대한 전망)

① 자기 성찰
② 현실 극복 의지
③ 망국의 역사에 대한 인식
④ 새로운 세계에 대한 희망

해설 거울을 닦는 행위는 자아 성찰의 의미를 내포하고 있다.

03 '시어의 의미'에 대한 감상으로 알맞지 <u>않은</u> 것은?

① '구리 거울' – 화자가 자신을 되돌아보는 매개체
② '참회의 글' – 현재의 삶에 만족하지 못하는 화자
③ '부끄러운 고백' – 뒤늦게 고백하는 것에 대한 화자의 뉘우침
④ '슬픈 사람의 뒷모양' – 소명 의식을 지닌 화자의 비극적 자기 인식

해설 '부끄러운 고백'은 암울한 현실에 적극적으로 대응하지 못한 화자의 삶에 대한 자책의 의미이다.

정답 01. ② 02. ① 03. ③

교과 연계 작품 1 🙈 쉽게 씌어진 시

– 윤동주

✔ 핵심정리

- **갈래** : 자유시, 서정시
- **성격** : 미래 지향적, 고백적, 저항적, 자기 성찰적
- **제재** : 시가 쉽게 쓰이는 일에 대한 부끄러움

- **주제** : 어두운 시대 현실 속에서의 고뇌와 자기 성찰
- **특징** : 대립적 시어를 통해 시각적 심상을 제시함

창밖에 밤비가 속살거려
　　　　암담한 시대 상황(자기 성찰의 시간)
육첩방(六疊房)은 남의 나라.
일본식 다다미방(구속과 억압의 현실)

시인이란 슬픈 천명(天命)인 줄 알면서도
한 줄 시를 적어 볼까,
　　　식민지 지식인의 소명 의식

▶ (1~2연) 슬픈 현실에 대한 인식

『땀내와 사랑내 포근히 품긴
보내 주신 학비 봉투를 받아』「 」: 부모와 가족의 사랑

대학 노트를 끼고
늙은 교수의 강의를 들으러 간다.
현실에 안주하는 메마른 지식인

『생각해 보면 어린 때 동무들
하나, 둘, 죄다 잃어버리고』
「 」: 일제의 탄압에 의해 동무를 잃어버린 상실감

나는 무얼 바라
현실적 자아
나는 다만, 홀로 침전(沈澱)하는 것일까?
　　　　　　내면으로의 몰입(자신에 대한 성찰)

▶ (3~6연) 현재의 삶에 대한 회의

인생은 살기 어렵다는데
시가 이렇게 쉽게 쓰여지는 것은
부끄러운 일이다.　　▶ (7연) 반성적 자기 성찰
성찰의 결과

✔ 바로바로 CHECK

화자가 '부끄러움'을 느끼는 이유로 가장 적절한 것은?

① 물질적 욕망을 위해 시를 쓰기 때문에
② 시를 쓰는 일 외에는 의미 있는 다른 일을 하지 못하고 있기 때문에
③ 시인으로서 능력의 부족함을 절실하게 느끼고 있기 때문에
④ 시를 쓸 때 별다른 고민 없이 순식간에 쓰기 때문에

해설 조국 광복을 위해 지식인으로서 해야 할 일을 못하고 있는 것에 대한 부끄러움이다.

정답 ②

『육첩방은 남의 나라

창밖에 밤비가 속살거리는데,』『 』: 1연의 반복, 변조 – 현실에 대한 재인식(반성)

등불을 밝혀 어둠을 조금 내몰고,
저항 의지　　　　　암담한 일제 강점기

시대(時代)처럼 올 아침을 기다리는 최후의 나.
　　　　　　　　希望, 광복　　　　　　　반성을 통해 성숙한 내면적 자아

나는 나에게 작은 손을 내밀어
내면적 자아　└ 현실적 자아

눈물과 위안으로 잡는 최초의 악수.　　　　　　▶ 8~10연 현실에 대한 재인식과 현실 극복 의지
　　　　　　　　두 자아의 화해

교과 연계 작품 2 서시　　　　　　　　　　　　　　　　　　　　　　　　　　　　　　– 윤동주

✔ 핵심정리

- **갈래** : 자유시, 서정시
- **성격** : 성찰적, 고백적, 의지적, 상징적
- **제재** : 별
- **주제** : 부끄러움 없는 순결한 삶에 대한 소망과 의지

- **특징**
  ① '과거–미래–현재'의 시간적 흐름에 따른 시상 전개
  ② 대조적 이미지의 시어 사용으로 시적 상황과 주제 부각

밝음, 긍정적	⬌	어둠, 부정적
하늘, 별		바람, 밤

죽는 날까지 하늘을 우러러
　　　　　　　양심, 윤리적 삶의 기준

한 점 부끄럼 없기를, / 잎새에 이는 바람에도
　　　　　　　　　　　　　　　　화자의 내면적 갈등

나는 괴로워했다.　　　　　　　　　　　　　　　▶ 부끄러움 없는 삶에 대한 소망(과거)
이상과 현실 사이의 갈등에서 오는 고뇌

별을 노래하는 마음으로
희망, 이상적인 것, 순수한 소망과 사랑

모든 죽어가는 것을 사랑해야지.
　　　　　　생명

그리고 나한테 주어진 길을 / 걸어가야겠다.　　　▶ 미래의 삶에 대한 의지(미래)
　　　　　사랑의 실천, 부끄럼 없는 삶

오늘 밤에도 별이 바람에 스치운다.　　　　　　▶ 어두운 현실과 화자의 의지(현재)
　　어두운 현실　　　　현실의 시련, 고난

05 꽃덤불

– 신석정

☑ 핵심정리

- **갈래** : 자유시, 서정시
- **성격** : 상징적, 비판적, 독백적
- **제재** : 꽃덤불
- **주제** : 광복의 기쁨과 새로운 민족 국가 건설의 소망

- **특징**
  ① 반복적 표현을 통한 운율 형성
  ② 어둠과 밝음의 대립적 이미지 사용
  ③ '과거 – 현재 – 미래'로 시상을 전개함

태양을 의논하는 거룩한 이야기는
밝음, 희망(조국의 광복)
항상 ㉠ 태양을 등진 곳에서만 비롯하였다.
　　　　암담한 현실 상황
　　　　　　　　　　　　　　　　　　　▶ 일제 강점기하의 광복에 대한 소망

달빛이 흡사 비 오듯 쏟아지는 밤에도
　　　　　　　　　　　　일제 치하
우리는 헐어진 성터를 헤매이면서
　　　　국권을 상실한 조국의 땅
언제 참으로 그 언제 우리 하늘에 / ㉡오롯한 태양을 모시겠느냐고
　　　　　　　　　　　　　　　　　완전히 국권을 회복한 조국
『가슴을 쥐어뜯으며 이야기하며 이야기하며

가슴을 쥐어뜯지 않았느냐?』『 』: 설의, 반복, 강조 – 조국 광복의 염원
　　　　　　　　　　　　　　　　　▶ 조국 광복을 위한 노력

그러는 동안에 영영 잃어버린 벗도 있다.
　　　　　　　　　죽은 사람
그러는 동안에 영영 멀리 떠나 버린 벗도 있다.
　　　　　　　　　　　　조국을 떠나 타국을 떠도는 사람
그러는 동안에 몸을 팔아 버린 벗도 있다.
　　　　　　　　변절한 사람
그러는 동안에 맘을 팔아 버린 벗도 있다.
　　　　　　　　일제에 동조한 사람　　　　▶ 일제 강점기하의 비극적 상황

그러는 동안에 드디어 서른여섯 해가 지나갔다.
　　　　　간절한 기다림의 성취　일제 강점기하의 시간　　▶ 조국의 광복

다시 우러러보는 이 하늘에 / ㉢ 겨울밤 달이 아직도 차거니
　　　　　　　　　　　　　　광복 이후의 혼란한 조국 상황
오는 봄엔 분수처럼 쏟아지는 태양을 안고
　　　　혼란한 상황이 끝난 진정한 조국 광복의 시기
그 어느 언덕 ㉣꽃덤불에 아늑히 안겨 보리라.
　　　　　　　민족의 화합과 화해가 이루어진 조국　　▶ 새로운 민족 국가 수립에 대한 기대

✔ 바로바로 CHECK

01 이 시에 대한 설명으로 적절하지 <u>않은</u> 것은?

① 설의적 표현을 통한 시상의 강조
② 대화체의 형식으로 주제를 형상화함
③ 밝음과 어둠의 이미지를 대립적으로 활용
④ 광복 후 일제 강점기의 어두운 과거를 돌이켜 봄

해설 독백적 성격을 지닌다.

02 이 시의 화자가 궁극적으로 추구하는 것은?

① 일제 강점기하 조국의 광복
② 평등과 화합을 통한 세계 평화
③ 친일 행위를 한 사람들에 대한 처벌
④ 광복의 기쁨과 새로운 민족 국가의 건설

해설 광복 직후의 혼란을 극복하고, 새롭게 수립해야 할 바람직한 민족 국가 형성을 바란다.

03 ㉠~㉣에 대한 설명으로 적절하지 <u>않은</u> 것은?

① ㉠ – 암담한 현실 상황
② ㉡ – 조국 광복
③ ㉢ – 일제 강점하의 힘겨운 상황
④ ㉣ – 새로운 민족 국가

해설 ㉢ 광복 후의 혼란한 상황

정답 01. ② 02. ④ 03. ③

한눈에 감 잡기

1. '태양'과 '꽃덤불'의 상징적 의미

태양	밝음, 희망의 이미지로 조국 광복을 의미함
꽃덤불	밝음의 이미지로 일제 강점기라는 시대적 암흑을 극복하고 이루어 낼 진정한 화해와 평화의 민족 국가

2. '어둠'과 '밝음'의 대립적 이미지

어둠		밝음
태양을 등진 곳, 달, 밤, 헐어진 성터, 겨울밤	↔	태양, 봄, 꽃덤불

⬇   ⬇

암울하고 혼란스러운 시대적 상황   새롭게 건설해야 할 건전한 조국의 모습
(일제 강점기 + 광복 후의 혼란한 시대상)

3. 창작 당시 시대적 상황

광복 직후 일제로부터 벗어났지만 제2차 세계 대전 후의 국제적 냉전 체제 속에서 남북은 분단되어 연합군의 신탁 통치를 받았으며, 좌우익의 이념 갈등은 극에 달해 있었다.

06 여우난 골족

– 백석

☑ 핵심정리

- **갈래** : 자유시, 서정시
- **성격** : 산문적, 회고적, 토속적
- **제재** : 명절날의 친척들과 집안 풍경
- **주제** : 가족 공동체 간의 유대감과 명절날의 정취
- **특징**
  ① 산문적으로 서술함
  ② 정겨운 분위기와 토속적 시어 구사
  ③ 어린아이의 시선으로 관찰하면서 서술함

- **제목 '여우난 골족'의 의미** : 여우가 나왔다는 마을 부근에 사는 일가친척들
- **어린아이의 시각을 통한 서술 효과** : 유년 시절의 체험에 대한 회상을 통해 고향에 대한 그리움을 효과적으로 드러냄

- **시간의 흐름에 따른 전개**

| 명절날 우리 가족이 큰집으로 감 | → | 큰집에서 친척들이 모임 | → | 저녁을 먹고 아이들이 즐겁게 놂 | → | 밤늦도록 어른들이 이야기를 나눔 | → | 시누이 동서들이 음식을 마련함 |

명절날 나는 엄매 아배 따라 우리집 개는 나를 따라 진할머니 진할아버지 있는 큰집으로 가면 〈중략〉
_{시간적 배경}
▶ 명절을 쇠러 큰집에 감

배나무접을 잘하는 주정을 하면 토방돌을 뽑는, 오리치를 잘 놓는, 먼 섬에 반디젓 담그러 가기를 좋아
_{오리를 사냥할 때 쓰는 도구}　_{밴댕이젓}
하는 삼춘, 삼춘 엄매, 사춘 누이, 사춘 동생들이 그득히들 할머니 할아버지가 안간에들 모여서 방안에
서는 새 옷의 내음새가 나고 또 인절미, 송구떡, 콩가루차떡의 내음새도 나고, 끼때의 두부와 콩나물과
_{식사 때}
뽁은 잔디와 고사리와 도야지비계는 모두 선득선득하니 찬 것들이다. 〈중략〉
_{서느런 느낌 → 북쪽 지역임을 드러냄}
▶ 큰집에 모인 친척들과 설빔, 명절 음식

밤이 깊어 가는 집안엔 엄매는 엄매들끼리 아르간에서들 웃고 이야기하고, 아이들은 아이들끼리 웃간
_{아랫간}
한 방을 ㉠잡고 조아질하고 쌈방이 굴리고 바리 깨돌림하고 호박떼기하고 제비손이구손이하고, 이렇게
_{공기 놀이}　_{주사위 놀이 도구}　_{주발 뚜껑 놀이}　_{서로 다리를 끼고 노래 부르며 다리를 세는 놀이}
화디의 사기 방등에 심지를 몇 번이나 돋우고 홍게닭이 몇 번이나 울어서 졸음이 오면 아릇목 싸움 자리
_{새벽닭}
싸움을 하며 히드득거리다 잠이 든다. 그래서는 문창에 텅납새의 그림자가 치는 아츰 시누이 동세들이
_{청각적 이미지}
육적하니 홍성거리는 부엌으론 샛문틈으로 장지문틈으로 무이징게 국을 끓이는 맛있는 내음새가 올라오
_{후각적 이미지}
도록 잔다.
▶ 민속놀이를 하며 노는 아이들의 모습

01 이 시에서 형상화하고 있는 것이 <u>아닌</u> 것은?

① 농촌의 평화로운 모습
② 명절날의 흥겨운 분위기
③ 인물들 사이의 갈등 해소
④ 가족 공동체 간의 유대감

해설 이 시에서 갈등 상황은 드러나지 않는다.

02 이 시에 대한 설명으로 알맞지 <u>않은</u> 것은?

① 시간의 흐름에 따른 시상 전개
② 현재 시제를 사용한 생동감 부여
③ 방언을 사용하여 향토적 분위기 조성
④ 과거와 현재의 대비를 통한 시상 전개

해설 이 시에서 과거와 현재의 대비는 드러나지 않는다.

03 ㉠의 문맥적 의미와 가장 유사한 것은?

① 상대의 약점을 <u>잡아서</u> 괴롭히다.
② 아침 일찍 와서 자리를 <u>잡아</u> 놓다.
③ 떠나는 사람을 <u>잡는</u> 것은 소용이 없다.
④ 높은 언덕에 올라 친구의 손을 꼭 <u>잡다</u>.

해설 ㉠ (시간·방향·처소 등을) 정하다.
① (남의 결점이나 비밀, 또는 사건의 단서 따위를) 찾아 내다.
③ (떠나는 이를) 떠나지 못하게 말리다.
④ 손으로 움키거나 거머쥐다.

정답 01. ③ 02. ④ 03. ②

---

07 님의 침묵

– 한용운

핵심정리

• 갈래 : 자유시, 서정시
• 성격 : 상징적, 의지적, 역설적
• 제재 : 임과의 이별
• 주제 : 임에 대한 영원한 사랑

• 특징
① 역설적 표현
② 불교적 세계관
③ 경어체

『님은 갔습니다. 아아, 사랑하는 나의 님은 갔습니다.』「 」: 절망, 충격
생명적 근원, 조국, 부처 등 └─ 영탄법

푸른 산빛을 깨치고 단풍나무 숲을 향하여 난 작은 길을 걸어서, 차마 떨치고 갔습니다.
미래에 대한 희망   절망 ↔ 푸른 산빛

황금(黃金)의 꽃같이 굳고 빛나던 옛 맹서는 차디찬 티끌이 되어서 한숨의 미풍에 날아갔습니다.
임을 지키겠다는 약속   소용 없어짐 ↔ 옛 맹서

날카로운 첫 키스의 추억은 나의 운명의 지침을 돌려 놓고, 뒷걸음쳐서 사라졌습니다.
임과의 만남   임만을 사랑하게 됨
▶ 기 이별의 상황

『나는 향기로운 님의 말소리에 귀먹고, 꽃다운 님의 얼굴에 눈멀었습니다.』「 」: 역설법, 대구법
　　　　　　공감각적 심상(청각의 후각화)

　사랑도 사람의 일이라, 만날 때에 미리 떠날 것을 염려하고 경계하지 아니한 것은 아니지만, 이별은 뜻밖의 일이 되고, 놀란 가슴은 새로운 슬픔에 터집니다.

▶ 송 이별 후의 고통과 슬픔

　그러나 이별을 쓸데없는 눈물의 원천을 만들고 마는 것은 스스로 사랑을 깨치는 것인 줄 아는 까닭
시상의 전환(슬픔 → 희망)
에, 걷잡을 수 없는 슬픔의 힘을 옮겨서 새 희망의 정수박이에 들어부었습니다.

　『우리가 만날 때에 떠날 것을 염려하는 것과 같이, 떠날 때에 다시 만날 것을 믿습니다.』
　　　회자정리(會者定離)　　　　　　　　　　　　　거자필반(去者必返)　　　「 」: 불교적 세계관

▶ 전 고통과 슬픔을 극복한 새로운 희망

　『㉠아아, 님은 갔지마는 나는 님을 보내지 아니하였습니다.』「 」: 역설적 표현

제 곡조를 못 이기는 사랑의 노래는 님의 침묵을 휩싸고 돕니다.
　　　　　　　　　임의 부재 상황에서도 끊임없이 임을 사랑함

▶ 결 임에 대한 영원한 사랑의 다짐

한눈에 감 잡기

1. '님'의 상징적 의미
　부처, 불교의 진리, 조국, 연인, 절대자 등의 다양한 의미를 내포

2. 시상의 전환 – 역전 구조
　시적 화자는 시상이 전개되면서 변화하는 모습을 보임

| 이별 | ➡ | 이별 후의 슬픔 | ➡ | 슬픔을 희망으로 전이시킴 | ➡ | 만남에 대한 믿음으로 슬픔을 극복 |

✔ 바로바로 CHECK

01 이 시에 대한 설명으로 알맞지 않은 것은?

① 대조적인 이미지 활용
② 불교적 세계관을 바탕으로 함
③ 경어체로 화자의 의지를 강조함
④ 상징적인 시어로 주제를 형상화함

해설 경어체를 통해 임에 대한 간절한 그리움과 경건한 자세를 나타내지만, 화자의 의지를 강조하지는 않는다.

02 ㉠과 같은 표현법이 사용되지 않은 것은?

① 찬란한 슬픔의 봄
② 결별이 이룩하는 축복
③ 괴로웠던 사나이 행복한 예수 그리스도
④ 사랑도 눈물 없는 사랑이 어디 있는가?

해설 ㉠은 역설법이 사용되었으나 ④는 설의법이 사용되었다.

정답 01. ③　02. ④

08 추억에서

– 박재삼

☑ 핵심정리

• **갈래** : 자유시, 서정시

• **성격** : 회고적, 애상적, 향토적

• **제재** : 어린 시절의 추억 속 어머니의 모습

• **주제** : 한스러운 삶을 살다 간 어머니에 대한 회상

• **특징**

① 향토적인 시어를 사용함 → 진주(晉州), 울엄매, 남강(南江), 오명 가명

② 시각적 이미지의 시어를 통해 슬픔의 감정을 표현함

③ 영탄형, 의문형 어미를 사용하여 감정 표출을 절제함 → -을, -꼬, -ㄴ가

진주(晉州) 장터 생어물(魚物)전에는
<small>공간적 배경　　　어머니의 생활 터전</small>
바닷밑이 깔리는 해 다 진 어스름을,
<small>저녁 무렵의 바닷가 풍경 – 쓸쓸한 분위기</small>

▶ 저녁 무렵의 진주 장터

울엄매의 장사 끝에 남은 고기 몇 마리의
빛 발(發)하는 눈깔들이 속절없이
<small>　　　　어머니의 고통과 슬픔</small>
은전(銀錢)만큼 손 안 닿는 한(恨)이던가
<small>　　　　가난한 어린 시절의 한</small>
㉠ 울엄매야 울엄매,

▶ 가난에 한 맺힌 어머니의 삶

별밭은 또 그리 멀리
우리 오누이의 머리 맞댄 골방 안 되어
<small>　　　　　　현실의 고통스러운 공간, 가난한 삶의 표상</small>
㉡ 손 시리게 떨던가 손 시리게 떨던가,
<small>　　시구의 반복을 통해 오누이의 고통을 제시함</small>

▶ 추위에 어머니를 기다리는 오누이

진주(晉州) 남강(南江) 맑다 해도
오명 가명
<small>'오면서 가면서'의 경상도 사투리</small>
신새벽이나 밤빛에 보는 것을,
<small>새벽부터 저녁까지 일하는 어머니의 고달픈 상황</small>
울엄매의 마음은 어떠했을꼬,
달빛 받은 옹기전의 옹기들같이
<small>　　　　　　　어머니의 고통스러운 삶과 눈물의 이미지를 비유함</small>
말없이 글썽이고 반짝이던 것인가.
<small>　눈물의 이미지로 어머니의 한을 시각적으로 보여 줌</small>

▶ 어머니의 한과 눈물

한눈에 감 잡기

1. **시각적 이미지의 시어**

   시각적 이미지의 시어들을 통해 어머니의 슬픔과 한을 형상화함 ⇒ 빛 발하는 눈깔들, 달빛 받은 옹기전의 옹기들, 글썽이고 반짝이던 것

2. **토속적인 시어 사용의 효과**

   • 경상도 사투리 : 토속적이며 향토적인 정감을 불러일으킴
   • '울엄매' : '울고 있는 엄마'를 연상시킴 ⇒ 어머니의 삶의 한을 효과적으로 드러냄

3. **시구의 반복**

   운율감을 형성함, 시적 정서가 주는 효과를 극대화시킴 ⇒ 울엄매야 울엄매, 손 시리게 떨던가 손 시리게 떨던가, 오명 가명

바로바로 CHECK

01 이 시에 대한 설명으로 적절한 것은?

① 수미 상관의 구성 방식을 취하고 있다.
② 주로 청각적 심상을 통해 대상을 나타내고 있다.
③ 향토적인 정감을 주는 시어들이 사용되었다.
④ 역설적 표현을 사용하여 주제를 강조하고 있다.

해설 '울엄매, 오명 가명' 등은 경상도 사투리로 토속적이고 향토적인 정감을 불러일으킨다.

02 ㉠, ㉡과 같은 표현 기법이 사용된 것은?

① 모란이 피기까지는
   나는 아직 나의 봄을 기다리고 있을 테요.
② 산에는 꽃 피네 / 꽃이 피네.
   갈 봄 여름 없이 / 꽃이 피네.
③ 발목을 벗고 물을 건너는 먼 마을
   고향집 마당귀 바람은 잠을 자리.
④ 이러매 눈 감아 생각해 볼 밖에
   겨울은 강철로 된 무지갠가 보다.

해설 ㉠, ㉡에 쓰인 표현상의 특징은 반복법이다.

정답 01. ③ 02. ②

09 폭포

– 김수영

☑ 핵심정리

- **갈래** : 자유시, 서정시
- **성격** : 주지적, 관념적, 참여적, 상징적
- **제재** : 폭포
- **주제** : 부정적 현실과 타협하지 않는 의지

- **특징**
  ① 시어 '떨어진다'의 반복으로 운율감을 형성하고 주제를 강조함
  ② 폭포의 움직임을 역동적 심상으로 제시함
  ③ 폭포의 속성에 바람직한 삶의 자세를 연결시킴

폭포는 곧은 절벽을 무서운 기색도 없이 떨어진다.　　　　　　▶ 폭포의 모습
고매한 정신　　　　　　현실에 대한 두려움 없이　　　◯ : 하강적 이미지, 시어 반복으로 운율 형성

규정할 수 없는 물결이
폭포의 힘찬 물줄기 – 자유의 이미지
무엇을 향하여 떨어진다는 의미도 없이
현실적 효용, 목적
계절과 주야를 가리지 않고
고매한 정신처럼 쉴 사이 없이 떨어진다.　　　　　　▶ '고매한 정신'을 나타내는 폭포
폭포의 의미 – 자유를 지향하는 정신

금잔화도 인가도 보이지 않는 밤이 되면
소박한 아름다움　　평화로운 삶　　　　　부정적 현실
폭포는 곧은 소리를 내며 떨어진다.　　　　　　▶ 곧은 소리를 내며 떨어지는 폭포
　　　　　　양심의 소리

곧은 소리는 소리이다.
　　　　　양심의 소리(정의로움)
『곧은 소리는 곧은
소리를 부른다.』『 』: 다른 사람을 각성시키는 폭포의 선구자적 행동　　　▶ 선구자적 역할을 하는 폭포

번개와 같이 떨어지는 물방울은
취할 순간조차 마음에 주지 않고
　　　　쉴 사이 없이
『나타와 안정을 뒤집어 놓은 듯이』『 』: 현실에 안주하는 소시민적 특성 ⟷ 고매한 정신
나태, 게으름
높이도 폭도 없이 / 떨어진다.　　　　　　▶ 나타와 안정을 부정하는 폭포
소시민적 태도를 거부하는 폭포의 절대적인 자유로움을 형상화

한눈에 감 잡기

폭포의 모습과 화자가 지향하는 가치 ── 부정적 현실을 비판하고 각성을 촉구하는 역할

폭포의 모습	화자가 지향하는 가치
무서운 기색도 없이	부정적 현실에 대한 비판과 저항 정신
무엇을 향하여 떨어진다는 의미도 없이	현실적 효용이나 세속적 욕망을 추구하지 않음
고매한 정신처럼 쉴 사이 없이	부정적 현실에 굴복하거나 타협하지 않는 태도
곧은 소리를 내며	잘못된 현실과 타협하지 않고 올바른 소리를 냄
나타와 안정을 뒤집어 놓은 듯이	현실에 안주하는 소시민적 삶을 거부함
높이도 폭도 없이	절대적 자유로움을 추구함

✔ 바로바로 CHECK

01 이 시에 대한 설명으로 적절하지 <u>않은</u> 것은?

① 역동적이고 청각적인 심상으로 폭포의 모습을 드러내고 있다.
② 상징적인 시어들을 사용하여 현실의 모습을 나타내고 있다.
③ 대립적 시상 구조를 통해 대상을 부각시키고 있다.
④ 동일한 문장의 반복을 통해 시상을 전개하고 있다.

해설 감각적이고 비유적인 표현을 통해 대상의 이미지를 부각시키고 있다.

02 다음 중 자유가 억압된 부정적 현실을 의미하는 시어는?

① 금잔화   ② 인가
③ 곧은 소리   ④ 밤

해설 '금잔화도 인가도 보이지 않는 밤'은 자유가 억압된 부정적 현실을 의미한다.

정답 01. ③   02. ④

교과 연계 작품　풀

－ 김수영

✔ 핵심정리

- **갈래** : 자유시, 서정시
- **성격** : 참여적, 의지적, 상징적
- **제재** : 풀
- **주제** : 민중의 끈질긴 생명력

- **특징**
  ① 상징적 이미지 사용
  ② '풀'과 '바람'의 대립 관계로 주제를 형상화함
  ③ 과거형(1연)과 현재형(2연, 3연)의 시제를 교차시킴
  ④ '풀이 눕는다'의 반복과 변형을 통한 시상의 점층적 전개
  ⑤ 1970년대에 불의에 항거하는 민중의 모습을 '풀'의 모습으로 형상화함

『풀이 눕는다』『 』: 민중(=풀)이 시련에 굴복하는 모습을 상징
끈질긴 생명력, 민중

비를 몰아오는 동풍에 나부껴
　　　　　　시련, 고통 → 민중을 억압하는 외부적 환경

풀은 눕고
억압에 의한 복종

드디어 울었다
　　　　복종에 의한 슬픔

날이 흐려져 더 울다가
현실적 억압이 더욱 가혹해짐

다시 누웠다　　　　　　　　　　　　　　　　　　▶ 나약한 풀(수동적)

풀이 눕는다

『바람보다도 더 빨리 눕는다
민중을 억압하는 세력

바람보다도 더 빨리 울고
　억압에 굴복하는 민중의 나약한 특성

바람보다도 먼저 일어난다』『 』: 풀의 끈질긴 생명력　　　▶ 생명력 있는 풀(수동적, 능동적)
　억압에 저항하는 민중의 강인한 특성

『날이 흐리고 풀이 눕는다

발목까지 / 발밑까지 눕는다』『 』: 현실적인 억압으로 인해 풀이 스스로 누움

『바람보다 늦게 누워도

바람보다 먼저 일어나고
　　　　　민중의 강인한 생명력

바람보다 늦게 울어도

바람보다 먼저 웃는다 『 「 」: 풀이 다시 일어날 것임을 암시
　　　의연하게 고통을 이겨 냄

날이 흐리고 풀뿌리가 눕는다　　　　　　　　　　　　▶ 넉넉한 생명력의 풀(능동적)
　　　여전히 고통이 지속되고 있는 현실

✔ 바로바로 CHECK

01 이 시에 대한 설명으로 알맞은 것은?

① 유사한 시구의 반복으로 운율을 형성하고 있다.

② 시간의 흐름에 따른 공간의 이동이 나타나 있다.

③ 청유형 어미를 사용하여 독자의 공감을 이끌어내고 있다.

④ 공감각적 심상으로 시적 대상을 선명하게 제시하고 있다.

해설 '풀이 눕는다'의 반복적 구조를 통해 리듬감을 형성하고 있다.

02 시어의 의미상 대립 구조로 적절하지 않은 것은?

① 풀 – 바람

② 웃는다 – 울었다

③ 비 – 동풍

④ 눕는다 – 일어난다

해설 ③ 비를 몰아오는 동풍(억압적 외부 환경)

① 풀(민중, 끈질긴 생명력) ⇔ 바람(억압적 외부 환경)

② 웃는다(풀의 생명력, 적극성) ⇔ 울었다(풀의 나약함, 소극성)

④ 눕는다(풀의 나약함, 소극성) ⇔ 일어난다(풀의 생명력, 적극성)

정답 01. ① 02. ③

10 껍데기는 가라

– 신동엽

☑ 핵심정리

- **갈래** : 자유시, 현실 참여시
- **성격** : 저항적, 의지적, 비판적, 직설적
- **제재** : 불의와 거짓, 외세가 지배하는 현실
- **주제** : 진정하고 순수한 민족의 삶 추구

- **특징**
  ① 현실에 대한 부정적 인식을 직설적으로 표현
  ② 명령적 표현으로 화자의 강한 의지를 드러냄
  ③ 반복적 표현과 대조적 시어의 사용으로 주제를 강조함

㉠ 껍데기는 가라.
독재, 불의, 분단   명령형(화자의 의지 강조)

사월도 알맹이만 남고 / 껍데기는 가라.
4·19혁명의 순수한 정신
▶ 4·19혁명의 순수한 정신 추구

껍데기는 가라.

동학년(東學年) 곰나루의, 그 ㉡ 아우성만 살고
동학 혁명의 순수 정신

껍데기는 가라.   ▶ 동학 농민 운동의 순수한 정신 추구

그리하여, 다시 / 껍데기는 가라.
강조

이곳에선, 두 가슴과 그곳까지 내논
한반도   허위와 가식 없는 순수함

㉢ 아사달 아사녀가 / 중립(中立)의 초례청 앞에 서서
우리 민족   이념을 초월한 민족 화해의 장소

부끄럼 빛내며 / 맞절할지니
민족의 통일과 화합
▶ 우리 민족의 순수한 아름다움과 통일에의 소망

껍데기는 가라. / 한라(漢拏)에서 백두(白頭)까지
우리나라(대유법) – 민족 분단의 현실 극복 의지

㉣ 향그러운 흙가슴만 남고 / 그, 모오든 쇠붙이는 가라.
순수하고 깨끗한 민족애
▶ 순수의 옹호와 부정한 권력의 거부

심화학습 ▶ 현실 참여시의 특징

- 정치 문제나 사회 문제에 의도적으로 참여하는 의식적으로 쓰인 목적시
- 1960년대, 비민주적 정권 등의 부조리한 현실을 비판하고 고발함
- 1970년대에 들어 더욱 암담해진 정치 상황에 더 적극적으로 저항하여 민중시로 발전
- 대표적 시인 : 신동엽, 김수영, 김지하 등

한눈에 감 잡기

대조적 시어와 상징적 의미

• 껍데기 • 쇠붙이(4연)	가짜, 거짓됨, 외세 및 그와 결탁한 반민족 세력, 독재, 분단, 무력, 냉전, 이데올로기, 딱딱하고 차가운 죽음의 정서

↕

• 알맹이(1연) • 동학년 곰나루의 아우성(2연) • 아사달 아사녀(3연) • 향그러운 흙가슴(4연)	진짜, 진실됨, 건강한 민중에 기반한 민족정신, 4·19혁명의 순수한 정신, 순수, 인류의 평화와 순결, 따뜻한 휴머니즘적 정서

✔ 바로바로 CHECK

01 이 시의 어조에 대한 설명으로 옳지 <u>않은</u> 것은?

① 현실에 대한 비판적 인식의 내재
② 명령적 어조를 통한 화자의 강한 의지 표현
③ 의지적 어조를 통해 순수한 사회의 도래를 갈망
④ 해학적 어조를 통해 사회 부조리를 풍자

해설 화자의 해학적 어조는 드러나지 않는다.

02 ㉠~㉣ 중 시어의 성격이 이질적인 것은?

① ㉠   ② ㉡
③ ㉢   ④ ㉣

해설 ㉠ 부정적인 요소
㉡, ㉢, ㉣ 순수하고 긍정적인 요소

03 이 시의 주제 의식을 반영하여 연설을 하려고 한다. 연설의 주제로 가장 적절한 것은?

① 전통의 계승과 역사적 발자취
② 세계 평화에 이바지하기 위한 우리의 자세
③ 시대에 대한 성찰과 우리가 가져야 할 자세
④ 인간성이 상실된 냉혹한 현실에 대한 비판

해설 화자는 부정한 현실에 대한 비판 의식과 시대에 대한 성찰의 필요성을 이야기하고 있다.

정답 01. ④ 02. ① 03. ③

11 꽃

– 김춘수

☑ 핵심정리

- **갈래** : 자유시, 서정시
- **성격** : 관념적, 상징적, 주지적
- **제재** : 꽃
- **주제** : 존재의 본질 구현과 진정한 관계 형성의 소망

- **특징**
  ① 추상적 관념에 구체적 이미지를 부여함
  ② 소망을 나타내는 간절한 어조를 사용함
  ③ 반복과 변화를 통해 의미가 점층적, 심층적으로 확대됨

내가 그의 이름을 불러 주기 전에는
　　인식의 대상　　　의미를 부여하기 전

그는 다만

하나의 몸짓에 지나지 않았다.　　　　　　　　　▶ 인식 이전의 무의미한 상태
　　　의미 없는 존재

내가 그의 이름을 불러 주었을 때
　　　　의미 부여, 존재를 인식하는 행위

그는 나에게로 와서

꽃이 되었다.　　　　　　　　　　　　　　　　▶ 명명에 의해 의미를 부여받은 존재
의미 있는 존재

내가 그의 이름을 불러 준 것처럼

나의 이 빛깔과 향기에 알맞은

누가 나의 이름을 불러 다오.
　　　　존재의 본질 구현에 대한 열망

그에게로 가서 나도

그의 꽃이 되고 싶다.　　　　　　　　　　　　▶ 의미 있는 존재가 되고 싶은 '나'
의미 있는 존재가 되고 싶은 소망

우리들은 모두

무엇이 되고 싶다.
상호 의미 있는 존재

너는 나에게 나는 너에게

잊혀지지 않는 하나의 눈짓이 되고 싶다.　　　　▶ 존재의 의미를 인정받고 싶은 '우리'
　　　　　상호 의미 있는 존재

한눈에 감 잡기

1. '꽃'의 상징적 의미
- 시인의 관념을 대변하는 추상적 존재
- 명명에 의해 의미를 부여받은 존재

2. 시상 전개 과정

몸짓		꽃		눈짓
의미 없는 존재	→	의미 있는 존재	→	상호 의미 있는 존재

3. '이름 부르기'의 의미
- 대상에 처음 의미를 부여하는 것
- 대상의 존재를 인식하는 행위이자 '나'에게 의미 있는 존재로 받아들이는 것

✔ 바로바로 CHECK

01 이 시에 대한 설명으로 알맞지 <u>않은</u> 것은?

① 인식의 주체가 점층적으로 확대되고 있다.
② '꽃'이라는 상징을 통해 존재와 인식의 관계를 탐구하고 있다.
③ 유사한 문장 구조를 반복하여 관계 맺음의 소망을 강조하고 있다.
④ 과거의 행동을 반성하고 성찰하고자 하는 화자의 태도가 드러나 있다.

해설 화자는 존재와 인식의 관계를 고찰하고, 이를 바탕으로 존재들 사이의 진정한 관계 맺음을 소망하고 있다.

02 이 시에 사용된 시어의 의미가 바르게 연결되지 <u>않은</u> 것은?

① 나 – 화자가 관계 맺고자 하는 대상
② 하나의 몸짓 – 무의미한 존재
③ 꽃 – 의미 있는 존재
④ 눈짓 – 상호 의미 있는 존재

해설 '나'는 화자로 인식의 주체이며, '그(너)'가 인식하고자 하는 대상인 객체가 된다.

정답 01. ④ 02. ①

12 농무

– 신경림

☑ 핵심정리

- **갈래** : 자유시, 서정시, 농민시
- **성격** : 사실적, 비판적
- **제재** : 농무
- **주제** : 농민들의 한과 고뇌 어린 삶

- **특징**
  ① 서사적 시상 전개
  ② 역설적 상황의 설정을 통해 반어적 심리 표출
  ③ 공간의 이동과 시간의 흐름에 따른 구성

징이 울린다 ㉠ 막이 내렸다
　　　　　　쇠락한 농촌의 현실 암시

오동나무에 전등이 매어달린 가설 무대

구경꾼이 돌아가고 난 텅 빈 운동장
　　　　　　　　농촌의 현실 상징(공허감, 소외감)

우리는 분이 얼룩진 얼굴로
　　　① 분장이 얼룩진 얼굴
　　　② 분노로 가득 찬 얼굴

학교 앞 『소줏집에 몰려 ㉡ 술을 마신다』『 』: 현실의 답답함과 고달픔을 잊고자 하는 행동

답답하고 고달프게 사는 것이 원통하다
　　　농민의 소외감과 울분을 직설적으로 표출

▶ (1~6행) 공연이 끝난 후 술을 마심

꽹과리를 앞장세워 장거리로 나서면

『따라붙어 악을 쓰는 건 쪼무래기들뿐

처녀애들은 기름집 담벽에 붙어 서서

철없이 킬킬대는구나』
『 』: 젊은이들이 도시로 떠나고 변해 버린 농촌

▶ (7~10행) 장거리에서의 농악과 서글픔

보름달은 밝아 어떤 녀석은

꺽정이처럼 울부짖고 또 어떤 녀석은
소설 '임꺽정'의 주인공 → 현실에 저항하는 삶

서림이처럼 해해대지만 이까짓
권력에 붙어 임꺽정을 배신한 인물 → 현실에 타협하는 삶

산구석에 처박혀 발버둥친들 무엇하랴
　　　　노력해도 나아지지 않는 현실에 대한 분노

㉢ 비료값도 안 나오는 농사 따위야
　　　　농촌의 구조적 모순

아예 여편네에게나 맡겨 두고

▶ (11~16행) 피폐한 농촌 현실에 대한 울분

쇠전을 거쳐 도수장 앞에 와 돌 때
　　　　　도살장

『우리는 점점 ㉣ 신명이 난다』『　』: 반어법, 암담한 현실에 대한 농민의 분노가 격해짐

『한 다리를 들고 날라리를 불꺼나

고갯짓을 하고 어깨를 흔들꺼나』『　』: 분노와 한을 춤(농무)으로 분출　　▶ (17~20행) 농무를 통해 분노와 한을 표출

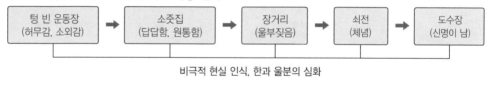

한눈에 감 잡기

1. 작품 속에서 '농무'의 성격

1960~1970년대 농촌의 비극적인 현실과 농민의 울분을 역설적으로 나타내는 소재로, 현실에 대한 의지를 드러낸다. 또한 농민들의 울분을 풀어내는 집단적인 신명 풀이의 성격을 지닌다.

2. 시어의 의미

텅 빈 운동장	농촌에서 느끼는 쓸쓸함, 소외감, 허탈감 등을 반영
쇠전, 도수장	허물어져 가는 농촌 공동체의 활력을 암시하는 공간
신명	농민들의 절망과 울분의 정서를 '농무의 신명'이라는 역설적 상황을 통해 드러냄

3. 공간의 이동과 시간의 흐름에 따른 시상 전개

텅 빈 운동장 (허무감, 소외감) → 소줏집 (답답함, 원통함) → 장거리 (울부짖음) → 쇠전 (체념) → 도수장 (신명이 남)

비극적 현실 인식, 한과 울분의 심화

✔ 바로바로 CHECK

01 이 시를 읽고 난 후 독자의 반응으로 알맞지 않은 것은?

① 농촌의 안타까운 현실을 알게 되었다.
② 농민들이 간직한 한이 강하게 느껴졌다.
③ 농촌 문제에 대해 관심을 가지게 되었다.
④ 농민들의 가부장적 모습을 엿볼 수 있었다.

해설 이 시에는 농민들의 가부장적 모습이 드러나지 않는다.

02 ㉠~㉣에 대한 설명으로 잘못된 것은?

① ㉠ – 자조적(自嘲的) 한탄의 분위기를 암시
② ㉡ – 답답하고 원통한 마음의 표출
③ ㉢ – 가난이 사회 구조의 모순 때문임을 암시
④ ㉣ – 힘겨운 노동으로 인한 삶의 고뇌를 표현

해설 ㉣은 농촌의 암담한 현실에 대한 농민들의 분노를 표현한 것이다.

정답 01. ④　02. ④

13 우리가 물이 되어

– 강은교

☑ 핵심정리

• **갈래** : 자유시, 서정시

• **성격** : 의지적, 상징적

• **제재** : 물과 불

• **주제** : 순수한 마음으로 만나는 삶, 생명력이 충만하고 청정한 삶의 추구

• **특징**
① 현재와 미래의 대비, '물'과 '불'의 대립적인 이미지를 통해 시상을 전개함
② 가정법 형식의 문장(~다면), 청유형(만나자)과 명령형(오라) 문장을 사용하여 간절한 소망을 표현함

우리가 물이 되어 (만난다면) / 가문 어느 집에선들 좋아하지 않으랴.
<small>생명력과 정화력을 지닌 존재   메마르고 비정한 현대 사회의 모습   ◯ : 가정법을 통해 화자의 간절한 소망 표현</small>

우리가 키 큰 나무와 함께 서서
<small>넉넉한 모습의 생명력을 지닌 존재</small>

우르르 우르르 비 오는 소리로 (흐른다면).   ▶ 물이 되어 만날 것을 기대하는 마음
<small>음성 상징어, 생동감</small>

흐르고 흘러서 저물녘엔 / 저 혼자 깊어지는 강물에 누워   강물
<small>삶을 성찰하는 시간</small>   ↓ 공간의 확장

죽은 나무 뿌리를 적시기도 (한다면). / 아아, 아직 처녀(處女)인   바다
<small>척박하고 메마른 현실   순수한 상태</small>

부끄러운 바다에 (닿는다면).   ▶ 물이 되어 바다에 닿고 싶은 마음
<small>이상, 소망의 세계(순수한 생명력의 상징)</small>

그러나 지금 우리는 / 불로 만나려 한다.
<small>파괴와 소멸, 죽음의 이미지 ⇔ 물</small>

벌써 숯이 된 뼈 하나가
<small>불로 인해 파괴된 것</small>

세상에 불타는 것들을 쓰다듬고 있나니   ▶ 불이 되어 만나려는 현재의 상황
<small>황폐화된 세상에 대한 시적 화자의 안타까움</small>

만 리 밖에서 기다리는 그대여

저 불 지난 뒤에 / 흐르는 물로 만나자.
<small>부정적인 것들이 소멸한 뒤   조화와 합일, 충만한 생명력</small>

푸시시 푸시시 불 꺼지는 소리로 말하면서 / 올 때는 인적(人跡) 그친
<small>갈등과 대립이 사라지기 시작함   원시적 순수함을 간직한</small>

㉠ 넓고 깨끗한 하늘로 오라.   ▶ 불이 지난 뒤 만나고자 하는 마음
<small>완전한 합일의 세계, 생명력 넘치는 세계</small>

한눈에 감 잡기

1. '물'과 '불'의 대립적 이미지

화자가 소망하는 세상		화자가 살고 있는 현실의 안타까움
물(생명, 화합, 정화), 키 큰 나무, 비, 강물, 바다, 흐르는 물	⟷	불(죽음, 파괴, 소멸), 죽은 나무 뿌리, 숯이 된 뼈, 불타는 것들

2. 작품 속 '현실'의 모습

'가문 어느 집'		'넓고 깨끗한 하늘'
현대 사회의 삭막함(무관심, 이기주의, 물질 만능주의)으로 인해 메마르고 비정한 삶의 모습	⟷	완전한 합일과 충만한 생명력이 넘치는 세계 ('물'이 가진 정화력과 생명력으로부터 부정적인 것들을 사라지게 한 후 도래하는 밝은 미래)

3. '물'의 원형적 이미지

'정화와 재생, 생명, 순수, 시간의 흐름, 죽음' 등이 '물'이 가지는 원형적 이미지이다. 이 시에서는 고립된 개체들을 '우리'로 합일시킬 수 있는 매개체이자 죽어 가는 것들을 포용하는 생명과 정화의 힘, 비인간적인 불순물들을 떨쳐 버리는 순수함 등의 의미로 사용되었다.

✔ 바로바로 CHECK

01 이 시에 대한 설명으로 알맞지 않은 것은?

① 역설적 표현을 통해 소망을 강조하고 있다.
② 대립적인 이미지를 가진 시어를 통해 주제를 강조하고 있다.
③ 일상적인 시어에 상징적인 의미를 부여하고 있다.
④ 가정의 형식을 통해 화자의 바람을 나타내고 있다.

해설 이 시에는 역설법은 쓰이지 않았다.

02 밑줄 친 ㉠의 의미로 알맞지 않은 것은?

① 새로운 만남의 공간
② 완전한 합일과 생명력이 충만한 공간
③ 시적 화자가 궁극적으로 지향하는 공간
④ '불'을 거부해야만 만날 수 있는 공간

해설 ㉠은 '불'로 모든 부조리한 것들을 태워 버려야 진정한 합일이 가능하다는 점에서 '불'을 거부해야만 만날 수 있는 공간이라고 할 수는 없다.

정답 01. ① 02. ④

14 슬픔이 기쁨에게

– 정호승

☑ 핵심정리

- **갈래** : 자유시, 서정시
- **성격** : 비판적, 의지적, 상징적
- **제재** : 소외된 이웃들의 슬픔
- **주제** : 이기적인 삶에 대한 반성과 소외된 이웃에 대한 사랑과 관심의 촉구

- **특징**
  ① '슬픔'을 시적 화자로 설정하여 청자인 '기쁨'에게 말하는 형식
  ② 역설적 표현으로 슬픔의 의미와 가치를 되새기고 있음
  ③ '~겠다'는 단호한 어조로 주제를 강조함

나는 이제 너에게도 슬픔을 주겠다. ◯ : 각운(~겠다)의 반복으로 화자의 의지 강조
시적 화자 = 슬픔 └ 소외된 이웃에 무관심한 존재 = 기쁨

사랑보다 소중한 슬픔을 주겠다.
사랑보다 더 가치 있는 슬픔(역설적 표현)

겨울밤 거리에서 귤 몇 개 놓고

살아온 추위와 떨고 있는 할머니에게
　　　　　　소외된 존재 1

귤 값을 깎으면서 기뻐하던 너를 위하여
　　　자신의 이익만을 추구하는 이기적인 존재

나는 슬픔의 평등한 얼굴을 보여 주겠다. ▶ 1~6행 이기적인 너에게 슬픔을 보여 주고자 함
　　슬픔도 기쁨만큼이나 소중하다는 인식을 보여 줌

『내가 어둠 속에서 너를 부를 때

단 한 번도 평등하게 웃어 주질 않은』『 』: 도움이 필요한 이웃을 외면하며 사는 삶

가마니에 덮인 동사자가 다시 얼어 죽을 때
　　　　　소외된 존재 2

가마니 한 장조차 덮어 주지 않은
최소한의 관심과 사랑

무관심한 너의 사랑을 위해
　　인정이 메마른 이기심

흘릴 줄 모르는 너의 눈물을 위해
　　　　　　타인에 대한 사랑과 관심

나는 이제 너에게도 기다림을 주겠다. ▶ 7~13행 무관심한 너에게 기다림을 주고자 함
　　　　긍정적 가치

이 세상에 내리던 함박눈을 멈추겠다.
　　　　가난하고 소외된 사람들의 시련이나 고통

보리밭에 내리던 봄눈들을 데리고 / 추워 떠는 사람들의 슬픔에게 다녀와서
　　　행복과 따뜻함의 상징

눈 그친 눈길을 너와 함께 걷겠다. / 슬픔의 힘에 대한 이야길 하며

기다림의 슬픔까지 걸어가겠다. ▶ 14~19행 진정한 사랑을 위해 너와 함께 걸어가고자 함
　　소외된 이웃의 슬픔이 극복될 때까지

한눈에 감 잡기

1. 시의 구조

화자		이기적인 '너'		이기적인 삶 반성
소중한 슬픔을 보여 주고자 함	비판	소외된 이웃에 무관심한 존재	깨달음, 반성	더불어 사는 삶 추구

2. '기쁨'과 '슬픔'의 의미

기쁨(청자)		슬픔(화자)
• 부정적 가치 • 타인의 아픔에 무관심 • 자신만을 생각하는 이기심	➡	• 긍정적 존재 • 소외된 이웃과 더불어 살아가는 따뜻한 마음 • 청자를 변화시켜 모두가 함께 행복할 수 있기를 바람

3. '사랑보다 소중한 슬픔'에 담긴 역설

이 시에서 '사랑'은 소외된 이웃에게 무관심한 이기적 의미인 것에 비해, '슬픔'은 소외된 이웃에 대한 연민과 애정을 말한다. 즉, '슬픔' 속에는 우리 사회의 힘없고 가난한 이들에 대한 동정과 연민, 이해와 배려가 들어 있으므로 이기적인 사랑보다 소중한 존재가 되는 것이다.

✔ 바로바로 CHECK

01 이 시에 대한 설명으로 적절하지 않은 것은?

① 슬픔을 화자로 기쁨을 청자로 설정하여 전개하고 있다.
② 과거의 나태했던 삶에 대한 반성적 태도가 드러나 있다.
③ 더불어 사는 삶을 지향하는 내용을 담고 있다.
④ 문장 구조의 반복을 통해 화자의 의지를 드러내고 있다.

해설 과거의 나태했던 삶에 대한 반성적 태도는 드러나 있지 않다.

02 이 시의 내용으로 보아, 제목의 '기쁨'이 의미하는 바로 적절한 것은?

① 고통을 벗어나는 기쁨
② 가진 자들이 누리던 기쁨
③ 더불어 살아가는 삶의 기쁨
④ 진정한 기쁨이 무엇인지 모르는 기쁨

해설 이 시의 화자는 '너'의 기쁨이 진정한 기쁨이 아니라고 말하고 있다. 타인의 고통을 외면하고 자신의 행복만을 추구한 결과이기 때문이다.

정답 01. ② 02. ④

교과 연계 작품 🎵 봄 길

– 정호승

✔ 핵심정리

- **갈래** : 자유시, 서정시
- **성격** : 긍정적, 희망적, 의지적
- **제재** : 봄 길
- **주제** : 스스로 사랑이 되어 이별을 극복하는 태도

- **특징**
  ① '～이 있다'라는 단정적 어조의 반복을 통해 절망을 극복할 수 있음을 강조함
  ② 어떤 어려움도 극복할 수 있다는 의지적 자세를 보여 줌

✔ 바로바로 CHECK

다음 중 함축적 의미가 가장 이질적인 구절은?

① 길이 끝나는
② 강물은 흐르다가 멈추고
③ 꽃잎은 흩어져도
④ 사랑으로 남아 있는

해설 ④는 부정적인 상황을 극복하고 사랑과 희망을 지닌 삶을, ①·②·③은 절망적인 현실을 의미한다.

정답 ④

길이 끝나는 곳에서도
　　절망적 현실

길이 있다
역설법, 어떤 절망적인 현실이라도 극복 가능성이 있음을 제시함

길이 끝나는 곳에서도

길이 되는 사람이 있다
　　절망적 현실을 극복하려는 존재

스스로 봄 길이 되어
　　긍정적·희망적 가치

끝없이 걸어가는 사람이 있다
　　노력으로 절망적 현실을 극복하는 존재

강물은 흐르다가 멈추고
지상의 모든 것과 단절된 절망적 현실

새들은 날아가 돌아오지 않고
　　천상의 모든 것과 단절된 절망적 현실

하늘과 땅 사이의 모든 꽃잎은 흩어져도
　　　　　　　사랑이 끝남, 큰 시련을 의미

보라
명령형 어미를 사용하여 화자의 의지 강조

사랑이 끝난 곳에서도

사랑으로 남아 있는 사람이 있다
　　절망적 현실을 극복한 존재

스스로 사랑이 되어

한없이 봄 길을 걸어가는 사람이 있다

▶ 1~6행 절망을 극복하고 새로운 봄 길을 찾음

▶ 7~9행 사랑이 소멸된 절망적 현실

▶ 10~14행 사랑마저 소멸된 극한 상황에서도 사랑을 찾음

※ 다음 글을 읽고 물음에 답하시오. (1~5)

가 넓은 벌 동쪽 끝으로
옛 이야기 지줄대는 실개천이 휘돌아 나가고,
얼룩백이 황소가
해설피 ⊙금빛 게으른 울음을 우는 곳,
––– 그 곳이 차마 꿈엔들 잊힐 리야. 〈중략〉

흙에서 자란 내 마음 / ⓛ파아란 하늘빛이 그리워
함부로 쏜 화살을 찾으려
풀섶 이슬에 함추름 휘적시던 곳,
––– 그 곳이 차마 꿈엔들 잊힐 리야. 〈중략〉

ⓒ하늘에는 성근 별
알 수도 없는 모래성으로 발을 옮기고,
서리 까마귀 우지짖고 지나가는 초라한 지붕,
ⓔ흐릿한 불빛에 돌아앉아 도란도란거리는 곳,
––– 그 곳이 차마 꿈엔들 잊힐 리야.

나 명절날 나는 엄매 아배 따라 우리집 개는 나를 따라
진할머니 진할아버지 있는 큰집으로 가면 〈중략〉
  배나무접을 잘하는 주정을 하면 토방돌을 뽑는, 오리
치를 잘 놓는, 먼 섬에 반디젓 담그러 가기를 좋아하는
삼춘, 삼춘 엄매, 사춘 누이, 사춘 동생들이 그득히들
할머니 할아버지가 안간에들 모여서 방안에서는 새 옷
의 내음새가 나고 또 인절미, 송구떡, 콩가루차떡의 내
음새도 나고, 끼때의 두부와 콩나물과 뽁은 잔디와 고
사리와 도야지비계는 모두 선득선득하니 찬 것들이다.

가
정지용, 「향수」

나
백석, 「여우난 골족」

01 ⊙~ⓔ 중 공감각적 심상이 나타난 것은?

① ⊙   ② ⓛ
③ ⓒ   ④ ⓔ

01
⊙ 공감각적 심상
ⓛ, ⓒ, ⓔ 시각적 심상

ANSWER
01. ①

02 (가)에 대한 특징으로 알맞은 것은?

기출

① 반어적 표현으로 현실의 모순을 드러낸다.
② 감정을 절제하여 대상을 객관적으로 표현한다.
③ 표면에 드러나지 않은 화자가 대상을 관찰한다.
④ 후렴구를 사용하여 시 전체에 통일된 인상을 준다.

03 (가)와 (나)의 공통적 성격으로 알맞지 <u>않은</u> 것은?

① 향토적   ② 의지적
③ 서정적   ④ 회상적

04 (나)의 표현상 특징으로 알맞지 <u>않은</u> 것은?

① 유년 시절의 체험을 산문 형식으로 서술하였다.
② 감각적 심상을 사용하여 상황을 생생하게 제시하였다.
③ 현재 시제를 활용하여 시적 상황을 생동감 있게 표현하였다.
④ 시간적·공간적 배경 묘사를 통해 애상적 분위기를 형성하였다.

05 (나)에서 가장 중점적으로 형상화하고 있는 것은?

① 역사적 시련으로 고통받는 민중
② 농촌 사회의 음식 문화와 세시 풍속
③ 농촌 공동체의 풍요롭고 흥겨운 모습
④ 명절날 한 자리에 모이는 친척들의 갈등

02
'그 곳이 차마 꿈엔들 잊힐 리야'라는 후렴구의 반복은 시 전체에 통일된 인상을 부여한다.

03
(가), (나)는 향토적 서정성이 강하게 드러나는 시로서 회상을 통해 대상을 그려내고 있다.

04
명절을 맞은 사람들의 유대감과 풍성한 분위기가 드러나며 애상적 분위기는 적절하지 않다.

05
(나)는 명절날 큰집에서 많은 친척들이 모여 흥겹게 지내는 상황을 제재로 하며 농촌 공동체의 삶에 초점이 맞추어진 작품이다.

ANSWER
02. ④   03. ②   04. ④   05. ③

※ 다음 글을 읽고 물음에 답하시오. (6~10)

가 죽는 날까지 하늘을 우러러
　　한 점 부끄럼 없기를,
　　잎새에 이는 바람에도
　　나는 괴로워했다.
　　별을 노래하는 마음으로
　　모든 죽어가는 것을 사랑해야지.
　　그리고 나한테 주어진 길을
　　걸어가야겠다.

　　오늘 밤에도 별이 바람에 스치운다.

나 까마득한 날에 / 하늘이 처음 열리고
　　어데 닭 우는 소리 들렸으랴.

　　모든 산맥들이 / 바다를 연모(戀慕)해 휘달릴 때도
　　차마 이곳을 범하던 못하였으리라.

　　끊임없는 광음(光陰)을 / 부지런한 계절이 피어선 지고
　　큰 강물이 비로소 길을 열었다.

　　지금 눈 나리고 / 매화 향기 홀로 아득하니
　　내 여기 가난한 노래의 씨를 뿌려라.

　　다시 천고(千古)의 뒤에 / 백마 타고 오는 초인(超人)이
　　있어
　　이 광야에서 목 놓아 부르게 하리라.

가
윤동주, 「서시」

나
이육사, 「광야」

06 **(가)에 대한 설명으로 가장 적절한 것은?**

기출
① 말을 주고받는 형식을 취하고 있다.
② 명사로 끝맺으며 여운을 남기고 있다.
③ 의지를 표현하는 어미를 사용하고 있다.
④ 후렴구를 삽입하여 운율을 형성하고 있다.

06
'~야지, ~겠다' 등의 의지를 표현하는
어미를 사용하고 있다.

ANSWER
06. ③

07 (가)를 영상시로 제작하기 위해 계획한 내용으로 가장 적절하지 **못한** 것은?

① 연우 : 쓸쓸한 분위기가 잘 드러나도록 장면을 구성해야겠어.

② 찬규 : 잎새에 이는 바람에 괴로워하는 화자의 모습을 클로즈업하는 것이 좋겠어.

③ 유신 : 밝고 활기찬 배경음악을 삽입하는 것이 좋겠어.

④ 지혜 : 별은 희망적인 느낌이 들도록 밝고 깨끗하게 그리는 것이 좋겠어.

07
(가)의 주제는 '부끄러움 없는 순결한 삶에 대한 소망'이므로 성찰적·자기 고백적 분위기에 어울리는 잔잔하고 결연한 배경음악을 삽입하도록 한다.

08 (나)에 대한 설명으로 가장 적절한 것은?

기출

① 청자를 부르며 말을 건네고 있다.

② 청유형 어미를 반복적으로 사용하고 있다.

③ 시간의 흐름에 따라 내용이 전개되고 있다.

④ 처음과 마지막 연에 비슷한 구절을 배치하고 있다.

08
'과거, 현재, 미래'의 시간의 흐름에 따라 시상이 전개되고 있다.

09 (나)의 내용에 대한 이해로 적절하지 **않은** 것은?

기출

① 2연에서 '이곳'은 침범할 수 없는 '광야'를 뜻한다.

② 3연에서 계절의 순환이 나타난다.

③ 4연에서 화자는 미래를 위해 노력하려 한다.

④ 5연에서 화자는 초자연적인 존재를 두려워한다.

09
5연의 '백마 타고 오는 초인'은 조국의 광복, 민족의 이상을 실현해 줄 영웅, 미래 역사의 주인공 등을 상징하며 화자의 기다림과 소망의 대상이다.

A N S W E R

07. ③ 08. ③ 09. ④

10 〈보기〉를 참고할 때 (가)의 밤과 의미가 가장 유사한 것
과난도 을 (나)에서 찾으면?

> ┌ 보기 ┐
> 「서시」는 광복 후 간행된 윤동주의 유고 시집 『하
> 늘과 바람과 별과 시』에 수록된 작품으로 일제 강점
> 기 억압적 상황 속에서 겪어야 했던 지식인의 고뇌를
> 노래하고 있다.

① 닭 우는 소리
② 가난한 노래의 씨
③ 눈
④ 백마 타고 오는 초인

10
(가)의 '밤'과 (나)의 '눈'은 일제 강점기의 어두운 현실을 형상화하고 있다.

※ 다음 글을 읽고 물음에 답하시오. (11~16)

> 가 태양을 의논하는 거룩한 이야기는
> 　항상 ㉮태양을 등진 곳에서만 비롯하였다.
>
> 　달빛이 흡사 비 오듯 쏟아지는 밤에도
> 　우리는 헐어진 성터를 헤매이면서
> 　언제 참으로 그 언제 우리 하늘에
> 　오롯한 태양을 모시겠느냐고
> 　가슴을 쥐어뜯으며 이야기하며 이야기하며
> 　가슴을 쥐어뜯지 않았느냐? 〈중략〉
>
> 　그러는 동안에 드디어 서른여섯 해가 지나갔다.
>
> 　다시 우러러보는 이 하늘에
> 　겨울밤 달이 아직도 차거니
> 　오는 봄엔 분수처럼 쏟아지는 태양을 안고
> 　그 어느 언덕 꽃덤불에 아늑히 안겨 보리라.
>
> 나 우리가 물이 되어 만난다면
> 　가문 어느 집에선들 좋아하지 않으랴.
> 　우리가 키 큰 나무와 함께 서서
> 　우르르 우르르 비 오는 소리로 흐른다면.

가
신석정, 「꽃덤불」

나
강은교, 「우리가 물이 되어」

흐르고 흘러서 저물녘엔
저 혼자 깊어지는 강물에 누워
죽은 나무 뿌리를 적시기도 한다면.
아아, 아직 처녀인 / 부끄러운 바다에 닿는다면.

그러나 지금 우리는 / 불로 만나려 한다.
벌써 숯이 된 뼈 하나가
세상에 불타는 것들을 쓰다듬고 있나니

만 리 밖에서 기다리는 그대여
저 불 지난 뒤에 / 흐르는 물로 만나자.
푸시시 푸시시 불 꺼지는 소리로 말하면서
올 때는 인적 그친 / 넓고 깨끗한 하늘로 오라.

11 (가)를 읽고 알 수 있는 내용으로 가장 올바른 것은?

① 화자는 현실 상황에 만족하고 있다.

② 화자는 친일 행위에 대한 처벌을 주장하고 있다.

③ 화자는 새로운 민족 국가 건설을 열망하고 있다.

④ 화자는 조국 독립을 포기한 것에 대해 안타까워하고 있다.

11
화자는 광복의 기쁨과 새로운 민족 국가 건설의 소망을 보이고 있다.

12 〈보기〉의 ㉠~㉣ 중 ㉮와 그 의미가 가장 유사한 것은?

> ┌ 보기 ┐
> ㉠신새벽 뒷골목에 / ㉡네 이름을 쓴다 민주주의여
> 내 머리는 너를 잊은 지 오래
> 내 발길은 너를 잊은 지 너무도 너무도 오래
> 오직 한 가닥 있어 / ㉢타는 가슴 속 목마름의 기억이
> ㉣네 이름을 남몰래 쓴다 민주주의여

12
㉮의 암담한 현실 상황은 ㉠과 유사한 의미를 지닌다.

① ㉠   ② ㉡

③ ㉢   ④ ㉣

ANSWER
11. ③ 12. ①

13 (가)의 밑줄 친 시어 중 그 이미지가 같은 것끼리 묶인 것은?

① 봄 – 겨울　　　　② 태양 – 밤

③ 겨울 – 밤　　　　④ 밤 – 꽃덤불

13
• 겨울, 밤 : 어둡고 부정적인 이미지
• 태양, 봄, 꽃덤불 : 밝고 희망찬 이미지

14 (나)의 시상 전개에 대한 설명으로 알맞지 <u>않은</u> 것은?

① 1연 – 물이 되어 만나기를 소망함

② 2연 – 물이 되어 바다에서 만나길 소망함

③ 3연 – 불로 만나려는 상황에 대해 거부함

④ ‘물 → 강물 → 바다 → 불 → 하늘’로 시상이 전개됨

14
3연에서는 불이 되어 만나려는 현재의 상황이 드러난다.

15 (나)의 표현상의 특징으로 적절하지 <u>않은</u> 것은?

기출

① 설의적 표현으로 화자의 생각을 강조하고 있다.

② 가정법을 반복하여 소망의 간절함을 표현하고 있다.

③ 명령형으로 종결하여 화자의 불안감을 드러내고 있다.

④ 의성어를 사용하여 상황을 더욱 실감나게 표현하고 있다.

15
‘넓고 깨끗한 하늘로 오라’ 명령형을 사용하여 화자의 간절한 소망과 의지를 나타내고 있다.

16 (가), (나)에 공통적으로 나타나는 시적 화자의 태도는?

① 과거에 대한 성찰과 반성의 태도

② 꿈의 좌절에서 오는 상실감이 드러나는 태도

③ 물질 만능주의 사회의 메마른 인간 관계를 반성하는 태도

④ 부정적 상황이 사라지고 밝은 미래가 도래하기를 염원하는 태도

16
(가) 광복 직후 혼란 극복과 새로운 민족 국가 건설에의 염원
(나) 생명력이 충만한 청정한 삶의 염원

ANSWER
13. ③　14. ③　15. ③　16. ④

※ 다음 글을 읽고 물음에 답하시오. (17~21)

가 산에는 꽃 피네 / 꽃이 피네.
　　갈 봄 여름 없이 / 꽃이 피네.

　　산에 / 산에 / 피는 꽃은
　　저만치 혼자서 피어 있네.

　　산에서 우는 작은 새여,
　　꽃이 좋아 / 산에서 / 사노라네.

　　산에는 꽃 지네 / 꽃이 지네.
　　갈 봄 여름 없이 / 꽃이 지네.

나 진주(晉州) 장터 생물어전에는
　　바닷밑이 깔리는 해 다 진 어스름을,

　　울엄매의 장사 끝에 남은 고기 몇 마리의
　　빛 발(發)하는 눈깔들이 속절없이
　　은전만큼 손 안 닿는 한(恨)이던가
　　울엄매야 울엄매,

　　별밭은 또 그리 멀리
　　우리 오누이의 머리 맞댄 골방 안 되어
　　손 시리게 떨던가 손 시리게 떨던가,

　　진주(晉州) 남강(南江) 맑다 해도
　　오명 가명
　　신새벽이나 밤빛에 보는 것을,
　　울엄매의 마음은 어떠했을꼬,
　　달빛 받은 옹기전의 옹기들같이
　　말없이 글썽이고 반짝이던 것인가.

가
김소월, 「산유화」

나
박재삼, 「추억에서」

17 (가)의 시상 전개 과정을 적절하게 나타낸 것은?

① 탄생 → 좌절 → 희망
② 탄생 → 고독 → 소멸
③ 탄생 → 희망 → 시련
④ 탄생 → 조화 → 보람

17
(가)는 꽃이 피고 지는 자연 현상(탄생과 소멸)을 통해 모든 생명체가 지닌 근원적 고독감을 형상화하였다.

ANSWER
17. ②

18 (가), (나)에 대한 이해로 알맞지 <u>않은</u> 것은?

① (가) – 종결 어미 '–네'의 반복으로 운율을 형성하고 있다.

② (가) – 수미 상관의 방식을 사용해 시적 안정감을 주고 있다.

③ (나) – 향토적인 정감을 주는 시어들을 사용하고 있다.

④ (나) – 촉각적 심상의 사용으로 대상에 대한 슬픔을 표현하고 있다.

19 (나)에서 〈보기〉의 설명에 해당하는 시구로 알맞은 것은?

> **보기**
> • 향토적·토속적인 정감을 느낄 수 있는 표현
> • 슬픔에 젖은 어머니의 눈빛을 비유하고 있는 표현

① 진주 장터

② 진주 남강

③ 오누이의 머리 맞댄 골방 안

④ 달빛 받은 옹기전의 옹기들

20 (나)의 표현과 의미에 대한 토론 내용으로 알맞지 <u>않은</u> 것은?

① 예준 – '해 다 진 어스름'이란 표현이 작품의 슬픈 분위기를 형성하고 있어.

② 성희 – 화자는 어머니의 고달픔을 '은전만큼 손 안 닿는 한'으로 형상화하고 있어.

③ 우현 – '남은 고기 몇 마리의 빛 발하는 눈깔'에서 어머니는 미래에 대한 희망을 발견하고 있어.

④ 경훈 – '별밭은 또 그리 멀리'라는 부분을 통해 소망의 세계가 멀리 있다고 생각하고 있음을 알 수 있어.

18
(나)는 주로 시각적 이미지의 시어들을 통해 어머니의 슬픔과 한을 형상화하고 있다.

19
'옹기전의 옹기들'은 눈물의 이미지로 어머니의 한을 시각적으로 보여 준다.

20
'남은 고기 몇 마리의 빛 발하는 눈깔'은 어머니의 고통과 슬픔을 의미한다.

ANSWER
18. ④ 19. ④ 20. ③

21 **기출** (나)의 내용을 바탕으로 연극을 준비할 때 적절하지 않은 것은?

① 등장인물은 어머니, 아들, 딸로 한다.
② 시간적 배경은 새벽부터 늦은 밤까지로 설정한다.
③ 공간적 배경은 공원, 큰 마루, 저수지를 설정한다.
④ 무대 소품으로는 좌판, 생선, 옹기 등을 준비한다.

21
공간적 배경은 '진주 장터, 골방, 진주 남강' 등으로 설정하는 것이 적절하다.

※ 다음 글을 읽고 물음에 답하시오. (22~25)

> **㉮** 님은 갔습니다. 아아, 사랑하는 나의 님은 갔습니다.
>   ㉠푸른 산빛을 깨치고 단풍나무 숲을 향하여 난 작은 길을 걸어서, ㉡차마 떨치고 갔습니다.
>   황금(黃金)의 꽃같이 굳고 빛나던 옛 맹서는 차디찬 티끌이 되어서 한숨의 미풍에 날아갔습니다.
>   ㉢날카로운 첫 키스의 추억은 나의 운명의 지침을 돌려 놓고, 뒷걸음쳐서 사라졌습니다. 〈중략〉
>   ㉣그러나 이별을 쓸데없는 눈물의 원천을 만들고 마는 것은 스스로 사랑을 깨치는 것인 줄 아는 까닭에, 걷잡을 수 없는 슬픔의 힘을 옮겨서 새 희망의 정수박이에 들어부었습니다.
>   우리가 만날 때에 떠날 것을 염려하는 것과 같이, 떠날 때에 다시 만날 것을 믿습니다. 〈후략〉
>
> **㉯** 길이 끝나는 곳에서도
>   길이 있다.
>   길이 끝나는 곳에서도
>   길이 되는 사람이 있다.
>   스스로 봄 길이 되어
>   끝없이 걸어가는 사람이 있다.
>   강물은 흐르다가 멈추고
>   새들은 날아가 돌아오지 않고
>   하늘과 땅 사이의 모든 꽃잎은 흩어져도
>   보라.
>   사랑이 끝난 곳에서도
>   사랑으로 남아 있는 사람이 있다.
>   스스로 사랑이 되어
>   한없이 봄 길을 걸어가는 사람이 있다.

㉮
한용운, 「님의 침묵」

㉯
정호승, 「봄 길」

ANSWER
21. ③

22 (가)에서 시적 대상에 대한 화자의 태도로 가장 알맞은 것은?

① 무관심에 대한 원망 ② 재회에 대한 확신

③ 이별로 인한 좌절 ④ 운명에 대한 순응

23 (가)의 ㉠~㉣ 중 '슬픔'에서 '희망'으로 시상이 전환되는 부분은?

① ㉠ ② ㉡

③ ㉢ ④ ㉣

24 **기출** (나)의 표현상 특징으로 가장 적절한 것은?

① 동일한 시구를 반복하여 리듬감을 형성하고 있다.

② 반어법을 사용하여 부조리한 현실을 비판하고 있다.

③ 청유형 어미를 사용하여 화자의 의지를 드러내고 있다.

④ 후각적 심상을 사용하여 대상을 감각적으로 표현하고 있다.

25 (가)와 (나)에서 공통적으로 추구하는 삶의 태도로 가장 적절한 것은?

① 종교적 가르침에 따라 살며 운명에 순응하는 태도

② 절망적인 상황에서도 희망을 가지고 살아가는 태도

③ 비통한 현실에 대한 자조적이고 회의적인 태도

④ 고통스러운 현실을 피해 무기력하게 살아가는 태도

22
'떠날 때에 다시 만날 것을 믿습니다'에서 재회의 소망을 엿볼 수 있다.

23
'그러나' 이후 화자는 이별의 슬픔을 새로운 희망으로 전이시키고 있다.

24
'길이 끝나는 곳에서도 길이 있다.' / '길이 끝나는 곳에서도 길이 되는 사람이 있다.'
→ 동일 시구의 반복으로 운율 형성

25
(가)의 시적 화자는 님과 이별한 상황에서도 언젠간 다시 만날 것을 믿고 있으며, (나)의 시적 화자는 길이 끝나는 곳에서도 또 길이 있음을 역설하며 극복의 의지를 보여 주고 있다.

ANSWER
22. ② 23. ④ 24. ① 25. ②

02 고전 시가

1 고전 시가의 이해

(1) 고대 가요

① 개념 : 고대 부족 국가 시대부터 삼국 시대 초기까지 불린 노래를 통틀어 이른다.

② 특징

   ⊙ 입에서 입으로 구전(口傳)되어 오다가, 후대에 한문으로 기록되었다.

   ⓛ 초기 작품은 주로 주술적 · 집단적 성격의 노동요, 의식요이다.

   ⓒ 후기에는 개인적 · 서정적 작품들도 창작되었다.

   ⓔ 주로 배경설화와 함께 전해진다.

③ 주요 작품 : 구지가, 공무도하가, 황조가

(2) 향 가

① 개념 : 삼국 통일(6세기)에서 고려 중기(13세기)까지 향찰(한자의 음과 뜻을 빌려 와 표기)을 사용해 지은 신라의 노래이다.

② 특징

   ⊙ 표기 : 향찰로 표기

   ⓛ 작가층 : 주로 승려, 화랑 등 귀족 계층이 중심

   ⓒ 형식 : 4구체(4줄), 8구체(8줄), 10구체(10줄)

   ⓔ 내용 : 불교, 토속 신앙, 죽은 사람을 기리는 내용, 임금을 그리워하는 노래 등 다양하지만, 부처님의 찬양과 신앙심을 표현한 불교적인 노래가 많다. → 각각의 향가 작품은 배경 설화를 가지고 있음

   ⓜ 의의 : 국문학 사상 최초의 정형화된 서정시

③ 현전 작품

4구체	서동요, 풍요, 헌화가, 도솔가
8구체	모죽지랑가, 처용가 ※ 8구체는 4구체에서 10구체로 발전해 가는 과정에서 생긴 과도기적 형식이다.
10구체	혜성가, 원왕생가, 원가, 제망매가, 찬기파랑가, 안민가, 천수대비가, 우적가, 보현십원가 ※ 10구체는 가장 정제된 형식으로 향가라는 문학 형식의 완성된 형태이다.

(3) 고려 가요(고려 속요)

① 개념 : 고려 시대 평민들이 부르던 민요적 시가를 말한다. → '여요', '장가(長歌)'라고도 부름

② 특징

㉠ 표기 : 고려 때 구전되다가 훈민정음 창제 이후 국문으로 표기

㉡ 형식 : 3음보, 분연체(분절체), 후렴구 발달

㉢ 내용 : 주로 남녀 간의 사랑, 이별의 슬픔, 자연에 대한 예찬 등 평민들의 정서를 진솔하게 표현

③ 주요 작품 : 동동, 청산별곡, 정석가, 가시리, 이상곡, 서경별곡, 만전춘 등

(4) 경기체가

① 개념 : 고려 시대 사대부들이 향유한 노래이다.

② 특징

㉠ 구체적인 사물을 나열하면서 객관적인 설명을 덧붙이는 교술시이다.

㉡ 귀족들의 향락적·풍류적 생활상을 잘 드러낸다.

③ 주요 작품 : 한림별곡

(5) 한 시

① 개념 : 한문으로 이루어진 정형시를 말한다. 원래 중국의 전통 시가이지만 우리 민족의 사상과 감정을 표현하기 위해 선조들이 중국의 한시 작법에 따라 지은 것이다.

② 특징

㉠ 형식 : 5글자로 된 오언과 7글자로 된 7언이 있음 → 4행이면 '절구', 8행이면 '율시'

㉡ 작가층 : 지배 계층 → 한자를 알아야 지을 수 있음

     © 의의 : 한글이 주된 표기 수단으로 인정받기 전까지 한문을 주로 사용하던 상류층의 깊은 정신세계를 표출하던 문학 갈래

  ③ **주요 작품** : 정지상의 '송인', 최치원의 '추야우중' 등

(6) 시 조

  ① **개념** : 3장 6구 45자 내외의 형식을 지닌 우리나라 고유의 시를 말한다.

  ② **형식**

     ㉠ 초장, 중장, 종장 3장으로 구성되어 있다.

     ㉡ 종장의 첫 음보가 3글자로 고정되어 있다.

     ㉢ 3·4조의 글자 수 반복, 4음보의 규칙적인 운율을 지닌다.

  ③ **종류**

     ㉠ 평시조 : 3장 6구 45자 내외의 기본 형식을 갖춘 시조

     ㉡ 엇시조 : 평시조의 초장, 중장, 종장 중 어느 한 장이 한 구 길어진 형태의 시조

     ㉢ 사설시조 : 평시조보다 두 구 이상이 길어진 형태의 시조

     ㉣ 연시조 : 2수 이상의 시조를 나열하여 한 편의 작품을 완성한 시조

(7) 가 사

  ① **개념** : 조선 시대 사대부들이 시조보다는 좀 더 긴 형식으로 자신의 생각을 자유롭게 표현하기 위해 창안한 것으로, 운문과 산문의 중간적 형태를 띠고 있는 조선 시대 대표적인 시가 문학이다.

  ② **특징**

     ㉠ 형식 : 3(4)·4조, 4음보 연속체 → **행수에 제한 없음**

     ㉡ 내용 : 군은(君恩), 연군(戀君), 자연을 즐기며 여유롭게 사는 생활, 안빈낙도(安貧樂道) 등

     ㉢ 의의 : 형식적 요건이 단순하여 시조와 더불어 전 계층이 향유한 조선 시대 대표적인 시가 문학

  ③ **주요 작품** : 관동별곡, 사미인곡, 속미인곡, 성산별곡, 상춘곡, 면앙정가, 규원가, 누항사, 일동장유가, 농가월령가 등

(8) 민 요

① **개념** : 민중 속에서 생성되고 향유되어 민중들의 삶을 담고 있는 모든 구비 시가를 말한다.

② **형식**

ㄱ 3·4조 또는 4·4조

ㄴ 3음보 또는 4음보

ㄷ 연속체의 긴 노래로서 대개 후렴이 붙어 있다.

③ **내용** : 생활상의 고뇌, 일하는 즐거움과 보람, 민중들이 일상생활에서 겪는 삶의 정한, 남녀의 애틋한 사랑 등

④ **주요 작품** : 시집살이 노래, 아리랑 등

(9) 언 해

① **개념** : 조선 시대 훈민정음 창제 이후 한문으로 된 책을 한글로 번역한 것을 말한다.

② **특징**

ㄱ 대표 작품인 '두시언해'의 시들은 한시와 동일한 형식을 갖추고 있다.

ㄴ 주제 : 대부분 유교적이고 우국적인 주제 → 나라를 걱정하거나 고향에 돌아가고 싶은 욕망 등

③ **의의**

ㄱ 우리말 문학을 발전시키는 중요한 계기가 되었다.

ㄴ 중국 문학의 소개, 우리 문학과의 비교·연구 등에 이바지하였다.

ㄷ 근세 전기 국어 연구에 귀중한 자료가 되고 있다. → 월인석보(세조), 두시언해(성종)

④ **주요 작품** : 두시언해

2 고전 시가 작품 감상

[고대 가요]

✳ 공무도하가

– 백수광부의 아내

☑ 핵심정리

• **갈래** : 고대 가요
• **성격** : 개인적, 서정적, 애상적, 체념적
• **제재** : 임의 죽음
• **주제** : 사랑하는 임을 여읜 슬픔과 한

• **특징**
① 집단 가요에서 개인적 서정시로 넘어가는 과도기의 작품
② '물'의 상징적 의미 변화에 따른 시상 전개
③ 이별에 대한 '한'의 정서

임이여 물을 건너지 마오.
백수광부 임에 대한 사랑

임이 그예 물을 건너시네.
임과의 이별(이승과 저승의 경계)

물에 빠져 돌아가시니
임의 죽음

이제 임을 어이할꼬.

▶ (기) 강을 건너는 임을 만류함(애원)

▶ (승) 물을 건너는 임의 모습(초조)

▶ (전) 임이 물에 빠져 죽음(슬픔)

▶ (결) 임의 죽음에 대한 한탄(체념)

✔ 바로바로 CHECK

이 시의 시상 전개에 따른 화자의 정서 변화로 적절한 것은?

① 불안 → 한탄 → 체념 → 원망
② 애원 → 초조 → 슬픔 → 체념
③ 초조 → 애원 → 슬픔 → 한탄
④ 슬픔 → 초조 → 체념 → 원망

해설 시적 화자는 강을 건너 죽음에 이른 임을 지켜보며 '애원 → 초조 → 슬픔(비애) → 체념(한탄)'의 정서적 변화를 겪고 있다.

 정답 ②

한눈에 감 잡기

1. '공무도하가'의 배경 설화

　　고조선의 뱃사공인 곽리자고가 어느 날 새벽에 배를 저어 가다가, 흰 머리를 풀어헤친 백수광부(白首狂夫)가 술에 취해 강을 건너는 장면을 보게 되었다. 백수광부의 아내는 쫓아가며 말렸으나 남편은 말을 듣지 않다가 결국 죽고 말았다. 이에 아내는 공후(箜篌)를 가져와 타며 공무도하(公無渡河)를 지어 부른 뒤 강물에 몸을 던져 죽었다. 곽리자고가 집에 돌아와 아내 여옥에게 이야기를 들려주니 여옥이 그 노래를 따라 연주하였는데 듣는 이가 모두 슬퍼하였다.

2. 물의 의미 변화

사랑(1행) ➡ 이별(2행) ➡ 죽음(3행)

심화학습 이별의 정한을 다룬 작품들

공무도하가	고대 가요	남편의 죽음에 대한 슬픔
정읍사	백제 가요	집을 나가 돌아오지 않는 남편에 대한 그리움
가시리	고려 가요	떠나간 임에 대한 그리움과 재회에 대한 기약
서경별곡	고려 가요	이별을 거부하고 임과 함께 하고자 하는 적극적 의지 표현
진달래꽃	현대시	이별의 상황에서 자기 희생적 자세로 임에 대한 사랑을 역설

[향가]

01 제망매가(祭亡妹歌)
– 월명사

☑ 핵심정리

- **갈래** : 10구체 향가(사뇌가)
- **성격** : 추모적, 애상적, 종교적, 비유적
- **제재** : 누이의 죽음
- **주제** : 죽은 누이에 대한 추모

- **특징**
  ① 혈육 간의 이별을 자연의 섭리에 빗대어 표현함
  ② 누이의 죽음으로 인한 슬픔을 종교적으로 승화하여 극복하려는 의지가 드러남
  ③ 비유를 통해 시상을 구체화함

생사로(生死路)는
예 이샤매 저히고
　이승　　　두려워하고
㉠ 나는 가는다 말ㅅ도
　죽은 누이
몯다 닏고 가느닛고　　　　　　　　　　▶ [1~4구] 죽은 누이에 대한 추모의 마음
어느 ᄀᆞ울 이른 ᄇᆞᄅ매
　　　누이의 때 이른 죽음(요절)
이에 뎌에 ㉡ 떠딜 닙다이
　　　　누이의 죽음을 형상화. 직유법
㉢ ᄒᆞᄃᆞᆫ 가재 나고
　같은 부모. 은유법
가논 곧 모두온뎌　　　　　　　　　　　▶ [5~8구] 누이의 죽음을 통해 느끼는 삶의 무상함
아으 미타찰(彌陀刹)애 맛보올 ㉣ 내
시상 전환　　┗ 불교의 극락세계. 서방 정토
도(道) 닷가 기드리고다　　　　　　　　▶ [9~10구] 슬픔의 종교적 승화
　　　슬픔을 종교적으로 승화

✎ 현대어 풀이

삶과 죽음의 길은 / 여기(이승)에 있음에 머뭇거리고
나(죽은 누이)는 간다는 말도 / 못다 이르고 가는가?
어느 가을 이른 바람에(누이의 요절) / 여기저기에 떨어진 나뭇잎처럼,
같은 나뭇가지(같은 부모)에 나고서도 / (네가) 가는 곳을 모르겠구나.
아아, 극락에서 만나 볼 나는 / 불도(佛道)를 닦으며 기다리겠노라.

한눈에 감 잡기

1. '제망매가'의 배경 설화

월명이 일찍이 죽은 누이를 위하여 49재를 올리며 향가를 지어 제사 지냈더니 갑자기 바람이 불어 지전(紙錢 : 종이돈, 저승에 갈 때 쓰는 돈)을 서쪽으로 날려 버렸다고 한다.

2. 3단 구성의 시상 전개

1~4구(현재)		5~8구(과거)		9~10구(미래)
• 누이의 죽음을 마주 대한 화자의 안타까움 • 혈육의 정	→	누이의 죽음에서 느끼는 안타까움과 인생무상	→	• 불교적 믿음을 통한 재회의 다짐 • 슬픔의 종교적 승화

3. 시어의 비유적 표현의 의미

시 어	비유적 의미
이른 ᄇᆞᄅ매(이른 바람)	예기치 못한 누이의 이른 죽음(요절)
뼈딜 닙(떨어질 잎)	죽은 누이(언젠가 죽을 수밖에 없는 인간의 운명을 인식하는 계기)
ᄒᆞᄃᆞᆫ 가재(한 가지)	한 부모(화자와 누이의 부모)

✔ 바로바로 CHECK

01 이 시에서 시적 화자의 어조 변화로 알맞은 것은?

① 안타까움 → 한탄 → 의지
② 절망 → 안타까움 → 좌절
③ 호소 → 의지 → 안타까움
④ 슬픔 → 의지 → 안타까움

해설 죽은 누이에 대한 안타까움 → 혈육의 죽음에서 느끼는 삶의 무상함에 대한 한탄 → 불교적 믿음을 통한 재회를 다짐하며 슬픔을 극복하려는 의지

02 밑줄 친 ㉠~㉣에 대한 설명으로 알맞지 않은 것은?

① ㉠ – 누이 동생
② ㉡ – 가을의 낙엽
③ ㉢ – 같은 부모
④ ㉣ – 시적 화자인 월명사

해설 ㉡ '떨어질 잎'은 죽은 누이를 의미한다.

03 이 시에 대한 설명으로 적절하지 않은 것은?

① 1~4구 – 대상에 대한 추모의 정을 표현했다.
② 5~6구 – 누이의 죽음을 비유적으로 드러내고 있다.
③ 7~8구 – 시적 화자와 대상과의 혈연적 관계가 드러나 있다.
④ 9~10구 – 죽음에 대한 두려움을 종교적으로 승화시키고 있다.

해설 누이의 죽음으로 인한 슬픔을 종교적으로 승화시키려는 의지를 보여 주고 있다.

정답 01. ① 02. ② 03. ④

02 찬기파랑가

– 충담사

☑ 핵심정리

- **갈래** : 10구체 향가(사뇌가)
- **성격** : 추모적, 애상적, 서정적, 예찬적
- **제재** : 기파랑의 인격
- **주제** : 기파랑의 고매한 인품에 대한 예찬

- **특징**
  ① 고도의 비유와 상징이 나타남
  ② 대상의 특성을 자연물을 통해 구체적으로 제시함
  ③ '제망매가'와 함께 문학성, 서정성이 돋보이는 향가의 백미

열어젖히니

나타난 달이
　　　　　높이 우러러보는 존재
흰 구름 좇아 떠가는 것이 아닌가?
기파랑이 따르는 대상

새파란 냇물에

기파랑의 모습이 있어라.

이로부터 냇가 조약돌에

기파랑이 지니시던

마음의 끝을 따르고자
기파랑의 훌륭한 인품
아아, 잣나무 가지 높아
　　　　　고결한 절개
서리 모르시올 화랑의 우두머리시여.
시련, 고난

▶ **1~3행** 기파랑을 그리워함

▶ **4~8행** 기파랑의 인품을 본받고 싶은 마음

▶ **9~10행** 기파랑의 인품에 대한 찬양

심화학습 ─ 10구체 향가와 시조의 형식상 관련성

　　10구체 향가의 형식은 대개 〈4구 ; 기(起)〉 + 〈4구 ; 서(敍)〉 + 〈2구 ; 결(結)〉의 형태로 시상을 지속적으로 전개하다가 낙구에 주제를 제시하여 마무리한다. 이는 후에 평시조가 〈초장 + 중장 + 종장〉의 정제된 틀을 갖추게 된 데에도 영향을 끼쳤으리라 짐작된다. 특히 10구체 향가의 낙구에 쓰인 '아으' 등의 감탄사는 후대의 시조의 종장 첫 구와 가사(정격 가사)의 낙구에도 그대로 나타난다.

한눈에 감 잡기

1. 시어의 상징적 의미

관련 시어	상징적 의미	
달	광명과 염원, 높이 우러러보는 존재인 기파랑의 고결한 모습	→ 기파랑의 고매한 인품 예찬
냇물	맑고 깨끗한 삶의 태도	
조약돌	원만하고 강직한 성품	
잣나무	기파랑의 고고한 절개	
서리	시련, 역경, 불의 ⇒ 달, 냇물, 조약돌, 잣나무와 대조	

2. 화자의 정서 및 태도

대상(기파랑)에 대한 예찬과 추모가 드러나며, 대상을 뒤따르겠다는 화자의 미래 지향적이고 진취적인 기상이 엿보인다.

✔ 바로바로 CHECK

01 이 시에 대한 설명으로 적절하지 않은 것은?

① 10구체 향가이다.
② 향찰 표기로 되어 있다.
③ 과거와 대비하여 현실 모순을 비판하고 있다.
④ '아아'는 감탄사로, 시조의 종장 첫 구와 유사하다.

해설 기파랑의 고매한 인품을 찬양한 작품이다.

02 다음 시어 중 '기파랑의 인품'을 표현한 것이 아닌 것은?

① 달
② 냇물
③ 조약돌
④ 서리

해설 '서리'는 시련, 고난, 역경을 상징한다.

정답 01. ③ 02. ④

[고려 가요]

01 청산별곡

– 작자 미상

☑ 핵심정리

- **갈래** : 고려 가요
- **운율** : 외형률(3 · 3 · 2조의 3음보)
- **성격** : 현실 도피적, 애상적, 낙천적
- **제재** : 청산, 바다
- **주제** : 삶의 고뇌와 비애에서 벗어나고자 하는 욕구

- **특징**
  ① '서경별곡'과 함께 문학성이 뛰어난 고려 가요로 평가됨
  ② 고려인의 삶의 애환이 잘 반영됨

살어리 살어리랏다. 청산(靑山)애 살어리랏다.
　　　　　　　　　이상향, 현실 도피처, 현실과 대조되는 공간
멀위랑 ᄃ래랑 먹고, 청산(靑山)애 살어리랏다.
　소박한 생활
얄리얄리 얄랑셩 얄라리 얄라
　　　　　후렴구

▶ (1연) 청산에 대한 동경

우러라 우러라 새여 자고 니러 우러라 새여.
　　　　　　　　감정 이입의 대상 → '새'와 동병상련의 정서를 느낌
널라와 시름 한 나도 자고 니러 우니노라.
　보다　　　많은
얄리얄리 얄라셩 얄라리 얄라

▶ (2연) 삶의 비애와 고독

가던 새 가던 새 본다 믈 아래 가던 새 본다.
날아가던 새 또는 밭고랑　　속세 – 청산과 대조
잉 무든 장글란 가지고 믈 아래 가던 새 본다.
이끼 묻은 쟁기(은장도, 병기)
얄리얄리 얄라셩 얄라리 얄라

▶ (3연) 속세에 대한 미련

🖉 현대어 풀이

살겠노라 살겠노라 청산에 살겠노라.
머루랑 다래랑 먹고 청산에 살겠노라.

우는구나 우는구나 새여 자고 일어나 우는구나 새여.
너보다 근심이 많은 나도 자고 일어나 우노라.

가던 새 가던 새 본다 물 아래 가던 새 본다.
이끼 묻은 쟁기를 가지고, 물 아래 가던 새 본다.

이럭저럭하여 낮은 지내 왔는데
올 사람도 갈 사람도 없는 밤은 또 어찌하리오.

이링공 뎌링공 ᄒ야 나즈란 디내와숀뎌.
오리도 가리도 업슨 바므란 ᄯ또 엇디 호리라.
　　　　　　　　　　밤은(절대 고독의 시간)
얄리얄리 얄라셩 얄라리 얄라

▶ (4연) 삶의 고독과 비탄

어듸라 더디던 돌코 누리라 마치던 돌코.
　　　　　　대구법

믜리도 괴리도 업시 마자셔 우니노라.
　　　　　　　　운명적 비애와 체념

얄리얄리 얄라셩 얄라리 얄라

▶ (5연) 삶의 운명에 대한 체념

살어리 살어리랏다. 바르래 살어리랏다.
　　　　　　바다(이상향, 현실 도피처, 현실과 대조되는 공간)

ᄂᆞᄆᆞ자기 구조개랑 먹고 바르래 살어리랏다.
탈속적 삶(= 멀위랑 ᄃᆞ래)

얄리얄리 얄라셩 얄라리 얄라

▶ (6연) 바다에 대한 동경

가다가 가다가 드로라 에졍지 가다가 드로라.
　　　　　　　　외딴 부엌(속세와 단절된 공간)

사ᄉᆞ미 짒대예 올아셔 ᄒᆡ금(奚琴)을 혀거를 드로라.
①사슴 ②사슴 분장을 한 광대

얄리얄리 얄라셩 얄라리 얄라

▶ (7연) 기적이 일어나기를 기대하는 절박한 심정

가다니 비브른 도긔 설진 강수를 비조라.
　　　　　　　　　현실의 시름을 일시적으로 잊기 위한 수단

조롱곳 누로기 ᄆᆡ와 잡ᄉᆞ와니 내 엇디 ᄒᆞ리잇고.

얄리얄리 얄라셩 얄라리 얄라

▶ (8연) 술을 통한 인생의 고뇌의 해소

현대어 풀이

어디에 던지던 돌이냐 누구를 맞히려던 돌이냐
미워할 사람도 사랑할 사람도 없이 맞아서 울며
지내노라.

살겠노라 살겠노라 바다에 살겠노라.
나문재 굴 조개를 먹고 바다에 살겠노라.

가다가 가다가 듣노라 외딴 부엌을 가다가 듣노라.
사슴이 장대에 올라가 해금을 켜는 것을 듣노라.

가다 보니 배부른 독에 독한 술을 빚는구나.
조롱박꽃 누룩이 매워 잡으니 내 어찌하리오.

– '악장가사(樂章歌詞)'

---

01 이 시에 대한 설명으로 적절하지 않은 것은?

① 현실 도피적이고 애상적인 성격이다.
② 3・3・2조의 3음보 율격을 지니고 있다.
③ 고려 귀족의 풍요로운 삶을 노래하고 있다.
④ 전 8연의 분절체로 구성된 고려 가요이다.

해설 고려 가요는 고려 시대에 주로 평민들이 즐겼던 노래
이다.

02 이 시에 드러나는 시적 화자의 태도로 적절한
것은?

① 적극적으로 운명을 극복하고 있다.
② 현실에 대해 비애감을 느끼고 있다.
③ 소박한 생활에 만족하며 풍류를 즐기고 있다.
④ 현실을 벗어난 공간에서 고독을 즐기고자
한다.

해설 화자는 고독한 현실에 절망감을 느껴 이상 세계인 청산
과 바다에서 살기를 소망하고 있다.

정답 01. ③　02. ②

한눈에 감 잡기

1. aaba의 율격

살어리 살어리랏다 청산애 살어리랏다
　a　　　a　　　　b　　　　a

📖 접동 접동 아우래비 접동
　　a　　a　　b　　　a

가시리 가시리잇고 부리고 가시리잇고
　a　　　a　　　　b　　　a

형님 온다 형님 온다 분고개로 형님 온다
　a　　　　a　　　b　　　　a

2. 3 · 3 · 2조의 3음보

┌────── 3음보 ──────┐
살어리 / 살어리 / 랏다
　3　　　　3　　　　2

3. '청산'과 '바다'의 대칭 구조

5연과 6연을 바꾸면 1~4연의 '청산'과 5~8연의 '바다'가 대칭 구조를 형성함

4. 후렴구의 역할 ┌ '얄리얄리 얄라셩 얄라리 얄라'

* 노래의 흥을 돋우며, 운율을 맞춰 줌
* 'ㄹ, ㅇ' 음의 반복을 통해 밝고 경쾌한 리듬감을 형성함
* 각 연마다 반복되어 구조적 통일성과 안정감을 줌

기초학습 ─ 고려 가요의 특징

1) 고려 시대 평민들이 부르던 노래
2) 3음보, 분절(연)체, 후렴(여음)구
3) 고려 시대 평민들의 생활 감정이 잘 드러남 → 남녀의 사랑, 이별의 슬픔, 자연 예찬 등
4) 구전되다가 훈민정음 창제 이후 한글로 표기

02 가시리

– 작자 미상

☑ 핵심정리

- 갈래 : 고려 가요
- 운율 : 외형률(3·3·2조의 3음보)
- 성격 : 서정적, 애상적, 민요적
- 화자 : 임과 이별하는 '나'
- 제재 : 임과의 이별
- 주제
  ① 이별의 정한(情恨)
  ② 이별의 슬픔과 재회의 소망

- 특징
  ① 이별의 정한을 노래한 대표작
  ② 간결하고 소박한 시어의 사용
  ③ 동일한 시구의 반복
  ④ 후렴구를 통한 음악적 효과

가시리 가시리잇고 <u>나는</u>
<u>의미 없이 반복되는 여음</u>

ᄇ리고 가시리잇고 나는.

『위 증즐가 <u>大平盛代(대평셩ᄃᆡ)</u>』『』후렴구 : 이별 상황에 놓인 시의 내용과 무관 ▶ ①연 이별에 대한 슬픔과 안타까움
<u>감탄사 악기소리   태평성대를 기원</u>

<u>날러는</u> 엇디 살라 ᄒ고
<u>날더러는</u>

ᄇ리고 가시리잇고 나는.

㉠ <u>위 증즐가 大平盛代(대평셩ᄃᆡ)</u> ▶ ②연 떠나는 임에 대한 원망의 고조

잡ᄉ와 두어리마ᄂᆞᆫ

<u>선ᄒ면 아니 올셰라.</u>
<u>   화자가 임을 보내는 이유</u>

위 증즐가 大平盛代(대평셩ᄃᆡ) ▶ ③연 어쩔 수 없이 임을 보내는 마음

『셜온 님 보내ᄋᆞᆸ노니 나는

가시ᄂᆞᆫ 듯 도셔 오쇼셔 나는.』『』: 화자의 태도 – 소극적, 자기희생적

위 증즐가 大平盛代(대평셩ᄃᆡ) ▶ ④연 임이 돌아오기를 바람

✎ 현대어 풀이

가시렵니까? 가시렵니까? 저를 버리고 가시렵니까? / 저는 어찌 살라고, 저를 버리고 가시렵니까?
님을 붙잡아 두고 싶지만, 서운하면 아니 올까 두렵습니다. / 서러운 님 보내 드리오니, 가시자마자 돌아오소서.

한눈에 감 잡기

1. 후렴구의 기능 — '위 증즐가 大平盛代(대평성디)'
- 아무런 의미 없이 음악의 가락을 맞추기 위한 장치
- '위'는 감탄사, '증즐가'는 악기의 의성어
- 이별의 정한을 노래한 내용과 어울리지 않음
- 궁중 음악으로 편입되는 과정에서 삽입된 것으로 추측 ⇒ 궁중 음악은 태평성대의 즐거움을 노래하는 것이어야 했음

2. 시적 화자의 상황과 태도
- 상황 : 임을 보내야 하는 상황 ⇒ 이별을 맞이함
- 태도 : 임이 곧 돌아오기만을 기다리며 이별의 슬픔을 참아냄 ⇒ 소극적, 순종적, 자기희생적

3. 시적 화자의 심리 변화 양상
- 1연 : 이별에 대한 슬픔과 안타까움
- 2연 : 떠나는 임에 대한 원망과 안타까움의 고조
- 3연 : 임이 돌아오지 않을까 하는 걱정에 체념하며 임을 보냄
- 4연 : 임이 빨리 돌아오기를 소망하고 기원함

4. '설온 님'의 의미

주체 = '임'	주체 = '화자'
임이 이별을 서러워함	임으로 인해 화자가 서러움

✔ 바로바로 CHECK

01 이와 같은 글의 특징으로 알맞지 <u>않은</u> 것은?
① 도막(절 또는 연)으로 나누어져 있다.
② 거의 모든 작품에 후렴구가 곁들여져 있다.
③ 주로 양반 사대부들을 중심으로 창작되었다.
④ 고려인들의 삶의 애환이 진솔하게 드러나 있다.

해설 고려 가요는 고려 시대 평민들의 삶과 진솔한 감정이 잘 드러난다.

02 이 시에 나타난 시적 화자의 심리 변화 양상으로 알맞은 것은?
① 그리움 – 소망 – 체념 – 미움
② 애원 – 원망 – 체념 – 기원
③ 애원 – 체념 – 원망 – 기원
④ 소망 – 좌절 – 체념 – 그리움

해설 (1연) 슬픔과 안타까움 → (2연) 임에 대한 원망과 안타까움 → (3연) 걱정과 체념 → (4연) 소망과 기원

03 밑줄 친 ㉠의 주된 효과는?
① 시의 주제를 강조함
② 시의 운율을 느끼게 함
③ 임이 빨리 돌아오기를 소망함
④ 임을 원망하는 마음을 표현함

해설 ㉠은 아무런 의미 없이 음악의 가락(운율)을 맞추기 위한 장치이다.

정답 01. ③ 02. ② 03. ②

03 정과정

– 정서

☑ 핵심정리

- **갈래** : 향가계 고려 가요
- **성격** : 충신연주지사(忠臣戀主之詞)
- **운율** : 외형률(3음보)
- **제재** : 임과의 이별
- **주제** : 임을 향한 변함없는 충절

- **특징**
  ① 형식면에서 향가의 전통을 이음
  → 분연이 되지 않고 후렴구가 없음
  ② 감정 이입을 통해 연군의 정을 표현함
  ③ 자연물(잔월 효성)에 의탁하여 자신의 결백을 주장함
- **의의**
  ① 고려 가요 중 작가가 밝혀진 유일한 작품
  ② 유배 문학의 효시
  ③ 향가의 잔영이 남아 있음

내 님믈 그리ᄉᆞ와 우니다니
  고려 의종

山(산) 졉동새 난 이슷ᄒᆞ요이다
  감정 이입의 대상, 동병상련

아니시며 거츠르신 ᄃᆞᆯ 아ᄋᆞ
  여음

殘月曉星(잔월 효성)이 아ᄅᆞ시리이다
  천지신명, 진실을 알고 있는 존재

넉시라도 님은 ᄒᆞᆫᄃᆡ 녀져라 아ᄋᆞ
  일편단심, 화자의 소망 직접 표출

벼기더시니 뉘러시니잇가

過(과)도 허물도 千萬(천만) 업소이다
  자신의 결백함을 직접적으로 주장함

믈힛마리신뎌

ᄉᆞᆯ읏븐뎌 아ᄋᆞ

니미 나를 ᄒᆞ마 니ᄌᆞ시니잇가
  자신을 잊은 님에 대한 원망

아소 님하, 도람 드르샤 괴오쇼셔

▶ (기) 자신의 처지와 결백 토로

▶ (서) 결백에 대한 해명

▶ (결) 임에 대한 애원

✎ 현대어 풀이

내가 임을 그리워하여 울고 지내더니, / 산 접동새와 나는 처지가 비슷합니다.
(참소가 진실이) 아니며 거짓인 줄은 아! / 천지신명이 아실 것입니다.
넋이라도 임과 함께 살고 싶어라 아! / (내가 허물이 있다고) 우기던 사람이 누구였습니까?
(저에겐) 잘못도 허물도 전혀 없습니다. / 뭇 사람들의 모함입니다.
슬프도다 아! / 임께서 나를 벌써 잊으셨습니까?
아아 임이어, 돌이켜 들으시어 사랑해 주소서.

한눈에 감 잡기

1. 문학사적 의의
- 유배 문학의 효시, 충신연주지사의 원류
- 한글로 전하는 고려 가요 중 작가와 연대를 알 수 있는 유일한 작품

2. 향가계 고려 가요
- 고려 가요의 특징인 분연이 되지 않고, 후렴구가 없음
- 낙구에 감탄사(아소)가 있음
- 총 11행이지만 8~9행을 묶어 10행으로 봄

바로바로 CHECK

01 이 작품에 대한 설명으로 적절하지 않은 것은?

① 임금을 그리워하는 마음이 드러난다.
② 흥을 돋우기 위해 붙여진 후렴구가 있다.
③ 특정 자연물에 자신의 감정을 이입하고 있다.
④ 고려 가요 중 작가를 알 수 있는 유일한 작품이다.

해설 이 작품은 후렴구가 나타나지 않는다.

02 '잔월 효성'의 의미로 적절한 것은?

① 화자의 처지와 대조적인 존재
② 화자의 결백을 증명해 줄 존재
③ 화자가 귀하게 여기는 소중한 존재
④ 화자의 불행한 운명을 암시하는 존재

해설 '잔월 효성'은 '천지신명'의 의미로 화자의 결백을 증명해 줄 존재이다.

정답 01. ② 02. ②

[한시]

❋ 송인(送人)

– 정지상

☑ 핵심정리

• 갈래 : 한시(7언 절구), 서정시

• 성격 : 송별시, 이별시

• 제재 : 임과의 이별

• 주제 : 이별의 슬픔

• 특징
① 도치법(3행과 4행의 순서가 바뀜), 과장법, 설의법 등을 사용하여 정한을 극대화함
② 인간사와 자연사를 대비시켜 주제를 드러냄
③ 시각적인 이미지를 선명하게 제시하고 함축적인 언어를 사용함

雨歇長堤草色多	비 갠 긴 둑에 풀빛 푸른데 시각적 이미지	▶ (기) 비 온 뒤의 싱그러운 정경
送君南浦動悲歌	남포에서 그대를 보내니 노랫가락 구슬퍼라. 이별의 장소(구체성, 향토성) · 청각적 심상	▶ (승) 임을 보내는 애절한 정한
大同江水何時盡	『대동강 물은 어느 때나 마를 것인가?』 이별의 상징 　『 』: 마를 리 없음(눈물이 계속 더해짐)	▶ (전) 대동강 물에 대한 원망
別淚年年添綠波	해마다 이별의 눈물만 푸른 물결에 더하거니. 주제구 – 이별의 정한이 극대화됨(과장법, 도치법)	▶ (결) 이별의 정한과 눈물

기초학습 · 한시의 시상 전개

1) 기(起) : 대상을 보며 생각을 일으킴
2) 승(承) : 기구를 이어 받아 보충함
3) 전(轉) : 시상을 전환함
4) 결(結) : 단절된 두 가지 시상의 흐름을 하나로 묶어 줌

✔ 바로바로 CHECK

01 이 시에 대한 설명으로 적절한 것을 모두 고른 것은?

① 색채의 선명한 대조를 통해 계절적 감각을 드러내고 있다.
② 선경 후정의 방식으로 화자의 정서를 표현하고 있다.
③ 자연사와 인간사의 대비를 통해 주제를 드러내고 있다.
④ 현실을 극복하기 위한 의지가 드러나 있다.

해설 이 작품은 인간사와 자연사의 대비를 통해 이별의 정한을 심화·확대하고 있다.

02 이 시에 사용된 표현 방법이 아닌 것은?

① 도치법　　② 과장법
③ 반어법　　④ 대조법

해설 반어법이란 속마음과 반대로 표현하는 것으로 이 작품에는 반어법이 드러나지 않는다.

정답 01. ②③　02. ③

[시조]

01 추강에 밤이 드니

– 월산대군

☑ 핵심정리

- **갈래** : 평시조
- **성격** : 풍류적, 낭만적, 탈속적, 한정가
- **제재** : 가을 달밤
- **주제** : 가을 달밤의 풍류와 정취
- **특징** : 대표적인 강호한정가로 여유로움 속에서 멋을 즐기는 옛 선비의 탈속적 정서가 잘 드러남

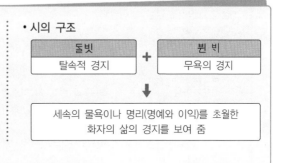

- **시의 구조**

둘빗	+	뷘 빅
탈속적 경지		무욕의 경지

↓

세속의 물욕이나 명리(명예와 이익)를 초월한 화자의 삶의 경지를 보여 줌

秋江(추강)에 밤이 드니 물결이 츠노미라
<u>계절적·공간적 배경</u>　　　　　　　　　<u>감탄형 어미(영탄법)</u>

낙시 드리치니 고기 아니 무노미라
　　　드리우니

無心(무심)혼 둘빗만 싯고 뷘 빅 저어 오노라
<u>욕심 없는 자연을 상징</u>　　　　<u>세속적 욕망을 버린 시적 화자의 마음을 상징</u>

✎ 현대어 풀이

가을 강에 밤이 드니 물결이 차갑구나
낚시를 드리우니 고기는 물지 않는구나
욕심이 없는 달빛만 싣고 빈 배 저어 오는구나

✔ 바로바로 CHECK

시어에 대한 설명으로 적절하지 않은 것은?
① 추강 – 낭만적 분위기를 형성하는 작품의 배경
② 고기 – 물질적 욕망의 대상
③ 둘빗 – 욕심 없는 자연
④ 뷘 빅 – 학문 탐구와 인격 수양의 공간

해설 '뷘 빅'는 세속적 욕망을 버린 화자의 마음을 상징한다.

정답 ④

02 어져 내 일이야
– 황진이

☑ 핵심정리

- 갈래 : 평시조
- 성격 : 애상적, 감상적, 이별가
- 제재 : 이별
- 주제 : 이별의 회한과 그리움
- 특징
  ① 고려 가요 '가시리', '서경별곡'과 현대 시 김소월의 '진달래꽃' 등과 함께 이별가의 절창으로 평가받음
  ② 영탄법을 사용하여 시적 화자의 안타까운 정서를 강조함

- 화자의 심정
  자존심과 연정 사이에서 겪는 오묘한 심리적 갈등을 나타내고 있다. 겉으로는 강한 척하지만 속으로는 외롭고 약한 화자의 모습을 연상할 수 있다.

어져 내 일이야 그릴 줄을 모로ᄃ냐.
감탄사(영탄법) – 후회와 회한

이시라 ᄒ더면 가랴마ᄂ 제 구트여
중의적 표현 : ① 도치법 → 임께서 굳이
            ② 행간 걸침 → 내가 굳이

보내고 그리ᄂ 정(情)은 나도 몰라 ᄒ노라.
화자의 정서 : 그리움

🖉 현대어 풀이

아아! (후회스럽구나) 내가 한 일이여 (임을) 그리워할 줄 몰랐더냐?
있으라 했더라면 굳이 가셨으랴마는 제 구태여
보내고 나서 그리워하는 마음을 나도 모르겠구나.

✔ 바로바로 CHECK

이 글에 대한 설명으로 알맞은 것은?
① 이별의 회한과 그리움을 드러낸다.
② 화자는 임이 떠나는 것을 간절히 말렸다.
③ 떠난 임에 대한 원망과 미움이 주된 정서이다.
④ 직유법을 사용하여 화자의 안타까움을 드러낸다.

해설 ② 화자는 임이 떠나는 것을 말리지 않았다.
③ 임을 떠나보내고 난 후 회한과 그리움을 드러낸다.
④ 영탄법을 사용하여 안타까움을 드러낸다.

정답 ①

교과 연계 작품 🎵 동짓달 기나긴 밤을

– 황진이

✔ 핵심정리

- **갈래** : 평시조
- **성격** : 애상적, 감상적, 연정가
- **제재** : 밤
- **주제**
  ① 임을 기다리는 절실한 마음
  ② 임을 향한 그리움과 사랑

- **특징**
  ① 추상적인 개념을 구체적인 사물로 표현하였으며, 우리말의 묘미를 잘 살려냄
  ② 음성 상징어, 대조법 등을 사용하여 주제를 효과적으로 표현함

동지(冬至)ㅅ둘 기나긴 밤을 한 허리를 버혀 내여,
　　부정적 시간(임의 부재)　　　　　추상적 개념의 시각화

춘풍(春風) 니불 아릭 서리서리 너헛다가,
　　따스한 이불　　　음성 상징어(포개놓은 모양)

어론 님 오신 날 밤이여든 구뷔구뷔 펴리라.
　긍정적 시간(임과 함께함)　　　음성 상징어(휘어져 있는 모양)

📎 현대어 풀이

동짓달의 기나긴 밤의 한 가운데를 잘라 내어
봄바람 같은 이불 아래 서리서리 넣어 두었다가
고운 님 오시는 날 밤이 되거든 굽이굽이 펴리라.

✔ 바로바로 CHECK

이 시조를 바르게 해석하지 못한 사람은?

① 지혜 : '서리서리', '굽이굽이'와 같은 음성 상징어를 사용하고 있어.

② 우리 : '동지ㅅ둘 기나긴 밤'과 '어론 님 오신 날 밤'에서 '밤'의 의미는 대비되고 있어.

③ 영선 : 추상적인 개념인 '밤'을 도려낼 수 있는 구체적 사물로 표현하고 있어.

④ 원양 : '춘풍 니불'은 오지 않는 임에 대한 원망을 상징한 것으로 볼 수 있어.

해설 '춘풍 니불'은 봄바람처럼 따뜻하고 포근한 이불로 임에 대한 사랑과 정성을 의미한다.

정답 ④

03 만흥(漫興)

– 윤선도

☑ 핵심정리

• **갈래** : 평시조, 연시조(전 6수)

• **성격** : 탈속적, 자연 친화적, 자족적

• **제재** : 자연 속에서의 생활

• **주제** : 자연에 묻혀 사는 즐거움과 임금의 은혜

• **특징**

① 화자의 안분지족 하는 삶의 자세와 물아일체의 자연 친화 정신이 드러남

② 인간사에 대한 비판적 관점을 통해 현실 도피적 태도를 드러냄

산슈간(山水間) 바회 아래 뛰집을 짓노라 ᄒᆞ니
　속세에서 벗어난 곳　　　　초가집
그 모론 ᄂᆞᆷ들은 욷는다 ᄒᆞ다마ᄂᆞᆫ
　세상 명리를 쫓는 사람들의 나에 대한 비웃음
어리고 햐암의 뜻의ᄂᆞᆫ 내 분(分)인가 ᄒᆞ노라.　　　　　　　▶ 1수 자연에 묻혀 분수에 맞게 살아감(안분지족)
자신을 낮추어 어리석고 시골뜨기라 말함

보리밥 픗ᄂᆞ ᄆᆞᆯ을 알마초 머근 후(後)에
화자의 소탈한 삶(안빈낙도의 삶)
바횟긋 믉ᄀᆞ의 슬ᄏᆞ지 노니노라.
그나믄 녀나믄 일이야 부룰 줄이 이시랴.　　　　　　　　　　▶ 2수 안빈낙도의 삶
　그 밖의 나머지(부귀영화)　　　부러워할 것 없다(설의법)

잔 들고 혼자 안자 먼 뫼흘 ᄇᆞ라보니
그리던 님이 오다 반가옴이 이러ᄒᆞ랴.
　　　　　　　물아일체의 경지(자연 친화 의식)
말ᄉᆞᆷ도 우움도 아녀도 몯내 됴하ᄒᆞ노라.　　　　　　　　　▶ 3수 자연과 하나 된 삶
　그리워하던 임보다 자연을 좋아함(자연 친화적)

🖉 현대어 풀이

산수간 바위 아래에 띠풀로 이은 초가집을 지으려 하나 / 그것을 모르는 남들은 비웃는다지만
어리석고 시골에 사는 세상 물정 모르는 내 생각에는 이것이 내 분수인가 하노라.

보리밥, 풋나물을 알맞게 먹은 후에 / 바위 끝 물가에서 실컷 노니노라.
그 나머지 다른 일이야 부러워할 것이 있으랴.

잔 들고 혼자 앉아 먼 산을 바라보니, / 그리워하던 임이 온다고 한들 반가움이 이러하랴.
말도 웃음도 아니지만 마냥 좋아 하노라.

누고셔 삼공(三公)도곤 낫다 ᄒ더니 만승(萬乘)이 이만ᄒ랴.
삼정승(영의정, 좌의정, 우의정)　일만 수레를 거느린 천자

이제로 헤어든 소부(巢父) 허유(許由)ㅣ 냑돗더라.
속세를 떠나 자연에 파묻혀 산 중국 요순시대의 대표적 문사

아마도 임천한흥(林泉閑興)을 비길 곳이 업세라.
자연 속에서 한가롭게 지내며 더없이 흥겨워함

▶ **4수** 강호 한정의 삶에 대한 자부심

내 셩이 게으르더니 하늘히 아ᄅ실샤,
천성

인간만스(人間萬事)를 ᄒ 일도 아니 맛뎌,
속세의 일(버슬)

다만당 ᄃ토리 업슨 강산(江山)을 딕희라 ᄒ시도다.
자연과 더불어 사는 삶 – 자신에게 주어진 천명이라 여김

▶ **5수** 자연 귀의의 삶

강산이 됴타ᄒᄂᄃᆯ 내 분(分)으로 누얻ᄂ냐.
설의법

임군 은혜(恩惠)를 이제 더옥 아노이다.
유학자로서의 자세(충의사상)

아므리 갑고쟈 ᄒ야도 히올 일이 업세라.
자연 속에 노니면서 임금의 은혜를 더욱 생각하고 조정에 나가
그 은혜를 갚고자 하나 자신의 능력이 못 미침을 아쉬워하는 심정을 보임

▶ **6수** 임금의 은혜에 대한 찬양

현대어 풀이

누가 자연이 삼정승보다 낫다더니 만승천자가 이만하겠는가?
이제 생각해 보니 소부와 허유가 영리하도다.
아마도 자연 속에서 느끼는 한가한 흥취는 비할 데가 없으리라.

내 천성이 게으른 것을 하늘이 아셔서,
세상의 많은 일 가운데 하나도 맡기지 않으시고,
다만 다툴 상대가 없는 자연을 지키라 하셨도다.

강산이 좋다고 한들 나의 분수로 이렇게 편안히 누워 있겠는가.
이 모두가 임금 은혜인 것을 이제 더욱 알겠도다.
하지만 아무리 갚고자 해도 내가 할 수 있는 일이 없구나.

한눈에 감 잡기

1. 구성 : 자연에 묻혀 사는 즐거움을 노래함

1~5수	6수
자연 속에서 사는 즐거움	임금의 은혜에 대한 감사

2. 현실과 자연의 대립

자연	현실
• 이상적 공간 • 작가가 지향하고 있는 공간	• 속세 • 작가에게 좌절감을 안겨 준 벼슬길

✔ 바로바로 CHECK

01 이 시가에 대한 설명으로 적절하지 않은 것은?

① 인간사에 대한 비판적 관점이 드러난다.
② '하암'은 화자가 자신을 겸손하게 이르는 말이다.
③ 주로 3·4(4·4)조의 율격을 반복적으로 사용한다.
④ '소부와 허유'에 대한 고사의 내용이 직접 드러나고 있다.

해설 소부와 허유에 관한 고사의 내용은 직접적으로 드러나 있지 않다.

02 이 시가의 표현상 특징으로 적절하지 않은 것은?

① 자연을 의인화함
② 설의적 표현을 사용함
③ 반어를 통한 정서 표현
④ 대조적 의미의 시어 사용

해설 화자의 속마음과 반대로 표현한 수사법인 반어법은 드러나지 않는다.

정답 01. ④ 02. ③

교과 연계 작품 🎣 어부사시사   – 윤선도

✔ 핵심정리

- **갈래** : 시조, 연시조(춘하추동 각 10수씩 전 40수), 강호한정가, 어부가
- **성격** : 풍류적, 전원적, 자연 친화적
- **제재** : 자연에서의 어부 생활
- **주제** : 자연 속에서 한가롭게 살아가는 어부 생활의 여유와 흥취

- **특징**
  ① 고려 가요처럼 후렴구가 있음 → 초장과 중장, 중장과 중장 사이
  ② 대구법, 반복법, 의성법, 원근법 등을 사용함

춘사(春詞) 1

압개예 안기 것고 뒫뫼희 히 비췬다.

    빈 떠라 빈 떠라
    _{여음구, 각 수마다 다름}

밤믈은 거의 디고 낟믈이 미러 온다.
_{썰물}   _{빠지고}   _{밀물}

    至지匊국悤총 至지匊국悤총 於어思사臥와
    _{후렴구, 노 젓는 소리의 의성어와 어부의 소리, 고려 가요의 특징을 이어받음}

江강村촌 온갓 고지 먼 빗치 더욱 됴타.
                    _{좋다}

▶ 강촌의 봄 풍경(감상하는 삶)

✎ 현대어 풀이

앞 포구에 안개 걷히고 뒷 산에 해 비친다.
배 띄워라 배 띄워라.
썰물은 거의 빠지고 밀물이 밀려온다.
찌그덩 찌그덩 어여차
강촌의 온갖 꽃이 먼 빛으로 바라보니 더욱 좋다.

하사(夏詞) 2

년닙희 밥 싸두고 반찬으란 쟝만 마라.
검소하고 소박한 생활 – 안분지족, 안빈낙도, 단사표음

　달 드러라 달 드러라

靑청箬약笠립은 써 잇노라, 綠녹蓑사衣의 가져오냐.
계절적 배경　　　　　　　　계절적 배경

　至지匊국忩총 至지匊국忩총 於어思사臥와

無무心심흔 白빅鷗구는 내 좃는가 제 좃는가.
욕심이 없는　　갈매기

▶ 물아일체 된 즐거움(물아일체의 삶)

> **현대어 풀이**
>
> 연잎에 밥을 싸 두고 반찬은 준비하지 마라.
> 닻 들어라 닻 들어라.
> 청약립은 쓰고 있노라 녹사의 가져 왔느냐?
> 찌그덩 찌그덩 어여차
> 무심한 갈매기는 내가 저(갈매기)를 쫓는 것인가, 제(갈매기)가 나를 쫓는 것인가?

추사(秋詞) 4

그려기 떳는 밧긔 못 보던 뫼 뵈ᄂ고야.
기러기　　떠 있는 밖에

　이어라 이어라

낙시질도 ᄒ려니와 취(取)흔 거시 이 흥(興)이라.

　至지匊국忩총 至지匊국忩총 於어思사臥와

셕양(夕陽)이 비ᄋ니 천산(千山)이 금슈(錦繡) l 로다.
비치니, 빛나니　　모든 산이 비단에 수놓은 것 같음

▶ 속세를 떠나 사는 즐거움(탈속적인 삶)

> **현대어 풀이**
>
> 기러기가 날아가는 저 멀리로 이제껏 보지 못했던 산이 보이는구나.
> 노 저어라 노 저어라.
> 낚시질도 즐기려니와 자연에 마음 쏠리는 바는 이 흥이다.
> 찌그덩 찌그덩 어여차
> 석양이 비치니 모든 산이 수놓은 비단같이 아름답도다.

동사(冬詞) 4

간밤의 눈 갠 後후에 景경物믈이 달란고야.

　이어라 이어라

압희는 萬만頃경琉류璃리 뒤희는 千쳔疊텹玉옥山산.
　　　끝없이 잔잔한 푸른 바다　　　첩첩이 눈 덮인 흰 산

　至지匊국悤총 至지匊국悤총 於어思사臥와

仙션界계ㄴ가 佛블界계ㄴ가 人인間간이 아니로다.　　▶ 눈 덮인 강촌의 아름다움(이상향으로서 자연 속의 삶)
　이상 세계　　　　인간 세상(속세)

현대어 풀이

지난 밤 눈 갠 후에 경치가 달라졌구나.
노 저어라 노 저어라.
앞에는 유리처럼 맑고 잔잔한 넓은 바다, 뒤에는 첩첩이 둘러싸인 백옥 같은 산
찌그덩 찌그덩 어여차
신선의 세계인가 불교의 세계인가 속세는 아니로다.

04 도산십이곡
－ 이황

핵심정리

- **갈래** : 평시조, 연시조
- **성격** : 교훈적, 예찬적, 회고적
- **제재** : 고향의 자연과 학문 수양의 의지
- **주제** : 자연 친화적인 삶에 대한 소망과 학문 수양에 대한 변함없는 의지

- **특징**
① 전체 12수로 구성된 연시조
② 전 6곡 – 언지(言志) : 자연을 접하는 감흥과 자연에 묻혀 살고 싶은 소망
③ 후 6곡 – 언학(言學) : 학문 수양에 임하는 심경

이런들 엇더ᄒ며 뎌런들 엇더ᄒ료.
　자연 속에 묻혀 사는 선비의 유유자적한 삶의 태도

초야우생(草野愚生)이 이러타 엇더ᄒ료
시골에 묻혀 사는 어리석은 선비(겸손한 표현)

하물며 천석고황(泉石膏肓)을 고텨 므슴ᄒ료.　　▶ 제1곡 자연 속에 살고 싶은 마음
　　　자연을 몹시 사랑하고 즐김

현대어 풀이

이런들 어떠하며 저런들 어떠하랴?
시골에 묻혀 사는 어리석은 사람이 이렇게 산다고 해서 어떠하랴?
더구나 자연을 버리고는 살 수 없는 마음을 고쳐 무엇하랴?

연하(煙霞)로 지블 삼고 풍월(風月)로 버들 사마
_{안개, 노을(멋진 자연 경치)}
태평성대(太平聖代)예 병(病)으로 늘거가
이 듕에 ᄇᆞ라ᄂᆞ 이른 허므리나 업고쟈.
_{잘못, 실수}

▶ 제2곡 자연에서 허물없이 살고 싶은 소망

> 🔖 현대어 풀이
>
> 안개와 노을을 집으로 삼고 풍월을 친구로 삼아
> 태평성대에 병으로 늙어가지만
> 이 중에 바라는 일은 사람의 허물이나 없었으면.

『산전(山前)에 유대(有臺) 하고 대하(臺下)에 유수(有水)로다』 『 』: 대구
떼 많은 갈매기는 오명가명 하거든
어떻다 교교백구(皎皎白駒)는 멀리 마음 하는고.
_{현자가 타는 말(현자의 뜻을 새김 – 인격 수양, 학문 정진)}

▶ 제5곡 자연을 멀리하는 현실 세태에 대한 비판

> 🔖 현대어 풀이
>
> 산 앞에 높은 대가 있고, 대 아래에 물이 흐르는구나. / 떼를 지어 갈매기는 오락가락 하거든
> 어찌하여 어진 사람은 여기에 있지 않고 다른 곳으로 떠나갈 마음을 갖는가?

古人(고인)도 날 몯 보고 나도 古人(고인) 몯 뵈.
古人(고인)을 몯 뵈도 녀던 길 알ᄑᆡ 잇ᄂᆡ.
_{학문 수양의 길}
『녀던 길 알ᄑᆡ 잇거든 아니 녀고 엇뎔고.』『 』: 설의법

▶ 제9곡 옛 어른의 행적을 따름

> 🔖 현대어 풀이
>
> 옛 어른도 날 보지 못 하고 나도 그분들을 보지 못 하네 / 하지만 그분들이 행하던 길은 지금도 가르침으로 남아
> 있네 / 이렇듯 올바른 길이 우리 앞에 있는데 따르지 않고 어찌하겠는가?

당시(當時)예 녀든 길흘 몃 ᄒᆡ를 ᄇᆞ려 두고, / 어듸 가 ᄃᆞ니다가 이제아 도라온고.
_{학문 수양에 힘쓰던 시절}　　　　　　　　_{세상에 나가 벼슬하던 시절}
이제아 도라오나니 녀 듸 ᄆᆞᆷ 마로리.
_{벼슬길}

▶ 제10곡 벼슬을 그만두고 학문에 정진함

> 🔖 현대어 풀이
>
> 그 당시 학문 수양에 힘쓰던 길을 몇 해씩이나 버려 두고 / 벼슬길을 헤매다가 이제야 돌아왔는가?
> 이제 돌아왔으니 다시는 딴 마음을 먹지 않으리.

『㉠ 청산(靑山)은 엇뎨ᄒᆞ야 만고(萬古)애 프르르며,

㉡ 유수(流水)ᄂᆞᆫ 엇뎨ᄒᆞ야 주야(晝夜)애 긋디 아니ᄂᆞᆫ고.』『 』: 변함없고 영원한 청산과 유수의 모습 예찬 – 대구

㉢ 우리도 그치디 마라 ㉣ 만고상청(萬古常靑) 호리라.　　　▶ 제11곡 끊임없는 학문 수양의 의지
　　　　　　　변함없이 꾸준한 학문 수양에 대한 다짐

✎ 현대어 풀이

푸른 산은 어찌하여 영원히 푸르며 / 흐르는 물은 또 어찌하여 밤낮으로 그치지 않는가?
우리도 그치는 일 없이 언제나 푸르게 살리라.

한눈에 감 잡기

1. 주요 표현 방법
- 한자어의 사용
- 대구법, 설의법의 사용
- 학문에 대한 의지 표현

2. 시어의 의미

1곡	초야우생(草野愚生)	화자 자신을 겸손하게 이르는 말
	천석고황(泉石膏肓)	자연에 대한 사랑이 심화된 경지로 연하고질(煙霞痼疾)과 상통함
9곡	녀던 길	학문 수양의 길
10곡	년 뒤 ᄆᆞ옴	부귀공명을 탐하는 마음
11곡	만고상청(萬古常靑)	끊임없는 학문 수양을 통해 도달하고자 하는 목표(이상)

✔ 바로바로 CHECK

01 이 시에 대한 설명으로 알맞지 않은 것은?

① 화자는 자신의 삶에 만족함
② 학문 수양에 대한 화자의 의지가 드러남
③ 벼슬길에 대한 화자의 강한 미련이 드러남
④ 작가가 전달하고자 하는 교훈적인 의도가 함축되어 있음

해설 화자는 벼슬길에 마음을 두지 않고 고향에 돌아와 학문 수양에 대한 의지를 다지고 있다.

02 ㉠~㉣ 중 〈보기〉의 밑줄 친 시어와 그 속성이 가장 이질적인 것은?

보기
꽃은 무슨 일로 피면서 쉬이 지고
풀은 어이하여 푸르는 듯 누르느니
아마도 변치 아닐손 바위뿐인가 하노라
　　　　　　　　　　– 윤선도, 「오우가」

① ㉠　　　　　　　② ㉡
③ ㉢　　　　　　　④ ㉣

해설 ㉠, ㉡, ㉣ 변함없고 영원한 청산의 모습
㉢ 청산의 속성을 본받고 싶은 인간

정답 01. ③　02. ③

05 창 내고져
– 작자 미상

☑ 핵심정리

• 갈래 : 사설시조

• 성격 : 해학적, 의지적, 구체적

• 제재 : 답답한 심정

• 주제 : 삶의 답답함에서 벗어나고 싶은 소망

• 특징
① 마음에 창을 낸다는 기발한 발상이 나타남
② 반복법, 열거법 등의 다양한 표현 방법을 사용함
③ 비애와 고통을 웃음을 통해 극복하려는 해학성이 돋보임

• 글의 구성

초장	창을 내고 싶은 소망 ⇒ 답답한 마음을 방에 비유, 시구의 반복
중장	• 장지문의 종류와 부속품의 나열 • 답답함을 해소하기 위한 구체적 방법·도구 ⇒ 친근한 일상적 사물 열거
종장	창을 여닫아 답답함을 해소

창(窓) 내고져 창을 내고져 이내 가슴의 창 내고져
_{답답함을 해소시켜 주는 매개체}

『고모장ㅈ 세(細)살장ㅈ ㄱ로다지 여다지에 암돌져
귀 수돌져귀 크나큰 장도리로 쑥싹 박아 이내 가슴
에 창 내고져』『 』: 구체적 소재의 나열, 열거법

잇다감 하 답답홀 지 여다져나 볼가 ㅎ노라.
_{가끔}

🔖 현대어 풀이

창 내고자 창을 내고자 이 내 가슴에 창을 내고자.
고모장지 세 살장지 들장지 열장지 암돌쩌귀 수돌쩌귀
배목걸새 크나큰 장도리로 뚝딱 박아 이 내 가슴에 창을
내고자.
이따금 몹시 답답할 때면 여닫아 볼까 하노라.

☑ 바로바로 CHECK

이 글에 대한 설명으로 알맞은 것은?

① 전체적으로 어둡고 우울한 분위기이다.

② 기발한 발상으로 현실의 어려움을 극복
하고자 한다.

③ 현실의 고통을 자연을 의지해 잊고자
한다.

④ 대상에 대한 관찰을 통해 자신의 삶을
반성하고 있다.

해설 답답한 화자의 심정을 꽉 막힌 '방'에 비유하여
'창'이라도 만들어 답답한 마음을 해소하고
싶은 소망을 담고 있다.

 정답 ②

기초학습 조선 후기의 사설시조

1) 임진왜란, 병자호란 후 발달
2) 구체적이고 서민적인 소재와 비유가 도입
3) 피지배 계층(평민)이 작가층에 가세 → 평민 사상 대두
4) 평시조의 기본형에서 두 구 이상이 각각 그 자수가 열 자 이상으로 늘어남

06 개를 여라믄이나 기르되

– 작자 미상

☑ 핵심정리

- **갈래** : 사설시조
- **성격** : 연정가(戀情歌), 해학적
- **제재** : 얄미운 개
- **주제** : 임을 기다리는 애절한 마음

- **특징**
  ① 의성어와 의태어의 효과적 사용
  → 개의 행동을 해학적, 과장적으로 묘사
  ② 임을 기다리는 마음을 해학적으로 표현

개를 여라믄이나 기르되 요 개ᄀᆞᆺ치 얄믜오랴
　　　열 마리가 넘게

▶ 애꿎은 개를 얄미워함

뮈온 님 오며는 쇼리를 홰홰 치며 치쒸락 나리쒸락 반겨셔 내닷고 고온 님 오며는 뒷발을 버동
　　　　　　　　　　　　　뛰어올랐다 내리뛰었다가

버동 므르락 나오락 캉캉 즛는 요 도리 암키
뒤로 물러갔다 앞으로 나아갔다가　　　　　암캐

▶ 임을 내쫓는 개의 모습을 사실적으로 묘사함

쉰밥이 그릇그릇 날진들 너 머길 줄이 이시랴
　　고운 님을 돌아가게 만든 것이 얄미워서

▶ 개에게 밥을 주지 않겠다고 다짐함

✔ 바로바로 CHECK

이 시에 대한 설명으로 적절하지 않은 것은?

① 임에 대한 원망을 개에게 돌려 표현하고 있다.
② 주어진 상황에 대한 해학적 웃음을 유발하고 있다.
③ 가난해서 개에게 밥을 줄 수 없는 미안한 마음이 나타나 있다.
④ 의성어와 의태어를 사용하여 개의 행동을 사실적으로 표현하고 있다.

해설 이 시의 화자는 임에 대한 원망을 개에게 돌려 표현하고 있다.

 ③

한눈에 감 잡기

1. **'개'의 의미** : 시적 화자는 개에 대한 원망을 통해 오지 않는 임에 대한 야속함과 그리움을 간접적으로 드러낸다.
2. **화자의 심정** : 임이 오기를 기다리는 간절한 마음이 오히려 오지 않는 임에 대한 미움으로 변했는데, 그 미움을 개에게 전가시키고 있다. 짖는 개 때문에 임이 오시지 않는다는 발상을 통해 임을 기다리는 소박한 여심(女心)을 사실적이면서도 익살스럽게 표현하고 있다.

07 님이 오마 ᄒ거ᄂᆞᆯ

– 작자 미상

✓ 핵심정리

- **갈래** : 사설시조
- **성격** : 해학적, 과장적, 연정가
- **제재** : 임을 기다리는 상황
- **주제** : 임을 애타게 기다리는 마음
- **특징**
  ① 자연물을 임으로 착각하는 화자의 모습을 해학적으로 표현함
  ② 화자의 행동을 의성어와 의태어를 통해 과장되게 묘사함으로써 임에 대한 간절한 그리움을 드러냄

- **글의 구성**

초장	임을 기다리는 초조한 마음
중장	마음을 행동으로 구체화 ⇒ 서민적 진솔성
종장	겸손한 행동에 대한 겸연쩍음 ⇒ 해학성, 낙천성

님이 오마 ᄒ거ᄂᆞᆯ 져녁 밥을 일 지어 먹고

중문(中門) 나서 대문(大門) 나가 지방(地方) 우희 치ᄃᆞ라 안자 이수(以手)로 가액(加額)ᄒ고 오는가
　　　　　　　　　　　　　　문지방　　　　　　　　　　　　　손으로　　이마에 대고

가ᄂᆞᆫ가 건넌 산(山) ᄇᆞ라보니 거머횟들 셔 잇거늘 져야 님이로다 보션 버서 품에 품고 신 버서 손에
　　　　　　　　　　　　검은 빛과 흰빛이 뒤섞인 모양

쥐고 곰븨 님븨 님븨 곰븨 천방 지방 지방 천방 즌 ᄃᆡ ᄆᆞ른 ᄃᆡ 굴희지 말고 워렁충창 건너 가셔 정(情)
　　　　엎치락뒤치락 연거푸 계속하여　　　　　　　　　　　　　　　　　급히 달리는 발소리, 우당탕퉁탕

엣말 ᄒᆞ려 ᄒᆞ고 겻눈을 흘긋 보니 상년(上年) 칠월(七月) 사흔날 ᄀᆞᆯ가 벅긴 주추리 삼대 ᄉᆞᆯ드리도 날
　　　　　　　　　　　　　　　　작년　　　　　　　　껍질을 벗긴　　삼의 줄기　알뜰히도

소겨거다

모쳐라 밤일싀만졍 ᅙᅵᆼ혀 낫이런들 ᄂᆞᆷ 우일 번 ᄒᆞ괘라
그만두어라, 마침　　　　　　　　　　　　　웃길

📎 현대어 풀이

임이 온다 하여 저녁밥을 일찍 지어 먹고
중문을 나와 대문으로 나가 문지방 위에 달려 올라가 앉아서 이마에 손을 대고 임이 오는가 건너편 산을 바라보니, 거무희뜩한 것이 서 있기에 저것이야말로 임이로구나. 버선 벗에 품에 품고 신 벗어 손에 쥐고 엎치락뒤치락 허둥거리며, 진 곳 마른 곳 가리지 않고 우당탕퉁탕 건너가서, 정이 넘치는 말을 하려고 곁눈으로 흘깃 보니, 작년 7월 3일날 껍질 벗긴 후 씨를 받느라고 그냥 밭머리에 세워 둔 삼의 줄기가 알뜰히도 나를 속였구나.
마침 밤이기에 망정이지 행여 낮이었다면 남 웃길 뻔했구나.

✓ 바로바로 CHECK

이 글에 쓰인 표현상의 특징으로 적절한 것은?

① 의성어와 의태어를 사용하여 생동감이 느껴짐
② 자연물을 활용하여 화자의 정서를 표현하고 있음
③ 양반들의 일상적 삶의 모습이 구체적으로 드러남
④ 한자어를 의도적으로 배치하여 무거운 느낌을 주고 있음

해설 이 작품은 '곰븨 님븨 님븨 곰븨, 워렁충창' 등의 의태어와 의성어를 적절히 사용하여 작품의 생동감을 부여하고 있다.

 정답 ①

08 어이 못 오던다

– 작자 미상

☑ 핵심정리

• **갈래** : 사설시조

• **성격** : 연모가, 해학적, 과장적

• **제재** : 오지 않는 임

• **주제** : 임을 기다리는 안타까운 마음

• **특징**
① 열거법, 연쇄법 등을 사용하여 운율감을 형성함
② 임을 보고 싶은 마음의 간절함이 해학과 과장을 통해 솔직하게 표현됨

• **작품의 구조**

⇒ 화자는 임이 오지 못하는 까닭을 물은 뒤, 임이 오지 못하는 이유를 추측하여 제시함으로써 임에 대한 화자의 마음을 보다 간절하고 절실하게 표현하고 있다(마치 임이 구속된 것 같은 가정적 상황을 설정함).

어이 못 오던다 무슴 일로 못 오던다.

『너 오는 길 우희 무쇠로 성(城)을 빗고 성(城) 안헤 담 빗고 담 안헤란 집을 짓고 집 안헤란 두지 노코 두지 안헤 궤(櫃)를 노코 궤(櫃) 안헤 너를 결박(結縛)ᄒ여 노코 쌍(雙) 비목 외걸새에 용(龍)거북 ᄌ물쇠로 수기수기 줌갓더냐 네 어이 그리 아니 오던다.』

『 』: 열거법, 과장법, 연쇄법, 점강법으로 임이 오지 못하는 까닭을 따짐

흔 둘이 셜흔 눌이여니 날 보라 올 흘리 업스랴.

📎 현대어 풀이

어찌 못 오던가, 무슨 일로 못 오던가?
너 오는 길에 무쇠 성을 쌓고, 성 안에 담을 쌓고, 담 안에 집을 짓고, 집 안에 뒤주를 놓고, 뒤주 안에 궤를 놓고, 궤 안에 너를 결박하여 놓고 쌍배목 외걸쇠, 금거북 자물쇠로 꼼꼼 잠가 두었더냐? 네 어찌 그리 아니 오던가?
한 달이 서른 날이니, 나를 보러 올 하루가 없겠는가?

✔ 바로바로 CHECK

이 글에 대한 설명으로 옳은 것은?

① 임에 대한 간절한 그리움을 표현하였다.
② 오지 않는 임에 대한 원망이 드러나 있다.
③ 풍자를 통해 현실 세태를 비판하고 있다.
④ 의성어와 의태어를 사용하여 과장되게 표현하고 있다.

해설 이 작품은 임에 대한 간절한 그리움보다는 오지 않는 임에 대한 원망이 직접적으로 드러나 있다.

 ②

[가사]

01 관동별곡(關東別曲)

– 정철

☑ 핵심정리

- **갈래** : 가사(기행 가사, 양반 가사, 정격 가사)
- **시대** : 1580년(선조 13년), 정철이 45세 때
- **성격** : 서정적, 기행적, 교술적, 서사적
- **주제** : 관동 지방의 절경과 연군, 선정의 포부
- **특징**
  ① 3·4조의 4음보 율격으로 운율감을 형성함
  ② 한문에 익숙한 지배층의 문학이면서도 우리말의 구사가 뛰어나고 유창함
  ③ 뛰어난 경치 묘사와 작가의 내면적 지향점이 교차하여 예술성을 갖춤
  ④ 영탄법, 대구법, 은유법, 직유법 등의 다양한 표현 방법을 사용

- **시간과 여정에 따른 추보식 구성**

서사	관찰사 부임과 관내 순력, 순력 후의 포부 : 듁님(창평) → 연츄문(한양) → 평구역(양주) → 흑슈(여주) → 셤강, 티악(원주) → 쇼양강(춘천) → 동쥬, 북관뎡(철원) → 회양
본사①	금강산 유람 : 만폭동 → 금강대 → 진헐대 → 개심대 → 화룡소 → 불정대 → 산영루
본사②	관동 팔경 유람 : 총석정 → 삼일포 → 의상대 → 경포 → 죽서루 → 망양정
결사	월출 구경 및 도선적 풍류, 선정에의 포부

가 ㉠『江강湖호애 病병이 깁퍼』[1] 竹듁林님의 누엇더니[2], 「 」: 천석고황(泉石膏肓), 연하고질(煙霞痼疾)

關관東동 八팔百빅 里니에 方방面면[3]을 맛디시니,
　　　　　강원도
어와 聖셩恩은이야 가디록 罔망極극ᄒ다.

나 延연秋츄門문 드리ᄃ라 慶경會회 南남門문 ᄇ라보며,
　　　　경복궁의 서문
下하直직고 믈너나니 玉옥節졀[4]이 알픠 셧다.
平평丘구驛역 물을 ᄀ라 黑흑水슈로 도라드니,
　양주　　　　　　　　　여주의 한강 지류
蟾셤江강은 어듸메오 雉티岳악이 여긔로다.
원주 근방의 한강 지류

🔖 시구 풀이

1 강호에 병이 깁퍼 : 강호에 병이 깊어. 자연에 묻혀 지내고자 하는 마음이 간절하여. '강호'는 자연을 뜻함.
2 듁님의 누엇더니 : 대숲에 누워 있었더니. '대숲'은 벼슬을 버리고 묻혀 지내는 자연을 뜻함.
3 방면 : '방면지임(方面之任)'의 준말. 관찰사의 소임.
4 옥절 : 옥으로 만든, 임금이 신표(信標)로 주는 패(牌).

📎 현대어 풀이

자연을 사랑하는 마음이 깊어 대나무 숲에 누웠었는데, / 관동 팔백 리의 (관찰사) 임무를 맡기시니,
아, 성은이야 갈수록 끝이 없다. / 연추문으로 달려 들어가 광화문을 바라보며
(임금께) 하직하고 물러나니 옥절이 앞에 섰다. / 평구역에서 말을 갈아 타고 흑수로 돌아드니
섬강은 어디오, 치악이 여기로다.

다 <u>昭쇼陽양江강</u> 노린 믈이 어드러로 든단 말고.
　　　연군지정

孤고臣신 去거國국에 <u>白빅髮발</u>도 하도 할샤.
　　　　　　　　　　근심

<u>東동洲쥐</u> 밤 계오 새와 <u>北븍寬관亭뎡</u>의 올나흐니,
　철원　　　　　　　　　　　　　　오르니

三삼角각山산 第뎨一일峰봉이 흐마면 뵈리로다.
　　　　　　　　　　　　　　웬만하면

弓궁王왕 大대闕궐 터희 <u>烏오鵲쟉</u>이 지지괴니,
궁예가 철원을 도읍으로 정했던 일

<u>千천古고 興흥亡망을 아는다 몰으는다.</u>
인생무상(人生無常)

淮회陽양 녜 일홈이 마초아 フ톨시고.
　　　　　　마침　　　　갓구나

<u>汲급長댱孺유 風풍彩치를 고텨 아니 볼 게이고</u>[5].
　　　　　　설의법 – 선정의 다짐

(서사) 관찰사 부임과 관내 순력 후의 포부

라 <u>營영中듕</u>이 無무事亽흐고 時시節졀이 三삼月월인 제,
　감영 안

花화川쳔 시내길히 <u>楓풍岳악</u>[6]으로 버더 잇다.
　　　　　　　　　　금강산

行힝裝장을 다 썰티고 石셕逕경의 막대 디퍼,

<u>百빅川쳔洞동</u> 겨틱 두고 <u>萬만瀑폭洞동</u>[7] 드러가니,
결을 지나(여정이 아님)

<u>銀은 フ튼 무지게 玉옥 フ튼 龍룡의 초리,</u>
　　　폭포의 모습 묘사(대구법, 직유법)

<u>섯돌며 뿜는 소릭 十십 里리의 자자시니,</u>
섞이어 돌며

들을 제는 <u>우레러니</u> 보니는 <u>눈이로다.</u>
폭포의 우렁찬 소리 – 청각적 심상　　폭포의 하얀 모습 – 시각적 심상

마 金금剛강臺딕 민 우層층의 <u>仙션鶴학</u>이 삿기 치니,

春츈風풍 <u>玉옥笛뎍聲셩</u>의 <u>첫줌</u>을 찍돗던디,
　　　　옥피리 소리　　　　　　깨엇던지

<u>縞호衣의玄현裳샹</u>[8]이 半반空공의 소소 쓰니,

<u>西셔湖호 녯 主쥬人인</u>[9]을 반겨셔 넘노는 듯.

(본사1-ⓐ) 만폭동의 폭포와 금강대의 선학

현대어 풀이

소양강에서 흘러내리는 물이 어디로 간단 말인가.
외로운 신하가 서울을 떠남에 백발(근심)이 많기도 많구나.
동주에서의 밤을 겨우 새워 북관정에 오르니 삼각산 제일 높은 봉우리가 잘만하면 보이겠구나.
궁왕 대궐 터에 까마귀와 까치가 지저귀니, 천고 흥망을 아느냐 모르느냐.
(한나라 회양 고을과) 이 곳 회양의 이름이 마침 같구나.
급장유의 풍채를 다시 아니 볼 것인가.

현대어 풀이

감영 안이 무사하고 시절이 삼월인 때, / 화천 시냇길이 금강산으로 뻗어 있다. / 행장을 다 떨치고 석경의 막대 짚어 / 백천동 곁에 두고 만폭동 들어가니 / 은 같은 무지개, 옥 같은 용의 꼬리(처럼 생긴 폭포)가 / 섞어 돌며 뿜는 소리가 십 리 밖까지 퍼졌으니, / 들을 때는 우레 같더니 (가까이 가) 보니 눈 같구나. / 금강대 맨 위층의 선학이 새끼 치니, / 봄바람 옥피리 소리에 첫잠을 깨웠는지, / 학이 공중에 치솟아 뜨니 그 모습이 / 서호의 임포를 반기는 듯하구나.

시구풀이

5 급댱유 풍치를 고텨 아니 볼 게이고 : 강원도의 '회양'이라는 고을 이름에서 중국의 '회양'이 생각났고, 그 회양을 잘 다스리던 '급장유'가 생각나서 나(정철)도 급장유처럼 관동을 잘 다스리겠다는 말.
6 풍악 : 가을의 금강산. 여기서는 아름다운 금강산.
7 만폭동 : 만폭동 폭포.
8 호의현상 : 흰 저고리와 검은 치마를 입은 선녀. 여기서는 몸뚱이가 희고 날개 끝이 검은 새인 '학'을 가리킨 말. → 의인법
9 셔호 넷 쥬인 : 중국 송나라 사람 임포(林逋)가 서호에 은거하여 매화를 아내로 삼고, 학을 아들로 삼아 살았다는 고사에서 유래한 표현. → '정철'을 비유한 말

✔ 바로바로 CHECK

01 (가)~(마)에 나타난 작가에 대한 설명으로 적절하지 <u>않은</u> 것은?

① 자연 친화적인 삶의 태도를 보이고 있다.
② 목민관(牧民官)의 결의와 의지를 다지고 있다.
③ 자신의 학식과 재주를 은근히 과시하고 있다.
④ 나라를 걱정하는 착잡한 심회를 드러내고 있다.

해설 자신의 학식과 재주를 은근히 과시하는 부분은 드러나 있지 않다.

02 (가)의 ㉠과 관계가 깊은 한자 성어는?

① 금의환향(錦衣還鄕)
② 천석고황(泉石膏肓)
③ 호연지기(浩然之氣)
④ 태평성대(太平聖代)

해설 '천석고황'은 자연을 사랑하는 병이 고질병이 되었다는 뜻이다.

정답 01. ③ 02. ②

小쇼香향爐노 大대香향爐노 눈 아래 구버보고,

正졍陽양寺스 眞진歇헐臺디 고텨 올나 <u>안즌마리,</u>
　　　　　　　　　　　　　　　　앉으니

廬녀山산 眞진面면目목이 여긔야 다 뵈느다.

어와 造조化화翁옹이 헌亽토 헌亽홀샤.¹⁰

<u>늘거든 쒸디 마나 셧거든 솟디 마나.</u>
　산봉우리의 여러 가지 다양하고 동적인 모습을 비유

<u>芙부蓉용</u>을 고잣는 둧 <u>白빅玉옥</u>을 뭇것는 둧,
　연꽃

<u>東동溟명</u>을 박추는 둧 <u>北북極극</u>을 괴왓는 둧.
　동해　　　　　　　북극성(임금 상징)　　떠받치는 둧

놉흘시고 望망高고臺디 외로올샤 穴혈望망峰봉이

하늘의 <u>추미러</u> 므스 일을 <u>스로리라,</u>
　　　치밀어　　　　　　아뢰려고

千쳔萬만 劫겁 디나드록 구필 줄 모르는다.

어와 너여이고 너 フ투니¹¹ 쏘 잇는가.　본사 1-ⓑ 진헐대에서의 조망

시구풀이

10 어와 조화옹이 헌亽토 헌亽홀샤 : 진헐대에서 금강산의 아름다운 모습을 보고, 이를 창조한 조물주를 찬양. → 자연의 위대함에 순응하며 찬탄
11 너 フ투니 : 망고대, 혈망봉이 천만 년이 지나도록 굽히지 않는다 하여, '지조 높은 충신'에 비유한 말. → 자연과 인간의 조화를 실현하고자 하는 화자의 모습

🖋 현대어 풀이

소향로봉과 대향로봉을 눈 아래 굽어보고, / 정양사 뒤 진헐대에 다시 올라 앉으니, / 금강산 만이천봉의 모습이 다 보이는구나. / 아, 조물주가 야단스럽기도 야단스럽구나. / 봉우리들이 하늘로 날거든 뛰지 말거나, 섰거든 솟지 말거나, / 부용을 꽂았는 듯, 백옥을 묶었는 듯, / 동해를 박차는 듯, 북극성을 괴고 있는 듯하구나. / 높기도 하구나 망고대, 외롭기도 하구나 혈망봉이 / 하늘에 치밀어 무슨 일을 알리려고 / 오랜 세월 지나도록 굽힐 줄을 모르는가. / 아, 너로구나 너 같은 것이 또 있는가.

開기心심臺딕 고텨 올나 衆듕香향城셩 브라보며,
　　　　　다시

萬만 二이千쳔峰봉을 歷녁歷녁히 혀여ᄒᆞ니,
　　　　　　　자세히

峰봉마다 밋쳐 잇고 긋마다 서린 긔운,

<u>ᄆᆞᆰ거든 조티 마나 조커든 ᄆᆞᆰ디 마나.</u>
　맑거든 깨끗하지 말거나, 깨끗하거든 맑지나 말거나(대구법)

<u>뎌 긔운 흐터 내야 人인傑걸을 ᄆᆞᆫ들고쟈.</u>
　　　우국지정(憂國之情)이 나타남

形형容용도 그지업고 體톄勢셰도 하도 할샤.

天텬地디 삼기실 제 自ᄌᆞ然연이 되연마ᄂᆞᆫ,

이제 와 보게 되니 有유情졍도 有유情졍ᄒᆞᆯ샤.
　　　　　　　　조물주의 깊은 뜻이 담겨 있구나

毗비盧로峰봉 上샹上샹頭두의 올라 보니 긔 뉘신고.
　　　　　　　　　　　올라본 이

<u>東동山산 泰태山산</u>이 어ᄂᆞ야 놉돗던고.
　중국에 있는 두 산

魯노國국 조븐 줄도 우리ᄂᆞᆫ 모ᄅᆞ거든,

넙거나 넙은 天텬下하 엇찌ᄒᆞ야 젹닷 말고.

어와 뎌 디위ᄅᆞᆯ 어이ᄒᆞ면 알 거이고.
　　　공자의 정신적 경지(호연지기)

<u>오ᄅᆞ디 못ᄒᆞ거니 ᄂᆞ려가미 고이ᄒᆞᆯ가.</u>
　비로봉을

〔본사1-ⓒ〕 개심대에서의 조망과 비로봉을 본 감회

✎ **현대어 풀이**

개심대에 다시 올라 중향성을 바라보며, / 만이천봉을 똑똑히 헤아리니, / 봉마다 맺혀 있고 산끝마다 서린 기운이 / 맑거든 깨끗하지 말거나, 깨끗하거든 맑지 말거나, / 저 기운을 흩어 내어 인걸을 만들고 싶구나. / 모습도 그지없고 형세도 다양하다. / 천지가 생겨날 때 자연히 생겼지만 / 이제 와서 보게 되니 조물주의 깊은 뜻이 담겨 있구나. / 비로봉 제일 꼭대기에 올라 본 사람이 그 누구인가. / 동산, 태산이 어느 것이 (비로봉보다) 높던가. / 노나라가 좁은 줄도 우리는 모르는데 / (공자는) 넓거나 넓은 천하를 어찌하여 작다 하는가. / 아, 저 (공자의 높은) 경지를 어찌하면 알 것인가. / 오르지 못하니 내려감이 이상할까.

圓원通통골 ᄀᆞᄂᆞᆫ 길로 獅ᄉᆞ子ᄌᆞ峰봉을 ᄎᆞ자가니,
　　　　　좁은 길[細路]

그 알픽 너러바회 化화龍룡쇠 되여셰라.
　　　　　　　　　화룡소가

ⓛ<u>千쳔年년 老노龍룡</u>이 구비구비 서려 이셔,

晝듀夜야의 흘녀 내여 滄챵海ᄒᆡ예 니어시니,

風풍雲운을 언제 어더 三삼日일雨우를 디련ᄂᆞᆫ다.
　바람과 구름(＝좋은 기회)　　흡족한 비＝선정(착한 정치)　내리려는가

陰음崖애예 이온 플을 다 살와 내여ᄉᆞ라.
　그늘에 시든 풀(고통받는 백성)을 다 살려내고 싶구나 = 애민 정신

磨마訶하衍연 妙묘吉길祥샹 雁안門문재 너머 디여,

✔ 바로바로 CHECK

ⓛ이 비유하고 있는 원관념은?

① 돌　　　　　② 물
③ 바람　　　　④ 구름

해설 ⓛ 千쳔年년 老노龍룡 : 화룡소의 물

정답 ②

외나모 뻐근 두리 佛블頂뎡臺뒤 올라ᄒ니,

千쳔尋심絕졀壁벽을 半반空공애 셰여 두고,
폭포의 절벽(천 길이나 되는 절벽)

銀은河하水슈 한 구비를 촌촌이 버혀 내여,
　　폭포 비유

『실ᄀ티 플텨이셔 뵈ᄀ티 거러시니,』『　』: 실같이 풀어서 베같이 걸었으니 - 실, 베 → 폭포(직유법)
　　근경　　　　　원경

圖도經경 열두 구비 내 보매ᄂ 여러히라.

李니謫뎍仙션 이제 이셔 고텨 의논ᄒ게 되면,
중국 당(唐)나라 때 시인 이태백(李太白)

廬녀山산이 여긔도곤 낫단 말 못ᄒ려니.　　본사 1-ⓓ 화룡소와 불정대에서 본 십이 폭포의 장관
　　이백의 시 '망여산 폭포'를 염두에 둔 말

현대어 풀이

원통골 좁은 길을 따라 사자봉을 찾아가니 / 그 앞에 너럭바위가 화룡소가 되었구나. / 천 년 묵은 늙은 용이 굽이 굽이 서리어 있어 / 밤낮으로 물을 흘러내려 푸른 바다에 이었으니, / 바람과 구름을 언제 얻어서 흡족한 비를 내리려는가. / 그늘진 언덕의 시든 풀을 다 살려 내고 싶구나. / 마하연, 묘길상, 안문재를 넘어 내려가 / 썩은 외나무 다리를 건너 불정대에 오르니 / 천 길이나 되는 절벽이 공중에 솟아 있고 / (폭포가 쏟아지는 모습이) 은하수 한 굽이를 마디마디 베어 내어 / 실같이 풀어서 베같이 걸어 놓은 듯하니, / 산수도경에는 열두 굽이로 그려 놓았지만 내가 보기에는 더 되는 것 같구나. / 이백이 지금 살아 있어서 다시 의논하게 된다면, / 여산의 폭포가 여기(십이 폭포)보다 낫다고 말하지 못할 것이다.

山산中듕을 ᄆ양 보랴 東동海ᄒ로 가쟈ᄉ라.
　　　　　　해금강(관동팔경) → 산에서 바다로 여정이 바뀜

籃남輿여緩완步보ᄒ야 山산映영樓누의 올나ᄒ니,

玲녕瓏농 碧벽溪계와 數수聲셩 啼뎨鳥됴ᄂ 離니別별을 怨원ᄒᄂ 듯,
　　　　　　　　　　감정 이입(금강산을 떠나는 아쉬움을 마치 시냇물과 새가 이별을 원망하는 것처럼 묘사)

旌졍旗긔를 썰티니 五오色ᄉ이 넘노ᄂ 듯,
여러 가지 깃발

鼓고角각을 섯부니 海ᄒ雲운이 다 것ᄂ 듯.

鳴명沙사길 니근 ᄆ리 醉취仙션을 빗기 시러,
　　　　　　　작가 자신을 비유(자연에 취한 신선)

바다ᄒᆯ 겻티 두고 海ᄒ棠당花화로 드러가니,

『白ᄇ鷗구야 ᄂ디 마라 네 버딘 줄 엇디 아ᄂ.』『　』: 물아일체(物我一體)의 경지
　　　　　　날지 마라

金금闌난窟굴 도라드러 叢총石셕亭뎡 올라ᄒ니,

白ᄇ玉옥樓누 남은 기동 다만 네히 셔 잇고야.
총석정의 비유(옥황 상제가 사는 누각)

工공倕슈의 셩녕인가 鬼귀斧부로 다ᄃ몬가.

구ᄐ야 六뉵面면은 므어슬 象샹톳던고.　　본사 2-ⓐ 동해로 가는 감회와 총석정의 장관

현대어 풀이

산중만 마냥 보랴. 동해로 가자꾸나. / 남여를 타고 천천히 걸어 산영루에 오르니, / 영롱한 푸른 시냇물과 아름다운 새 소리는 이별을 원망하는 듯, / 깃발을 휘날리니 갖가지 색이 넘나들며 노는 듯, / 북을 울리고 나발을 부니 바다 구름이 다 걷히는 듯하다. / 모래밭 길에 익숙한 말이 술 취한 신선을 비스듬히 실어, / 바다를 곁에 두고 해당화 핀 곳으로 들어가니, / 갈매기야 날지 마라, (내가) 네 벗인 줄 어찌 알겠느냐. / 금란굴을 돌아들어 총석정에 올라가니 / 백옥루 남은 돌기둥이 다만 넷이 서 있구나. / 이름난 장인(匠人) 공수가 만든 공작품인가, 귀신의 연장으로 다듬었는가. / 구태여 돌기둥을 여섯 모 나게 한 것은 무엇을 본떴는가.

高고城셩을란 뎌만 두고 三삼日일浦포[12]를 ᄎᆞ자가니,
　　　　　가지 않음

丹단書셔는 宛완然연ᄒᆞ되 四ᄉᆞ仙션은 어ᄃᆡ 가니[13].

예 사흘 머믄 後후의 어ᄃᆡ 가 ᄯᅩ 머믈고.
　　　　　　　　　머물렀는가?

仙션遊유潭담 永영郎낭湖호 거긔나 가 잇ᄂᆞᆫ가.

淸청澗간亭뎡 萬만景경臺ᄃᆡ 몃 고ᄃᆡ 안돗던고.
　　　　　　　　　주체 : 사선

梨니花화는 볼셔 디고 접동새 슬피 울 제,
　　　　　계절을 알 수 있음 – 늦봄

洛낙山산 東동畔반으로 義의相샹臺ᄃᆡ예 올라 안자,

日일出츌을 보리라 밤듕만 니러ᄒᆞ니,
해돋이(해 = 임금)

祥샹雲운이 집픠는 동 六뉵龍뇽이 바퇴는 동,
　　　　　　　　　　떠받치는 듯

바다히 ᄯᅥ날 제는 萬만國국이 일위더니,
　　　에서　　　　　　일렁거리더니

天텬中듕의 티ᄯᅳ니 毫호髮발을 혜리로다.
　　　　　　　　　'매우 밝다'의 과장법

아마도 녈구름 근쳐의 머믈셰라[14].
　　　지나가는 구름 = 간신

詩시仙션은 어ᄃᆡ 가고 咳ᄒᆡ唾타만 나맛ᄂᆞ니.
　　　　　해타(咳唾) : 가래와 침, 여기서는 이백의 시(말)를 뜻함

天텬地디間간 壯장흔 긔별 ᄌᆞ셔히도 ᄒᆞᆯ셔이고.

시구풀이

12 삼일포 : 관동팔경의 하나로, 고성 북쪽(북한 땅)에 있는 포구. 신라의 네 화랑인 '술랑, 남랑, 영랑, 안상'이 사흘 동안 머물며 놀았다고 하여 이런 이름이 붙음.

13 단셔는 완연ᄒᆞ되 ᄉᆞ선은 어ᄃᆡ 가니 : 삼일포의 바위에 써 있는 붉은 글씨(신라 화랑들이 쓴 것으로 '永郞徒南石行 : 영랑의 무리들이 남석으로 갔다.')는 뚜렷이 남아 있는데, 이 글을 쓴 사선은 없다는 말.
→ 인생무상(人生無常)

14 아마도 녈구름 근쳐의 머믈셰라 : 지나가는 구름(= 간신)이 해(=임금) 근처에 머물까 두렵다(임금의 총명과 예지를 흐릴까 걱정된다).
→ 이백의 시 '등금릉 봉황대(登金陵鳳凰臺)'에 나오는 구절. 정철은 의상대의 일출을 보면서 이백의 시가 생각난 것이다. 그런데 지금은 그 시를 지은 이백은 없고 그의 시만 남아 있다는 말이다.

(본사 2–ⓑ) 삼일포에서의 사선 추모와 의상대에서의 일출 광경

현대어 풀이

고성은 저만큼 두고 삼일포를 찾아가니 / (벼랑에 쓴) 붉은 글씨는 뚜렷하되 사선은 어디 갔는가. / 여기서 사흘 동안 머무른 후 어디 가서 또 머물렀는고. / 선유담, 영랑호 거기에나 갔는가. / 청간정, 만경대 몇 곳에 앉았던고. / 배꽃은 벌써 지고 접동새 슬피 울 때, / 낙산 동쪽 언덕으로 가서 의상대에 올라 앉아, / 해돋이를 보려고 밤중쯤 일어나니, / 상서로운 구름이 뭉게뭉게 피어나는 듯, 여섯 용이 하늘을 떠받쳐 괴는 듯, / 해가 바다에서 떠날 때는 온 세상이 일렁이더니 / 하늘로 치솟아 뜨니 터럭도 셀 수 있을 만큼 환하구나. / 아마도 지나가는 구름이 해 근처에 머물까 두렵구나. / 시선 이백은 어디 가고 그의 시구만 남았는가. / 이 세상의 굉장한 내막을 자세히도 나타내었구나.

斜사陽양 峴현山산의 躑텩躅튝을 므니불와,
　　석양　　　　　　　　　잇달아 밟아, 계속해서 밟아

羽우蓋개芝지輪륜이 鏡경浦포로 ᄂ려가니,
신선이 타는 수레(도선적 풍류)

十십 里리 氷빙紈환을 다리고 고텨 다려,
　　　　얼음같이 희고 깨끗한 비단

長댱松숑 울흔 소개 슬ᄏ장 펴뎌시니,
　　　　　　　　실컷

믈결도 자도 잘샤 모래를 혜리로다.

孤고舟쥬 解ᄒ히纜람ᄒ야 亭뎡子ᄌ 우히 올나가니,

江강門문橋교 너믄 겨틔 大대洋양이 거긔로다.
　　　　　　　　　　　동해

從둉容용ᄒ댜 이 氣긔像샹 闊活遠원ᄒ댜 뎌 境경界계,
　　조용하구나

이도곤 ᄀᄌᆫ 듸 ᄯᅩ 어듸 잇닷 말고.
　　　　갖춘 곳(아름다운 경치를)

紅홍粧장 古고事ᄉ¹⁵를 헌ᄉ타 ᄒ리로다.

江강陵능 大대都도護호 風풍俗쇽이 됴흘시고.

節졀孝효旌졍門문이 골골이 버러시니,

比비屋옥可가封봉¹⁶이 이제도 잇다 ᄒ다.

（본사 2-ⓒ）경포의 장관과 강릉의 미풍양속

<시구풀이>

15 홍장 고ᄉ : 홍장은 고려 말 강릉의 명기로, 당시의 감사 박신(朴信)이 임기가 만료되어 서울로 돌아가려 할 때, 부사가 경포에 뱃놀이를 차려 홍장으로 하여금 선녀로 변장하게 하여 박신을 현혹하게 하였다는 고사.

16 비옥가봉 : 즐비하게 늘어선 집마다 모두 벼슬에 봉할 만하다는 뜻으로, 요순시절이 태평성대라 백성들이 모두 착했음을 이른 데서 끌어온 말.

현대어 풀이

석양 무렵 현산의 철쭉꽃을 잇따라 밟으며, / 새깃으로 뚜껑을 한 수레를 타고 경포로 내려가니, / 십 리나 뻗쳐 있는 얼음같이 희고 깨끗한 비단을 다리고 / 다시 다린 것 같은 호수가 큰 소나무 울창한 숲 속에 실컷 펼쳐졌으니, / 물결이 잔잔하기도 잔잔하구나. 모래알을 헤아릴 수도 있겠다. / 외로운 배를 띄워 정자 위에 오르니, / 강문교 넘어선 곁에 큰 바다가 거기로다. / 조용하도다 이 기상, 넓고 멀도다 저 경계. / 이보다 (경치를) 갖춘 곳이 또 어디 있단 말인가. / 홍장 고사가 야단스럽다고 하겠도다. / 강릉 대도호부 풍속이 좋구나. / 충신·효자·열녀문이 마을마다 널렸으니 / 요순 시절 태평성대가 지금도 있다 하겠도다.

眞진珠쥬館관 竹듁西셔樓루 五오十십川쳔 ᄂ린 믈이,

太태白뵉山산 그림재를 東동海ᄒ히로 다마 가니,

출하리 漢한江강의 木목覓멱의 다히고뎌¹⁷.
　　　　　　서울의 남산→연군지정(戀君之情)

王왕程뎡이 有유限흔ᄒ고 風풍景경이 못 슬믜니,
관리의 여정(공인의 책무)　　　　　　자연에의 도취

幽유懷회도 하도 할샤 客긱愁수도 둘 듸 업다.
책임감과 욕망의 갈등

仙션槎사를 ᄯᅴ워 내여 斗두牛우로 向향ᄒ살가¹⁸,
도선적 풍류

仙션人인을 ᄎᄌ려 丹단穴혈의 머므살가.
앞의 사선(四仙)

<시구풀이>

17 출하리 한강의 목멱의 다히고뎌 : 강릉 오십천에서 흘러내린 물을 서울까지 닿게 하고 싶다는 말로, '내 (정철)가 한양 가서 임금을 뵙고 싶다'는 뜻.
→ 연군지정(戀君之情)

18 선사를 띄워 내여 두우로 향ᄒ살가 : 속세로 돌아가기 싫어 신선이 되어 살고 싶다는 소망의 표현. '관원으로서의 임무'와 '풍류를 즐기고 싶은 욕망' 사이에서 갈등하는 작가의 모습이 담겨 있음.

天텬根근을 못내 보와 望망洋양亭뎡의 올은말이,

바다 밧근 하늘이니 하늘 밧근 므서신고.

<u>굿득 노흔 고래</u> 뉘라셔 놀내관ᄃᆡ,
성난 파도를 비유

블거니 쁨거니 어즈러이 구는디고.

<u>銀은山산을 것거 내여</u> <u>六뉵合합의 ᄂᆞ리는 듯</u>,
흰 파도를 비유

五오月월 長댱天텬의 <u>白빅雪셜은</u> 므스 일고.
포말(하얗게 부서지는 물보라)을 비유

(본사 2-ⓓ) 죽서루에서의 객수와 망양정에서의 풍경

🖉 **현대어 풀이**

진주관 죽서루 아래 오십천에서 흘러내린 물이 / (물이 비친) 태백산 그림자를 동해로 담아 가니, / 차라리 한강 옆의 남산에 닿게 하고 싶구나. / 관원의 여정은 유한하고 풍경은 싫증나지 않으니 / 그윽한 회포가 많기도 많구나. 객수도 둘 데가 없다. / 신선이 타는 뗏목을 띄워 북두성과 견우성으로 향할까. / 사선을 찾으러 단혈에 가서 머물까. / 하늘 끝을 끝내 보지 못하여, 망양정에 올랐더니 / 바다 밖의 하늘이니 하늘 밖은 무엇인고. / 가뜩이나 성난 고래(파도)를 누가 놀라게 하기에 / 블거니 뿜거니 하면서 어지럽게 구는 것인고. / 은으로 된 산을 깎아 내어 온 천지에 내리게 하는 듯 하니 / 오월의 하늘에 흰 눈이 내리는 것은 무슨 일인고.

<u>져근덧</u> 밤이 드러 風풍浪낭이 定뎡ᄒᆞ거늘,
잠깐 사이에

扶부桑상 咫지尺척의 明명月월을 기ᄃᆞ리니,
해와 달이 뜨는 곳

瑞셔光광 千천仗댱이 뵈는 듯 숨는고야.

珠쥬簾렴을 고텨 것고 玉옥階계ᄅᆞᆯ 다시 쓸며,
경건한 마음가짐

啓계明명星셩 돗도록 <u>곳초</u> 안자 ᄇᆞ라보니,
샛별   꼿꼿이

<u>白빅蓮년花화</u> ᄒᆞᆫ 가지ᄅᆞᆯ 뉘라셔 보내신고.
달의 비유

일이 됴흔 <u>世세界계</u> ᄂᆞᆷ대되 다 뵈고져[19].
애민 정신

流뉴霞하酒쥬ᄅᆞᆯ ᄀᆞ득 부어 ᄃᆞᆯᄃᆞ려 무론 말이,
신선이 먹는다는 술 – 신선적 풍류

英영雄웅은 어ᄃᆡ 가며 四ᄉ仙션은 긔 뉘러니[20],
이백

아ᄆᆞ나 맛나 보아 녯 긔별 뭇쟈 ᄒᆞ니,

仙션山산 東동海ᄒᆡ예 갈 길히 머도 멀샤.

(결사 ①) 망양정의 월출과 도선적 풍류

🔖 **시구 풀이**

19 일이 됴흔 세계 ᄂᆞᆷ대되 다 뵈고져 : 이렇게 좋은 경치를 모든 사람에게 보여 주고 싶다는 말.
→ 목민관으로서의 애민 정신과 선정에의 포부
20 영웅은 어ᄃᆡ 가며, ᄉ션은 긔 뉘러니 : 영웅은 '이백'을, 사선은 '신라의 네 화랑'을 가리키는 말.
→ 신선을 동경하는 모습을 드러냄, 도교 사상

현대어 풀이

잠깐 사이 밤이 되어 풍랑이 가라앉거늘, / 해와 달이 뜨는 가까운 곳에서 밝은 달을 기다리니, / 천 길이나 되는 상서로운 달빛이 나타났다가 숨는구나. / 구슬로 만든 발을 다시 걷고 옥 같은 섬돌을 다시 쓸며 / 샛별이 돋도록 꼿꼿이 앉아 바라보니 / 흰 연꽃 같은 달을 누가 보내셨는가. / 이렇게 좋은 세상 다른 사람에게 모두 보이고 싶구나. / 신선주를 가득 부어 달에게 묻기를 / 옛 영웅은 어디 갔으며, 사선은 누구이던가. / 아무나 만나 옛 소식 묻고자 하니 / 삼신산이 있다는 동해로 갈 길이 멀기도 멀구나.

(바) 松숑根근을 볘여 누어 픗줌을 얼픗 드니,

꿈애 흔 사룸이 날두려 닐온 말이,
<small>신선</small>

『그딕룰 내 모루랴 上샹界계예 眞진仙션이라²¹.
<small>선계(仙界)</small>

黃황庭뎡經경 ─일字주룰 엇디 그룻 닐거 두고,

人인間간의 내려와셔 우리룰 똘오는다.
<small>하계, 속세</small>

져근덧 가디 마오 이 술 흔 잔 머거 보오.』『 』: 꿈속 신선의 대사
<small>잠깐</small>

北븍斗두星셩 기우려 滄챵海힉水슈 부어 내여,
<small>북두칠성(술 항아리)   술 비유</small>

저 먹고 날 머겨늘 서너 잔 거후로니,

『和화風풍이 習습習습ᄒ야 兩냥腋익을 추혀드니,

九구萬만 里리 長댱空공애 져기면 눌리로다.

이 술 가져다가 四ᄉ海힉예 고로 눈화,
<small>온 세상</small>

億억萬만 蒼챵生싱을 다 醉취케 밍근 後후의,
<small>수많은 백성들 → 애민 정신</small>

그제야 고텨 맛나 ᄯᅩ 흔 잔 ᄒ쟛고야²².』『 』: 화자(정철)의 대사

말 디쟈 鶴학을 ᄐ고 九구空공의 올나가니,
<small>주체 : 신선</small>

空공中듕 玉옥簫쇼 소릭 어제런가 그제런가.
<small>비몽사몽</small>

나도 줌을 ᄭᅵ여 바다홀 구버보니,

기픠룰 모루거니 ᄀ인들 엇디 알리.

明명月월이 千쳔山산 萬만落낙의 아니 비쵠 딕 업다²³.
<small>임금의 은혜   온 세상</small>

결사② 꿈속에서 신선을 만나고 깸

– '송강가사(松江歌辭)' 이선본(李選本)

바로바로 CHECK

ⓒ에 드러난 화자의 심리로 가장 적절한 것은?

① 우국(憂國)의 정   ② 애민(愛民)의 정
③ 연군(戀君)의 정   ④ 회고(回顧)의 정

해설 ⓒ에는 애민 정신과 선정에의 포부가 드러나 있다.

정답 ②

시구풀이

21 그딕룰 내 모루랴 상계예 진션이라 : 꿈에 나타난 선인이 작가에게 한 말. 작가는 자기가 신선이라는 것을 꿈을 통해 은근히 나타냄.

22 이 술 가져다가 ᄉ해에 고로 눈화, ~그제야 고텨 맛나 ᄯᅩ 흔 잔 ᄒ쟛고야 : 꿈에서 작가가 한 말로, 좋은 것이 있으면 백성들과 함께 나누고 싶다는 말. → 애민 정신과 선정에의 포부

23 명월이 천산 만낙의 아니 비쵠 딕 업다. : 밝은 달빛이 온 세상에 비친다. → 임금의 은혜가 온 세상에 퍼져 백성들에게 골고루 비취고 있음

✎ 현대어 풀이

소나무 뿌리를 베고 누워 선잠이 잠깐 드니 / 꿈에 한 사람이 나에게 이르기를, "그대를 내가 모르겠느냐. 그대는 하늘 나라의 신선이라. / 황정경 한 글자를 어찌 잘못 읽어서 / 인간 세상에 내려와서 우리를 따르는가. / 잠깐 가지 마오. 이 술 한 잔 먹어 보오." 하며 / 북두칠성을 기울여 푸른 바닷물을 부어 내어 / 저도 먹고 나에게도 먹이거늘 서너 잔 기울이니 / 봄바람이 산들산들 불어 양쪽 겨드랑이를 추켜드니 / 구만리나 되는 멀고 높은 하늘도 웬만하면 날겠구나. / "이 술 가져다가 온 세상에 고루 나누어 / 모든 백성을 다 취하게 만든 후에 / 그제야 다시 만나 또 한 잔 하자꾸나." / 그 말이 끝나자 학을 타고 하늘로 올라가니 / 공중 옥피리 소리 어제인지 그제인지 어렴풋하구나. / 나도 잠을 깨어 바다를 굽어보니 / 깊이를 모르니 끝인들 어찌 알리. / 밝은 달빛이 온 세상에 비치지 않는 곳이 없다.

한눈에 감 잡기

1. 화자의 태도

연군지정(戀君之情)	• 昭쇼陽양江강 누린 믈이 어드러로 든단 말고. • 三삼角각山산 第뎨一일峰봉이 흐마면 뵈리로다. • 출하리 漢한江강의 木목覓멱의 다히고져.
우국지정(憂國之情)	• 孤고臣신 去거國국에 白빅髮발도 하도 할샤. • 뎌 긔운 흐터 내야 人인傑걸을 몬돌고쟈. • 아마도 녈구름 근쳐의 머믈셰라.
선정에의 포부, 애민(愛民) 정신	• 汲급長댱孺유 風풍彩치를 고텨 아니 볼 게이고. • 陰음崖애예 이온 플을 다 살와 내여스라. • 일이 됴흔 世셰界계 눔대되 다 뵈고져. • 이 술 가져다가 四ᄉ海히예 고로 ᄂ화, / 億억萬만 蒼창生싱을 다 醉취케 밍근 後후의, / 그제야 고텨 맛나 쏘 흔 잔 흐잣고야.
자연친화적 태도	• 江강湖호애 病병이 깁퍼 竹듁林님의 누엇더니, • 白빅鷗구야 ᄂ디 마라 네 버딘 줄 엇디 아는.

2. '폭포'를 묘사

• 銀은 ᄀ툰 무지게 玉옥 ᄀ툰~우레러니 보니는 눈이로다.
  ⇒ 대구와 비유를 사용하여 대상을 생동감 있게 표현함

• 千천尋심絕졀壁벽을 半반空공애~내 보매는 여러히라.
  ⇒ 대상을 시각적 이미지를 사용하여 과장되게 표현함

02 사미인곡

– 정철

☑ 핵심정리

- **갈래** : 서정 가사, 양반 가사, 정격 가사
- **성격** : 충신연군지사(忠臣戀君之詞), 소극적
- **주제** : 연군의 정, 임금을 그리는 마음
- **특징**
  ① '서사 – 본사 – 결사'의 3단 구성
  ② 본사는 봄, 여름, 가을, 겨울의 4계절에 따른 시상의 전개를 보임
  ③ 3 · 4조의 4음보의 율격으로 운율을 형성함
  ④ '속미인곡'과 더불어 가사 문학의 절정을 이룬 작품

- **글의 구성**

서사	임과의 인연과 이별의 그리움
본사 ①	춘사 : 매화를 보내서 임에 대한 변함없는 충정을 전하고 싶은 마음
본사 ②	하사 : 옷을 지어 보내서 임에 대한 정성과 사랑을 전하고 싶은 마음 – 녹음
본사 ③	추사 : 달과 별을 바라보며 선정을 소망하는 마음
본사 ④	동사 : 임의 건강을 걱정하며 밤을 지새우는 마음 – 백설
결사	죽어서 범나비가 되더라도 임을 따르고 싶은 일편단심(一片丹心)

이 몸 삼기실 제 님을 조차 삼기시니, 흔싱 연분(緣分)이며 하늘 모를 일이런가.
　　　　　　　　옥황상제　　　　　　　　　　　　한평생 인연　　　　　　임과의 운명적 인연

『나 ᄒ나 졈어 잇고 님 ᄒ나 날 괴시니,』이 ᄆᆞ음 이 스랑 견졸 ᄃᆡ 노여 업다.
　　　　오직　　　　『 」: 임과 이별하기 전의 행복했던 상황

평싱(平生)애 원(願)ᄒ요ᄃᆡ 흔ᄃᆡ 녜쟈 ᄒ얏더니, 늙거야 므스 일로 외오 두고 글이ᄂᆞᆫ고.
　　　　　　　　화자의 소망　　　　　　　　　　　　　　　　　　현재 화자의 처지

엇그제 님을 뫼셔 광한뎐(廣寒殿)의 올낫더니, 그 더ᄃᆡ 엇디ᄒᆞ야 하계(下界)에 ᄂᆞ려오니,
　　　　　　　　옥황상제가 사는 궁궐(한양)　　　　　　　　　　인간 세계, 속세(유배지인 전라도 창평)

올 적의 비슨 머리 얼킈연 디 삼년(三年)이라. 연지분(臙脂粉) 잇ᄂᆞ마ᄂᆞᆫ 눌 위ᄒᆞ야 고이 홀고.
　　벼슬을 그만두고 시골에 내려온 지 삼 년이 되었음을 암시함　　　여성 화자임을 암시

『ᄆᆞ음의 미친 실음 텹텹(疊疊)이 ᄡᅡ혀 이셔, 짓ᄂᆞ니 한숨이오 디ᄂᆞ니 눈믈이라.

인싱(人生)은 유한(有限)흔ᄃᆡ 시름도 그지업다. 무심(無心)흔 셰월(歲月)은 믈 흐르ᄃᆞᆺ ᄒᆞᄂᆞᆫ고야.』
　　　　　　　　　　　　　　　　　　　　　　　　　　　　　　　　　『 」: 추상적 관념의 구체화

염냥(炎凉)이 ᄯᅢ를 아라 가ᄂᆞᆫ 듯 고텨 오니, 듯거니 보거니 늣길 일도 하도 할샤.
　계절의 바뀜

서사 임과의 인연과 이별 후의 그리움

🖊 현대어 풀이

이 몸이 태어날 때에 임을 따라 태어났으니, 한평생 함께 살아갈 인연임을 하늘이 어찌 모를 일이던가?
나는 오직 젊어 있고, 임은 오직 나를 사랑하시니, 이 마음과 이 사랑을 비교할 데가 전혀 없다.
평생에 원하기를 임과 함께 살아가고자 하였더니, 늙어서야 무슨 일로 외로이 떨어져 그리워하는가.
엊그제까지만 해도 임을 모시고 광한전에 올라 있었는데, 그 동안에 어찌하여 속세에 내려왔느냐?
내려올 때에 빗은 머리가 헝클어진 지도 3년이 지났구나. 연지와 분이 있지마는 누구를 위하여 곱게 단장할 것인가.
마음에 맺힌 근심이 겹겹으로 쌓여 있어서, 짓는 것이 한숨이요, 떨어지는 것이 눈물이라.
인생은 유한한데 근심은 끝이 없다. 무심한 세월은 물 흐르듯 흘러가는구나.
더웠다 서늘해졌다 하는 계절의 바뀜이 때를 알아 지나갔다가는 이내 다시 돌아오니, 듣거니 보거니 하는 가운데 느낄 일이 많기도 하구나.

㉠ 동풍(東風)이 건듯 부러 적설(積雪)을 헤텨 내니,
계절적 배경(봄)

창(窓) 밧긔 심근 믹화(梅花) 두세 가지 픠여셰라.
화자의 분신, 임에 대한 정성과 사랑 ①, 계절적 소재(봄)

궃득 닝담(冷淡)ᄒᆞᆫᄃᆡ 암향(暗香)은 므스 일고.
매화의 그윽한 향기(임금에 대한 충정)

황혼(黃昏)의 ᄃᆞᆯ이 조차 벼마팃 빗최니 늣기는 듯 반기는 듯, 님이신가 아니신가.
임

뎌 ㉡ 믹화(梅花) 것거 내여 님 겨신 ᄃᆡ 보내오져. 님이 너를 보고 엇더타 너기실고.

(본사①) 춘사 – 임을 향한 변함없는 충정

현대어 풀이

봄바람이 문득 불어 쌓인 눈을 헤쳐 내니 / 창밖에 심은 매화가 두세 가지 피었구나. / 가뜩이나 쌀쌀한데, 그윽이 풍겨 오는 향기는 무슨 일인고? / 황혼에 달이 따라와 베갯머리에 비치니, 흐느껴 우는 듯도 하니 반가워하는 듯도 하니, (이 달이 바로) 임이신가 아니신가? / 저 매화를 꺾어 내어 임 계신 곳에 보내고 싶다. 임께서 너를 보고 어떻다 생각하실꼬?

곳 디고 새닙 나니 녹음(綠陰)이 실렷ᄂᆞᆫᄃᆡ, 나위(羅幃) 적막(寂寞)ᄒᆞ고 슈막(繡幕)이 뷔여 잇다.
계절적 배경(여름)   수놓은 장막

부용(芙蓉)을 거더 노코 공쟉(孔雀)을 둘러 두니, / 궃득 시름 한ᄃᆡ 날은 엇디 기돗던고.

원앙금(鴛鴦錦) 버혀 노코 오ᄉᆡᆨ션(五色線) 플텨 내여, 금자히 견화이셔 ㉢ 님의 옷 지어 내니,
화자의 정성과 사랑 ②

『슈품(手品)은ᄏᆞ니와 제도(制度)도 ᄀᆞᄌᆞᆯ시고.』『 』: 자화자찬
솜씨는 물론이거니와

산호슈(珊瑚樹) 지게 우히 빅옥함(白玉函)의 다마 두고

님의게 보내오려 님 겨신 ᄃᆡ ᄇᆞ라보니, 산(山)인가 구롬인가 머흐도 머흘시고.
화자와 임 사이의 장애물(간신, 정적)

쳔 리(千里) 만 리(萬里) 길흘 뉘라셔 ᄎᆞ자갈고. 니거든 여러 두고 날인가 반기실가.
화자와 임 사이의 거리감

(본사②) 하사 – 임에 대한 알뜰한 정성

현대어 풀이

꽃잎이 지고 새 잎이 나니 녹음이 우거졌는데, 비단 장막 안이 적막하고 수놓은 장막 안이 텅 비어 있다. / 연꽃 무늬가 있는 휘장을 걷어 놓고, 공작을 수놓은 병풍을 둘러 두니, / 가뜩이나 근심 걱정이 많은데, 날은 어찌 길던 고? / 원앙새를 수놓은 비단을 잘라 놓고 오색실을 풀어 내어, 금으로 만든 자로 재단해서 임의 옷을 만들어 내니 / 솜씨는 말할 것도 없거니와 격식도 갖추었구나. / 산호수로 만든 지게 위에 백옥으로 만든 함에 임의 옷을 담아 두고, / 임에게 보내려고 임 계신 곳을 바라보니, 산인지 구름인지 험하기도 험하구나. / 천만 리나 되는 머나먼 길을 누가 찾아갈까? 가거든 이 함을 열어 두고 나를 보신 듯이 반가워하실까?

ᄒᆞᄅᆞ밤 서리김의 기러기 우러 녤 제, 위루(危樓)에 혼자 올나 슈정념(水晶簾) 거든말이
계절적 배경(가을), 감정 이입   화자의 위치

동산(東山)의 ᄃᆞᆯ이 나고, 븍극(北極)의 별이 뵈니, 님이신가 반기니 눈믈이 절로 난다.
임금   임금

쳥광(光)을 쥐여 내여 봉황누(鳳凰樓)의 븟티고져.
화자의 정성과 사랑 ③   임금 계신 곳

Chapter 01 운문 문학 **99**

누(樓) 우희 거러 두고 팔황(八荒)의 다 비최여, 심산(深山) 궁곡(窮谷) 졈낫ᄀ티 밍그쇼셔.
　　　　　　　　　　　온 세상　　　　　　　　　　　　깊은 산 궁핍한 골짜기(임금의 선정이 미치지 못하는 곳, 작가가 있는 창평)

<본사③> 추사 – 임의 선정에 대한 갈망

현대어 풀이

하룻밤 사이 서리 내릴 무렵 기러기 울며 날아갈 때, 높다란 누각에 혼자 올라서 수정으로 만든 발을 걷으니, / 동산에 달이 떠오르고 북극성이 보이므로, 임이신가 하여 반가워하니 눈물이 절로 난다. / 저 맑은 달빛을 쥐어 내어 임이 계신 궁궐에 부쳐 보내고 싶다. / (그러면 임께서 그 달빛을) 누각 위에 걸어 두고 온 세상을 다 비추어, 깊은 산골짜기도 대낮같이 환하게 만드소서.

건곤(乾坤)이 폐식(閉塞)ᄒ야　빅셜(白雪)이 ᄒᆞ 빗친 제, 사름은ᄏᆞ니와 눌새도 긋쳐 잇다.
　　　　　　　　　　　계절적 배경(겨울)

쇼샹(瀟湘) 남반(南畔)도 치오미 이러커든, 옥누 고쳐(玉樓高處)야 더옥 닐너 므슴ᄒ리.
따뜻한 남쪽　　　　　　　　　　　　　　옥으로 된 누각(임금 계시는 궁궐)

양츈(陽春)을 부쳐 내여 님 겨신 ᄃᆡ 쏘이고져. / 모쳠(茅簷) 비췬 ᄒᆡ를 옥누(玉樓)의 올리고져.
화자의 정성과 사랑 ④　　　　　　　　　　　　　　　　　　옥누고쳐(임금 계시는 궁궐)

홍샹(紅裳)을 니믜ᄎ고 취슈(翠袖)를 반(半)만 거더 일모 슈듁(日暮脩竹)의 헴가림도 하도 할샤.
붉은 치마(여성 화자임을 암시)　푸른 소매　　　　해가 저물 무렵 긴 대나무에 의지함　임에 대한 걱정

댜른 ᄒᆡ 수이 디여 긴 밤을 고초 안자, 쳥등(靑燈) 거른 겻ᄐᆡ 뎐공후(鈿箜篌) 노하 두고,
짧은　　　　　　　　　　　　　　　　　　　　　　자개 장식을 한 공후

ᄭᅮㅁ의나 님을 보려 ᄐᆞᆨ 밧고 비겨시니, ⓔ앙금(鴦衾)도 ᄎᆞ도 출샤 이 밤은 언제 샐고.
임에 대한 간절한 그리움　　　　　원앙새를 수놓은 이불

<본사④> 동사 – 임에 대한 염려와 고독감

현대어 풀이

천지가 겨울의 추위에 얼어 생기가 막히고, 흰 눈으로 온통 덮여 있을 때에, 사람은 물론이거니와 날아다니는 새도 자취를 감추었도다. / 소상강 남쪽 언덕같이 따뜻하다는 이곳(전남 창평)도 추위가 이러한데, 하물며 북쪽 임 계신 곳이야 더욱 말해 무엇하랴? / 따뜻한 봄볕을 부쳐 내어 임 계신 곳에 쐬게 하고 싶다. / 초가집 처마에 비친 따뜻한 햇볕을 임 계신 궁궐에 올리고 싶다. / 붉은 치마를 여미어 입고 푸른 소매를 반쯤 걷어 올려 해는 저물 무렵 대나무에 기대어 서니 이것저것 생각함이 많기도 많구나. / 짧은 겨울 해가 이내 넘어가고 긴 밤을 꼿꼿이 앉아, 청사초롱을 걸어둔 옆에 자개로 수놓은 공후라는 악기를 놓아 두고, / 꿈에서라도 임을 보려고 턱을 바치고 기대어 있으니, 원앙새를 수놓은 이불이 차기도 차구나. 이 밤은 언제나 샐꼬?

ᄒᆞᄅᆞ도 열두 ᄲᅢ ᄒᆞᆫ 둘도 셜흔 날,
임에 대한 그리움과 시름의 양을 강조하기 위한 표현

져근덧 싱각 마라 이 시름 닛쟈 ᄒᆞ니, ᄆᆞᄋᆞᆷ의 ᄆᆡ쳐 이셔 골슈(骨髓)의 ᄭᅦ텨시니,
　　　　　　　　　　　　　　　　　　　　　　　　　　뼈 속까지

편쟉(扁鵲)이 열히 오나 이 병을 엇디ᄒᆞ리.
과장과 가정법으로 화자의 그리움과 시름을 표현

어와, 내 병이야 이 님의 타시로다. / 출하리 싀어디여 범나븨 되오리라.
　　　　　　　　　　　　　　　　　　　　화자의 분신

곳나모 가지마다 간 ᄃᆡ 죡죡 안니다가, / 향 므든 ᄂᆞᆯ애로 님의 오시 올므리라.
　　　　　　　　　　　　　　　　임에 대한 충성심(일편단심)

님이야 날인 줄 모ᄅᆞ셔도 내 님 조ᄎᆞ려 ᄒᆞ노라.
화자의 일편단심을 표현, 작품 전체의 주제를 극적으로 표현함

<결사> 임을 향한 변함없는 마음

현대어 풀이

하루도 열두 때, 한 달도 서른 날, / 잠시라도 임 생각을 말아 이 시름을 잊으려 하여도, 마음속에 맺혀 있어 뼛속까지 사무쳤으니, / 편작과 같은 명의가 열 명이 오더라도 이 병을 어떻게 하랴. / 아, 내 병이야 임의 탓이로다. / 차라리 죽어서 범나비가 되리라. / 꽃나무 가지마다 간 데마다 앉아 다니다가 / 향기가 묻은 날개로 임의 옷에 옮으리라. / 임께서야 나인 줄 모르셔도 나는 끝까지 임을 따르려 하노라.

한눈에 감 잡기

1. 계절의 순환과 그에 따른 애정 표현물

계 절	소 재	상징적 의미	계 절	소 재	상징적 의미
봄[春]	매화	임에 대한 화자의 충성심	가을[秋]	청광(달빛)	임금의 선정에 대한 소망
여름[夏]	님의 옷	임에 대한 화자의 지극한 정성	겨울[冬]	양춘(봄볕)	임금에 대한 화자의 염려

2. 화자를 여성으로 설정한 이유와 효과

여성 화자의 목소리는 사랑을 주제로 한 노래에서 쉽게 감정 이입이 가능하게 함으로써 독자의 공감을 확보할 수 있고, 작품의 정서를 드러내기에 효과적임

바로바로 CHECK

01 이 글에 대한 설명으로 적절하지 않은 것은?

① 제목인 '미인'은 임금을 상징한다.

② 화자의 사랑과 정성을 나타내는 소재를 사용하고 있다.

③ 여성 화자를 통해 정서를 효과적으로 표현하고 있다.

④ 화자는 자신을 찾지 않는 임을 원망하고 있다.

해설 화자를 원망하는 내용은 나타나지 않는다. 이별한 임에 대한 변함없는 사랑과 그리움을 노래하고 있다.

02 ㉠~㉣ 중 <보기>의 밑줄 친 시어와 상징적 의미가 유사한 것은?

> **보기**
> 이 몸이 주거 가셔 무어시 될고 하니,
> 蓬萊山(봉래산) 第一峯(제일봉)에 落落長松(낙락장송) 되야 이셔,
> 白雪(백설)이 滿乾坤(만건곤)홀 제 獨也靑靑(독야청청)ᄒ리라.

① ㉠ 동풍(東風)　② ㉡ 미화(梅花)

③ ㉢ 님의 옷　④ ㉣ 앙금(鴦衾)

해설 '낙랑장송'은 지조와 절개의 상징이므로 이 글에서 '매화'와 의미가 상통한다.

03 시어의 함축적 의미를 잘못 파악한 것은?

① 쳔 리 만 리 – 화자와 임 사이의 거리감

② 북극(北極)의 별 – 임금

③ 심산(深山) 궁곡(窮谷) – 임금의 선정이 미치지 못하는 곳

④ 옥누 고쳐(玉樓高處) – 화자가 은거하고 있는 공간

해설 '옥누 고쳐'는 임금이 계신 '한양'을 의미한다.

정답 01. ④　02. ②　03. ④

03 속미인곡

– 정철

☑ 핵심정리

- **갈래** : 서정 가사, 양반 가사, 정격 가사
- **성격** : 충신연주지사(忠臣戀主之詞), 서정적, 적극적, 연모적
- **주제** : 임금을 향한 그리움, 연군지정
- **특징**
  ① 대화 형식(갑녀와 을녀)으로 내용을 전개함
  ② 순우리말을 절묘하게 구사함
  ③ 충신연주지사의 대표적 작품임

- **의의**
  ① '사미인곡'의 속편으로, 가사 문학 중 문학성이 가장 뛰어난 작품으로 평가되고 있음
  ② 시적 화자의 일방적 독백으로 이끌어 간 것이 아니라, 보조적 인물을 설정하여 두 여인의 대화 형식으로 전개하고 있다는 점에서 참신한 맛을 느낄 수 있음

- **구성**

구 분	주 제		대화 구조
서사	임과 이별한 사연	갑녀의 질문(서사 1) 을녀의 답변(서사 2)	을녀가 임이 계신 대궐에서 나와 이곳에 있는 이유를 조물주의 탓으로 돌리며 갑녀에게 설명함
본사	임에 대한 사랑과 그리움	갑녀의 위로(본사 1) 을녀의 하소연(본사 2)	임을 그리워하는 마음으로 소식을 전할 이가 찾아올까 기다리며 보내는 생활을 이야기함
	임을 찾는 방황	을녀의 하소연(본사 3, 4)	임께 가려고 산과 강을 올라가나 구름과 강물이 방해하여 지친 몸을 이끌고 돌아옴
결사	죽어서도 이루려는 간절한 사랑	을녀의 하소연(결사 1) 갑녀의 위로(결사 2)	을녀가 쓸쓸한 마음에 창밖의 달을 보며 죽어서 달이나 되고 싶다고 하니, 갑녀가 궂은 비가 되라고 함

뎨 가는 뎌 각시 본 듯도 ᄒᆞ녀이고. / 텬샹(天上) 빅옥경(白玉京)을 엇디ᄒᆞ야 니별(離別)ᄒᆞ고,
　　　　　을녀(중심인물)　　　　　　　　　　　　　　　의미상 임금이 있는 한양 경복궁

히 다 져믄 날의 눌을 모라 가시ᄂᆞᆫ고.　　　(서사①) 갑녀의 질문 : 백옥경(白玉京)을 떠난 이유를 물음
　　　　　임(선조 임금)

현대어 풀이

[갑녀] 저기 가는 저 각시 (어디서) 본 듯도 하구나. / 임이 계시는 궁궐을 어찌하여 이별하고, / 해 다 저문 날에 누구를 만나러 가시는가?

어와 네여이고, 내 ᄉᆞ셜 드러 보오.
　　　갑녀(보조적 인물)
내 얼굴 이 거동이 님 괴얌즉 ᄒᆞ가마ᄂᆞᆫ
　　　　　　　　　　　사랑받음직
엇딘디 날 보시고 ㉠네로다 녀기실ᄉᆡ,
나도 님을 미더 군ᄠᅳ디 전혀 업서,
이리야 교ᄐᆡ야 어ᄌᆞ러이 구돗떤디,
　　　　　　　　　　　　　굴었던지

✔ 바로바로 CHECK

㉠의 뜻으로 올바른 것은?

① 알아보다　　　② 하대하다
③ 식별하다　　　④ 사랑하다

해설 ㉠의 의미는 '너로구나 하여 특별히 여겨 주시고'이다. 즉, '사랑해 주다'의 의미이다.

정답 ④

반기시는 눛비치 녜와 엇디 다루신고. / 누어 싱각ᄒ고 니러 안자 혜여 ᄒ니,
<small>얼굴빛이　예전과</small>

내 몸의 지은 죄 뫼ᄀ티 싸혀시니 / 『ᄒᄂ를히라 원망ᄒ며 사ᄅᆷ이라 허믈ᄒ랴.』 『 』: 수원수구(誰怨誰咎)
<small>응석과 아양을 지나치게 굴었던 일　쌓여 있으니　　　　　　　　　　　허물을 탓하랴</small>

셜워 플텨 혜니 조믈(造物)의 타시로다. 　　서사② 을녀의 대답 : 조물주의 탓이라고 하며 자책과 체념을 함
<small>풀어 생각하니　조물주</small>

> **현대어 풀이**
>
> [을녀] 아아, 너로구나. 내 이야기를 좀 더 들어보오. / 내 모습과 이 행동이 임에게 사랑을 받음직 한가마는 / 어찌된 일인지 나를 보시고 너로구나 하며 특별히 여겨 주시기에 / 나도 임을 믿어 딴 생각이 전혀 없어 / 아양도 부리고 교태도 떨며 어지럽게 굴었는지 / 반기시는 얼굴빛이 옛날과 어찌 달라졌는가? / 누워 생각하고 일어나 앉아 생각해 보니 / 내 몸의 지은 죄가 산처럼 쌓였으니 / 하늘을 원망하며 사람을 탓할 수 있으랴. / 서러워 여러 가지를 풀어 내어 생각해 보니 조물주의 탓이로구나.

글란 싱각 마오. 　　　　　　　　　　　　　　　　　　본사① 갑녀의 위로
<small>그렇게는</small>

> **현대어 풀이**
>
> [갑녀] 그렇게는 생각하지 마오.

미친 일이 이셔이다. / 님을 뫼셔 이셔 님의 일을 내 알거니,

믈 ᄀ튼 얼굴이 편ᄒ실 적 몃 날일고. / 춘한(春寒) 고열(苦熱)은 엇디ᄒ야 디내시며,
<small>물 같이 연약한　　　　　　　　　　　이른 봄의 추위와 여름철의 무더위</small>

츄일(秋日) 동텬(冬天)은 뉘라셔 뫼셧ᄂ고. / 쥭조반죠셕(粥早飯朝夕) 뫼 녜와 ᄀᆺ티 셰시ᄂ가.
<small>가을과 겨울의 날씨</small>

기나긴 밤의 ᄌᆷ은 엇디 자시ᄂ고. 　　　　　　　　　본사② 을녀의 임에 대한 염려

> **현대어 풀이**
>
> [을녀] 내 마음 속에 맺힌 일이 있습니다. / 예전에 임을 모시어 임의 일을 내가 잘 알거니 / 물같이 연약한 몸이 편하실 때가 몇 날일고? / 이른 봄날의 추위와 여름철의 무더위는 어떻게 지내시며 / 가을날과 겨울날은 누가 모셨는가? / 아침 전의 죽, 아침과 저녁 진지는 옛날과 같이 잡수시는가. / 기나긴 밤에 잠은 어찌 주무시는가.

님 다히 쇼식(消息)을 아므려나 아쟈 ᄒ니, 오늘도 거의로다.
<small>임 계신 곳(한양)　어떻게든　　　　　　　　　　거의 지나갔구나</small>

내일이나 사ᄅᆷ 올가. 내 ᄆᆞᆷ 둘 ᄃᆡ 업다. 어드러로 가쟛 말고.
<small>　　　　　임의 소식을 전해 줄 사람</small>

잡거니 밀거니 놉픈 뫼ᄒᆡ 올라가니, **구롬**은 ᄏᄂ니와 **안개**는 므ᄉ일고.
<small>　　　　　소원을 성취하기 위한 공간　　　　구름과 안개 = 을녀와 임의 사이를 가로막는 장애물(간신을 상징)</small>

산쳔(山川)이 어둡거니 일월(日月)을 엇디 보며, **지쳑(咫尺)**을 모ᄅ거든 **쳔리(千里)**를 ᄇᆞ라보랴.
<small>　　　　　　　　임(선조 임금)　　　　　눈앞의 가까운 곳　　　　화자가 느끼는 임과의 정서적 거리</small>

출하리 믈ᄀ의 가 ᄇᆡ 길히나 보쟈 ᄒ니, ᄇᆞ람이야 믈결이야 어둥졍 된뎌이고.
<small>　　소원을 성취하기 위한 공간　　　　　바람과 물결 = 장애물(간신)</small>

샤공은 어딘 가고 빈 빈만 걸럿ᄂᆞ니. 강텬(江川)의 혼쟈 셔셔 디ᄂᆞ 히ᄅᆞᆯ 구버보니,

객관적 상관물 - 화자의 외로움 부각

님 다히 쇼식(消息)이 더옥 아득ᄒᆞᆫ뎌이고. **본사③** 을녀의 말 : 임에 대한 소식을 애타게 기다림

🔖 현대어 풀이

[을녀] 임 계신 곳의 소식을 어떻게든 알자 하니 오늘도 거의 지나갔구나. / 내일이나 (임의 소식을 접해줄) 사람 올까. 내 마음 둘 곳 없다. 어디로 가자는 말인가. / 잡거나 밀거나 높은 산에 올라가니 구름은 물론이거니와 안개는 무슨 일인가. / 산천이 어두운데 해와 달을 어떻게 바라보며 눈앞을 모르거든 천 리를 어찌 바라보랴. / 차라리 물가에 가서 뱃길이나 보자 하니 바람과 물결로 어수선하게 되었구나. / 사공은 어디 가고 빈 배만 걸렸는가. 강가 하늘 아래 혼자 서서 지는 해를 굽어보니 / 임 계신 곳의 소식이 더욱 아득하구나.

모쳠(茅簷) ᄎᆞᆫ 자리의 밤듕만 도라오니, 반벽쳥등(半壁靑燈)은 눌 위ᄒᆞ야 불갓ᄂᆞᆫ고.

객관적 상관물 - 화자의 외로움 부각

오ᄅᆞ며 ᄂᆞ리며 헤쓰며 바니니, 져근덧 역진(力盡)ᄒᆞ야 픗ᄌᆞᆷ을 잠간 드니 정성(精誠)이 지극ᄒᆞ야 ᄭᅮᆷ의

마음이 허둥거리며 부질없이 왔다 갔다 하니 기운이 다하여 임과의 만남을 가능하게 하는 매개체

님을 보니,

옥(玉) ᄀᆞᆮ튼 얼굴이 반(半)이나마 늘거셰라. ᄆᆞ음의 머근 말ᄉᆞᆷ 슬ᄏᆞ장 ᄉᆞᆲ쟈 ᄒᆞ니,

아뢰려고, 말하고자

눈믈이 바라 나니 말인들 어이ᄒᆞ며,

정(情)을 못다ᄒᆞ야 목이조차 메여ᄒᆞ니 오뎐된 계셩(鷄聲)의 ᄌᆞᆷ은 엇디 ᄭᆡ돗던고.

닭 울음소리 - 꿈에서라도 임과 만날 기회를 방해하는 소재

본사④ 독수공방의 애달픔과 꿈속에서 임과의 재회

🔖 현대어 풀이

[을녀] 초가집 찬 잠자리에 한밤중이 돌아오니, / 벽 가운데 걸려 있는 청사초롱은 누구를 위하여 밝혀 놓았는가? / (산을) 오르내리며 (강가를) 헤매며 방황하니, 잠깐 사이에 힘이 다해 풋잠을 잠깐 드니, 정성이 지극했던지 꿈에 임을 보니 / 옥같이 곱던 얼굴이 반도 넘게 늙어 있구나. 마음속에 품은 생각을 실컷 사뢰려 하니 / 눈물이 계속 쏟아져 말도 하지 못하고 / 정회도 못다 풀어 목조차 메니, 방정 맞은 닭 울음소리에 잠은 왜 깬단 말인가?

어와, 허ᄉᆞ(虛事)로다. 이 님이 어딘 간고.

허황된 일

『ᄭᆞᆯ의 니러 안자. 창(窓)을 열고 ᄇᆞ라보니 어엿븐 그림재 날 조ᄎᆞᆯ ᄲᅮᆫ이로다.』 『 』 : 홀로 된 화자의 쓸쓸한 심경

꿈결에, 얼결에 불쌍한

ᄎᆞᆯ하리 싀여디여 낙월(落月)이나 되야이셔 님 겨신 창(窓) 안히 번드시 비최리라.

사라져서, 죽어서 을녀의 화신 : 소극적 애정관(멀리서 임을 바라봄, 임시적, 간접적) 뚜렷이

결사① 을녀 - 임에 대한 간절한 사모의 정

🔖 현대어 풀이

[을녀] 아아, 헛된 일이로다. 이 임이 어디 갔는가? / 잠결에 일어나 앉아 창을 열고 바라보니 불쌍한 그림자만이 나를 따를 뿐이로다. / 차라리 죽어서 지는 달이나 되어 임 계신 창 안에 환하게 비치리라.

각시님 <u>둘이야크니와</u> <u>구준 비나</u> 되쇼셔.   **결사②** 갑녀의 맺음말 – 조언의 말

　　둘은커녕　　　을녀의 화신 : 적극적 애정관(오랫동안 내리며 임의 곁에 계속 있을 수 있음. 지속적, 직접적)

🖉 **현대어 풀이**

> [갑녀] 각시님, 달은커녕 궂은 비나 되십시오.

한눈에 感 잡기

1. '갑녀'와 '을녀'의 성격

갑녀	을녀
• 을녀의 하소연을 유발함	• 자신의 신세 한탄을 함으로써 작품을 이끌어 감
• 작품의 전개와 종결을 맺게 함	• 작가의 처지를 대변함
• 보조자로서 역할을 함	• 작품의 주제를 드러내는 중심 역할을 함

2. '낙월'과 '구준 비(궂은 비)'의 성격 비교

낙월	구준 비(궂은 비)
• 을녀의 소망	• 갑녀의 조언
• 멀리서 임을 비추는 존재	• 임에게 직접 닿을 수 있는 존재
• 시각적 이미지	• 촉각적 이미지
• 소극적	• 적극적

3. '사미인곡'과 '속미인곡'의 비교

구 분		사미인곡	속미인곡
차 이 점	내용 시상 전개	화자의 독백체	두 인물의 대화체
	화자 태도	소극적 태도	적극적 태도 ⇒ 궂은비가 되어 임의 옷을 적시겠다.
	공통점	• 화자가 임을 그리워함 • 모두 천상계에서 내려온 여성 화자로 설정되어 있음	

✔ 바로바로 CHECK

01 이 글의 내용 설명으로 알맞은 것은?

① 과거 자신의 삶에 대한 반성
② 임금의 무사귀환에 대한 소망
③ 자신의 처지와 같은 사람을 만난 반가움
④ 임과 이별한 사연을 여성 화자의 목소리로 노래함

해설 서사 2에서 사랑하는 임과 이별한 사연을 여성 화자의 목소리로 노래하고 있다.

02 이 글에서 을녀(乙女)가 '님'에게 버림 받은 원인을 알 수 있는 것은?

① 어와 네여이고, 내 스셜 드러 보오
② 엇딘디 날 보시고 네로다 녀기실식
③ 나도 님을 미더 군쁘디 전혀 업서
④ 이리야 교퇴야 어즈러이 구돗썬디

해설 을녀는 아양도 부리고 교태도 떨어 어지럽게 굴어서 임이 자신을 버린 것이라 말하고 있다.

정답 01. ④ 02. ④

[민요]

01 시집살이 노래 (경북 경산 지방 전래)

– 작자 미상

☑ 핵심정리

- **갈래** : 민요, <u>부요(婦謠)</u>
  └─ 부녀자층에서 불려진 노래
- **운율** : 4 · 4조, 4음보
- **성격** : 서민적, 해학적, 풍자적
- **제재** : 시집살이
- **주제** : 시집살이의 한(恨)과 체념
- **특징**
  ① 언어유희와 비유로 해학성을 유발함
  ② 물음과 대답으로 이루어진 대화 형식으로 구성됨
  ③ 유사 어구와 동일 어구의 반복으로 리듬감을 형성함
  ④ 반복 · 열거 · 대구 · 대조 · 은유 · 직유법 등을 다양하게 사용함

- **시댁 식구들과 자식들을 '새'에 비유함**

호랑새	무서운 존재
꾸중새	꾸중을 잘하는 존재
할림새	고자질을 잘하는 존재
뾰족새	화를 잘 내는 존재
뾰중새	퉁명스러운 존재
미련새	어리석고 둔한 존재
거위 한 쌍 오리 한 쌍	자식

형님 온다 형님 온다 분고개로 형님 온다.

형님 마중 누가 갈까 형님 동생 <u>내가</u> 가지.
　　　　　　　　　　　　　　시적 화자 – 형님의 사촌 동생

형님 형님 사촌 형님 시집살이 <u>어떱뎁까?</u>　　　　　　　▶ 친정에 오는 형님과 시집살이에 대한 호기심
　　　　　　　　　　　　　　어떠합니까?

이애 이애 그 말 마라 ㉠<u>시집살이 개집살이.</u>
　　　　　　　　　　발음의 유사성을 이용한 언어유희. '시집'을 개집에 비유하여 시집살이의 괴로움을 드러냄

앞밭에는 당추 심고 뒷밭에는 고추 심어,

고추 당추 맵다 해도 <u>시집살이 더 맵더라.</u> 〈중략〉
　　　　　　　　　　시집살이가 사납고 독하다.

『시아버지 호랑새요 시어머니 꾸중새요,

동세 하나 할림새요 시누 하나 뾰족새요,

시아지비 뾰중새요 남편 하나 미련새요,

자식 하난 우는 새요 나 하나만 썩는 샐세.』 〈중략〉
『　』: 시집 식구들의 외양과 성격을 '새'에 비유하여 해학적으로 묘사함. 탁월한 우리말 구사가 돋보임

『배꽃 같던 요내 얼굴 호박꽃이 다 되었네.

삼단 같던 요내 머리 비사리춤이 다 되었네.

백옥 같던 요내 손길 오리발이 다 되었네.』『　』: 결혼 전과 결혼 후를 대조하며 시집살이의 고충을 토로하고 있다
　　　　　　　　　　　　　　　　　　　　　　　　　　　(자신의 모습에 대한 한탄).

열새 무명 반물 치마 눈물 씻기 다 젖었네.

두 폭붙이 행주치마 콧물 받기 다 젖었네.   ▶ 고된 시집살이의 괴로움

울었던가 말았던가 베갯머리 소(沼)이 졌네.
　　　　　너무 울어 베갯머리가 연못이 됨(과장법)

그것도 소이라고 거위 한 쌍 오리 한 쌍
　　　　　　　자식들을 비유한 표현

쌍쌍이 때들어오네.   ▶ 시집살이의 해학적 체념

✔ 바로바로 CHECK

01 이 글에 대한 설명으로 적절하지 <u>않은</u> 것은?

① 사촌 자매간의 대화 형식으로 구성되어 있다.
② 비유적 표현을 사용하여 생동감을 느끼게 해 준다.
③ 양반 부녀자가 지녀야 할 덕목을 고상한 어투로 표현하고 있다.
④ 해학성을 유발하기 위해 언어유희를 사용하고 있다.

해설 시집살이의 어려움을 소박하고 간결한 일상 언어로 나타내고 있다.

02 이 글에 나타난 표현상 특징으로 적절하지 <u>않은</u> 것은?

① 언어유희
② 독백체 형식
③ 비유적 표현
④ 반복적 표현

해설 대화체 형식으로 4음보 율격 구조를 지닌다.

정답 01. ③　02. ②

---

02 아리랑 타령

– 작자 미상

☑ 핵심정리

• **갈래** : 서정 민요, 구비 민요
• **운율** : 3음보
• **성격** : 풍자적, 현실 비판적, 적층적
• **제재** : 구한말에서 일제 강점기까지 위기에 처한 우리 민족의 현실
• **주제** : 민족의 현실에 대한 비판과 풍자

• **특징**
① 3음보의 운율과 2행의 대구 형식으로 운율을 형성함
② 시간의 흐름에 따른 추보식 전개 방식
③ 민요 형식을 통해 현실에 대한 민중들의 비판 의식을 표현함
④ 매 연마다 후렴구를 반복하여 운율감을 형성함

『이씨의 사촌이 되지 말고
　고종(왕실)을 지칭

민씨의 팔촌이 되려무나.』『　』: 왕족보다 외척이 더 권세 있음을 풍자함
명성왕후(외척 세력)를 지칭

『아리랑 아리랑 아라리요

아리랑 배 띄여라 노다 가세.』『　』: 후렴구
　　자조적, 체념적, 향락적 자세

▶ 외척 세도에 의한 국정 문란 비판

남산 밑에다 장춘단을 짓고

군악대 장단에 받들어총만 한다.
실전 훈련보다 의식 훈련에만 몰두하는 신식 군대를 풍자함

아리랑 아리랑 아라리요

아리랑 배 띄여라 노다 가세.

▶ 실속 없는 신식 군대에 대한 비판

아리랑 고개다 정거장 짓고
도탄에 빠진 민중의 삶은 아랑곳하지 않음을 비판함

전기차 오기만 기다린다.
민족의 삶과 동떨어진 개화를 풍자함

아리랑 아리랑 아라리요

아리랑 배 띄여라 노다 가세.

▶ 민족의 삶과 유리된 개화에 대한 비판

문전의 옥토는 어찌되고
　일상적 생활 공간

쪽박의 신세가 웬 말인가.
일제의 가혹한 수탈로 피폐해진 삶

아리랑 아리랑 아라리요

아리랑 배 띄여라 노다 가세.

▶ 일제의 가혹한 수탈로 황폐해진 민족의 삶

『밭은 헐려서 신작로 되고

집은 헐려서 정거장 되네.』『　』: 삶의 비애의 구체적인 원인

아리랑 아리랑 아라리요

아리랑 배 띄여라 노다 가세.

▶ 잘못된 일제의 개화 정책에 대한 비판

✔ 바로바로 CHECK

이 글에 대한 설명으로 알맞은 것은?

① 삶의 비애가 드러나 있다.

② 시선의 이동에 따라 화자의 정서가 변화된다.

③ 반어적인 표현을 사용하여 화자의 정서를 강조하고 있다.

④ 과거 자신의 삶에 대한 반성과 성찰의 태도를 보이고 있다.

해설 이 글은 구한말에서 일제 강점기까지 위기에 처한 우리 민족의 현실에 대한 비판과 풍자를 민요 형식으로 노래하고 있다.

정답 ①

[언해]

❋ 춘망
– 두보

☑ 핵심정리

- **갈래** : 한시, 오언율시
- **성격** : 애상적, 영탄적, 회고적
- **주제** : 전란으로 인한 상심
- **특징**
  ① 대구법과 과장법을 사용하여 정서를 드러냄
  ② 선경 후정의 방식으로 애상적 정서를 잘 담아냄
  ③ 국민을 교화하려는 의도에 부합하는 작품

- **시의 구조**

변함없는 자연		변함이 많은 인간사
산과 강, 풀과 나무, 꽃과 새소리	⬌	• 전란으로 폐허가 된 성 • 석 달 간 이어지는 봉화

- **화자의 심리**
  ① 개인적 차원(표면적) : 가족에 대한 걱정
  ② 국가적 차원(이면적) : 우국의 심정

『나라히 破亡(파망)ᄒᆞ니 뫼콰 ᄀᆞ름쌴 잇고
　　　　　　허망한 인생사

잣 앉 보믹 플와 나무쌴 기펫도다.』『 』: 맥수지탄, 인생무상(대구법)
　　　　　　변함없는 자연

　　　　　　　　　　　　　　　　　　　　　　(1~2구) 전란으로 인해 폐허가 된 성

時節(시절)을 感歎(감탄)ᄒᆞ니 고지 눉믈를 ㉠ 쓰리게코

여희여슈믈 슬ᄒᆞ니 새 ᄆᆞᅀᆞᆷ 놀래노라.
　　　　　　　　　　　새 퍼득 나는 소리에 놀란다

　　　　　　　　　　　　　　　　　　　　　　(3~4구) 전란으로 인한 상심

烽火(봉화)ㅣ 석ᄃᆞᆯ를 니어시니
　　　　전쟁 상황

지븻 音書(음서)는 萬金(만금)이 ᄉᆞ도다.
　　　　가족의 소식을 기다리는 마음

　　　　　　　　　　　　　　　　　　　　　　(5~6구) 가족에 대한 그리움

셴 머리를 글구니 ᄯᅩ 뎌르니
　백발　　　　　　　　짧아져

다 빈혀를 이긔디 몯홀 ᄃᆞᆺᄒᆞ도다.
　비녀

　　　　　　　　　　　　　　　　　　　　　　(7~8구) 늙어 가는 자신의 신세 한탄

✏ 현대어 풀이

나라는 망하였는데도 산과 강물만 있고 / 성 안의 봄에는 초목만 우거져 있구나. / 시절을 애통하게 여기니 꽃까지 눈물을 뿌리게 하고 / 이별하였음을 슬퍼하니 새조차 마음을 놀라게 한다. / 전쟁이 석 달을 이었으니 / 집의 소식은 만금보다 값지도다. / 흰 머리를 긁으니 또 짧아져서 / 다 해도 비녀를 이기지 못할 것 같구나.

✔ 바로바로 CHECK

01 이 시에서 확인할 수 없는 내용은?

① 계절적 배경　　② 국가의 위기
③ 반란군의 횡포　④ 화자의 육체적 쇠약

해설 전쟁이 석 달이 이어졌다는 내용만 제시되어 있을 뿐 반란군의 횡포에 대한 내용은 알 수 없다.

02 ㉠의 이유로 알맞은 것은?

① 계속되는 전쟁　　② 폐허가 된 국토
③ 이별한 가족 생각　④ 각박한 인심과 세태

해설 화자의 슬픔의 원인은 전란으로 가족과 이별한 상황에서 그리움이다.

정답 01. ③　02. ③

※ 다음 글을 읽고 물음에 답하시오. (1~5)

> **가** 生死路隱　　　　　생사로(生死路)는
> 此矣有阿米次肹伊遣　예 이샤매 저히고
> 吾隱去內如辭叱都　　나는 가는다 말ㅅ도
> 毛如云遣去內尼叱古　몯다 닏고 가느닛고
> 於內秋察早隱風未　　어느 ᄀ술 이른 ᄇᄅ매
> 此矣彼矣浮良落尸葉如 ㉠이에 뎌에 ᄣ러딜 닙다이
> 一等隱枝良出古　　　ᄒ든 가재 나고
> 去奴隱處毛冬乎丁　　가논 곧 모ᄃ온뎌
> 阿也彌陀刹良逢乎吾　아으 미타찰(彌陀刹)애 맛보올 내
> 道修良待是古如　　　도(道) 닷가 기드리고다.
>
> **나** 살어리 살어리랏다 청산(靑山)애 살어리랏다.
> 멀위랑 ᄃ래랑 먹고, 청산(靑山)애 살어리랏다.
> 얄리얄리 얄랑셩 얄라리 얄라
>
> 우러라 우러라 ㉡새여 자고 니러 우러라 새여.
> 널라와 시름 한 나도 자고 니러 우니노라.
> 얄리얄리 얄라셩 얄라리 얄라
>
> **다** 가시리 가시리잇고 나ᄂᆫ / ᄇ리고 가시리잇고 나ᄂᆫ
> ㉢위 증즐가 대평셩ᄃᆡ(大平盛大)
>
> 날러는 엇디 살라 ᄒ고 / ᄇ리고 가시리잇고 나ᄂᆫ
> 위 증즐가 대평셩ᄃᆡ(大平盛大)

가
월명사, 「제망매가」

나
작자 미상, 「청산별곡」

다
작자 미상, 「가시리」

01 (가)~(다)에 대한 설명으로 적절하지 않은 것은?

① (가)는 향찰로 기록되어 전해진다.
② (다)는 이별의 슬픔을 노래하고 있다.
③ (가), (나)는 규칙적인 율격을 사용해 리듬을 형성한다.
④ (나), (다)는 고려 평민들의 소박한 삶을 엿볼 수 있다.

01
(가)는 향가로 규칙적인 율격이 존재하지 않는다. (나)는 고려 가요로 3음보의 율격이 나타난다.

ANSWER
01. ③

02 ㉠에 쓰인 표현 방법을 사용하지 **않은** 것은?

① 섶벌같이 나아간 지아비

② 우리는 점점 신명이 난다.

③ 늬는 산새처럼 날아갔구나!

④ 서글픈 옛 자취인 양 흰 눈이 내려

02
㉠ 이에 저에 떨어질 잎처럼 : 직유법
①·③·④ → 직유법
※ 직유법 : ~같이, ~처럼, ~인 양

03 〈보기〉를 참고할 때 밑줄 친 부분이 ㉡과 같은 시적 기능을 하는 것은?

> ┌**보기**┐
> 화자는 자신이 느끼는 비애감을 '새'에 이입시켜 시적 대상과 자신을 동일시하고 있다.

① 펄펄 나는 저 꾀꼬리 / 암수 서로 정다운데 / 외로울사 이내몸은 뉘와 함께 돌아갈꼬   - 유리왕, 「황조가」

② 부지런한 계절이 피여선 지고
   큰 강물이 비로소 길을 열었다.   - 이육사, 「광야」

③ 아아, 잣나무 가지 높아 서리 모르시올 화랑의 우두머리시여.   - 충담사, 「찬기파랑가」

④ 사슴의 무리도 슬피 운다. / 떨어져 나가 앉은 산 위에서 / 나는 그대의 이름을 부르노라.   - 김소월, 「초혼」

03
울고 싶은 자아의 정서와 동일하게 의인화된 대상은 사슴의 무리이다.

04 (나)에 대한 설명으로 적절하지 **않은** 것은?

① 후렴구를 통해 연을 나누고 있다.

② 계절의 순서에 따라 시상을 전개하고 있다.

③ 반복을 사용해 화자의 소망을 강조하고 있다.

④ 'ㄹ, ㅇ'음을 사용하여 리듬감을 형성하고 있다.

04
② 시상 전개(청산 → 바다) : 계절의 순서는 드러나지 않음
① 후렴구(얄리얄리 얄라셩 얄라리 얄라)
③ 반복(살어리 살어리랏다 / 우러라 / 후렴구 등)
④ ㄹ, ㅇ의 음운 반복으로 리듬감 형성

ANSWER
02. ② 03. ④ 04. ②

05 (다)의 ©에 대한 설명으로 적절하지 <u>않은</u> 것은?

① 각 장에 붙는 후렴구이다.

② 궁중의 음악 가사였음을 알 수 있다.

③ '증즐가'는 악기 소리를 흉내 낸 것이다.

④ 작품의 정서와 어우러져 주제를 드러낸다.

05

악기 소리와 임금의 성덕에 대한 송축의 어구가 결합된 것이다.

※ 다음 글을 읽고 물음에 답하시오. (6~11)

> **가** 어져 내 일이야 그릴 줄을 모로ᄃ냐.
> 이시라 ᄒ더면 가랴마는 제 구틔여
> 보내고 그리는 情(정)은 나도 몰라 ᄒ노라.
>
> **나** 산슈간 바회 아래 뛰집을 짓노라 ᄒ니,
> 그 몰론 늠들은 웃는다 ᄒ다마는,
> 어리고 햐암의 뜻듸는 내 분인가 ᄒ노라.
>
> 보리밥 픗ᄂ물을 알마초 머근 後(후)에,
> 바횟ᄀ 묽ᄀ의 슬ᄏ지 노니노라.
> 그나믄 녀나믄 일이야 부롤 줄이 이시랴.
>
> **다** 　　　　하사(夏詞) 2
> ㉠년닙희 밥 싸두고 반찬으란 쟝만 마라.
> 　닫 드러라 닫 드러라
> ㉡靑청蒻약笠립은 써 잇노라, 綠녹蓑사衣의 가져오냐.
> 　至지匊국悤총 至지匊국悤총 於어思사臥와
> ㉢無무心심ᄒ 白빅鷗구는 내 좃는가 제 좃는가.
>
> 　　　　동사(冬詞) 4
> 간밤의 눈 갠 後후에 景경物믈이 달란고야.
> 　이어라 이어라
> ㉣압희는 萬만頃경琉류璃리 뒤희는 千천疊텹玉옥山산
> 　至지匊국悤총 至지匊국悤총 於어思사臥와
> 仙션界계ㄴ가 佛블界계ㄴ가 人인間간이 아니로다.

가

황진이, 「어져 내 일이야」

나

윤선도, 「만흥」

다

윤선도, 「어부사시사」

06 (가)에 대한 설명으로 적절하지 <u>않은</u> 것은?

① 이별의 정한이 주제이다.

② 화자와 청자의 대화체 형식이다.

③ 영탄법을 사용하여 주의를 환기시킨다.

④ 자신의 행동에 대해 후회하는 태도를 보인다.

06

이 작품에는 자문자답의 형식이 있는데, 이것은 독백에 가까우며 대화체로 보기 어렵다.

07 (가)에 드러난 화자의 정서로 적절한 것은?

① 실망

② 회한

③ 원망

④ 체념

07

(가)의 화자는 임을 떠나보낸 후 후회하면서 임을 그리워하고 있다.

08 **기출** (나)를 감상하는 독자의 태도로 적절한 것을 고르면?

> ㄱ. 자연 친화 사상을 찾을 수 있다.
> ㄴ. 임과의 이별로 인한 슬픔을 느낄 수 있다.
> ㄷ. 3음보의 규칙적인 운율로 낭독할 수 있다.
> ㄹ. 초장, 중장, 종장으로 구성됨을 파악할 수 있다.

① ㄱ, ㄷ

② ㄱ, ㄹ

③ ㄴ, ㄷ

④ ㄴ, ㄹ

08

이 시는 자연에 묻혀 사는 즐거움과 임금에 대한 은혜를 노래한 4음보 율격의 시조이다.

ANSWER

06. ② 07. ② 08. ②

09 (다)를 감상한 내용으로 적절하지 <u>않은</u> 것은?

기출

① 임에 대한 그리움이 상징을 통해 함축적으로 드러난다.

② 중장과 종장 사이의 여음구를 통해 리듬감을 느낄 수 있다.

③ 아름답고 한가한 어촌의 모습을 감각적으로 형상화하고 있다.

④ 노 젓는 소리를 의성어로 표현함으로써 음악적 요소가 드러난다.

09

이 작품은 자연 속에서 한가롭게 살아가는 여유와 즐거움을 노래하고 있다.

10 ㉠~㉣ 중 '물아일체(物我一體)'의 삶의 자세가 드러난 부분은?

① ㉠

② ㉡

③ ㉢

④ ㉣

10

㉢은 백구와 하나 되어 노는, 자연과 내가 완전히 하나가 된 물아일체의 경지가 드러나 있다.

11 (다)에 대한 설명으로 적절하지 <u>않은</u> 것은?

① 어부가의 영향을 받았다.

② 계절감이 잘 드러나는 소재를 사용하고 있다.

③ 계절에 따라 갈등의 대상이 다르게 나타난다.

④ 하나의 제목 아래 평시조 여러 개가 나열되어 있는 형태이다.

11

이 작품은 사계절 자연에서 즐기는 흥취를 노래할 뿐 갈등의 양상이 뚜렷하게 나타나지 않는다.

A N S W E R

09. ① **10.** ③ **11.** ③

※ 다음 글을 읽고 물음에 답하시오. (12~16)

㉮ ㉠江강湖호애 病병이 깁퍼 竹듁林님의 누엇더니, / 關관東동 八팔百빅 里니에 方방面면을 맛디시니, / 어와 聖셩恩은이야 가디록 罔망極극ᄒ다. / 延연秋츄門문 드리드라 慶경會회 南남門문 브라보며, / 下하直직고 믈너나니 玉옥節졀이 알픠 셧다. / 平평丘구驛역 물을 ᄀ라 黑흑水슈로 도라드니, / 蟾셤江강은 어듸메오 雉티岳악이 여긔로다.

㉯ 昭쇼陽양江강 ᄂ린 믈이 어드러로 든단 말고, / 孤고臣신 去거國국에 白빅髮발도 하도 할샤. 東동州쥐 밤 계오 새와 北북寬관亭뎡의 올나ᄒ니, / 三삼角각山산 第뎨一일峰봉이 ᄒ마면 뵈리로다.

㉰ 營영中듕이 無무事ᄉ고 時시節졀이 三삼月월인 제, / 花화川쳔 시내길히 楓풍岳악으로 버더 잇다. 行ᄒ裝장을 다 썰티고 石셕逕경의 막대 디퍼, / 百빅川쳔洞동 겨틔 두고 萬만瀑폭洞동 드러가니,

[A] ┌ 銀은 ᄀ튼 무지게 玉옥 ᄀ튼 龍룡의 초리,
     │ 섯돌며 쑴ᄂ 소리 十십 里리의 ᄌ자시니
     └ 들을 제ᄂ 우레러니 보니ᄂ 눈이로다.

金금剛강臺ᄃ 민 우層층의 仙션鶴학이 삿기 치니, / 春츈風풍 玉옥笛뎍聲셩의 첫ᄌ음을 ᄭ돗던디, 縞호衣의玄현裳샹이 半반空공의 소소 ᄯ니, / 西셔湖호 녯 主쥬人인을 반겨셔 넘노ᄂ 듯.

㉱ 開기心심臺ᄃ 고텨 올나 衆듕香향城셩 브라보며, / 萬만 二이千쳔峰봉을 歷녁歷녁히 혀여ᄒ니, 峰봉마다 밋쳐 잇고 긋마다 서린 긔운, / ᄆ거든 조티 마나 조커든 ᄆ디 마나. / 뎌 긔운 흐터 내야 人인傑걸을 ᄆ들고쟈. / 形형容용도 그지업고 軆톄勢셰도 하도 할샤. / 天텬地디 삼기실 제 自ᄌ然연이 되연마ᄂ, / 이제 와 보게 되니 有유情졍도 有유情졍ᄒ샤.

㉲ 磨마訶하衍연 妙묘吉길祥샹 雁안門문재 너머 디여, / 외나모 쎠근 ᄃ리 佛블頂뎡臺ᄃ 올라ᄒ니, 千쳔尋심絕졀壁벽을 半반空공애 셰여 두고, / 銀은河하水슈 한 구비ᄅ 촌촌이 버혀 내여, / 실 ᄀ티 플텨이셔 뵈ᄀ티 거러시니, / 圖도經경 열두 구비 내 보매ᄂ 여러히라. / 李니謫뎍仙션 이제 이셔 고텨 의논ᄒ게 되면, / 廬녀山산이 여긔도곤 낫단 말 못 ᄒ려니. – 정철,「관동별곡」

---

12 윗글에 대한 설명으로 적절하지 <u>않은</u> 것은?

① 4음보의 규칙적인 율격을 가진다.

② 여정, 견문, 감상이 드러나는 기행 가사이다.

③ 중국 고사의 인용이 드러나고, 우리말을 사용하여 문학성을 높이고 있다.

④ 임에 대한 사랑을 여성 화자의 목소리로 표현하고 있다.

12
이 글은 남성 화자의 목소리로 관동 지방의 경치를 감상한 글이다.

ANSWER
12. ④

13 윗글의 화자에 대한 설명으로 적절하지 <u>않은</u> 것은?

기출

① 역사 속 인물을 언급하며 관리로서의 포부를 다짐하고 있다.

② 성현의 말을 인용하여 자신의 역할을 점검하고 있다.

③ 자신에게 소임을 맡긴 임금에게 감사하고 있다.

④ 옛 왕조의 성터에서 무상함을 느끼고 있다.

14 [A]에 대한 설명으로 적절하지 <u>않은</u> 것은?

고난도

① 공감각적 표현이 사용되었다.

② 원경에서 근경으로 배경을 묘사하였다.

③ 대상을 다른 사물에 빗대어 표현하였다.

④ 대상을 접한 후의 느낌을 과장법으로 드러내고 있다.

15 윗글에 나타난 화자의 모습으로 볼 수 <u>없는</u> 것은?

① 임금을 그리워하는 모습

② 신선적 풍모를 풍기는 모습

③ 자연의 아름다움에 감탄하는 모습

④ 임금에게 버림받아 임금을 원망하는 모습

16 다음 중 감각적 심상이 나머지와 <u>다른</u> 하나는?

① 銀은   ② 무지게

③ 龍룡의 초리   ④ 우레

※ 다음 글을 읽고 물음에 답하시오. (17~20)

　　이 몸 삼기실 제 님을 조차 삼기시니, 흔싱 연분(緣分)이며 하늘 모롤 일이런가. 나 흐나 졈어 잇고 님 흐나 날 괴시니, 이 ᄆᆞᆷ 이 ᄉᆞ랑 견졸 ᄃᆡ 노여 업다. 평싱(平生)애 원(願)ᄒᆞ요ᄃᆡ 흔ᄃᆡ 녜쟈 ᄒᆞ얏더니, 늙거야 므ᄉᆞ 일로 외오 두고 글이ᄂᆞᆫ고. 엇그제 님을 뫼셔 광한뎐(廣寒殿)의 올낫더니, 그 더ᄃᆡ 엇디ᄒᆞ야 하계(下界)예 ᄂᆞ려오니, 올 적의 비슨 머리 얼킈연 디 삼년(三年)이라. 연지분(臙脂粉) 잇ᄂᆡ마ᄂᆞᆫ 눌 위ᄒᆞ야 고이 홀고. ᄆᆞᄋᆞᆷ의 ᄆᆡ친 실음 텹텹(疊疊)이 ᄡᅡ혀 이셔, 짓ᄂᆞ니 한숨이오 디ᄂᆞ니 눈믈이라. 인싱(人生)은 유흔(有限)ᄒᆞᆫᄃᆡ 시름도 그지업다. 무심(無心)ᄒᆞᆫ 세월(歲月)은 믈 흐ᄅᆞᆺ ᄒᆞᄂᆞᆫ고야. 염냥(炎凉)이 ᄯᆡ를 아라 가ᄂᆞᆫ 듯 고텨 오니, 듯거니 보거니 늣길 일도 하도 할샤.

　　동풍(東風)이 건듯 부러 적셜(積雪)을 헤텨 내니, 창(窓) 밧긔 심근 ᄆᆡ화(梅花) 두세 가지 픠여셰라. ᄀᆞᆺ득 닝담(冷淡)ᄒᆞᆫᄃᆡ 암향(暗香)은 므ᄉᆞ 일고. 황혼(黃昏)의 ᄃᆞᆯ이 조차 벼마ᄐᆡ 빗최니, 늣기ᄂᆞᆫ 듯 반기ᄂᆞᆫ 듯 님이신가 아니신가. 뎌 ᄆᆡ화(梅花) 것거 내여 님 겨신 ᄃᆡ 보내오져. 님이 너를 보고 엇더타 너기실고.

　　곳 디고 새 닙 나니 녹음(綠陰)이 ᄭᆞᆯ렷ᄂᆞᆫᄃᆡ, 나위(羅幃) 젹막(寂寞)ᄒᆞ고 슈막(繡幕)이 뷔여 잇다. 부용(芙蓉)을 거더 노코 공쟉(孔雀)을 둘러 두니, ᄀᆞᆺ득 시름 한ᄃᆡ 날은 엇디 기돗던고. 원앙금(鴛鴦錦) 버혀 노코 오ᄉᆡ션(色五線) 플텨 내여, 금자히 견화이셔 님의 옷 지어 내니, 슈품(手品)은 ᄏᆞ니와 졔도(制度)도 ᄀᆞ즐시고. 산호슈(珊瑚樹) 지게 우희 빅옥함(白玉函)의 다마 두고, 님의게 보내오려 님 겨신 ᄃᆡ ᄇᆞ라보니, 산(山)인가 구롬인가 머흐도 머흘시고. 쳔 리(千里) 만 리(萬里) 길흘 뉘라셔 ᄎᆞ자갈고. 니거든 여러 두고 날인가 반기실가.

　　ᄒᆞᄅᆞ밤 서리김의 기러기 우러 녤, 위루(危樓)에 혼자 올나 슈졍념(水晶簾)을 거든말이, 동산(東山)의 ᄃᆞᆯ이 나고, 븍극(北極)의 별이 뵈니, 님이신가 반기니 눈믈이 절로 난다. 쳥광(淸光)을 쥐여 내여 봉황누(鳳凰樓)의 븟티고져. 누(樓) 우희 거러 두고 팔황(八荒)의 다 비최여, 심산(深山) 궁곡(窮谷) 졈낫ᄀᆞ티 밍그쇼셔.

　　건곤(乾坤)이 폐식(閉塞)ᄒᆞ야 빅셜(白雪)이 흔 빗친 제, 사름은 ᄏᆞ니와 ᄂᆞᆯ새도 긋처 잇다. 쇼샹(瀟湘) 남반(南畔)도 치오미 이러커든, 옥누 고쳐(玉樓高處)야 더옥 닐너 므슴ᄒᆞ리. 양춘(陽春)을 부쳐 내여 님 겨신 ᄃᆡ 쏘이고져. 모쳠(茅簷) 비쵠 히를 옥누(玉樓)의 올리고져. 홍샹(紅裳)을 니믜ᄎᆞ고 취슈(翠袖)를 반(半)만 거더 일모 슈듁(日暮脩竹)의 혬가림도 하도 할샤. 댜른 히 수이 디여 긴 밤을 고초 안자, 쳥등(靑燈) 거른 겻틱 뎐공후(鈿箜篌) 노하 두고, 꿈의나 님을 보려 ᄐᆡᆨ 밧고 비겨시니, 앙금(鴦衾)도 ᄎᆞ도 출샤 이 밤은 언제 샐고.

　　　　　　　　　　　　　　　　　　　　　　　　　　－ 정철, 「사미인곡」

 윗글의 내용과 일치하지 <u>않는</u> 것은?

고난도
① 화자가 임에게 가는 길에는 많은 장애물들이 있다.
② 화자는 자신을 알아주지 않는 임을 원망하고 있다.
③ 화자는 자연물을 보면서도 임의 이미지를 찾고 있다.
④ 화자는 자신이 임을 위해서 태어난 운명이라고 생각한다.

17
이 글의 화자는 임과 떨어져 지내지만 결코 원망하지 않고 변함없는 사랑과 충정의 마음을 다하고 있다.

ＡＮＳＷＥＲ
17. ②

18 화자의 주된 시상 전개 방식으로 적절한 것은?

① 화자와 대상 간의 대화로 전개하고 있다.

② 선경 후정의 방식에 따라 전개하고 있다.

③ 계절의 변화에 따라 시상을 전개하고 있다.

④ 화자의 시선에 따라 원경에서 근경으로 전개하고
있다.

18
이 작품의 본사는 계절의 흐름에 따른 구
성을 취하고 있다.

19 이 작품에 사용된 소재 중 성격이 <u>다른</u> 하나는?

① 민화   ② 님의 옷

③ 기러기   ④ 양춘

19
'기러기'는 계절적 배경을 알려 주는 소재
로 화자의 외로움이 감정 이입된 대상이
다. ①, ②, ④는 임에 대한 그리움과 충정
을 나타내는 소재이다.

20 윗글에서 시적 화자가 여성임을 짐작케 하는 시어는?

① 연분(緣分)   ② 졈어 잇고

③ 비슨 머리   ④ 연지분(臙脂粉)

20
'연지'와 '분'이란 뜻으로 화자가 여성임을
알 수 있다.

Ⓐ Ⓝ Ⓢ Ⓦ Ⓔ Ⓡ
18. ③   **19.** ③   **20.** ④

※ 다음 글을 읽고 물음에 답하시오. (21~25)

> 🕖 ㉠글란 싱각 마오.
>
> 🕘 미친 일이 이셔이다. 님을 뫼셔 이셔 님의 일을 내 알거니 믈 ᄀᆞ튼 얼굴이 편ᄒᆞ실 적 몃 날일
> 고. 춘한고열(春寒苦熱)은 엇디ᄒᆞ야 디내시며 츄일동쳔(秋日冬天)은 뉘라셔 뫼셧ᄂᆞᆫ고. 죽조반(粥早
> 飯) 죠셕(朝夕) 뫼 녜와 ᄀᆞ티 셰시ᄂᆞᆫ가. 기나긴 밤의 ᄌᆞᆷ은 엇디 자시ᄂᆞᆫ고.
>
> 🕙 님다히 쇼식(消息)을 아므려나 아쟈 ᄒᆞ니 오늘도 거의로다. 니일이나 사ᄅᆞᆷ 올가. 내 ᄆᆞᄋᆞᆷ 둘
> ᄃᆡ 업다. 어드러로 가잣 말고. 잡거니 밀거니 놉픈 뫼히 올라가니 구롬은ᄏᆞ니와 안개는 므ᄉᆞ일고.
> 산쳔(山川)이 어둡거니 일월(日月)을 엇디 보며 지쳑(咫尺)을 모ᄅᆞ거든 쳔 리(千里)를 ᄇᆞ라보랴. 출
> 하리 믈ᄀᆞ의 가 ᄇᆡ 길히나 보쟈 ᄒᆞ니 ᄇᆞ람이야 믈결이야 어둥졍 된뎌이고. 샤공은 어딕 가고 븬 ᄇᆡ
> 만 걸렷ᄂᆞ니. 강텬(江天)의 혼쟈 셔셔 디는 ᄒᆡ를 구버보니 님다히 쇼식(消息)이 더옥 아득ᄒᆞ뎌이고.

라 모쳠(茅簷) 춘자리의 밤듕만 도라오니 반벽쳥등(半壁靑燈)은 눌 위ㅎ야 볼갓ᄂ고. 오ᄅ며 ᄂᆞ리며 헤쓰며 ᄇ바니니 져근덧 녁진(力盡)ㅎ야 픗줌을 잠간 드니 졍셩(精誠)이 지극ㅎ야 숨의 님을 보니 옥(玉) ᄀᆞᄐᆞᆫ 얼굴이 반(半)이나마 늘거셰라. ᄆᆞ음의 머근 말솜 슬ᄏᆞ장 숣쟈 ㅎ니 눈믈이 바라 나니 말인들 어이ㅎ며 졍(情)을 못다ㅎ야 목이조차 몌여ㅎ니 오뎐된 계셩(鷄聲)의 줌은 엇디 ᄭᆡ돗던고.

마 어와, 허스(虛事)로다. 이 님이 어ᄃᆡ 간고. 결의 니러 안자 창(窓)을 열고 ᄇ라보니 ⓛ어엿븐 그림재 날 조출 ᄲᅮᆫ이로다. 출하리 싀여디여 낙월(落月)이나 되야이셔 님 겨신 창(窓) 안히 번드시 비최리라.

바 각시님 ᄃᆞᆯ이야ᄏᆞ니와 구즌 비나 되쇼셔.

- 정철, 「속미인곡」

---

21 이 작품에 대한 설명으로 적절하지 <u>않은</u> 것은?

① 두 여인의 대화 형식으로 이루어져 있다.

② 화자는 죽어서라도 임의 곁에 있고 싶어 한다.

③ 순우리말을 사용하여 표현 효과를 높이고 있다.

④ 자연의 아름다움에 감탄하는 화자의 모습이 드러나 있다.

21
화자에게 자연의 변화는 임에 대한 마음을 더해 가는 요소일 뿐이다.

22 (나)~(마)의 설명으로 잘못된 것은?

① (나) – 임의 생활에 대한 걱정

② (다) – 임의 소식을 알고자 하는 몸부림

③ (라) – 기다리던 임과의 꿈 같은 만남

④ (마) – 죽어서도 달이 되어 임을 따르려는 소망

22
실제 임을 만나는 장면이 아니라 임에 대한 그리움이 간절해 꿈속에서 만나는 내용이다.

23 ⓛ처럼 말하는 화자의 의도는?

① 위로   ② 축하

③ 질책   ④ 조언

23
갑녀가 을녀에게 위로의 말을 건네는 것이다.

ANSWER
21. ④ **22.** ③ **23.** ①

24 ㉡이 의미하는 바로 올바른 것은?

① 그리운 임의 그림자

② 가여운 자신의 모습

③ 가엾은 임의 그림자

④ 자신의 아름다운 모습

24

㉡은 임을 떠나 홀로 있는 자신의 불쌍한 처지를 나타낸 것이다.

25 갑녀와 을녀를 해석한 것으로 적절하지 <u>않은</u> 것은?

① 중심 화자는 갑녀이고, 보조적 화자는 을녀이다.

② 갑녀는 을녀의 하소연을 듣고 위로해 주고 있다.

③ 갑녀는 을녀에 비해 적극적인 성격의 인물이다.

④ 을녀는 임과 이별한 상황에 놓여 있다.

25

보조적 화자인 갑녀가 중심 화자인 을녀의 하소연을 듣고 위로해 주는 형식으로 이야기가 진행되고 있다.

ANSWER

24. ② **25.** ①

NOTE

02 산문 문학

산문 문학이란 운율에 얽매이지 않고 자유로운 형식을 바탕으로 하여 형성된 문학으로, 그 대표적인 종류로는 소설, 수필, 시나리오, 희곡 등이 있습니다. 산문 문학을 학습할 때에는 작품의 시점, 배경, 구성 방식, 갈등 양상, 등장인물의 성격 등 작품의 내용과 줄거리를 정확하게 이해하는 것이 중요합니다. 또한 고전 산문 문학에는 까다로운 고어가 포함되어 있기도 하므로, 평소에 많은 작품을 읽는 습관이 필요합니다.

01 현대 소설

1 소설의 이해

(1) 소설의 개념

소설은 현실 세계에서 있음직한 일을 상상하여 꾸며 쓴 산문 문학이다.

(2) 소설의 특징

① 허구성 : 작가가 상상을 통하여 꾸며 낸 이야기이다.
② 서사성 : 일정한 시간의 흐름에 따라 전개되는 이야기의 형식을 지닌다.
③ 예술성 : 예술의 한 형식으로 아름다움과 감동을 느낄 수 있다.
④ 진실성 : 삶의 진실을 추구하고 바람직한 인간상을 찾고자 한다.
⑤ 산문성 : 줄글로 표현하는 산문 문학이다.
⑥ 모방성 : 현실에서 있을 수 있는 일을 흉내 내어 이야기를 전개시킨다.

(3) 소설의 3요소

① 주제 : 작가가 작품을 통해 나타내려는 중심 생각이나 의견, 작가의 인생관

② 구성

  ㉠ 내용을 효과적으로 표현하기 위하여 이야기를 배열하는 것

  ㉡ 인물, 사건, 배경은 소설 구성의 3요소

③ 문체 : 작가의 독특한 문장 표현

(4) 소설의 구성 단계

① 발단 : 인물과 배경이 소개되고, 사건의 실마리가 제시된다.

② 전개 : 인물 간의 갈등과 대립이 시작된다.

③ 위기 : 갈등이 심화되고, 위기감이 조성된다.

④ 절정 : 갈등이 최고조에 이르고, 사건 해결의 실마리가 제시된다.

⑤ 결말 : 갈등이 해소, 사건 마무리, 주인공의 운명이 결정된다.

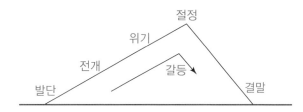

(5) 소설의 인물 유형

중요도에 따라	주요 인물	사건을 이끌어 가는 중심인물
	주변 인물	사건의 진행을 도와주는 부수적인 인물
역할에 따라	주동 인물	주인공으로서 사건을 이끌어 가는 인물
	반동 인물	주동 인물과 대립되는 인물
성격에 따라	전형적 인물	특정한 시대의 집단이나 계층의 특성을 대표하는 인물
	개성적 인물	개인으로서 독자적인 성격을 가진 인물
성격 변화에 따라	평면적 인물	처음부터 끝까지 성격이 변하지 않는 인물
	입체적 인물	사건이 전개됨에 따라 성격이 변하고 발전하는 인물

(6) 인물의 성격 제시 방법

① **직접 제시 방법** : 서술자가 직접 등장인물의 성격, 특성, 심리 등을 이야기한다.

> 예 그는 좀 수다스럽고 마음씨 좋은 사람이다.

② **간접 제시 방법** : 인물의 성격을 직접 말하지 않고 인물의 행동이나 대화 등을 통해 간접적으로 보여 주는 방법이다.

> 예 소년은 개울둑에 앉아 버렸다. 소녀가 비키기를 기다리자는 것이다. → 소년의 소극적 성격

(7) 소설의 시점

1인칭 주인공 시점	• 주인공 '나'가 자신의 이야기를 서술하는 시점(나＝주인공＝서술자) • 인물의 내면세계가 잘 드러남 예 김유정 「봄·봄」, 이청준 「눈길」, 염상섭 「만세전」
1인칭 관찰자 시점	• 주변 인물인 '나'가 관찰자로 등장하여 주인공에 대한 이야기를 전개해 나가는 시점(나＝보조인물＝서술자) • 주인공의 내면을 알 수 없어 긴장감을 줌 예 윤흥길 「장마」, 「아홉 켤레의 구두로 남은 사내」
3인칭 관찰자 시점	• 서술자가 작품 밖에서 인물의 행동이나 사건을 객관적으로 관찰하여 서술하는 시점(서술자＝관찰자) • 극적이고 객관적임 예 황순원 「소나기」
3인칭 전지적 작가 시점	• 서술자가 신(神)처럼 전지전능한 입장에서 모든 상황 및 인물의 심리를 서술하는 시점(서술자＝신적인 존재) • 독자의 상상력을 제한함 예 채만식 「태평천하」, 염상섭 「삼대」, 이효석 「메밀꽃 필 무렵」, 김만중 「구운몽」, 박지원 「허생전」

(8) 소설의 갈등

갈등은 한 사람의 마음속이나 다른 사람과의 관계가 복잡하게 얽힌 상태를 말한다. 문학 작품에서의 갈등은 독자의 흥미를 불러일으키고, 사건을 전개시키는 역할을 한다.

① **내적 갈등** : 한 인물의 마음속에서 두 가지 이상의 욕구가 동시에 일어나서 생기는 갈등

② **외적 갈등**

  ㉠ 인물과 인물 사이의 갈등 : 성격이나 생각이 대립되는 두 인물의 갈등

  ㉡ 인물과 사회 사이의 갈등 : 한 인물이 그가 몸담고 있는 사회 윤리나 제도에 의해서 겪게 되는 갈등

ⓒ 인물과 운명 사이의 갈등 : 한 인물이 자신에게 주어진 운명에 의해서 겪게 되는 갈등

ⓔ 인물과 자연 사이의 갈등 : 한 인물이 거대한 힘을 가진 자연환경과 부딪쳐 싸우면서 겪게 되는 갈등

(9) 소설의 배경

① **시간적 배경** : 작품 속에서 사건이 일어나는 시대, 계절 등의 시간 **예** 봄, 달밤, 1960년대

② **공간적 배경** : 사건이 일어나는 자연적 공간이나 생활공간 **예** 서울, 메밀밭, 시장

③ **사회적 배경** : 인물을 둘러싼 사회 현실과 역사적 상황 **예** 징용, 폭격, 분단

④ **배경의 구실**

　　㉠ 소설의 주제를 드러내 준다.

　　㉡ 사건이 일어나는 바탕이 된다.

　　㉢ 이야기 내용에 현실성을 부여한다.

　　㉣ 특별한 분위기와 정서를 만들어 준다.

심화학습 ─ 고전 소설과 현대 소설의 비교

구 분		고전 소설	현대 소설
주 제		권선징악(勸善懲惡), 교훈적인 내용	인간과 사회에 대한 다양한 탐구
내 용		비현실적 세계, 유교적 이념	현실의 다양한 모습 및 인간 내면 의식의 세계
문 체		문어체, 운문체, 낭송체	산문체, 구어체
배 경	시간	막연함	구체적임
	공간	저승, 용궁 등 비현실적인 공간	다양, 현실적
구 성		시간 순서에 따른 구성	작품에 따른 다양한 구성
표 현		과장, 나열	치밀한 묘사
사 건		우연적	필연적
인 물		평면적·전형적 인물	입체적·개성적 인물
결 말		주인공의 행복한 결말(Happy Ending)	작품에 따른 다양한 결말

2 현대 소설 작품 감상

01 태평천하 (절정 · 결말)   – 채만식

☑ **핵심정리**

- **갈래** : 풍자 소설, 가족사 소설, 사회 소설
- **성격** : 풍자적, 사실주의적, 비판적
- **시점** : 전지적 작가 시점
- **배경**
  ① 시간 : 1930년대 후반
  ② 공간 : 서울의 어느 대지주 집안
- **주제** : 일제 강점기 어느 대지주 집안의 세대 간 가치관의 갈등과 이로 인한 가족의 몰락(부조리한 사회 현실에 대한 비판)
- **특징**
  ① 주인공을 반어적·풍자적인 표현으로 묘사하고 있음
  ② 경어체를 사용하여 서술자와 독자의 거리를 가깝게 유지함
  ③ 사투리와 비속어를 사용하여 인물을 생동감 있게 형상화함

- **글의 구성**

  | 발단 | 윤 직원이 인력거를 타고 인력거 삯을 깎으려 함 |

  | 전개 | 윤 직원 집안의 내력과 치부를 하는 과정 |

  | 위기 | 윤 직원의 아들 창식과 큰손자 종수는 방탕하고 타락한 생활을 하고, 윤 직원은 둘째 손자 종학이 경찰 서장이 되어 주기를 기대함 |

  | 절정·결말 | 둘째 손자 종학이 사상 관계로 일본 경시청에 피검되었다는 전보를 받고 윤 직원은 큰 충격을 받음 |

가 "······멋 허러 오냐? 돈 달라러 오지?" / "동경서 전보가 왔는데요······."
종학이 피검되었다는 전보 – 극적 반전

지체를 바꾸어 윤 주사를 점잖고 너그러운 아버지로, 윤 직원 영감을 속 사납고 경망스런 어린 아들로 돌려놓았으면 꼬옥 맞겠습니다.

"동경서? 전보?"

"종학이 놈이 경시청[1]에 붙잽혔다구요!" / "으엉?"

외치는 소리도 컸거니와, 엉덩이를 꿍 찔르는 바람에, 하마 방구들이 내려앉을 뻔했습니다. 모여 선 온 식구가 제가끔 정도에 따라 제각기 놀란 것은 물론이구요.

윤 직원 영감은 마치 묵직한 몽치로 뒤통수를 얻어맞은 양, 정신이 멍해서 입을 벌리고 눈만 휘둥그랬지, 한동안 말을 못하고 꼼짝도 않습니다. 〈중략〉

윤 주사는 조끼 호주머니에서 간밤의 그 전보를 꺼내어 부친한테 올립니다. 윤 직원 영감은 채듯 전보를 받아 쓱 들여다보더

낱말풀이

1 경시청 : 대한 제국 때, 한성부와 경기도의 경찰 및 소방 업무를 맡아보던 관청.

니, 커다랗게 읽습니다. 물론 원문은 일문이니까 몰라보고 윤 주사네 서사 민 서방이 번역한 그대로지요.

"종학, 사—상 관계—로, 경—시청에 피검²! ……이라니? 이게 무슨 소리다냐?"

"종학이가 사상 관계로 경시청에 붙잽혔다는 뜻일 테지요!" / "사상 관계라니?"

"그놈이 사회주의에 참예를……." / "으엉?"

『아까보다 더 크게 외치면서, 벌떡 뒤로 나동그라질 뻔하다가 겨우 몸을 가눕니다.』
　　　　　　　　　　　　　　　　　　　　　　　　　『 』:윤 직원을 희화화하여 풍자함

　윤 직원 영감은 먼저에는 몽치로 뒤통수를 얻어맞은 것같이 멍했지만, 이번에는 앉아 있는 땅이 지함³을 해서 수천 길 밑으로 꺼져 내려가는 듯 정신이 아찔했습니다.

　그러나 그것은 결단코 자기가 믿고 사랑하고 하는 종학이의 신상을 여겨서가 아닙니다.
　　　　　　　　　　　　　　　　　　　　　　종학의 안전과 건강을 염려해서가 아님

　윤 직원 영감은 시방 종학이가 사회주의를 한다는 그 한 가지 사실이 진실로 옛날의 드세던 부랑당 패가 백 길 천 길로 침노하는 그것보다도 더 분하고, 물론 무서웠던 것입니다.

　진(秦)나라를 망할 자 호(胡 : 오랑캐)라는 예언을 듣고서, 변방을 막으려 만리장성을 쌓던 진시황, 그는 진나라를 망한 자 호가 아니요, 그의 자식 호해(胡亥)임을 눈으로 보지 못하고 죽었으니, 오히려 행복이
윤 직원과 대응　　　　　　　　　　　종학과 대응
라 하겠습니다. 〈중략〉　　　　　　　　　▶ 종학의 피검 소식을 듣고 충격을 받은 윤 직원

　🌗 "사회주의라니? 으응? 으응?……"

　윤 직원 영감은 사뭇 사람을 아무나 하나 잡아먹을 듯, 집이 떠나게 큰 소리로 포효(咆哮)를 합니다.
　　　　　　　　　　　　　　　　　　　　　　사나운 짐승이 울부짖음. 또는 그 울부짖는 소리

"……으응? 그놈이 사회주의를 허다니! 으응? 그게, 참말이냐? 참말이여?"

"허긴 그놈이 작년 여름 방학에 나왔을 때버틈 그런 기미가 좀 뵈긴 했어요!"

"그러머넌 참말이구나! 그러머넌 참말이여, 으응!……"

　윤 직원 영감은 이마로 얼굴로 땀이 방울방울 배어 오릅니다.

"……그런 쳐 죽일 놈이, 깎어 죽여두 아깝잖을 놈이! 『그놈이 경찰서장 허라닝개루, 생판 사회주의 허다가 뎁다 경찰서에 잽혀?』으응?…… 오사육시를 헐 놈이, 그놈이 그게 어디 당헌 것이라구 지가 사회
『 』: 종학에 대한 윤 직원의 기대가 무너짐
주의를 히여? 부자 놈의 자식이 무엇이 대껴서 부랑당 패에 들어?……."
　　　　　　　　　　　　　　어떤 일에 많이 시달려서 '사회주의자'를 의미
　아무도 숨도 크게 쉬지 못하고, 고개를 떨어뜨리고 섰기 아니면 앉았을 뿐, 윤 직원 영감이 잠깐 말을 그치자 방 안은 물을 친 듯이 조용합니다.

"…… 오죽이나 좋은 세상이여? 오죽이나……."
　　윤 직원의 왜곡된 역사 인식 – 반어적 풍자의 효과

> 🔖 낱말풀이
> 2 피검 : 수사 기관에 잡혀감.
> 3 지함 : 땅이 움푹 가라앉아 꺼짐.

『윤 직원 영감은 팔을 부르걷은 주먹으로 방바닥을 땅 치면서 성난 황소가 영각⁴을 하듯 고함을 지릅니다.』
『 』: 윤 직원의 분노를 성난 황소에 비유함 - 풍자의 효과를 노림

"화적패가 있너냐아? 부랑당 같은 수령(守令)들이 있더냐?…… 재산이 있대야 도적놈의 것이요, 목숨은 파리

목숨 같던 말세(末世)년 다 지내가고오……, 자 부아라, 거리거리 순사요, 골골마다 공명헌 정사(政事),
일제 통치 이전의 구한 말   정치에 관계되는 일 또는 행정에 관한 사무

오죽이나 좋은 세상이여……. 남은 수십만 명 동병(動兵)을 히여서, 우리 조선 놈 보호히여 주니, 오죽

이나 고마운 세상이여? 으응?…… 제 것 지니고 앉어서 편안허게 살 태평 세상, 이걸 태평천하라구 허

는 것이여, 태평천하!…… 그런디 이런 태평천하에 태어난 부잣놈의 자식이, 더군다나 왜지 가 떵떵거
반어적 풍자 효과가 극대화된 단어(우리 민족의 현실에 대한 윤 직원의 인식을 단적으로 드러낸 말)

리구 편안허게 살 것이지, 어찌서 지가 세상 망쳐놀 부랑당패에 참섭을 헌담 말이여, 으응?"
사회주의 단체   어떤 일에 끼어들어 간섭함

땅 방바닥을 치면서 벌떡 일어섭니다. 그 몸짓이 어떻게도 요란스럽고 괄괄한지, 방금 발광이 되는가

싶습니다. 아닌 게 아니라 모여 선 가권⁵들은 방바닥 치는 소리에도 놀랐지만, 이 어른이 혹시 상성⁶이 되

지나 않는가 하는 의구의 빛이 눈에 나타남을 가리지 못합니다.

"…… 착착 깎어 죽일 놈! ……『그놈을 내가 핀지히여서, 백 년 지녁을 살리라구 헐걸! 백 년 지녁 살리

라구 헐 테여…….』오냐, 그놈을 삼천 석 거리는 직분[分財]⁷히여 줄라구 히였더니, 오냐, 그놈 삼천 석
『 』: 종학에 대한 실망감으로 내뱉은 말

거리를 톡톡 팔어서, 경찰서으다가 사회주의 허는 놈 잡어 가두는 경찰서으다가 주어 버릴 걸! 으응,

죽일 놈!"

마지막의 으응 죽일 놈 소리는 차라리 울음소리에 가깝습니다.

"…… 이 태평천하에! 이 태평천하에……." 〈중략〉   ▶ 종학을 저주하며 분노하는 윤 직원

다 연해 부르짖는 죽일 놈 소리가 차차로 사랑께로 멀리 사라

집니다. 그러나 몹시 사나운 그 포효가 뒤에 처져 있는 가권들의

귀에는 어쩐지 암담한 여운이 스며들어, 가득히 어둔 얼굴들을 면

면상고⁸, 말할 바를 잊고, 몸 둘 곳을 둘러보게 합니다. 『마치 장수

의 죽음을 만난 군졸들처럼…….』『 』: 윤 직원의 몰락을 의미하는 표현

▶ 윤 직원의 몰락

한눈에 감 잡기

1. 등장인물의 성격

윤 직원	식민 사회를 '태평천하'로 인식하는 왜곡된 가치관을 가진 인물
윤창식	윤 직원의 아들로, 사회에 적응하지 못하고 향락에 빠진 타락한 인물
윤종수	윤 직원의 큰 손자로, 아버지 윤창식과 비슷한 인물
윤종학	윤 직원의 둘째 손자로, 윤 직원이 가장 믿는 인물이지만 사상운동을 하는 의식 있는 지식인으로 작품에 직접 등장하지는 않음

2. 표현상의 특징

판소리 사설의 문체(경어체)	독자와의 거리를 좁히고 등장인물을 조롱함 → ~습니다, ~입니다, ~옵니다요 등
풍자적 수법	부정적 인물에 대한 풍자가 중심을 이룸
작가의 직접적 개입	서술자가 독자와 등장인물의 중간에 서서 자신의 생각과 판단을 독자에게 이야기함

✔ 바로바로 CHECK

01 이 글을 통해 알 수 있는 내용이 아닌 것은?

① 윤 직원의 집안은 부잣집이다.
② 윤 직원은 종학에 대해 적대감을 갖고 있다.
③ 윤 직원은 일제 강점기를 '태평천하'라고 하고 있다.
④ 윤 직원은 사회주의에 대해 부정적인 마음을 갖고 있다.

해설 종학은 윤 직원의 둘째 손자로 윤 직원이 가장 믿는 인물이다.

02 이 글의 서술상의 특징으로 적절하지 않은 것은?

① 서술자의 개입이 드러난다.
② 희화화를 통해 인물을 풍자하고 있다.
③ 사투리를 사용하여 갈등을 고조시키고 있다.
④ 경어체를 사용하여 독자와의 거리를 좁히고 있다.

해설 전라도 사투리를 사용함으로써 작품에 생동감을 주고 있다.

정답 01. ② 02. ③

02 만세전 (위기)

– 염상섭

☑ 핵심정리

• **갈래** : 중편 소설, 사실주의 소설, 여로형 소설

• **성격** : 사실적, 현실 비판적

• **시점** : 1인칭 주인공 시점

• **배경**
  ① 시간 : 1918년 겨울(3 · 1운동 직전)
  ② 공간 : 동경과 서울

• **주제** : 식민지적 상황에서 고통 받는 조선의 현실에 대한 인식

• **특징**
  ① 호흡이 긴 만연체로 서술됨
  ② 일제 강점기하의 민족적 현실을 사실적 · 객관적으로 제시함
  ③ 출발지로 되돌아가는 원점 회귀적 여로 구성
  ④ 일제 강점기하 현실 도피적이고 무기력한 지식인의 모습을 형상화함

• **글의 구성**

발단 (1장)	동경에 있던 '나'는 아내가 위독하다는 전보를 받고 귀국 준비를 함
전개(2장)	일본에서 술집을 전전함
위기 (3~5장)	'나'는 배 안에서 조선인을 멸시하는 일본인들의 대화를 듣고 분노함
절정 (6~8장)	부산에서 김천을 거쳐 서울 집에 도착함
결말(9장)	아내가 죽자 다시 일본으로 돌아감

가 "실상은 누워 떡 먹기지. 나도 이번에 가서 해 오면 세 번째나 되오마는, 내지(內地)[1]의 각 회사와
_{조선에서 돈 벌기가 아주 쉬움}   _{일본}
연락해 가지고 요보[2]들을 붙들어 오는 것인데, 즉 조선 쿨리[苦力][3] 말씀요. 농촌 노동자를 빼내 오는
                                                                              _{조선의 가난한 노동자를 일본에 팔아넘김}
것이죠. 그런데 그것은 대개 경상남북도나, 그렇지 않으면 함경, 강원, 그 다음에는 평안도에서 모집을
해 오는 것인데, 그중에도 경상남도가 제일 쉽습넨다, 하하하."

그자는 여기 와서 말을 끊고 교활한 웃음을 웃어 버렸다.

나는 여기까지 듣고 깜짝 놀랐다. 그 불쌍한 조선 노동자들이 속아서 지상의 지옥 같은 일본 각지의 공

장과 광산으로 몸이 팔리어 가는 것이, 모두 이런 도적놈 같은 협
잡(挾雜) 부랑배의 술중(術中)[4]에 빠져서 속아 넘어가는구나 하는
생각을 하며, 나는 다시 한번 그자의 상판대기[5]를 쳐다보지 않을
_{일본인에 대한 반감}
수 없었다. 〈중략〉

▶ 조선 농민의 비참한 현실을 알게 된 '나'

☆낱말풀이

1 내지 : 외국이나 식민지에서 본국을 이르는 말.
2 요보 : 일제 강점기 때 일본인이 조선인을 낮추어 부르던 호칭.
3 쿨리 : 육체노동에 종사하는 하층 노동자.
4 술중 : 남의 꾀 속.
5 상판대기 : '얼굴'을 속되게 이르는 말.

나 스물두셋쯤 된 책상도련님인 나로서는 이러한 이야기를 듣고 놀라지 않을 수 없었다. 인생이 어떠하니, 인간성이 어떠하니, 사회가 어떠하니 하여야 다만 심심파적⁶으로 하는 탁상의 공론에 불과한 것은 물론이다. 아버지나 조상의 덕택으로 글자나 얻어 배웠거나 소설 권이나 들춰 보았다고, 인생이니 자연이니 시니 소설이니 한대야 『결국은 배가 불러서 투정질하는 수작이요, 실인생, 실사회의 이면의 이면, 진상의 진상과는 얼마만한 관련이 있다는 것인가?』하고 보면 내가 지금 하는 것, 이로부터 하려는 일이 결
『 』: 현실 인식에 대한 자신의 반성
국 무엇인가 하는 의문과 불안을 느끼지 않을 수가 없었다. 『일 년 열두 달 죽도록 농사를 지어야 반년짝은 시래기로 목숨을 이어 나가지 않으면 안 되겠으니까……』하는 말을 들을 제, 『그것이 과연 사실일까
『 』: 조선의 농부가 처한 궁핍한 현실
하는 의심이 날 만치 나의 귀가 번쩍하리만치 조선의 현실을 몰랐다.』나도 열 살 전까지는 부모의 고향
『 』: 식민지 조선의 현실에 무지했음에 대한 자기반성
인 충청도 촌 속에서 자라났고, 그 후에도 일 년에 한두 번씩은 촌락에 발을 들여놓아 보았지만, 설마 그렇게까지 소작인의 생활이 참혹하리라고는 꿈에도 생각해 본 일이 없었다.

▶ 식민지 현실을 몰랐던 자신에 대한 반성

다 『시를 짓는 것보다는 밭을 갈라고 한다. 그러나 밭을 가는[耕] 그것이 벌써 시(詩)가 아니냐. 사람은 흙에서 나와서 흙에 돌아간다. 흙의 향기로운 냄새에 취할 수 있는 자의 행복이여! 흙의 북돋아 오르는 생기야말로 너 인간의 끊임없는 새 생명이니라.』『 』: 참혹한 농촌의 현실에 무지한 과거 자신의 모습

언젠가 이따위의 산문시 줄이나 쓰던, 자기의 공상과 값싼 로맨티시즘이 도리어 부끄러웠다. 흙의 냄
농촌 현실에 무지했던 점을 부끄러워함
새가 향기롭지 않다는 것도 아니다. 그 향기에 취할 수 있는 자가 행복스럽지 않다는 것도 아니다. 조반 후의 낮잠은 위약(胃弱)이라는 고등유민⁷의 유행병에나 걸릴까 보아서 대팻밥 모자에 연경⁸이나 쓰고, 아침저녁으로 호미 자루를 잡는 것이 행복스럽지 않고 시적(詩的)이 아니라는 것이 아니다. 그러나저러나, 일 년 열두 달, 소나 말보다도 죽을 고역을 다 하고도, 시래기죽에 얼굴이 붓는 것도 시일까? 그들이
비참한 현실을 살고 있는 소작농들
삼복의 끓는 햇볕에 손등을 데면서 호미 자루를 놀릴 때, 그들은 행복을 느끼는가? 그들은 흙의 노예다.
초복, 중복, 말복
자기 자신의 생명의 노예다. 그들에게 있는 것은 다만 땀과 피뿐이다. 그리고 주림뿐이다. 그들이 어머니의 뱃속에서 뛰어나오기 전에, 벌써 확정된 단 하나의 사실은 그들의 모공이 막히고 혈청이 마르기까지, 흙에 그 땀과 피를 쏟으라는 것이다. 그리하여 열 방울의 땀과 백방울의 피는 한 톨의 나락을 기른다. 그러나 그 한 톨의 나락은 누구의 입으로 들어가는가?

▶ 식민지 농촌을 낭만적으로만 생각한 것에 대한 '나'의 부끄러움

◈낱말풀이
6 심심파적 : 심심풀이.
7 고등유민 : 고등실업자.
8 연경 : 알의 빛깔이 검거나 누런색으로 된 색안경.

한눈에 감 잡기

1. 등장인물

나(이인화)	동경 유학생으로, 당시 조선의 현실을 '무덤'으로 인식할 만큼 자학적이고 감상적인 인물
김천 형님	보수적인 성격의 소학교 훈도
아버지	고루한 사고방식을 가진 인물
아내	순종적인 여인으로 유종(乳腫)으로 죽음
정자	'나'의 애인, 여급
김의관	사기꾼

2. 주인공 '나'의 인식 변화 과정

개인주의적 성향의 '나'는 일본에 있을 때는 민족의식 같은 것을 느끼지 않지만 조선으로 귀국하는 과정에서 참담한 조선의 현실을 깨닫고 적개심과 부끄러움을 느낀다.

3. 원점 회귀형 여로 구조

주인공인 '나'가 동경에서 출발하여 서울로 왔다가 동경으로 다시 돌아가는 여로 중심의 선적 구조 ⇒ '나'는 여행의 과정에서 비참한 식민지 조선의 현실을 확인하면서 현실을 구체적으로 인식하게 되지만 저항 의지를 드러내는 데까지는 나아가지 못함

✔ 바로바로 CHECK

01 이 글의 서술상 특징으로 적절한 것은?

① 배경 묘사를 통해 인물의 내면 심리를 제시하고 있다.
② 간결한 문체를 통해 긴박감을 조성하고 있다.
③ 빈곤한 농촌 현실을 우회적으로 비판하고 있다.
④ 서술자의 의견과 관찰한 사실이 함께 드러나고 있다.

해설 서술자인 '나'가 조선의 현실을 보고 느낀 것을 함께 기록·서술하고 있다.

02 이 글에 드러난 조선의 현실에 대한 설명으로 적절하지 않은 것은?

① 일본인은 조선 사람들을 멸시하였다.
② 조선 사람들은 궁핍한 생활을 하였다.
③ 지식인들은 농촌의 여유로운 삶을 부러워했다.
④ 조선의 농민들을 속여 일본으로 팔아넘기는 사람이 있었다.

해설 식민지 조선의 농촌 현실은 극심한 생활고에 시달리는 참혹한 모습으로 형상화되어 있다.

정답 01. ④ 02. ③

교과 연계 작품 🎵 **삼대** (전개)

– 염상섭

✔ 핵심정리

• **갈래** : 장편 소설, 세태 소설, 가족사 소설

• **성격** : 사실주의적, 현실 비판적

• **시점** : 전지적 작가 시점

• **배경**
   ① 시간 : 일제 강점기의 1920~1930년대
   ② 공간 : 서울 중산층의 집안

• **주제** : 일제 강점기 중산층 가문을 둘러싼 재산 상속 문제와 세대 간·계층 간의 갈등을 통해 본 식민지 조선의 사회상
   ⇒ 지문 수록 부분 : 족보를 둘러싼 조의관과 조상훈의 갈등

• **특징**
   ① 1930년대 전후의 우리 사회의 모습을 사실적으로 잘 묘사함 → 사실주의의 대표작
   ② 당시 서울 지역의 말씨가 잘 드러남
   ③ 인물의 성격을 직접적 제시와 간접적 제시의 혼용을 통해 잘 드러냄

• **글의 구성**

발단 유학생 덕기가 방학차 귀국했다가 떠나려 하고, 조의관, 조상훈, 병화, 홍경애, 수원집 등이 등장함

전개 집안의 복잡한 인간관계를 알게 되는 덕기

위기 조의관이 위독해지자 수원집이 모략을 꾸밈

절정 조의관의 사망 후 집안의 갈등 심화

결말 덕기는 무혐의로 풀려나와 앞으로 살길을 모색

가 "……돈 쓰신다고만 하는 것도 아닙니다마는, 어쨌든 공연한 일을 만들어 내는 사람들이 첫째
_{조의관을 부추겨서 자신의 이익을 챙기려는 창훈 등을 말함}
잘못이란 말씀입니다."

"무에 어째 공연한 일이란 말이냐?" / 부친의 어기[1]는 좀 낮추어졌다.

"대동보소만 하더라도 족보 한 길에 오십 원씩으로 매었다 하니, 그 오십 원씩을 꼭꼭 수봉[2]하면 무엇
_{족보를 만드는 곳}   _질   _{만들었다}
하자고 삼사천 원이 가외[3]로 들겠습니까?"

"삼사천 원은 누가 삼사천 원 썼다던?"
_{사실을 아는 것에 대해 당황하는 조의관}

영감은 아들의 말이 옳다고는 생각하였으나, 실상 그 삼사천 원이란 돈이 족보 박는 데에 직접으로 들어간 것이 아니라, ○○ 조씨로 무후(無後)한[4] 집의 계통을 이어서 일문일족에 끼려 한즉, 군식구가 늘면 양반의 진국이 묽어질까 보아 반대를 하는 축들이 많으니까 그 입들을 씻기기 위하여 쓴 것이다. 하기 때문에 『난봉자식이 난봉
_{반대를 하지 못하게 하려고}
피운 돈 액수를 줄이듯이,』 이 영감도 실상은 한 천 원 썼다고 하
「 」: 아버지께 나쁜 짓을 한 돈의 액수를 줄여 말해 잘못을 줄이고자 하듯이

🔍 낱말풀이

1 **어기** : 말하는 기세.
2 **수봉** : 세금을 징수함. 남에게 빌려 준 외상값 따위를 거두어들임.
3 **가외** : 일정한 기준이나 정도의 밖.
4 **무후한** : 대를 이어 갈 아들이 없는.

는 것이다. 중간의 협잡배는 <u>이런 약점을 노리고 우려 쓰는 것이지만</u>, 이 영감으로서는 성한 돈 가지고

뇌물로 돈을 써 다른 사람에게 떳떳하게 돈 쓴 일을 말하지 못함

이런 병신 구실 해 보기는 처음이다.　　　　　　　　　　　　　(전개1) 족보 제작에 큰돈이 들어가게 된 속사정

나 "그야 얼마를 쓰셨든지요, 그런 돈은 좀 유리하게 쓰셨으면 좋겠다는 말씀입니다."

'재하자 유구무언'⁵의 시대는 지났다 하더라도 노친 앞이라 말은 공손했으나 속은 달았다.

"어떻게 유리하게 쓰란 말이냐? 너같이 오륙천 원씩 학교에 디밀고 제 손으로 가르친 『남의 딸자식

유인하는 것』이 유리하게 쓰는 방법이냐?"

「 」: 홍경애를 첩으로 만든 일

아까부터 상훈이의 말이 화롯가에 앉아서 폭발탄을 만지작거리는 것 같아서 위태위태하더라니 겨우 간

정되려던 영감의 감정에 또 불을 붙여 놓고 말았다. 상훈이는 어이가 없어서 얼굴이 벌게진다.

부친의 소실 수원집과 경애 모녀와는 공교히도 한 고향이다. 처음에는 감쪽같이 속여 왔으나, 수원집

만은 연줄연줄이 닿아서 경애 모녀의 코빼기라도 못 보았건마는 소문을 뻔히 알고, 따라서 아이를 낳은

뒤에는 집안에서 다 알게 되었던 것이다. 덕기 자신부터 <u>수원집</u>의 입에서 대강 들어 안 것이다. 그러나

조상훈과 재산 문제로 대립함

상훈이 내외끼리 몇 번 싸움질이 있은 외에는 노 영감님도 이때껏 눈감아 버린 것이요, 경애가 들어 있는

북미창정 그 집에 대하여도 부친이 채근한 일은 없는 것이라서 지금 조인광좌중(稠人廣座中)⁶에서 아들에

게 대하여 학교에 돈 쓰고 제 손으로 가르친 남의 딸 유인하였다는 말을 터놓고 하는 것을 들으니 아무리

부친이 홧김에 한 말이라 하여도 듣기에 괴란쩍고 부자간이라도 너무 야속하였다.

　　　　　　　　　　　　　　　　　　　　　　　　　　　(전개2) 조상훈과 경애의 관계를 폭로한 조의관

다 "아버님께서는 너무 심한 말씀을 하십니다마는, 어쨌든 세상에 좀 할 일이 많습니까? 교육 사업,

조의관이 홍경애 일을 말한 것

도서관 사업, 그 외 지금 조선어 자전 편찬하는 데……."

상훈이는 조심도 하려니와 기를 눅이어서 차근차근히 이왕지사 말이 나왔으니 할 말은 다 하겠다는 듯

이 말을 이어 나가려니까 또 벼락이 내린다.

"듣기 싫다! 누가 네게 그 따위 설교를 듣자든? 어서 가거라."

"하여간에 말씀입니다. 지난 일은 어쨌든, 지금 이 판에 별안간 치산⁷이란 당한 일입니까? 치산만 한대

도 모르겠습니다마는, 서원을 짓고 유생들을 몰아다 놓으시렵

니까? 돈도 돈이거니와 지금 시대에 당한 일입니까?"

상훈이는 아까보다 좀 어기를 높여서 반대를 하였다.

"잔소리 마라! 그놈, 나가라니까 점점 더하고 섰고나. 내가 무

얼 하든 네가 총찰⁸이란 말이냐? 내가 죽으면 동전 한 닢이라도

낱말풀이

5 재하자 유구무언(在下者有口無言) : 아랫
사람은 웃어른에 대하여 할 말을 제대로 하
지 못하고 지냄을 이르는 말.

6 조인광좌중 : 많은 사람들이 빽빽하게 모인
넓은 자리의 가운데.

7 치산 : 산소를 매만져서 다듬음.

8 총찰 : 모든 일을 총괄하여 살핌.

너를 남겨 줄 테니 걱정이란 말이냐? 너는 이후로는 아무리 굶어 죽는다 하여도 한 푼 막무가내다. 너는 없는 셈만 칠 것이니까……, 너희들도 다아 들어 두어라."

하고 좌중을 돌려다보며 말을 잇는다.

"내 재산이라야 얼마 있는 게 아니다마는, <u>반은 덕기에게 물려줄 것이요,</u> 그 나머지로는 내가 쓰고 싶
재산 상속자로 공개적으로 알림
은 데 쓰다 남으면 공평히 나누어 주고 갈 테다. 공증인을 세우든 변호사를 불러 대든 하여 뒤를 깡그러

뜨려 놀 것이니까 너는 이제는 남 된 셈만 쳐. <u>내가 죽으면 네가 머리를 풀 테냐, 거상을 입을 테냐?</u>"
기독교인인 상훈에 대한 불만

영감은 사실 땅문서도 차츰차츰 덕기의 명의로 바꾸어 놓아가는 판이요, 반은 자기가 쓰다가 남겨서

막내딸의 명의로 물려줄 생각이다. 만일에 십오 년 더 사는 동안에 아들 하나를 더 본다면, 물론 그 아들

을 위하여 물려줄 요량도 하고 있는 터이다.

〔전개3〕 조의관과 조상훈의 계속된 다툼과 재산 상속에 대한 조의관의 속마음

한눈에 감 잡기

1. 등장인물의 성격

조의관(할아버지)	가문과 재산에 집착을 보이는 보수적 인물
조상훈(아버지)	• 조의관의 아들, 덕기의 아버지 • 기독교 신자이면서 축첩과 노름을 일삼는 이중적 인물
조덕기(아들)	• 조상훈의 아들 • 우유부단한 성격의 소유자로 중도적 입장을 취함
김병화	덕기의 친구, 사회주의자

2. 조의관과 조상훈의 갈등 원인 ⇒ 돈의 쓰임새와 가치관의 차이로 인한 갈등

조의관	조상훈
• 구세대, 봉건적 사고의 소유자 • 조상을 중시 • 대동보소, 치산을 중시함	• 개화 의식의 소유자 • 기독교적 사상을 중시 • 교육 사업, 도서관 사업, 조선어 자전 사업을 중시함

03 메밀꽃 필 무렵 (결말)

– 이효석

☑ 핵심정리

- **갈래** : 단편 소설, 순수 소설
- **성격** : 서정적, 낭만적, 사실적
- **시점** : 전지적 작가 시점
- **배경**
  ① 시간 : 1920년대 어느 여름 낮부터 밤까지
  ② 공간 : 강원도 봉평에서 대화 장터로 가는 산길
- **주제** : 떠돌이 삶의 애환을 통해 본 인간 본연의 애정
- **특징**
  ① 토속적 어휘를 사용하여 향토적 분위기를 조성함
  ② 대화의 진행과 암시에 의해 주제를 부각시킴
  ③ 낭만적이고 서정적인 필치와 사실적 묘사가 두드러짐

- **글의 구성**

  발단 봉평장에서 허 생원이 충줏집과 수작을 하는 동이를 매우 나무람

  전개 그날 밤 허 생원은 동이, 조 선달과 대화로 향하던 중 성 서방네 처녀와의 추억을 이야기함

  절정 동이는 성장 내력을 이야기하고 허 생원은 개울을 건너다가 실족함

  결말 허 생원은 동이의 등에 업혀 개울을 건너고 동이가 자신처럼 왼손잡이라는 것을 알게 됨

가 고개 너머는 바로 개울이었다. 장마에 흘러 버린 널다리¹가 아직도 걸리지 않은 채로 있는 까닭에 벗고 건너야 되었다. 고의를 벗어 띠로 등에 얽어매고 반 벌거숭이의 우스꽝스러운 꼴로 물속에 뛰어들었다. 금방 땀을 흘린 뒤였으나 밤 물은 뼈를 찔렀다. / "그래, 대체 기르긴 누가 기르구?"

"어머니는 하는 수 없이 의부를 얻어 가서 술장사를 시작했죠. 『술이 고주래서 의부라고 전망나니예요. 철들어서부터 맞기 시작한 것이 하룬들 편한 날 있었을까? 어머니는 말리다가 채이고 맞고 칼부림을 당하곤 하니 집 꼴이 무어겠소.』 열여덟 살 때 집을 뛰쳐나서부터 이 짓이죠."
_{『 』: 동이와 동이 어머니의 삶이 순탄하지 않았음}

"총각 <u>나쎄론</u> 심이 무던하다고 생각했더니 듣고 보니 딱한 신세로군."
_{'나잇살'의 잘못}

물은 깊어 허리까지 찼다. 속 물살도 어지간히 센 데다가 발에 차이는 돌멩이도 미끄러워 금시에 <u>훌칠 듯</u>하였다. 나귀와 조 선달은 재빨리 거의 건넜으나 동이는 허 생원을 붙드느라고 두 사람은 훨씬 떨어졌다.
_{물살에 쏠릴 듯}

"모친의 친정은 원래부터 제천이었던가?"

"웬걸요. <u>시원스리 말은 안 해 주나, 봉평이라는 것만은 들었죠.</u>"
_{동이 어머니 친정이 봉평이라는 것은 동이가 허 생원의 아들일지도 모른다는 것을 암시}

 낱말풀이

1 널다리 : 널빤지를 깔아서 놓은 다리.

㉠"봉평? 그래 그 아비 성은 무엇이구?" / "알 수 있나요? 도무지 듣지를 못했으니까."

"그, 그렇겠지." / 하고 중얼거리며 흐려지는 눈을 까물까물하다가 허 생원은 경망하게도 발을 빗디디었다. 앞으로 고꾸라지기가 바쁘게 몸째 풍덩 빠져 버렸다. 허비적거릴수록 몸을 걷잡을 수 없어, 동이가 소리를 치며 가까이 왔을 때에는 벌써 퍽으나 흘렀었다. 옷째 쫄딱 젖으니 물에 젖은 개보다도 참혹한 꼴이었다. 동이는 물속에서 어른을 해깝게² 업을 수 있었다. 젖었다고는 하여도 여윈 몸이라 장정 등에는 오히려 가벼웠다. ▶ 동이의 이야기를 듣고 개울에 빠지는 허 생원과 그를 업고 개울을 건너는 동이

🐴 "이렇게까지 해서 안됐네. 내 오늘은 정신이 빠진 모양이야."

"염려하실 것 없어요." / "그래, 모친은 아비를 찾지는 않는 눈치지?"

"늘 한번 만나고 싶다고는 하는데요." / "지금 어디 계신가?"

"의부와도 갈라져서 제천에 있죠. 가을에는 봉평에 모셔 오려고 생각 중인데요. 이를 물고 벌면 이럭저럭 살아갈 수 있겠죠."

"아무렴, 기특한 생각이야. 가을이렷다?"

동이의 탐탁한 등어리가 뼈에 사무쳐 따뜻하다. 물을 다 건넜을 때에는 도리어 서글픈 생각에 좀 더 업혔으면도 하였다. ▶ 동이에게 정을 느끼는 허 생원

🐴 "진종일 실수만 하니 웬일이오, 생원?" / 조 선달은 바라보며 기어코 웃음이 터졌다.

『"나귀야. 나귀 생각하다 실족³을 했어. 말 안 했던가? 저 꼴에 제법 새끼를 얻었단 말이지. 읍내 강릉집 피마⁴에게 말일세.』 귀를 쫑긋 세우고 달랑달랑 뛰는 것이 나귀 새끼같이 귀여운 것이 있을까? 그것
『 』: 허 생원이 자신의 실수에 대한 변명을 함
보러 나는 일부러 읍내를 도는 때가 있다네."

"사람을 물에 빠치울 젠 딴은 대단한 나귀 새끼군."

허 생원은 젖은 옷을 웬만큼 짜서 입었다. 이가 덜덜 갈리고 가슴이 떨리며 몹시도 추웠으나, 마음은 알 수 없이 둥실둥실 가벼웠다.

"주막까지 부지런히들 가세나. 뜰에 불을 피우고 훗훗이⁵ 쉬어. 나귀에겐 더운 물을 끓여 주고.

㉡내일 대화 장 보고는 제천이다."

"생원도 제천으로……?"

"오래간만에 가 보고 싶어. 동행하려나, 동이?"

▶ 자신의 실수에 대한 허 생원의 변명과 허 생원의 제천행 결심

> 낱말풀이
> 2 해깝게 : '가볍게'의 방언.
> 3 실족 : 발을 헛디딤.
> 4 피마 : 다 자란 암말.
> 5 훗훗이 : 약간 갑갑할 정도로 훈훈하고 답게.

라 나귀가 걷기 시작하였을 때 동이의 채찍은 왼손에 있었다. 오랫동안 아둑시니[6]같이 눈이 어둡던 허 생원도 요번만은 동이의 왼손잡이가 눈에 뜨이지 않을 수 없었다.

걸음도 해깝고 방울 소리가 밤 벌판에 한층 청청하게 울렸다. 달이 어지간히 기울어졌다.

6 아둑시니 : 어둠의 귀신. 여기서는 '눈이 어두워 사물을 제대로 분간하지 못하는 사람'의 뜻.

▶ 동이가 자신과 같은 왼손잡이임을 확인하는 허 생원

✔ 바로바로 CHECK

01 ㉠에 나타난 허 생원의 심리에 대한 설명으로 가장 적절한 것은?

① 동이의 삶에 대한 호기심
② 동이의 아버지에 대한 관심
③ 봉평이라는 지명에 대한 반가움
④ 동이가 자기 아들이 아닐까 하는 의심

해설 허 생원은 동이 어머니의 고향이 봉평이라는 말을 듣고 동이 어머니가 성 서방네 처녀일지도 모른다는 생각이 들어 동이가 자신의 아들인지 확인하기 위해 아버지의 성을 물어보는 것이다.

02 허 생원이 ㉡과 같이 말한 이유는?

① 동이의 관심을 얻기 위해
② 동이의 어머니를 만나기 위해
③ 새로운 터전을 마련하기 위해
④ 장돌뱅이 생활을 그만두기 위해

해설 허 생원이 동이 어머니가 있는 제천으로 가겠다고 한 것은 동이 어머니를 만나고 싶기 때문이다.

정답 01. ④ 02. ②

한눈에 감 잡기

1. 등장인물

허 생원	왼손잡이 장돌뱅이로 성 서방네 처녀와의 하룻밤 추억을 소중하게 간직하고 살아가는 소박한 인물
동이	소박하고 어머니에 대한 효심이 지극한 젊은이로, 허 생원의 친자식으로 암시되는 인물
조 선달	허 생원의 장돌뱅이 친구

2. 배경의 역할

- 사건의 진행, 주제와 작품 분위기 형성에 중요한 역할을 함
- '달밤'의 의미 : 과거와 현재를 연결하는 매개체 ⇒ 인간 본연의 애정을 부각시킴
- 메밀꽃이 핀 달밤은 서정적 · 낭만적 분위기를 조성함

3. '나귀'의 상징적 의미

- 허 생원과 정서적으로 융합하는 존재
- 과거의 내력, 외모, 행동 양상 등이 허 생원과 비슷함
- 작가의 주제 의식(자연과 인간의 합일)과 일치함

04 봄·봄 (㉮~㉯ 전개, ㉰~㉱ 절정, ㉲ 결말)

– 김유정

☑ 핵심정리

- **갈래** : 단편 소설, 농촌 소설
- **성격** : 해학적, 향토적
- **시점** : 1인칭 주인공 시점
- **배경**
  ① 시간 : 1930년대 봄
  ② 공간 : 강원도 어느 산골의 농촌 마을
- **주제** : 우직하고 순박한 데릴사위와 그를 이용하는 교활한 장인 사이의 해학적 갈등
- **특징**
  ① 인물 간의 갈등을 해학적으로 그리고 있음
  ② 1인칭 주인공 시점을 이용하여 '나'의 상황과 성품을 고백적으로 서술함
  ③ 토속어와 비속어의 적절한 사용으로 희극적 상황을 잘 보여 줌 **➔ 현장감, 생동감**
  ④ 결말을 절정 속에 삽입하여 해학성을 강조함
  ⑤ 역순행적 구성 **➔ 주인공 '나'의 회상에 의한 과거와 현재의 교차**

- **글의 구성**

발단	성례를 둘러싼 '나'와 장인의 갈등
전개	'나'가 성례 문제로 장인과 갈등하는 가운데 뭉태와 점순이가 이를 충동질함
절정①	'나'가 장인과 심하게 싸움을 벌임
결말	장인과 화해하고 일터로 향하는 '나'
절정②	'나'는 장인의 편을 드는 점순이의 이중적 태도에 당황함

㉮ 장인님은 빙장님 해야 좋아하고, 밖에 나와서 장인님 하면 괜스리 골을 낼라구 든다. 뱀두 뱀이래
〈장인의 허세가 드러남〉
야 좋냐구, 창피스러우니 남 듣는 데는 제발 빙장[1]님, 빙모님 하라구 『일상 말조짐[2]을 받아 오면서 난 그
것두 자꾸 잇는다.』 당장두 장인님 하다 옆에서 내 발등을 꾹 밟고 곁눈질을 흘기는 바람에야 겨우 알았
『 』: 장인이 시키는 대로 하는 순응적이고 어수룩한 나의 성품
지만…….

구장[3]님도 내 이야기를 자세히 듣드니 퍽 딱한 모양이었다. 하기야 구장님뿐만 아니라 누구든지 다 그
〈듣더니〉
럴 게다. 길게 길러 둔 새끼손톱으로 코를 후벼서 저리 탁 튀기며
〈구장을 희화화함〉
"그럼 봉필 씨! 얼른 성롈 시켜 주구려, 그렇게까지 제가 하구

싶다는 걸……."

하고 내 짐작대루 말했다. 그러나 이 말에 장인님이 『삿대질로

눈을 부라리고』『 』: 구장의 태도를 비난함

낱말풀이
1 빙장 : 다른 사람의 장인을 이르는 말.
2 말조짐 : 말조심.
3 구장 : 예전에 시골 동네의 우두머리를 이르던 말.

"아, 성례구 뭐구 기집애년이 미처 자라야 할 게 아닌가?"

하니까 고만 멀쑤룩해서[4] 입맛만 **쩍쩍** 다실 뿐이 아닌가…….
구장도 소작인이기 때문에 장인의 눈치를 봄

"그것두 그래!"
우유부단한 태도

"그래, 거진 사 년 동안에도 안 자랐다니 그 킨 은제 자라지유? 다 그만두구 사경[5] 내슈……."
적극적으로 반항하는 태도

"글쎄, 이 자식아! 내가 크질 말라구 그랬니, 왜 날 보구 떼냐?"

"빙모님은 참새만한 것이 그럼 어떻게 앨 낳지유?(사실 장모님은 점순이보다도 귓배기 하나가 적다.)"
높임과 낮춤을 동시에 사용하는 이중적 언어 구조 – 해학성 유발

장인님은 이 말을 듣고 껄껄 웃드니(그러나 암만 해두 돌 씹은 상이다.) 코를 푸는 척하고 날 은근히
골릴랴구 팔꿈치로 옆 갈비께를 퍽 치는 것이다. 더럽다. 나두 종아리의 파리를 쫓는 척하고 허리를 굽으
리며 어깨로 그 궁둥이를 콱 떼밀었다. 장인님은 앞으로 우찔근하고 싸리문께로 씨러질 듯하다 몸을 바루
고치드니 눈총을 몹시 쏘았다. 이런 쌍년의 자식 하곤 싶으나, 남의 앞이라서 참아 못 하고 섰는 그 꼴이
보기에 퍽 쟁그러웠다[6].
▶ 구장에게 도움을 요청하러 간 '나'

나 그러나 이 말에는 별반 신통한 귀정[7]을 얻지 못하고 도루 논으로 돌아와서 모를 부었다. 왜냐면, 장
인님이 뭐라구 귓속말로 수군수군하고 간 뒤다. 구장님이 날 위해서 조용히 데리구 아래와 같이 일러 주
었기 때문이다.(뭉태의 말은 구장님이 장인님에게 땅 두 마지기 얻어 부치니까 그래 꾀였다구지만, 난
구장이 장인의 편을 들 수밖에 없는 이유
그렇게 생각 않는다.)

"자네 말두 하기야 옳지. 암, 나이 찼으니까 아들이 급하다는 게 잘못된 말은 아니야. 허지만, 농사가 한창
바쁜 때 일을 안 한다든가 집으로 달아난다든가 하면 손해죄루 그것두 징역을 가거든!(여기에 그만 정
신이 번쩍 났다.) 왜 요전에 삼포 말서 산에 불 좀 놓았다구 징역 간 거 못 봤나. 제 산에 불을 놓아도
징역을 가는 이 땐데 남의 농사를 버려 두니 죄가 얼마나 더 중한가. 그리고 자넨 정장[8]을(사경 받으러
정장 가겠다 했다.) 간대지만, 그러면 괜시리 죌 들쓰고[9] 들어가는 걸세. 또, 결혼두 그렇지. 법률에 성
년이란 게 있는데 스물하나가 돼야지 비로소 결혼을 할 수가 있는 걸세. 자넨 물론 아들이 늦일 걸 염
려지만, 점순이루 말하면 이제 겨우 열여섯이 아닌가. 그렇지
만 아까 빙장님의 말씀이 올 갈에는 열 일을 제치고라두 성
례를 시켜 주겠다 하시니 좀 고마울 겐가. 『빨리 가서 모 붓든
「 」: 장인이 구장에게 한 귓속말을 추측할 수 있게 하는 부분
거나 마저 붓게. 군소리 말구 어서 가…….』

그래서 오늘 아츰까지 끽소리 없이 왔다.　〈중략〉
과거에서 현재로 전환됨
▶ 장인의 요청을 받고 '나'를 회유하는 구장

낱말풀이

4 멀쑤룩해서 : 머쓱해져서.

5 사경 : 머슴이 주인에게 한 해 동안 일한 대
가로 받는 돈이나 물건.

6 쟁그러웠다 : 하는 행동이 괴상하여 얄미
웠다.

7 귀정 : 그릇되었던 일이 바른 길로 돌아옴.

8 정장 : 관청에 고소장을 내는 일.

9 들쓰고 : 책임이나 허물 따위를 억지로 넘
겨 맡고.

다 장인님은 원체 심정이 굿어서 그러지만, 나도 저만 못하지 않게 배를 채웠다. 아픈 것을 눈을 꽉
          ㄴ'심술'의 방언

감고 난 해라 난 재미난 듯이 있었으나, 볼기짝을 후려갈길 적에는 나도 모르는 결에 벌떡 일어나서 그
          ㄴ재미있다는   ㄴ엉덩이

수염을 잡아챘다마는, 내 골이 난 것이 아니라 정말은 아까부터 벌 뒤 울타리 구멍으로 점순이가 우리들
                                                          ㄴ부엌

의 꼴을 몰래 엿보고 있었기 때문이다. 가뜩이나 말 한마디 톡톡히 못 한다고 바보라는데『매까지 잠자코

맞는 걸 보면 짜정[10] 바보로 알게 아닌가.』또, 점순이도 미워하는 이까진 놈의 장인님 나곤 아무것도 안
『　』: 장인에게 대들게 되는 계기가 점순이의 충동질임을 알 수 있음   ㄴ해학적 표현

되니까 막 때려도 좋지만 사정 보아서 수염만 채고(제 원대로 했으니까 이 때 점순이는 퍽 기뻤겠지.)
                                          ㄴ결말에서 점순이가 장인 편을 드는 행동을 전혀 예측하지 못하는 이유

저기까지 잘 들리도록 / "이걸 까셀라부다!" / 하고 소리를 쳤다.

　　장인님은 더 약이 바짝 올라서 잡은 참 지게막대기로 내 어깨를 그냥 나려갈겼다[11]. 정신이 다 아찔하

다. 다시 고개를 들었을 때 그 때엔 나도 온몸에 약이 올랐다. 이 녀석의 장인님을 하고 눈에서 불이 퍽

나서 그 아래 밭 있는 넝 알로[12] 그대로 떼밀어 굴려 버렸다.

　　기어오르면 굴리고 굴리면 기어오르고, 이러길 한 너덧 번을 하며, 그럴 적마다

　　"부려만 먹구 왜 성례 안 하지유!"

　　나는 이렇게 호령했다. 허지만, 장인님이 선뜻 오냐 낼이라두 성례시켜 주마 했으면 나도 성가신 걸 그

만두었을지 모른다. 나야 이러면 때린 건 아니니까 나종에 장인 쳤다는 누명도 안 들을 터이고 얼마든지

해도 좋다.

　　한번은 장인님이 헐떡헐떡 기어서 올라오드니 내 바짓가랭이를 요렇게 노리고서 담박 웅켜잡고 매달렸

다. 악, 소리를 치고 나는 그만 세상이 다 팽그르 도는 것이

　　"빙장님! 빙장님! 빙장님!" / "이 자식! 잡어먹어라, 잡어먹어!"
          ㄴ상황이 역전됨

　　"아! 아! 할아버지! 살려 줍쇼, 할아버지!"
          ㄴ호칭의 변화를 통해 해학성이 드러남

하고 두 팔을 허둥지둥 내절 적에는 이마에 진땀이 쭉 내 솟고 인젠 참으로 죽나 부다 했다. 그래두 장인

님은 놓질 않드니 내가 기어이 땅바닥에 쓰러져서 거진 까무러치게 되니까 놓는다. 더럽다, 더럽다. 이게

장인님인가? 나는 한참을 못 일어나고 쩔쩔맸다. 그러나 얼굴을

드니(눈에 참 아무것도 보이지 않았다.) 사지가 부르르 떨리면서

나도 엉금엉금 기어가 장인님의 바짓가랭이를 꽉 웅키고 잡아나

꿨다.　　　　　　▶ 서로의 급소를 공격하며 싸우는 장인과 '나'

낱말풀이

10 짜정 : 짜장. 과연, 정말로.

11 나려갈겼다 : 내리갈겼다.

12 넝 알로 : 넝 아래로. 넝은 둔덕을 뜻하는
    말로, 논밭들이 두두룩하게 언덕진 곳.

라 내가 머리가 터지도록 매를 얻어맞은 것이 이 때문이다. 그러나 『여기가 또한 우리 장인님이 유달리 착한 곳이다.』 여느 사람이면 사경을 주어서라도 당장 내쫓았지, 터진 머리를 불솜[13]으로 손수 지져

『 』 : 나의 어수룩함

주고, 호주머니에 히연[14] 한 봉을 넣어 주고, 그리고

"올 갈엔 꼭 성례를 시켜 주마. 암말 말구 가서 뒷골의 콩밭이나 얼른 갈아라."

하고 등을 뚜덕여[15] 줄 사람이 누구냐. / 나는 장인님이 너무나 고마워서 어느덧 눈물까지 났다. 점순이를 남기고 인젠 내쫓기려니 하다 뜻밖의 말을 듣고,

"빙장님! 인제 다시는 안 그러겠어유……."

이렇게 맹서를 하며 불랴살야 지게를 지고 일터로 갔다. 『그러나 이때는 그걸 모르고 장인님을 원수로만 여겨서 잔뜩 잡아다렸다.』 『 』 : 역순행적 구성

▶ 장인의 말을 믿고 일터로 나가는 '나'

마 "아! 아! 이놈아! 놔라, 놔, 놔……."

다급하고 빠른 어조

장인님은 헷손질을 하며 솔개미에 챈 닭의 소리를 연해 질렀다. 놓긴 왜, 이왕이면 호되게 혼을 내 주리라 생각하고 짓궂이 더 댕겼다마는, 장인님이 땅에 쓰러져서 눈에 눈물이 피잉 도는 것을 알고 좀 겁도 났다.

"할아버지! 놔라, 놔, 놔, 놔놔." / 그래도 안 되니까, / "애, 점순아! 점순아!"

다급한 심정

이 악장[16]에 안에 있었든 장모님과 점순이가 헐레벌떡하고 단숨에 뛰어나왔다.

나의 생각에 장모님은 제 남편이니까 역성[17]을 할는지도 모른다. 그러나 점순이는 『내 편을 들어서 속으로 고수해서 하겠지…….』 대체 이게 웬 속인지(지금까지도 난 영문을 모른다.) 아버질 혼내 주기는

『 』 : 나의 주관적 판단

제가 내래 놓고 이제 와서는 달겨들며

말해

"에그머니! 이 망할 게 아버지 죽이네!"

점순이의 이중적 행동 → 희극적 효과

하고 내 귀를 뒤로 잡어댕기며 마냥 우는 것이 아니냐. 그만 여기에 기운이 탁 꺾이어 나는 얼빠진 등신이 되고 말았다. 장모님도 덤벼들어 한쪽 귀마저 뒤로 잡아채면서 또 우는 것이다.

이렇게 꼼짝 못 하게 해 놓고 장인님은 지게막대기를 들어서 사뭇 나려조겼다[18]. 그러나 나는 구태여 피할랴지도 않고 암만 해

마구   피하려고 하지도

도 『그 속 알 수 없는 점순이의 얼굴만 멀거니 들여다보았다.』

『 』 : 망연자실한 나의 심정

"이 자식! 장인 입에서 할아버지 소리가 나오도록 해?"

▶ 장인의 편을 드는 점순이의 이중적인 태도에 당황한 '나'

낱말풀이

13 불솜 : 상처를 소독하기 위해 불에 그을린 솜.
14 히연 : 희연. 일제 강점기 때의 담배 이름.
15 뚜덕여 : 두드려.
16 악장 : 악을 쓰는 것.
17 역성 : 옳고 그름에 관계없이 무조건 한쪽 편을 들어 주는 일.
18 나려조겼다 : 호되게 때렸다.

한눈에 **감 잡기**

1. 등장인물

나	• 남의 말을 잘 믿는 어수룩하고 순진한 청년 • 점순이와의 혼인을 약속받고 돈 한 푼 받지 않고 머슴살이를 하고 있음
장인	• 혼인을 핑계로 '나'를 머슴처럼 부려먹는 교활한 인물 • 체면치레를 좋아하는 위선적인 인물로 욕을 잘해서 '욕필이'라고도 불림
점순이	• 당돌하고 야무진 성격 • '나'와의 혼인을 원하지만 '나'와 아버지가 싸움을 벌이자 엉뚱하게 아버지 편을 듦

2. 해학성을 주는 요소
- 비속어와 토속적인 언어의 사용
- '나'(어수룩함)와 장인(교활하고 고지식함)의 성격 대비
- 장인과의 싸움이라는 비현실적인 희극적 상황
- '나'의 생각과는 달리 아버지의 편을 드는 점순이의 행동

3. 제목 '봄·봄'이 가지는 상징성
같은 갈등(사건)이 또다시 유발하게 될 것을 암시함 ⇒ 헤어날 수 없는 주인공의 암담한 현실의 순환을 상징함

✔ 바로바로 CHECK

01 이 글에 대한 설명으로 바르지 <u>못한</u> 것은?

① 과장된 상황 설정으로 해학적이다.
② 대화체의 사용으로 극적인 효과가 뛰어나다.
③ 방언의 사용으로 향토적, 토속적 느낌을 준다.
④ 비속어 사용으로 당시의 사회상을 잘 드러냈다.

해설 '봄·봄'은 비속어와 토속어를 구사하여 토속적인 정감과 웃음을 유발하지만, 그것으로 인해 당시의 사회상을 잘 드러냈다고는 볼 수 없다.

02 이 글의 '나'의 성격으로 적절한 것은?

① 영악하고 교활하다.
② 어수룩하고 우둔하다.
③ 차분하고 신중하다.
④ 고분고분하고 사교적이다.

해설 '나'는 점순이와 혼인시켜 주겠다는 장인의 말만 믿고 돈 한 푼 받지 않고 머슴살이를 하고 있는 시골 청년으로, 남의 말을 잘 믿고 어수룩하지만 순진하고 순박하다.

정답 01. ④ 02. ②

05 눈길 (㉮ 전개, ㉯~㉰ 위기, ㉱~㉲ 절정, ㉳ 결말)

– 이청준

☑ 핵심정리

- **갈래** : 단편 소설, 순수 소설, 귀향 소설, 액자 소설
- **성격** : 회고적, 상징적
- **시점** : 1인칭 주인공 시점
- **배경**
  ① 시간 : 현재 – 한여름, 과거 회상 – 겨울
  ② 공간 : 시골
- **주제** : 어머니의 무한한 사랑에 대한 깨달음과 눈길에 서린 추억을 통한 인간적 화해
- **특징**
  ① '나'의 이야기인 겉 이야기와 노인(어머니)의 이야기인 속 이야기로 된 액자식 구조
  ② 상징적 소재를 통한 효과적인 주제의 표현
  ③ 주로 인물 간의 대화를 통해 사건을 전개함
  ④ 객관적 상관물을 통해 인물의 심리를 제시함
  ⑤ 우회적으로 표현하는 말하기 방식이 사용됨

- **글의 구성**

발단	아내와 오랜만에 고향집에 온 '나'가 하루 만에 올라가겠다고 하자 어머니는 서운함을 느끼지만 체념적으로 수용함
전개	집을 고치고 싶어 하는 어머니 때문에 심기가 불편해진 '나'와 나를 원망하는 아내
위기	'나'는 어머니의 속마음을 알고 어머니에게 갚아야 할 묵은 빚이 있는지 노심초사함
절정	어머니가 고등학교 때 눈길을 헤치고 '나'를 배웅하던 그날 새벽의 심정을 이야기함
결말	어머니의 이야기를 듣고 '나'가 죄책감과 부끄러움에 눈물을 흘림

㉮ 고등 학교 1학년 때 형의 주벽으로 가계가 파산을 겪은 뒤부터, 그리고 마침내 그 형이 세 조카아이와 그 아이들의 홀어머니까지를 포함한 모든 장남의 책임을 내게 떠맡기고 세상을 떠난 뒤부터 일은 줄곧 그렇게만 되어 온 셈이었다. 고등 학교와 대학교와 군영[1] 3년을 치러 내는 동안 『노인은 내게 아무것도 낳아 기르는 사람의 몫을 못 했고,』 나는 또 나대로 그 고등 학교와 대학과 군영의 의무를 치르고 나와서도

『 』 : 물질적인 도움을 주지 못했음

자식놈의 도리는 엄두를 못 냈다. 노인이 내게 베푼 바가 없어서가 아니라 그럴 처지가 못 되었기 때문이다. 나는 나대로 형이 내게 떠맡기고 간 장남의 책임을 감당하기를 사양치 않을 수가 없었기 때문이었다.

장남의 도리를 할 수밖에 없는 처지임

노인과 나는 결국 그런 식으로 서로 주고받을 것이 없는 처지였다. 노인은 누구보다 그것을 잘 알고

부모와 자식의 관계를 물질적인 것으로만 인식 – 이기적이고 매정한 '나'의 성격을 드러냄

있었다. 그렇기 때문에 내게 대해선 소망도 원망도 있을 수 없었다. 〈중략〉　　▶ '나'와 노인의 관계

㉯ "방이 이렇게 비좁은데 그럼 어머니, 이 옷장이라도 어디
다른 데로 좀 내놓을 수 없으세요? 이 옷장을 들여놓으니까 좁
은 방이 더 비좁지 않아요?"

낱말풀이

1 군영 : 원래는 군대가 주둔하는 곳을 가리키는 말이나 여기서는 군 복무를 의미함.

아내는 마침내 내가 가장 <u>거북스럽게 시선을 피해 오던 곳</u>으로 화제를 끌어들이고 있었다.
　　　　　　　　　　　　　　　　　옷궤

바로 그 <u>옷궤</u>[2] 이야기였다. 17, 8년 전, 고등 학교 1학년 때였다. 술버릇이 점점 사나워져 가던 형이 전
　　　　과거 회상의 매개체

답을 팔고 선산[3]을 팔고, 마침내는 그 아버지 때부터 살아온 집까지 마지막으로 팔아 넘겼다는 소식이 들

려왔다. K시에서 겨울 방학을 보내고 있던 나는 도대체 일이 어떻게 되어 가는지 알아보고 싶어 옛 살던

마을을 찾아가 보았다. 집을 팔아 버렸으니 식구들을 만나게 될 기대는 없었지만, 그래도 달리 소식을 알

아볼 곳이 있었기 때문이었다. <u>어스름</u>[4]을 기다려 살던 집 골목을 들어서니 『사정은 역시 K시에서 듣고 온
　　　　　　　　　　　　사람의 눈을 피하고 싶은 마음　　　　　　　　　　　『 』: 집을 팔았다는 소문이 사실임

대로였다.』 집은 텅텅 비어진 채였고 식구들은 어디론지 간 곳이 없었다. 나는 다시 골목 앞에 살고 있던 먼

친척 간 누님을 찾아갔다. 그런데 그 누님의 말을 들으니, 노인이 뜻밖에 아직 나를 기다리고 있다는 것이었다.

"여기가 어디냐. 네가 누군디 내 집 앞 골목을 이렇게 서성대고 있어야 하더란 말이냐?"
　　　　　　　　　　　　몰락한 집안 형편을 드러내지 않음

한참 뒤에 어디선가 누님의 소식을 듣고 달려온 노인이 문간 앞에서 어정어정 망설이고 있는 나를 보

고 다짜고짜 나무랐다.　　　　　　　　　　　　　　　　　　　　　▶ '나'는 팔린 집을 찾아가 어머니를 만남

다　나중에야 안 일이지만 『노인은 거기서 마지막으로 내게 저녁밥 한 끼를 지어 먹이고 당신과 하룻밤

을 재워 보내고 싶어, 새 주인의 양해를 얻어 그렇게 혼자서 나를 기다리고 있었다는 것이었다.』 언젠가
　　　　　　　　　　　　　　　　　　　　　　　　　　　　『 』: 자식을 생각하는 어머니의 애틋한 마음

내가 다녀갈 때까지는 내게 하룻밤만이라도 옛 집의 모습과 옛날의 분위기 속에 자고 가게 해 주고 싶어

서였는지 모른다. 하지만, 문간을 들어설 때부터 집안 분위기는 이사를 나간 빈 집이 분명했다. 한데도

노인은 그때까지 매일같이 그 빈 집을 드나들며 먼지를 털고 걸레질을 해 온 것이었다. 그리고 그 때 노인

은 아직 집을 지켜 온 흔적으로 안방 한쪽에다 이불 한 채와 <u>옷궤</u> 하나를 예대로 그냥 남겨 두고 있었다.
　　　　　　　　　　　　　　　　　　　　　　　아들에 대한 어머니의 사랑

이튿날 새벽 K시로 다시 길을 나설 때서야 비로소 집이 팔린 사실을 시인해 온 노인의 심정으로는 그

날 밤 그 옷궤 한 가지나마 옛 집 살림살이의 흔적으로 남겨서 나의 괴로운 잠자리를 위로하고 싶었음이

분명한 것이다. 그러한 내력이 숨겨져 온 옷궤였다.

떠돌이 살림에 다른 가재 도구가 없어서도 그랬겠지만, 이 20년 가까이를 노인이 한사코 함께 간직해

온 옷궤였다. 그만큼 또 나를 언제나 불편스럽게 만들어 온 물건이었다. 노인에게 빚이 없음을 몇 번씩

스스로 다짐하고 있다가도 그 옷궤만 보면 무슨 <u>액면가</u>[5] 없는 빚 문서를 만난 듯 기분이 새삼 꺼림칙스
　　　　　　　　　　　　　　　　　　자식에 대한 어머니의 사랑을 떠오르게 함

러워지곤 하던 물건이었다. 〈중략〉

▶ '나'를 불편하게 만드는 옷궤

낱말풀이

2 옷궤 : 옷을 넣어 두는 나무 상자.
3 선산 : 조상의 무덤이 있는 산.
4 어스름 : 조금 어둑한 상태, 또는 그런 때.
5 액면가 : 화폐나 유가 증권 등의 표면에 적
　힌 가격.

라 그 날 밤 — 아니 그 날 새벽 — 아내에겐 한 번도 들려준 일이 없는 그 날 새벽의 서글픈 동행을, 나 자신도 한사코 기억의 피안⁶으로 사라져 가 주기를 바라 오던 그 새벽의 눈길의 기억을 노인은 이제 받아 낼 길이 없는 묵은 빚 문서를 들추듯 허무한 목소리로 되씹고 있었다.

"날은 아직 어둡고 산길은 험하고, 미끄러지고 넘어지면서도 차부⁷까지는 그래도 어떻게 시간을 대어 갈 수가 있었구나……."

이야기를 듣고 있는 나의 머릿속에도 마침내 그 날의 정경이 손에 닿을 듯 역력히 떠올랐다. 어린 자식놈의 처지가 너무도 딱해서였을까? 아니, 어쩌면 노인 자신의 처지까지도 그 밖엔 달리 도리가 없었을 노릇이었는지 모른다. 『동구 밖까지만 바래다 주겠다던 노인은 다시 마을 뒷산의 잿길⁸까지만 나를 좀더 바래 주마 우겼고, 그 잿길을 올라선 다음에는 새 신작로가 나설 때까지만 산길을 함께 넘어가자 우겼다.』그럴 때마다 한 차례씩 애시린 실랑이를 치르고 나면 노인과 나는 더 이상 할 말이 있을 수가

『 』: 자식에 대한 노인의 애틋한 마음

없었다. 아닌 게 아니라 날이라도 좀 밝은 다음이었으면 좋았겠는데, 날이 밝기를 기다려 동네를 나서는 건 노인이나 나나 생각을 않았다. 그나마 그 어둠을 타고 마을을 나서는 것이 노인이나 나나 마음이 편했다. 〈중략〉

▶ 그날 새벽의 눈길을 회상하는 '나'

마 "눈길을 혼자 돌아가다 보니 그 길엔 아직도 우리 둘말고는 아무도 지나간 사람이 없지 않았겠냐?

아들에 대한 사랑, 노인의 험난한 인생길

눈발이 그친 신작로 눈 위에 저하고 나하고 둘이 걸어온 발자국만 나란히 이어져 있구나."

"그래서 어머님은 그 발자국 때문에 아들 생각이 더 간절하셨겠네요?"

아내의 역할 : 노인의 말을 이끌어 냄('나'에게 노인의 사랑을 깨닫게 함)

"간절하다뿐이었겠냐? 신작로를 지나고 산길을 들어서도 굽이굽이 돌아온 그 몹쓸 발자국들에 아직도

아들을 떠올리게 하는 소재

도란도란 저 아그의 목소리나 따뜻한 온기가 남아 있는 듯만 싶었제. 산비둘기만 푸르륵 날아올라도 저

아들을 떠올리게 하는 소재

아그 넋이 새가 되어 다시 되돌아오는 듯 놀라지고, 나무들이 눈을 쓰고 서 있는 것만 보아도 뒤에서

아들을 떠올리게 하는 소재

금세 저 아그 모습이 뛰어나올 것만 싶었지야. 하다 보니 나는 굽이굽이 외지기만 한 그 산길을 저 아그 발자국만 따라 밟고 왔더니라. 『내 자석아, 내 자석아, 너하고 둘이 온 길을 이제는 이 몹쓸 늙은 것 혼자서 너를 보내고 돌아가고 있구나!』"

『 』: 노인의 심리 – 아들을 보낼 때의 서운함과 안타까움

"어머님 그때 우시지 않았어요?"

"울기만 했겠냐? 오목오목⁹ 디뎌 논 그 아그 발자국마다 한도 없는 눈물을 뿌리며 돌아왔제. 내 자석아, 내 자석아, 부디 몸이나 성히 지내거라. 부디부디 너라도 좋은 운 타서 복 받

★ **낱말풀이**

6 **피안** : 현실적으로는 존재하지 아니하는, 관념적으로 생각해 낸 현실 밖의 세계.

7 **차부** : 자동차의 시발점이나 종착점에 마련한 차의 집합소.

8 **잿길** : 고개 또는 언덕배기에 난 길.

9 **오목오목** : 군데군데 동그스름하게 폭 패거나 들어가 있는 모양.

고 살거라……. 『눈앞이 가리도록 눈물을 떨구면서 눈물로 저 아그 앞길만 빌고 왔제…….』 〈중략〉
『 』: 자신의 처지는 상관하지 않고 오로지 자식의 일만 걱정하는 부모의 한없는 사랑

▶ 혼자 눈길을 돌아오던 기억을 이야기하는 노인

바 나는 아직도 눈을 뜰 수가 없었다. 불빛 아래 눈을 뜨고 일어날 수가 없었다. 사지가 마비된 듯 가라앉아 있는 때문만이 아니었다. 졸음기가 아직 아쉬워서도 아니었다. <u>눈꺼풀 밑으로 뜨겁게 차오르는 것</u>
감동과 참회의 눈물
을 아내와 노인 앞에 보일 수가 없었다. 그것이 너무도 부끄러웠기 때문이었다. 아내는 이번에도 그러는 나를 알고 있었던 것 같았다.

"여보, 이젠 좀 일어나 보세요. 일어나서 당신도 말을 좀 해 보세요."

그녀가 느닷없이 나를 세차게 흔들어 깨웠다. 그녀의 음성은 이제 거의 울부짖음에 가까웠다. 그래도 나는 일어날 수가 없었다. 『뜨거운 것을 숨기기 위해 눈꺼풀을 꾹꾹 눌러 참으면서 내처 잠이 든 척 버틸 수밖에 없었다.』 〈중략〉
『 』: 회한과 부끄러움

노인은 일단 아내의 행동을 말려 두고 나서 아직도 그 옛 얘기를 하는 듯한 아득하고 차분한 음성으로 당신의 남은 이야기를 끝맺어 가고 있었다.

"그런디 이것만은 네가 잘못 안 것 같구나. 그 때 내가 뒷산 잿등[10]에서 동네를 바로 들어가지 못하고 있었던 일 말이다. 그건 내가 갈 데가 없어 그랬던 건 아니란다. 산 사람 목숨인데 설마 그 때라고 누구네 문간방[11] 한 칸이라도 산 몸뚱이 깃들일 데 마련이 안 됐겠냐? 갈 데가 없어서가 아니라 아침 <u>햇살</u>
자식과 집을 지키지 못한 것에 대한 노인의 부끄러움과 슬픔을 드러내는 소재
이 활짝 퍼져 들어 있는디, 눈에 덮인 그 우리 집 지붕까지도 햇살 때문에 볼 수가 없더구나. 더구나 동네에선 아침 짓는 연기가 한참인디 그렇게 시린 눈을 해 갖고는 그 햇살이 부끄러워 차마 어떻게 동네 골목을 들어설 수가 있더냐? 그놈의 말간 햇살이 부끄러워서 그럴 엄두가 안 생겨나더구나. 시린 눈이라도 좀 가라앉히자고 그래 그러고 앉아 <u>있었더니라……</u>."
여운을 남기는 결말 구조

▶ 이야기를 끝맺는 노인

낱말풀이

10 잿등 : 재의 등성이.
11 문간방 : 문간 옆에 있는 방.

한눈에 감 잡기

1. 등장인물

노인 (어머니)	아들을 위하는 마음을 제대로 표현하지 못하는 소극적이지만 따뜻한 모성애를 지녔으며, 자식에게 부모 노릇을 못한 것에 대해 부끄러움을 느낌
나	자신에게 물질적 도움을 주지 않은 노인에게 매정하게 대함
아내	'나'와 노인 사이의 중재자

2. '눈길'의 상징적 의미

나	어머니
• 기억하고 싶지 않은 추억 • 몰락해 버린 집안 때문에 스스로 자수성가해야 하는 운명	• 아들에 대한 숭고한 사랑 • 혼자서 겪어야 하는 혹독한 시련 • 몰락한 집안에서 겪어 온 시련, 고통의 삶

3. '옷궤'의 상징적 의미

나	노인	아내
• 잊고 싶은 과거를 떠오르게 하는 물건 • 빚 문서처럼 불편함을 주는 물건	• 집을 지켜 온 흔적 • 아들에 대한 애정 • 노인의 마지막 자존심	• 노인의 이야기를 이끌어 내는 수단 • '나'와 노인을 화해시킬 수단

✔ 바로바로 CHECK

01 이 글에 대한 설명으로 적절한 것은?

① 시점이 교차되어 사선이 전개되고 있다.
② 역순행적 방식으로 사건이 진행되고 있다.
③ 배경 묘사에 의해 새로운 사건이 예고되고
  있다.
④ 요약적 진술로 긴박하게 위기감이 조성되고
  있다.

해설 등장인물의 회상을 통해 사건이 역순행적으로 구성되어
있다.

02 이 글에서 알 수 있는 사실로 적절하지 않은 것은?

① 아내와 노인 사이의 극적인 화해가 이루어
  졌다.
② 노인은 집이 팔린 사실을 처음엔 아들에게
  숨기려 했다.
③ 형 때문에 집안의 경제적 상황이 안 좋아졌다.
④ '나'는 고등학교 때도 '노인'의 물질적인 도
  움을 받지 못했다.

해설 아내는 노인의 소망을 끌어내기 위해 옷궤의 내력을 계속
들추어내어 노인과 남편 사이의 갈등을 풀어가는 역할을
한다.

정답 01. ② 02. ①

06 장마 (㉮~㉣ 절정, ㉤~㉥ 결말)

– 윤흥길

☑ 핵심정리

- **갈래** : 중편 소설, 사실주의 소설
- **성격** : 상징적, 사실적
- **시점** : 1인칭 관찰자 시점
- **배경**
  ① 시간 : 6 · 25전쟁 중
  ② 공간 : 어느 시골
- **주제** : 전쟁 중에 빚어진 한 가정의 비극과 극복
- **특징**
  ① 서술자가 성장한 뒤에 어렸을 적 일을 회상하는 서술 방식 → 어른 '나'와 어린 '나'가 등장하여 비극성을 객관화시킴
  ② 사투리를 사용하여 사실성을 확보함

- **글의 구성**
  - **발단** 6 · 25전쟁이 발발하여 할머니의 아들과 외할머니의 아들이 각각 빨치산과 국군으로 전쟁에 참여하고, 어느 날 국군 외삼촌의 전사 소식이 전해짐
  - **전개** 외할머니가 빨갱이는 다 죽으라고 저주하고, 이로 인해 빨치산 아들을 둔 할머니와 갈등이 깊어짐
  - **위기** 삼촌이 돌아온다는 점쟁이의 말을 믿고 온 가족이 삼촌을 맞이할 준비를 하지만 점쟁이가 예언한 시간이 지나도 삼촌이 돌아오지 않음
  - **절정** 집 마당에 나타난 구렁이를 보고 할머니가 졸도하자 외할머니가 혼란을 수습하며 구렁이를 배웅함
  - **결말** 할머니와 외할머니가 서로 화해하고 할머니가 죽음

㉮ 바로 머리 위에서 불티처럼 박힌 앙증스런 눈깔을 요모조모로 빛내면서 자꾸 대가리를 숙여 꺼뜩꺼뜩 위협을 주는 커다란 **구렁이**를 보고도 『외할머니는 조금도 두려워하지 않았다. 외할머니는 두 손을
〔죽은 삼촌의 현신. 이념 대립으로 상처 입은 우리 민족〕
천천히 가슴 앞으로 모아 합장했다.』『 』: 구렁이를 영험한 동물로 바라보는 무속적 세계관을 보여 줌

"에구 이 사람아, 집안일이 못 잊어서 이렇게 먼길을 찾어왔능가?"
〔구렁이=삼촌〕

꼭 울어 보채는 아이한테 자장가라도 불러 주는 투로 조용히 속삭이는 그 말을 듣고 누군가 큰 소리로 웃는 사람이 있었다. 그러자 외할머니는 눈이 단박에 세모꼴로 변했다.

"어떤 창사구[1] 빠진 잡놈이 그렇게 히득거리고 섰냐? 누구냐? 어서 이리 썩 나오니라. 주리 댈 놈!"

외할머니의 대갈[2] 호령에 사람들은 쥐 죽은 소리도 못 했다.
외할머니는 몸을 돌려 다시 구렁이를 상대로 했다.

▶ 구렁이에게 다정히 말을 건네는 외할머니

☞ 낱말풀이

1 창사구 : '창자' 방언.
2 대갈 : 큰 소리로 꾸짖음.

나 "자네 보다시피 노친께서는 기력이 여전허시고 따른 식구덜도 모다덜 잘 지내고 있네. 그러니께 집 안일일랑 아모 염려 말고 어서서 자네 가야 헐 디로 가소."
_{저승}

구렁이는 움쩍도 하지 않았다. 철사 토막 같은 혓바닥을 날름거리면서 대가리만 두어 번 들었다 놓았다 했다.

"가야 헐 디가 보통 먼질이 아닌디 여그서 이러고 충그리고만³ 있어서야 되겠능가? 자꼬 이러면은 못
_{이승}

쓰네, 못써. 자네 심정은 내 짐작을 허겠네만 집안 식구덜 생각도 혀야지. 『자네 노친 양반께서 자네가

이러고 있는 꼴을 보면 얼매나 가슴이 미어지겠능가?』「 」: 할머니의 마음을 이해하는 외할머니

외할머니는 꼭 산 사람을 대하듯 위를 올려다보면서 조용조용히 말을 건네고 있었다.

하지만, 아무리 간곡한 말씨로 거듭 타일러 봐도 구렁이는 좀처럼 움직일 기척을 안 보였다. 이 때 울 바자⁴ 너머에서 어떤 아낙네가 뱀을 쫓는 묘방⁵을 일러 주었다. 『모습은 안 보이고 목소리만 들리는 그 여자는 머리카락을 태워 냄새를 피우면 된다고 소리쳤다.』「 」: 무속적 세계관을 가진 사람의 조언 → 신비로운 분위기 형성

외할머니의 지시에 따라 나는 할머니의 머리카락을 얻으러 안방으로 달려갔다.

▶ 갈 것을 청하는 외할머니의 말에도 움직이지 않는 구렁이

다 할머니는 거의 시체나 다름이 없는 뻣뻣한 자세로 자리에 누워 있었다. 숨은 겨우 쉬고 있다 해도
_{구렁이의 출현을 통해 아들의 죽음을 예감하고 심한 충격을 받은 할머니의 모습}

아직도 의식을 되찾지 못한 채였다. 할머니의 주변을 둘러싸고 속수무책으로 앉아서 사색이 다 되어 그저 의원이 도착하기만을 기다리는 식구들을 향해 나는 다급한 소리로 용건을 말했다. 누구에게랄 것 없이 아무한테나 던진 내 말이 무척 엉뚱한 소리로 들렸던 모양이다. 할머니의 머리카락이 이런 때 도대체 어디에 소용될 것인지를 이해가 가도록 설명하기엔 꽤 시간이 걸렸다. 그리고 고모가 인사불성⁶이 된 할머니의 머리를 참빗으로 빗기는 덴 더 많은 시간이 걸렸다. 빗질을 여러 차례 거듭해서 얻어진 한 줌의 흰 머리카락이 내 손에 쥐어졌다.

▶ 구렁이를 쫓기 위해 할머니의 머리카락을 구한 '나'

라 『언제 그렇게 준비를 해 왔는지 외할머니는 도래소반⁷ 위 에다 간단한 음식 몇 가지를 차리는 중이었다.』호박전과 고사리
「 」: 다급한 상황에서도 침착하게 행동하는 외할머니의 모습을 보여 줌

나물이 보이고 대접에 그득 담긴 냉수도 있었다. 내가 건네주는 머리카락을 받아 땅에 내려놓은 다음 외할머니는 천천히 고개를 들어 늙은 감나무를 올려다보았다.

> **낱말풀이**
> 3 충그리고만 : '머물러서 웅크리고 있거나 머뭇거리고만'이라는 의미의 방언.
> 4 울바자 : 울타리를 만드는 데 쓰이는 바자, 또는 바자로 만든 울타리.
> 5 묘방 : 절묘한 방법.
> 6 인사불성 : 정신을 잃어 의식이 없음.
> 7 도래소반 : 가장자리가 둥글게 생긴 작은 상.

Ⓐ
┌"자네 오면 줄라고 노친께서 여러 날 들여 장만헌 것일세. 먹지는 못헐망정 눈요구⁸라도 허고 가소.
│ 다아 자네 노친 정성 아닌가? 내가 자네를 쫓을라고 이러는 건 아니네. 그것만은 자네도 알어야 되네.
└남새가 나드라도 너무 섭섭타 생각 말고, 집안일일랑 아모 걱정 말고 머언 걸음 부데 펜안히 가소."

▶ 구렁이를 정성껏 대하는 외할머니

(마) 이야기를 다 마치고 외할머니는 불씨가 담긴 그릇을 헤집었다. 그 위에 할머니의 흰 머리를 올려놓자, 지글지글 끓는 소리를 내면서 타오르기 시작했다. 단백질을 태우는 노린내가 멀리까지 진동했다. 그
머리카락

러자 눈앞에서 벌어지는, 그야말로 희한한 광경에 놀라 사람들은 저마다 탄성을 올렸다. 외할머니가 아무리 타일러도 그때까지 움쩍도 하지 않고 그토록 오랜 시간을 버티던 그것이 서서히 움직이기 시작한 것이다. 감나무 가지를 친친 감았던 몸뚱이가 스르르 풀리면서 구렁이는 땅바닥으로 툭 떨어졌다. 떨어진 자리에서 잠시 머뭇거린 다음, 구렁이는 꿈틀꿈틀 기어 외할머니 앞으로 다가왔다. 외할머니가 한쪽으로 비켜 서면서 길을 터 주었다. 〈중략〉

"고맙네, 이 사람! 집안일은 죄다 성님한티 맽기고 자네 혼자 몸띵이나 지발 성혀서 먼 걸음 펜안히 가소. 증말 고맙네, 이 사람아."
저승길

장마철에 무성히 돋아난 죽순과 대나무 사이로 모습을 완전히 감추기까지 외할머니는 우물 곁에 서서 마지막 당부의 말로 구렁이를 배웅하고 있었다.

이웃 마을 용상리까지 가서 진구네 아버지가 의원을 모시고 왔다. 졸도⁹한 지 서너 시간 만에야 겨우 할머니는 의식을 회복할 수 있었다. 그 서너 시간이 무의식의 세계에서는 서너 달에 해당되는 먼 여행이었던 듯 할머니는 방 안을 휘이 둘러보면서 정말 오래간만에 집에 돌아온 사람 같은 표정을 지었다.

▶ 사라진 구렁이와 할머니의 의식 회복

(바) "갔냐?" / 이것이 맑은 정신을 되찾고 나서 맨 처음 할머니가 꺼낸 말이었다. 고모가 말뜻을 재빨
졸도한 상황에서도 구렁이에 대한 생각을 저버리지 않았음을 보여 줌

리 알아듣고 고개를 끄덕였다. 인제는 안심했다는 듯이 할머니는 눈을 지그시 내리깔았다. 할머니가 까무러친 후에 일어났던 일들을 고모가 조용히 설명해 주었다. 외할머니가 사람들을 내쫓고 감나무 밑에 가서 타이른 이야기, 할머니의 머리카락을 태워 감나무에서 내려오게 한 이야기, 대밭 속으로 사라질 때까지 시종일관¹⁰ 행동을 같이하면서 바래다 준 이야기……, 간혹가다 한 대목씩 빠지거나 약간 모자란다 싶은 이야기는 어머니가 옆에서 상세히 설명을 보충해 놓았다. 할머니

는 소리 없이 울고 있었다. 두 눈에서 하염없이 솟는 눈물방울이 훌쭉한 볼 고랑을 타고 베갯잇¹¹으로 줄줄 흘러내렸다. 이야기를 다 듣고 나서 할머니는 사돈을 큰방으로 모셔 오도록 아버지한테 분부했다. 사랑채에서 쉬고 있던 외할머니가 아버지 뒤를 따라

> 🔵 낱말풀이
> 8 눈요구 : '눈요기'의 방언. 먹고 싶거나 가지고 싶은 것을 보는 것만으로 어느 정도 만족하는 일.
> 9 졸도 : 갑자기 의식을 잃고 쓰러지는 일.
> 10 시종일관 : 일 따위를 처음부터 끝까지 한결같이 함.
> 11 베갯잇 : 베개의 겉을 덧싸서 시치는 헝겊.

큰방으로 건너왔다. 외할머니로서는 벌써 오래 전에 할머니하고 <u>한 다래끼</u> 단단히 벌인 이후로 처음 있
는 큰방 출입이었다. / "고맙소."
<small>'한 판'의 방언</small>
<small>두 할머니의 갈등 해소 암시</small>

정기가 꺼진 우묵한 눈을 치켜 간신히 외할머니를 올려다보면서 할머니는 목이 꽉 메었다.

"사분[12]도 별시런 말씀을 다……." / 외할머니도 말끝을 마무르지 못했다.

"야한티서 이야기는 다 들었소. 내가 당혀야 헐 일을 사분이 대신 맡았구랴. 그 험헌 일을 다 치르노라
고 얼매나 수고시렀으꼬?"
▶ 외할머니의 수고에 감사하는 할머니

(사) "인자는 다 지나간 일잉게 그런 말씀 고만두시고 어서어서 묌이나 잘 추시리기라우."

"고맙소, 참말로 고맙구랴."

『할머니가 손을 내밀었다. 외할머니가 그 손을 잡았다. 손을 맞잡은 채 두 할머니는 한동안 말을 잇지
못했다.』 그러다가 할머니 쪽에서 먼저 입을 열어 아직도 남아 있는 근심을 털어놓았다.
<small>『 』: 갈등의 상황을 끝내고 화해의 상태로 접어드는 두 사람</small>

"탈 없이 잘 가기나 혔는지 몰라라우." / "염려 마시랑게요. 지금쯤 어디 가서 펜안히 거처험시나 사
분댁 터주[13] 노릇을 퇴퇴이 하고 있을 것이오."

그만한 이야기를 나누는 데도 대번에 기운이 까라져[14] 할머니는 가쁜 숨을 몰아쉬었다. 가까스로 할머
니가 잠들기를 기다려 구완[15]을 맡은 고모만을 남기고 모두들 큰방을 물러나왔다.
▶ 할머니와 외할머니의 화해

(아) 그 날 저녁에 할머니는 또 까무러쳤다. 『의식이 없는 중에도 댓 숟갈 흘려 넣은 미음[16]과 탕약[17]을
입 밖으로 죄다 토해 버렸다.』 그리고 이튿날부터는 마치 육체의 운동장에서 정신이란 이름의 장난꾸러
<small>『 』: 점점 죽음의 세계에 다가서는 할머니</small>
기가 들어왔다 나갔다 숨바꼭질하기를 수없이 되풀이하는 것 같은 고통의 시간의 연속이었다. 대소변을
일일이 받아 내는 고역[18]을 치러 가면서 할머니는 꼬박 한 주일을 더 버티었다. 안에 있는 아들보다 밖에
아들을 언제나 더 생각했던 할머니는 마지막 날 밤에 다 타 버린 촛불이 스러지듯 그렇게 눈을 감았다.
할머니의 긴 일생 가운데서, 어떻게 생각하면, 잠도 안 자고 먹지도 않고 그러고도 놀라운 기력으로 며칠
동안이나 식구들을 들볶아 대면서 삼촌을 기다리던 그 짤막한 기
간이 사실은 꺼지기 직전에 마지막 한순간을 확 타오르는 촛불의
찬란함과 맞먹는, 할머니에겐 가장 자랑스럽고 행복에 넘치던 시
간이었었나 보다. 임종[19]의 자리에서 할머니는 내 손을 잡고 내
지난날을 모두 용서해 주었다. 나도 마음속으로 할머니의 모든
걸 용서했다. / 정말 지루한 <mark>장마</mark>였다. ▶ 할머니의 죽음과 장마의 끝
<small>가족사적 불행, 민족사적 불행(6·25 전쟁)</small>

★낱말풀이

12 사분 : '사돈'의 사투리.
13 터주 : 집터를 지키는 지신, 또는 그 자리.
14 까라져 : 기운이 빠져 축 늘어져.
15 구완 : 아픈 사람의 시중을 드는 일.
16 미음 : 쌀이나 좁쌀을 푹 끓여 체에 밭인
음식.
17 탕약 : 달여서 먹는 한약.
18 고역 : 몹시 힘들고 고된 일.
19 임종 : 죽음을 맞이함. 부모가 돌아가실 때
그 곁을 지키고 있음.

한눈에 감 잡기

1. 등장인물

나	이 소설의 서술자로 어린 시절 장마 때 일어난 일을 회상함
친할머니	아들(삼촌)이 빨치산으로 가 있는 상황에서 외할머니와 큰 싸움을 벌임
외할머니	꿈의 예언적 기능을 믿으며 아들(외삼촌)이 국군 소위로 있다 전사함

2. '구렁이'의 상징성

죽은 삼촌의 현신(現身), 불행한 영혼, 이념의 대립으로 상처받은 우리 민족을 상징한다.

3. 할머니의 '머리카락'의 상징적 의미

자식(삼촌)에 대한 할머니의 모성애를 상징한다. 머리카락을 태우는 것은 삼촌의 혼백을 위로하여 원한을 풀어 주는 행위라고 할 수 있다.

4. '장마'의 의미

'장마'는 '나'의 집안에 일어난 불행과 우리 민족에게 일어난 전쟁의 비극을 의미한다. 오랜 기간 계속된 장마는 비극적 상황이 오래 지속됐음을 의미하고, 장마의 끝은 민족의 비극인 6·25전쟁의 종결과 갈등 해소를 암시한다.

✔ 바로바로 CHECK

01 할머니의 머리카락을 태우는 냄새가 이 작품에서 하는 역할로 가장 적절한 것은?

① 가족을 비극으로 몰고 간 매개체
② 친할머니와 외할머니의 갈등 심화
③ 구렁이에 대한 마을 사람들의 애정
④ 동족상잔(同族相殘)으로 인한 한(恨)의 해소

해설 구렁이는 삼촌의 현신이자 상처 입은 우리 민족을 나타낸다. 할머니의 머리카락을 태우면서 구렁이를 달래고자 하며 이는 동족상잔으로 인한 한의 해소를 나타낸다.

02 (라)의 ⒜에서 '구렁이'를 대하는 인물의 태도로 적절한 것은?

① 두려움을 느끼고 있다.
② 진실한 마음을 드러내고 있다.
③ 자신의 생각을 강요하고 있다.
④ 불만을 푸념조로 털어놓고 있다.

해설 외할머니는 구렁이를 죽은 삼촌의 현신으로 생각하고 진실한 마음으로 정성껏 달랜다.

정답 01. ④ 02. ②

교과 연계 작품 🐌 아홉 컬레의 구두로 남은 사내 (절정)　　　　　　　　　　　　　－ 윤흥길

✔ **핵심정리**

- **갈래** : 중편 소설, 세태 소설
- **성격** : 사실적, 현실 비판적
- **시점** : 1인칭 관찰자 시점
- **배경**
  ① 시간 : 1970년대 후반　　　② 공간 : 성남시
- **주제** : 산업 사회에서 소외된 계층의 어려운 삶
- **특징**
  ① 상징적 사물을 통해 등장인물의 성격과 주제 의식을 드러내고 있음
  ② 현실의 삶과 모습을 사실적으로 그리고 있음

- **글의 구성**

  | 발단 | '나'의 집에 권 씨가 세를 들어옴 |

  | 전개 | 철거민 입주권과 관련된 소요로 징역을 갔다 온 권 씨는 구두를 소중하게 여김 |

  | 위기 | '나'는 권 씨가 아내의 수술비를 빌려 달라는 부탁을 거절했지만, 권 씨 모르게 그의 아내가 수술을 받도록 도와 줌 |

  | 절정 | 권 씨는 아내의 수술비를 마련하기 위해 '나'의 집에 강도로 침입함 |

  | 결말 | 정체가 탄로 난 권 씨는 아홉 컬레의 구두만 남기고 사라짐 |

- **등장인물**

권 씨	• 대학을 나온 소시민 • 성남 대단지 사건의 주동자로 몰려 경찰의 감시 대상이 되어 도시 빈민으로 전락하지만 항상 구두를 깨끗하게 닦으며 끝까지 자존심을 잃지 않으려 함
'나'(오 선생)	이 작품의 서술자, 현직 교사, 권 씨가 세 든 집의 주인

가 "일어나, 얼른 일어나라니까."

나 외엔 더 깨우고 싶지 않은지 강도의 목소리는 무척 낮고 조심스러웠다. 『나는 일어나고 싶었지만 도무지 일어날 수가 없었다.』 멱을 겨눈 식칼이 덜덜덜 위아래로 춤을 추었다. 만약 강도가 내 목통이라도
　　　　　　　　　　　　　　　『 』: 식칼을 겨누고 있어서　　　　　　강도가 떨고 있음
찌르게 된다면 그것은 고의에서가 아니라 지나친 떨림으로 인한 우발적인 상해일 것이었다. 무척 모자라는 강도였다. 나는 복면 위의 눈을 보는 순간에 상대가 그 방면의 전문가가 못 됨을 금방 알아차렸던 것이다. 딴에 진탕 마신 술로 한껏 용기를 돋웠을 텐데도 보기 좋을 만큼 큰 눈이 착하게만 타고난 제 천성을 어쩌지 못한 채 나를 퍽 두려워하고 있었다.　　　　　　　　▶ 강도의 어설픈 행동에 초보임을 알아차리는 '나'
　　　　　　　　　　　　　　주객전도

나 한차례 길게 심호흡을 뽑은 다음 강도는 마침내 결심을 했다는 듯이 이부자리를 돌아 화장대 쪽으로 향했다. 얌전히 구두까지 벗고 양말 바람으로 들어온 강도의 발을 나는 그때 비로소 볼 수 있었다. 내가 그렇게 염려를 했는데도 강도는 와들와들 떨리는 다리를 옮기다가 그만 부주의하게 동준이의 발을 밟은 모
집주인인 '나'가 오히려 강도를 걱정함
양이었다. 동준이가 갑자기 칭얼거리자 그는 질겁을 하고 엎드리더니 녀석의 어깨를 토닥거리는 것이었다.
　　　　　　　　　　　　　　　　　　　　　　　　　아이가 깰까 봐 노심초사하는 순진무구함이 엿보임
녀석이 도로 잠들기를 기다려 그는 복면 위로 칙칙하게 땀이 밴 얼굴을 들고 일어나서 내 위치를 힐끔

확인한 다음 본격적인 작업에 들어갔다. 터지려는 웃음을 꾹 참은 채 강도의 애교스런 행각을 시종 주목하고 있던 나는 살그머니 상체를 움직여 동준이를 잠재울 때 이부자리 위에 떨어뜨린 식칼을 집어 들었다.

<u>강도의 부주의함</u>

"연장을 이렇게 함부로 굴리는 걸 보니 당신 경력이 얼마나 되는지 알 만합니다."

내가 내미는 칼을 보고 그는 기절할 만큼 놀랐다. 나는 사람 좋게 웃어 보이면서 칼을 받아 가라는 눈짓을 보냈다. 그는 겁에 질려 잠시 망설이다가 내 재촉을 받고 후닥닥 달려들어 칼자루를 낚아채 가지고는 다시 내 멱을 겨누었다.

▶ 강도가 떨어뜨린 식칼을 주워 주는 '나'

다 "도둑맞을 물건 하나 제대로 없는 주제에 이죽거리긴!"

<u>자신을 비웃는다고 생각함</u>

"그래서 경험 많은 친구들은 우리 집을 거들떠도 안 보고 그냥 지나치죠."

"누군 뭐 들어오고 싶어서 들어왔나? 피치 못할 사정 땜에 어쩔 수 없이……."

<u>나는 강도를 안심시켜 편안한 맘으로 돌아가게 만들 절호의 기회라고 판단했다.</u>

<u>'나'의 의도</u>

"그 피치 못할 사정이란 게 대개 그렇습니다. 가령 식구 중에 누군가가 몹시 아프다든가 빚에 몰려

<u>권 씨의 아내를 염두에 둔 표현</u>

서……."

그 순간 강도의 눈이 의심의 빛으로 가득 찼다. 분개한 나머지 이가 딱딱 마주칠 정도로 떨면서 그는 대청마루를 향해 나갔다. 내 옆을 지나쳐 갈 때 그의 몸에서는 역겨울 만큼 술 냄새가 확 풍겼다. 그가 허둥지둥 끌어안고 나가는 건 틀림없이 갈기갈기 찢어진 한 줌의 자존심일 것이었다. 애당초 의도했던 바와는 달리 내 방법이 <u>결국 그를 편안케 하긴커녕 외려 더욱더 낭패케 만들었음</u>을 깨닫고 나는 그의 등

<u>사내가 자신의 정체가 탄로 난 것을 알고 자존심 상해함</u>

을 향해 말했다.

"어렵다고 꼭 외로우란 법은 없어요. 혹 누가 압니까, 당신도 모르는 사이에 『당신을 아끼는 어떤 이웃이 당신의 어려움을 덜어 주었을지?"』『 』 : '나'가 낮에 병원비를 준 것을 암시함

"개수작 마! 그따위 이웃은 없다는 걸 난 똑똑히 봤어! 난 이제 아무도 안 믿어!"

그는 현관에 벗어 놓은 <u>구두</u>를 신고 있었다. <u>그 구두를 보기 위해 전등을 켜고 싶은 충동</u>이 불현듯

<u>지식인으로서 권 씨에게 남은 마지막 자존심</u>   <u>권 씨라는 것을 확인하고 싶은 마음</u>

일었으나 나는 꾹 눌러 참았다. 현관문을 열고 마당으로 내려선 다음 부주의하게도 그는 식칼을 들고 왔던 자기 본분을 망각하고 엉겁결에 문간방으로 들어가려 했다. 그의 실수를 지적하는 일은 훗날을 위해 나로서는 부득이한 조처였다. / "대문은 저쪽입니다."

문간방 부엌 앞에서 한동안 망연해 있다가 이윽고 그는 대문 쪽을 향해 느릿느릿 걷기 시작했다. 비틀비틀 걷기 시작했다. 대문에 다다르자 그는 상체를 뒤틀어 이쪽을 보았다.

"이래봬도 나 대학까지 나온 사람이오."

<u>정체가 탄로 난 것을 알고 자포자기한 심정에서 마지막 자존심을 내세우고 있음</u>

누가 뭐라고 그랬나. 느닷없이 그는 자기 학력을 밝히더니만 대문을 열고는 보안등 하나 없는 칠흑의 어둠 저편으로 자진해서 삼켜져 버렸다. ▶ 정체가 탄로 난 것을 알고 돌아가는 강도

라 나는 대문을 잠그지 않았다. 그냥 지쳐 놓기만 하고 들어오면서 문간방에 들러 권 씨가 아직도 귀
권 씨가 돌아오기를 바라는 마음
가하 지 않았음과 깜깜한 방 안에 어미 아비 없이 오뉘만이 새우잠을 자고 있음을 아울러 확인하고 나왔다. 아내는 잠옷 바람으로 팔짱을 끼고 현관 앞에 서 있었다.

"무슨 일이라도 있었어요?"

"아무것도 아냐."

잃은 물건이 하나도 없다. 돼지 저금통도 화장대 위에 그대로 있다. 아무것도 아닐 수밖에. 다시 잠이 들기 전에 나는 아내에게 수술 보증금을 대답해 준 사실을 비로소 이야기했다. 한참 말이 없다가 아내는 벽 쪽으로 슬그머니 돌아누웠다.

"뗄 염려는 없어. 전셋돈이 있으니까."

"무슨 일이 있었군요?"

아내가 다시 이쪽으로 돌아누웠다. 우리 집에 들어왔던 한 어리숙한 강도에 대해서 나는 끝내 한마디도 내비치지 않았다. ▶ 아내에게 강도 사건에 대해 말하지 않은 '나'

※ 다음 글을 읽고 물음에 답하시오. (1~3)

　　젊은 사람들의 얼굴까지 시든 배춧잎 같고 주눅이 들어서 멀거니 앉았거나, 그렇지 않으면 빌붙는 듯한 천한 웃음이나 '헤에' 하고 싱겁게 웃는 그 표정을 보면 가엾기도 하고, 분이 치밀어 올라와서 소리라도 버럭 질렀으면 시원할 것 같다.

　　'이게 산다는 꼴인가? 모두 뒈져 버려라!' / 찻간 안으로 들어오며 나는 혼자 속으로 외쳤다.

　　㉠'무덤이다! 구더기가 끓는 무덤이다!' / 나는 모자를 벗어서 앉았던 자리 위에 던지고 난로 앞으로 가서 몸을 녹이며 섰었다. 난로는 꽤 달았다. / 뱀의 혀 같은 빨간 불길이 난로 문틈으로 날름날름 내다보인다. 찻간 안의 공기는 담배 연기와 석탄재의 먼지로 흐릿하면서도 쌀쌀하다. 우중충한 남폿불은 웅크리고 자는 사람들의 머리 위를 지키는 것 같으나 묵직하고도 고요한 압력으로 지그시 내리누르는 것 같다.

　　나는 한번 휘 돌려다 보며, / '공동묘지다! 공동묘지 속에서 살면서 죽어서 공동묘지에 갈까 봐 애가 말라하는 갸륵한 백성들이다!' / 하고 혼자 코웃음을 쳤다.

　　'공동묘지 속에서 사니까 죽어서나 시원스런 데 가서 파묻히겠다는 것인가? 그러나 하여간에 구더기가 득시글득시글하는 무덤 속이다. 모두가 구더기다. 너도 구더기, 나도 구더기다. 그 속에서도 진화론적 모든 조건은 한 초 동안도 거르지 않고 진행되겠지! 생존 경쟁이 있고, 자연 도태가 있고 네가 잘났느니 내가 잘났느니 하고 으르렁댈 것이다. 그러나 조만간 구더기의 낱낱이 해체가 되어서 원소가 되고 흙이 되어서 내 입으로 들어가고 네 코로 들어갔다가, 네나 내나 거꾸러지면 미구(未久)에 또 구더기가 되어서 원소가 되거나 흙이 될 것이다. 에잇! 뒈져라! 움도 싹도 없이 스러져 버려라! 망할 대로 망해 버려라! 사태가 나든지 망해 버리든지 양단간에 끝장이 나고 보면 그 중에서 혹은 조금이라도 쓸모 있는 나은 놈이 생길지도 모를 것이다.'

- 염상섭, 「만세전」

01 다음 중 ㉠에 대한 설명으로 적절한 것은?

① 우리 민족에 대한 자부심의 표현이다.

② 일제 강점하의 조선의 현실을 상징한다.

③ 당시 지식인들의 고뇌를 드러내고 있다.

④ 농촌 현실에 무지했던 것에 부끄러움을 느끼고 있다.

01
의식의 변화 없이 살아가는 조선인의 모습을 비판하고 있다.

ANSWER
01. ②

02 '나'의 성격에 대한 설명으로 가장 적절한 것은?

① 시대의 흐름에 따라 변절하는 인물

② 현실을 비판적으로 바라보고 있는 인물

③ 현실을 외면한 채 자신의 이익만 채우는 인물

④ 암울한 시대 현실을 투쟁을 통해 극복하려고 하는 인물

02
'나'는 소극적이기는 하지만 현실을 비판적으로 바라보고 있다.

03 윗글의 내용과 일치하지 <u>않는</u> 것은?

① 조선인들은 시대착오적인 생각을 가진 사람들이다.

② 부정적 현실에 대한 주인공의 울분이 드러나 있다.

③ 암울한 현실에서 벗어나고자 하는 의지가 드러나 있다.

④ 무덤 같은 현실 속에서 사는 조선인을 구더기에 비유하고 있다.

03
주인공인 '나'는 일제 강점기 당시 전혀 희망 없는 조선의 모습을 '구더기, 무덤'과 같은 극단적인 표현으로 나타내고 있다.

ANSWER

02. ②   03. ③

※ 다음 글을 읽고 물음에 답하시오. (4~7)

가 "······돈 쓰신다고만 하는 것도 아닙니다마는, 어쨌든 공연한 일을 만들어 내는 사람들이 첫째 잘못이란 말씀입니다."

"무에 어째 공연한 일이란 말이냐?"

부친의 어기는 좀 낮추어졌다.

"대동보소만 하더라도 족보 한 길에 오십 원씩으로 매었다 하니, 그 오십 원씩을 꼭꼭 수봉하면 무엇 하자고 삼사천 원이 가외로 들겠습니까?"

"삼사천 원은 누가 삼사천 원 썼다던?"

영감은 아들의 말이 옳다고는 생각하였으나, 실상 그 삼사천 원이란 돈이 족보 박는 데에 직접으로 들어간 것이 아니라, ○○ 조씨로 무후한 집의 계통을 이어서 일문일족에 끼려 한즉, 군식구가 늘면 양반의 진국이 묽어질까 보아 반대를 하는 축들이 많으니까 그 ㉠입들을 씻기기 위하여 쓴 것이다. 하기 때문에 난봉자식이 난봉 피운 돈 액수를 줄이듯이, 이 영감도 실상은 한 천 원 썼다고 하는 것이다. 중간의 협잡배는 이런 약점을 노리고 우려 쓰는 것이지만, 이 영감으로서는 성한 돈 가지고 이런 병신 구실 해 보기는 처음이다.

나 "그야 얼마를 쓰셨든지요, 그런 돈은 좀 유리하게 쓰셨으면 좋겠다는 말씀입니다."

'재하자 유구무언'의 시대는 지났다 하더라도 노친 앞이라 말은 공손했으나 속은 달았다.

"어떻게 유리하게 쓰란 말이냐? 너같이 오륙천 원씩 학교에 디밀고 제 손으로 가르친 남의 딸자식 유인하는 것이 유리하게 쓰는 방법이냐?"

아까부터 상훈이의 말이 화롯가에 앉아서 폭발탄을 만지작거리는 것 같아서 위태위태하더라니 겨우 간정되려던 영감의 감정에 또 불을 붙여 놓고 말았다.

— 염상섭, 「삼대」

04 이 작품에 대한 설명으로 알맞지 <u>않은</u> 것은?

① 3인칭 전지적 작가 시점이다.

② 세대 간의 갈등이 잘 드러나 있다.

③ 1930년대의 일제 강점기를 배경으로 하고 있다.

④ 풍자와 해학이 두드러지는 현실 비판적인 작품이다.

04

이 작품은 사실주의 소설로 당대 현실을 비판하는 데 목적이 있는 것이 아니다.

05 이 작품에서 '족보'의 기능으로 알맞지 <u>않은</u> 것은?

① 조의관의 시대착오적인 가치관을 보여 준다.

② 조의관의 가문에 대한 집착 정도를 보여 준다.

③ 조의관과 조상훈의 갈등을 일으키는 매개물이다.

④ 상훈의 입지를 강화시키는 결정적인 계기가 된다.

05

'족보'는 조의관과 조상훈이 갈등을 일으키는 매개체로 족보로 인해 대립하면서 상훈은 더 조의관으로부터 미움을 사게 되어 입지가 더욱 약화된다.

06 ㉠의 문맥적 의미로 적절한 것은?

① 주변의 비난을 모른 척 무시하려고

② 족보를 제작하는 일을 그만두게 하려고

③ 일족에 끼는 것을 반대하지 못하게 하려고

④ 족보 제작에 많은 돈이 들어갔음을 감추려고

06

원래의 ○○ 조씨 일가가 반대하지 못하게 입막음을 하기 위해 조의관은 필요 이상의 돈을 쓰게 된다.

ANSWER

04. ④   05. ④   06. ③

07 이와 같은 글의 특징으로 적절한 것은?

① 육하원칙에 따라 객관적으로 진술한다.

② 허구적인 이야기로 인간의 삶을 드러낸다.

③ 자유로운 형식으로 체험과 사색을 기록한다.

④ 무대 위에서 사건을 대화와 행동으로 보여 준다.

07

이 글은 소설이다.
① 기사문   ③ 수필   ④ 희곡

ANSWER

07. ②

※ 다음 글을 읽고 물음에 답하시오. (8~12)

가뜩이나 말 한마디 톡톡히 못 한다고 바보라는데 매까지 잠자코 맞는 걸 보면 짜정 바보로 알게 아닌가. 또, 점순이도 미워하는 이까진 놈의 장인님 나곤 아무것도 안 되니까 막 때려도 좋지만 사정 보아서 수염만 채고(제 원대로 했으니까 이때 점순이는 퍽 기뻤겠지.) 저기까지 잘 들리도록

"이걸 까셀라부다!" / 하고 소리를 쳤다.

장인님은 더 약이 바짝 올라서 잡은 참 지게막대기로 내 어깨를 그냥 나려갈겼다. 정신이 다 아찔하다. 다시 고개를 들었을 때 그때엔 나도 온몸에 약이 올랐다. 이 녀석의 장인님을 하고 눈에서 불이 퍽 나서 그 아래 밭 있는 넝 알로 그대로 떼밀어 굴려 버렸다. 기어오르면 굴리고 굴리면 기어오르고, 이러길 한 너덧 번을 하며, 그럴 적마다 / "부려만 먹구 왜 성례 안 하지유!"

나는 이렇게 호령했다. 허지만, 장인님이 선뜻 오냐 낼이라두 성례시켜 주마 했으면 나도 성가신 걸 그만두었을지 모른다. 나야 이러면 때린 건 아니니까 나종에 장인 쳤다는 누명도 안 들을 터이고 얼마든지 해도 좋다.

한번은 장인님이 헐떡헐떡 기어서 올라오드니 내 바짓가랭이를 요렇게 노리고서 담박 웅켜잡고 매달렸다. 악, 소리를 치고 나는 그만 세상이 다 팽그르 도는 것이

"빙장님! 빙장님! 빙장님!"

"이 자식! 잡어먹어라, 잡어먹어!"

"아! 아! 할아버지! 살려 줍쇼, 할아버지!"

하고 두 팔을 허둥지둥 내절 적에는 이마에 진땀이 쭉 내솟고 인젠 참으로 죽나 부다 했다. 그래두 장인님은 놓질 않드니 내가 기어이 땅바닥에 쓰러져서 거진 까무러치게 되니까 놓는다. 더럽다, 더럽다. 이게 장인님인가?

나는 한참을 못 일어나고 쩔쩔맸다. 그러나 얼굴을 드니(눈에 참 아무것도 보이지 않았다.) 사지가 부르르 떨리면서 나도 엉금엉금 기어가 장인님의 바짓가랭이를 꽉 웅키고 잡아나꿨다.

– 김유정, 「봄·봄」

08 윗글에서 '나'가 장인과 싸운 궁극적인 이유로 가장 적절한 것은?

① 농사일이 너무 힘들어서

② 점순이가 장인과의 싸움을 부추겨서

③ 장인이 자신을 무시해 왔던 사실에 화가 나서

④ 점순이와 성례시켜 줄 마음이 없다는 것을 깨달아서

08
첫 번째 줄에 점순이가 나에게 말 한 마디 못하는 바보라고 충동질을 한 대사가 나온다.

09 제목 '봄·봄'의 상징적 의미에 주목했을 때, 독자의 반응으로 가장 적절한 것은?

고난도

① 점순이는 드디어 '나'를 이성으로 보게 될 거야.

② 내년 봄에는 점순이의 키가 많이 자라 있을 거야.

③ '나'가 요구하는 성례가 내년 봄에는 이루어질 거야.

④ 궁극적으로 갈등이 해소되지 않았으므로 또다시 갈등이 발생할 거야.

09
내용적인 측면에서 보았을 때 나와 장인의 갈등과 화해라는 구조의 순환성을 상징한다.

10 이 글에 대한 설명으로 적절하지 <u>않은</u> 것은?

① 어수룩한 인물을 통해 해학성이 유발된다.

② 사건이 시간의 흐름에 따라 전개되고 있다.

③ 서술자가 독자에게 말하는 방식을 취하고 있다.

④ 낮춤과 높임이 결합된 모순적인 언어를 사용하여 인물의 불만을 표출하고 있다.

10
싸움 장면 중간에 장인이 호의를 보이고 성례를 약속하면서 화해가 되어 싸움이 종결되는 내용이 있으므로, 사건의 순서가 뒤바뀌어 제시되어 있음을 알 수 있다.

11 이 글을 통해 알 수 있는 당대의 시대상은?

① 마름의 횡포가 매우 심했다.

② 데릴사위제도는 보편적인 관습이었다.

③ 농사를 잘 짓는 사람이 대우를 받았다.

④ 결혼은 추수가 끝나는 가을에 치러졌다.

11
동네 사람들이 장인에 대하여 속으로는 욕을 하면서도 겉으로 굽실거리는 것은 장인이 마름이기 때문이다.

ANSWER

08. ② 09. ④ 10. ② 11. ①

12 윗글의 서술 방식에 대한 설명으로 가장 적절한 것은?

기출

① 주인공 '나'가 자신의 이야기를 전달하고 있다.

② '나'가 주인공들의 이야기를 관찰하여 전달하고 있다.

③ 서술자가 관찰한 이야기를 객관적으로 전달하고 있다.

④ 작품 밖 서술자가 전지적으로 이야기를 전달하고 있다.

12

이 작품은 1인칭 주인공 시점으로 주인공 '나'가 자신의 이야기를 전달하는 방식이다.

② 1인칭 관찰자 시점

③ 3인칭 작가 관찰자 시점

④ 3인칭 전지적 작가 시점

ANSWER

12. ①

※ 다음 글을 읽고 물음에 답하시오. (13~16)

〈앞부분 줄거리〉 '나'는 아내와 함께 고향을 찾는다. 노인은 집을 고치고 싶은 마음이 있지만 아들에게 쉽게 표현하지 않는다. 가족에게 경제적으로 도움을 받지 못했다고 생각한 '나'는 노인에게 진 빚이 없다고 생각하며 그것을 외면한다. 그러던 중 '나'는 잠결에 노인과 아내의 대화를 듣게 된다.

"눈길을 혼자 돌아가다 보니 그 길엔 아직도 우리 둘 말고는 아무도 지나간 사람이 없지 않았겠냐? 눈발이 그친 신작로 눈 위에 저하고 나하고 둘이 걸어온 발자국만 나란히 이어져 있구나."

"그래서 어머님은 그 발자국 때문에 아들 생각이 더 간절하셨겠네요?"

"간절하다뿐이었겠냐? 신작로를 지나고 산길을 들어서도 굽이굽이 돌아온 그 몹쓸 발자국들에 아직도 도란도란 저 아그의 목소리나 따뜻한 온기가 남아 있는 듯만 싶었제. 산비둘기만 푸르륵 날아올라도 저 아그 넋이 새가 되어 다시 되돌아오는 듯 놀라지고, 나무들이 [A] 눈을 쓰고 서 있는 것만 보아도 뒤에서 금세 저 아그 모습이 뛰어나올 것만 싶었지야. 하다 보니 나는 굽이굽이 외지기만 한 그 산길을 저 아그 발자국만 따라 밟고 왔더니라. 내 자석아, 내 자석아, 너하고 둘이 온 길을 이제는 이 몹쓸 늙은 것 혼자서 너를 보내고 돌아가고 있구나!"

〈중략〉

"어머님도 이젠 돌아가실 거처가 없으셨던 거지요?"

한동안 조용히 입을 다물고 있던 아내가 이제 더 이상 참을 수가 없어진 듯 갑자기 노인을 추궁하고 나섰다. 그녀의 목소리는 이제 울먹임 때문에 떨리고 있었다. 나 역시도 이젠 더 이상 노인을 참을 수가 없었다. 이제나마 노인을 가로막고 싶었다. 아내의 추궁에 대한 그 노인의 대꾸가 너무도 두려웠다. 노인의 대답을 들을 수가 없었다. 하지만, 그 역시도 불가능한 일이었다.

나는 아직도 눈을 뜰 수가 없었다. 불빛 아래 눈을 뜨고 일어날 수가 없었다. 사지가 마비된 듯 가라앉아 있는 때문만이 아니었다. 졸음기가 아직 아쉬워서도 아니었다. 눈꺼풀 밑으로 뜨겁게 차오르는 것을 아내와 노인 앞에 보일 수가 없었다. 그것이 너무도 부끄러웠기 때문이었다.

― 이청준, 「눈길」

13 윗글에 대한 설명으로 적절하지 <u>않은</u> 것은?

① 1인칭 주인공의 시점에서 서술되고 있다.

② 주로 인물 간의 대화를 통해 이야기가 전개된다.

③ 구체적인 지명을 제시하고 있다.

④ 자기 고백적 성격이 드러난다.

14 [A]의 상황을 '노인'이 일기로 썼다고 할 때, ㉠~㉣ 중 적절하지 <u>않은</u> 것은?

> ○○○○년 ○월 ○일
> 오늘 ㉠아들을 보내고 돌아왔다. 산비둘기를 보아도 아들 생각, ㉡눈 쌓인 나무를 보아도 아들 생각이 났다. 돌아오는 산길에 눈은 녹아 ㉢아들의 발자국은 보이지 않았고, 굽이굽이 ㉣외진 산길을 혼자서 되돌아왔다.

① ㉠   ② ㉡

③ ㉢   ④ ㉣

15 윗글에서 눈길이 갖는 의미로 가장 적절한 것은?

① 어머니가 집을 고치고 싶게 된 계기

② 아내의 어린 시절 추억을 환기하는 대상

③ 몰락한 집안을 일으키고자 하는 아내의 의지

④ 자식을 향한 어머니의 사랑을 드러내는 공간

13
제시문에 구체적 지명은 드러나지 않는다.

14
아들을 떠나보낸 후 '노인'은 눈길 위에 난 아들의 발자국을 밟으며 홀로 돌아간다.

15
※ 눈길의 의미

나	기억하고 싶지 않은 추억
어머니	아들에 대한 숭고한 사랑, 혼자서 겪어야 하는 혹독한 시련

ANSWER
13. ③ 14. ③ 15. ④

16 윗글에 대한 감상으로 가장 적절한 것은?

① '아내'는 '노인'과 '나'의 갈등을 심화시키고 있군.

② '아내'는 '어머니'에게 연민의 감정을 느끼고 있군.

③ 부모에게 의존하려는 자식의 태도를 비판하였군.

④ '어머니'는 매정한 아들에게 몹시 분노하고 있군.

16
'아내'는 '나'와 '어머니' 사이에서 교량 역할을 충실히 하는 인물로 어머니에게 연민을 느끼고 있다.

ANSWER
16. ②

※ 다음 글을 읽고 물음에 답하시오. (17~20)

할머니는 거의 시체나 다름이 없는 뻣뻣한 자세로 자리에 누워 있었다. 숨은 겨우 쉬고 있다 해도 아직도 의식을 되찾지 못한 채였다. 할머니의 주변을 둘러싸고 속수무책으로 앉아서 사색이 다 되어 그저 의원이 도착하기만을 기다리는 식구들을 향해 나는 다급한 소리로 용건을 말했다. 누구에게랄 것 없이 아무한테나 던진 내 말이 무척 엉뚱한 소리로 들렸던 모양이다. 할머니의 머리카락이 이런 때 도대체 어디에 소용될 것인지를 이해가 가도록 설명하기엔 꽤 시간이 걸렸다. 그리고 고모가 인사불성이 된 할머니의 머리를 참빗으로 빗기는 덴 더 많은 시간이 걸렸다. 빗질을 여러 차례 거듭해서 얻어진 한 줌의 흰 머리카락이 내 손에 쥐어졌다.

언제 그렇게 준비를 해 왔는지 외할머니는 도래소반 위에다 간단한 음식 몇 가지를 차리는 중이었다. 호박전과 고사리나물이 보이고 대접에 그득 담긴 냉수도 있었다. 내가 건네주는 머리카락을 받아 땅에 내려놓은 다음 외할머니는 천천히 고개를 들어 늙은 감나무를 올려다보았다.

"자네 오면 줄라고 노친께서 여러 날 들어 장만헌 것일세. 먹지는 못헐망정 눈요구라도 허고 가소. 다아 자네 노친 정성 아닌가. 내가 자네를 쫓을라고 이러는 건 아니네. 그것만은 자네도 알어야 되네. 남새가 나드라도 너무 섭섭타 생각 말고, 집안일일랑 아모 걱정 말고 머언 걸음 부데 펜안히 가소."

장마철에 무성히 돋아난 죽순과 대나무 사이로 모습을 완전히 감추기까지 외할머니는 우물 곁에 서서 마지막 당부의 말로 구렁이를 배웅하고 있었다.

이웃 마을 용상리까지 가서 진구네 아버지가 의원을 모시고 왔다. 졸도한 지 서너 시간 만에야 겨우 할머니는 의식을 회복할 수 있었다. 그 서너 시간이 무의식의 세계에서는 서너 달에 해당되는 먼 여행이었던 듯 할머니는 방 안을 휘이 둘러보면서 정말 오래간만에 집에 돌아온 사람 같은 표정을 지었다.

– 윤흥길, 「장마」

17 이 글의 서술 방식에 대한 설명으로 적절하지 <u>않은</u> 것은?

① 어른과 어린아이의 시각이 둘 다 드러난다.

② 작품 속의 인물이 자신의 모든 것을 해석하여 말하고 있다.

③ 작품 속의 인물이 보고 들은 내용과 느낌을 서술하고 있다.

④ '나'가 주변 인물들에게 일어난 이야기를 자신의 시각에서 서술하고 있다.

17

이 글은 '나'가 작품 속에 등장하여 서술하는 1인칭 관찰자 시점이다.

18 '구렁이'에 대한 설명으로 적절하지 <u>않은</u> 것은?

① 갈등 해소의 실마리

② 죽은 삼촌의 현신(現身)

③ 두 할머니의 갈등을 심화시키는 장치

④ 이념 대립으로 상처 받은 우리 민족

18

'구렁이'는 사건 전개의 전환점으로 두 할머니의 갈등이 해소되는 실마리를 제공한다.

19 '할머니'가 '구렁이'를 보고 졸도한 이유로 가장 적절한 것은?

① 할머니는 원래 몸이 약했기 때문에

② 할머니는 원래 구렁이에 대한 상처가 있었기 때문에

③ 구렁이가 아들을 저승으로 데려갔다고 생각했기 때문에

④ '한'이 있는 사람이 죽으면 구렁이로 환생한다고 생각하기 때문에

19

이 글에는 무속적 세계관이 반영되어 있다. 즉, 한을 품고 죽은 사람이 구렁이로 환생한다는 것이다. 그래서 할머니는 구렁이를 보고 죽은 삼촌의 현신이라고 여겨 졸도를 한 것이다.

20 이 글에 대한 설명으로 적절하지 <u>않은</u> 것은?

① 1인칭 시점으로 서술하고 있다.

② 역순행적 구성 방식을 취하고 있다.

③ 토속적인 분위기가 드러나고 있다.

④ 민간 신앙을 배경으로 전개되고 있다.

20

이 글은 6 · 25전쟁 여름철 장마 기간을 배경으로 순행적 구성 방식을 취하고 있다.

ANSWER

17. ② 18. ③ 19. ④ 20. ②

02 고전 소설

1 고전 소설의 이해

(1) 고전 소설의 개념

일반적으로 현대 소설과 대비되는 개념으로 설화를 바탕으로 중국 소설의 영향을 받아 생겨난 한문 문학의 한 종류로, 갑오개혁 이전까지 창작된 옛 소설을 말한다.

(2) 고전 소설의 특징

① 형식 : 대부분 주인공의 일생을 시간적 순서에 따라 서술하는 일대기적 형식
② 인물 : 전형적·평면적 인물
③ 사건 : 우연적·비현실적 사건
④ 주제 : '권선징악'이 주류를 이룸 → **현실 비판적 주제를 다룬 작품들도 있음**
⑤ 배경 : 한글로 쓰인 소설의 배경은 주로 우리나라이지만, 양반층에서 선호한 소설들은 중국을 배경으로 한 경우가 많음

(3) 고전 소설의 유형

영웅·군담 소설	전쟁을 통해서 주인공의 군사적 활약상을 담은 작품 → **영웅의 일대기적 구성(주인공의 비범한 출생과 뛰어난 능력, 시련의 극복과 성공)과 행복한 결말** 예 홍계월전
애정 소설	남녀 간의 순수한 사랑을 다룬 작품 → **고난과 시련을 극복하고 사랑의 결실을 맺는 구조** 예 숙향전
판소리계 소설	판소리가 소설로 정착된 것 → **판소리는 전래 설화를 바탕으로 하여 광대가 창작한 것으로 그것이 구비 전승되는 동안에 윤색되고 판소리 창자의 개성이 가미됨** 예 심청전

> **심화학습** 고전 소설의 성격
>
> **1) 영웅 서사의 구조**
> 고귀한 혈통 → 비정상적 출생 → 비범한 능력 → 위기와 고난 → 조력자의 도움 → 성장 후 위기 → 위기 극복 후 고귀한 지위에 오름
>
> **2) 편집자적 논평**
> 작가가 작품에 개입하여 자신의 생각을 드러내거나 인물의 입장을 논평하는 것을 말한다.
> 예 어사또 마음이 심란하구나. 훗입맛이 사납것다. 어찌 아니 명관(名官)인가.　　－작자 미상, 「춘향전」

2 고전 소설 작품 감상

01 구운몽(九雲夢)
– 김만중

✔ 핵심정리

- **갈래** : 국문 소설, 몽자류(夢字類) 소설, 양반 소설, 염정 소설, 영웅 소설
- **성격** : 전기적, 이상적, 불교적
- **시점** : 전지적 작가 시점
- **배경**
  ① 현실 : 당나라 때, 중국 남악 형산 연화봉 동정호
  ② 꿈 : 당나라 서울과 변방
- **제재** : 꿈을 통한 성진의 득도(得道) 과정
- **주제** : 인생무상(人生無常)의 깨달음을 통한 허무의 극복
- **특징**
  ① '현실 – 꿈 – 현실'의 이원적 환몽 구조를 지닌 일대기 형식을 취함
  ② 유교, 불교, 도교 사상이 나타남 → 그중 불교의 공(空) 사상이 중심을 이룸
  ③ '조신의 꿈'의 영향을 받음
- **연대** : 조선 숙종 15년(1689)

- '현실(발단) – 꿈(전개, 절정) – 현실(결말)'의 환몽 구조 / 액자 구성
  - **발단** 세속의 부귀영화를 탐하다 선계에서 추방 당하는 성진
  - **전개** 인간 세상에서 양소유로 환생하여 부귀영화를 누림
  - **절정** ① 취미궁에서의 청한한 생활
    ② 자신의 삶에서 인생무상을 느낀 양 승상은 불도에 귀의할 것을 결심함
    ③ 호승이 나타나 성진을 꿈에서 깨어나게 함
  - **결말** ① 성진이 꿈에서 깨어 깨달음을 얻고 팔 선녀 또한 꿈으로 깨달아 불문에 귀의함
    ② 성진과 팔 선녀가 득도하여 극락세계로 감

㉮ 이때 성진이 동정에 가 물결을 헤치고 <u>수정궁(水晶宮)</u>에 들어가니 용왕이 크게 기뻐하여 몸소 문무
_{용궁 궁전의 이름}
(文武) 여러 신하들을 거느리고 궁문 밖에 나가 맞아 들어가 자리를 정한 후에 성진이 땅에 엎드려
㉠<u>대사</u>의 말씀을 낱낱이 아뢰니, 용왕이 공경하여 사례하고 잔치를 크게 베풀어 성진을 대접할 때, 신
선의 과일과 채소는 인간 세상의 음식과 같지 않았다. 용왕이 잔을 들어 성진에게 삼배(三盃)를 권하여 말
하였다.

"이 술이 좋지는 않으나 인간 세상의 술과는 다르니 ㉡<u>과인(寡人)</u>의 권하는 정을 생각하라."

성진이 <u>재배하여</u> 말하였다.
_{두 번 절하여}

"술은 사람의 정신을 해치는 것이라 불가(佛家)에서 크게 경계하니 감히 먹지 못하겠습니다."
술을 삼가라는 훈계로 불가에서 금하는 오계 중의 하나

용왕이 지성으로 권하니 성진이 감히 사양치 못하여 석 잔 술을 먹은 후에 용왕께 하직¹하고 수궁에서 떠나 연화봉을 행하였다. 연화산 아래에 당도하니 취기²가 크게 일어나 갑자기 생각하여 말하였다.

"ⓒ 사부(師傅)께서 만일 나의 취한 얼굴을 보면 반드시 무거운 벌을 내리실 것이다."

하고, 가사³를 벗어 모래 위에 놓고 손으로 맑은 물을 쥐어 얼굴을 씻는데, 문득 기이한 향내가 바람결에 진동하니 마음이 자연 호탕하였다⁴. **발단** 술과 향기에 취하여 한껏 호탕해진 성진

나 성진이 이상히 여겨 말하였다. "이 향내는 예사로운 초목의 향내가 아니다. 이 산중에 무슨 기이한 것이 있는가?"

하고, 다시 의관⁵을 정제하고 길을 찾아 올라가니, 이때 팔 선녀가 돌다리 위에 앉아 있었다. 성진이 육
정돈하여 가지런히 하고
환장을 놓고 합장⁶하여 재배하고 말하였다.

"모든 ⓔ 보살님은 잠깐 소승(小僧)의 말씀을 들어주십시오. ⓜ 천승(賤僧)은 연화 도량 육관대사의 제자로서 사부의 명을 받아 용궁에 갔다 오는데, 이 좁은 다리 위에 모든 보살님이 앉아 계시니 천승이 갈
팔 선녀
길이 없어 부탁합니다. 잠깐 옮겨 앉아서 길을 빌려 주십시오." 팔 선녀가 대답하고 절하며 말하였다.

"첩 등은 남악 위부인의 시녀인데 부인의 명을 받아 연화 도량 육관대사께 문안하고 돌아오는 길에 이 다리 위에 잠깐 쉬고 있습니다."

팔 선녀가 대답하고 절하며 말하였다.

"예기(禮記)에 '남자는 왼편으로 가고, 여자는 오른편으로 간다.' 하였습니다. 첩 등이 먼저 와 앉았으니, 원컨대 ⓗ 화상(和尙)께서는 다른 길을 구하십시오." / 성진이 답하여 말하였다.

"물은 깊고 다른 길이 없으니 어디로 가라 하십니까?" / 선녀가 대답하여 말하였다.

"옛날 달마존자(達磨尊者)라 하는 대사는 연꽃잎을 타고도 큰 바다를 육지같이 왕래하였으니, 화상이
달마대사
진실로 육관대사의 제자라면 반드시 신통한 도술이 있을 것이니, 어찌 이 같은 조그마한 물을 건너기를 염려하시며 아녀자와 길을 다투십니까?" / 성진이 크게 웃으며 말하였다.

"모든 낭자의 뜻을 보니 이는 반드시 값을 받고 길을 빌려 주시고자 하는 것이니, 본디 가난한 중이라 다른 보화는 없고 다만 행장에 지닌 백팔 염주가 있으니, 빌건대 이것으로 값을 드
여행할 때 쓰는 물건과 차림
리겠습니다." / 하고,

낱말풀이
1 하직 : 먼 길을 떠날 때 웃어른께 작별을 고하는 것.
2 취기 : 술에 취해 얼근해진 기운.
3 가사 : 승려가 장삼 위에 왼쪽 어깨에서 오른쪽 겨드랑이 밑으로 걸치는 법복.
4 호탕하다 : 호기롭고 걸걸하다.
5 의관 : 웃옷과 갓. 남자가 정식으로 갖추어 입는 옷차림.
6 합장 : 불교에서 두 손바닥을 합하여 마음이 한결같음을 나타냄.

목의 염주를 벗어 손으로 만지더니 복숭아꽃 한 가지를 던지거늘, 팔 선녀가 그 꽃을 구경하니 꽃이 변하여 네 쌍의 구슬이 되어 그 빛이 땅에 가득하고 상서로운 기운은 하늘에 사무치니 향내가 천지에 진동하였다. 〈중략〉　　　　　　　　　　　　　　（발단） 석교에서 수작을 나누는 성진과 팔 선녀

다 대사, 소리하여 묻되, / "성진아, 인간 부귀를 지내니 과연 어떠하더뇨?"
　　　　　　　　　　　　　　육관대사는 성진의 꿈 속 경험을 다 알고 있음
성진이 고두[7]하며 눈물을 흘려 가로되, / "성진이 이미 깨달았나이다. 제자 불초(不肖)[8]하여 염려를 그릇 먹어 죄를 지으니 마땅히 인세에 윤회(輪廻)할 것이어늘, 사부 자비하사 하룻밤 꿈으로 제자의 마음 깨닫게 하시니, 사부의 은혜를 천만 겁(劫)[9]이라도 갚기 어렵도소이다."

대사 가로되,

"네 승흥(乘興)하여 갔다가 흥진(興盡)하여 돌아왔으니 내 무슨 간예(干預[10])함이 있으리오? 네 또 이르
　　흥이 나서 갔다가 흥이 다하여 돌아왔으니
되 인세에 윤회할 것을 꿈을 꾸다 하니, 이는 인세와 꿈을 다르다 함이니, 네 오히려 『꿈을 채 깨지
　　　　　　　　　　꾸게 하였다　　　　　　　　　　　인세와 꿈이 같은 것을 아직 모르니
못하였도다.』'장주(莊周)가 꿈에 나비 되었다가 나비가 장주 되니'『어니 거짓 것이요 어니 진짓 것
「　」: 꿈과 현실이 다르지 않음을 깨닫지 못함　　　　　　　　　　　　　　　「　」: 어느 것이 거짓(꿈)이요, 어느 것이 참(현실)인지를
인줄』분변치 못하나니, 어제 성진과 소유가 어니는 진짓 꿈이요 어니는 꿈이 아니뇨?"
　　　　　　　　　　　　　　　　현실과 꿈의 구별 자체가 무의미함

　　　　　　　　　　　　　　　　　　　　　　　　　　　　（결말） 성진을 책망하는 육관대사

라 성진이 가로되, / "제자, 아득하여 꿈과 진짓 것을 알지 못하니, 사부는 설법하사 제자를 위하여 자비하사 깨닫게 하소서."

대사 가로되, / "이제 금강경(金剛經) 큰 법을 일러 너의 마음을 깨닫게 하려니와, 『당당히 새로 오는
　　　　　　　　불교 경전의 하나
제자』 있을 것이니 잠깐 기다릴 것이라." / 하더니 문 지킨 도인이 들어와,
「　」: 팔 선녀
"어제 왔던 위부인 좌하 선녀 팔 인이 또 와 사부께 뵈아지이다 하나이다."
　　　　　　　　　　받들어 모시는 자리 아래　　　　　　뵙고 싶다
대사, 들어오라 하니, 팔 선녀, 대사의 앞에 나아와 합장 고두하고 가로되,

"제자 등이 비록 위부인을 모셨으나 실로 배운 일이 없어 세속 정욕을 잊지 못하더니, 대사 자비하심을 입어 하룻밤 꿈에 크게 깨달았으니, 제자 등이 이미 위 부인께
　　　　성진과 같은 꿈
하직하고 불문(佛門)에 돌아왔으니 사부는 나종내 가르침을 바
　　　　　　　　　　　　　　　　　　끝끝내
라나이다."

대사 왈, / "여선의 뜻이 비록 아름다우나 불법이 깊고 머니,
큰 역량과 큰 발원(發願)이 아니면 능히 이르지 못하나니, 선녀는
　　　　　　신이나 부처에게 소원을 빎

낱말풀이
7 고두 : 공경하는 뜻으로 머리를 땅에 조아림.
8 불초 : 못나고 어리석은 사람.
9 겁 : 불교에서 천지가 한 번 개벽한 때부터 다음 개벽할 때까지의 동안이란 뜻으로 계산할 수 없는 무한히 긴 시간을 의미함.
10 간예 : 관계하여 참견함.

모로미 스스로 헤아려 하라."
모름지기

팔 선녀가 물러가 낯 위에 연지분(臙脂粉)을 씻어 버리고 각각 소매로서 금전도(金翦刀)를 내어 『흑운
세속적 삶을 상징   금으로 된 가위

(黑雲) 같은 머리』를 깎고 들어와 사뢰되,
『 』: 세속적 삶을 상징

"제자 등이 이미 얼굴을 변하였으니 맹서(盟誓)하여 사부 교령(敎令)을 태만(怠慢)치 아니하리이다."
맹세   가르침과 명령

대사 가로되, / "선재(善哉), 선재라. 너희 팔 인이 능히 이렇듯 하니 진실로 좋은 일이로다."
좋고 좋도다   굳은 의지를 표하니

(결말) 불가에 입문하기를 청하는 팔 선녀

마 드디어 법좌에 올라 경문을 강론[11]하니, 백호(白毫)[12] 빛이 세계에 쏘이고 하늘 꽃이 비같이 내리더라.
설법하는 자리   금강경

설법함을 장차 마치매 네 귀 진언(眞言)을 송(誦)하여 가로되,
구절   부처의 말

『일체유위법(一切有爲法) 여몽환포영(如夢幻泡影)

여로역여전(如露亦如電) 응작여시관(應作如是觀)』『 』: 세상의 모든 것이 부질없음 = 불교의 공(空) 사상

이리 이르니, 성진과 여덟 이고(尼姑)가 일시에 깨달아 불생불멸(不生不滅)할 정과(正果)를 얻으니, 대사
비구니   바른 결실

성진의 계행(戒行)[13]이 높고 순숙(純熟)함을 보고, 이에 대중을 모으고 가로되,
성숙함

"내 본디 전도(傳道)함을 위하여 중국에 들어왔더니, 이제 정법(正法)을 전할 곳이 있으니 나는 돌아가
대사는 원래 서역 사람   정법을 전해 줄 사람 – 성진

노라."

하고 염주와 바리와 정병(淨瓶)[14]과 석장과 금강경 일 권을 성진을
주고 서천(西天)[15]으로 가니라.

이후에 성진이 연화 도량 대중을 거느려 크게 교화(敎化)를 베
푸니, 신선과 용신과 사람과 귀신이 한가지로 존숭(尊崇)함을 육
관 대사와 같이하고 여덟 이고가 인하여 성진을 스승으로 섬겨
깊이 보살 대도를 얻어 아홉 사람이 한가지로 극락[16]세계(極樂世
보살이 닦는 도

界)로 가니라.

(결말) 육관대사의 설법을 받고 정진하여 극락세계로 간 성진과 팔 선녀

• 낱말풀이

11 강론 : 학술, 도의의 뜻을 해설하여 설명함.
12 백호 : 부처의 두 눈썹 사이에 난 희고 빛
   나는 가는 터럭으로 이 광명이 무량세계
   를 비춘다 함.
13 계행 : 계율을 지켜 닦는 행위.
14 정병 : 물을 담는 병. 불교에서는 구제자
   를 나타내는 하나의 방편이자 자비심을
   표현하기도 함.
15 서천 : '서천서역국'의 줄임말.
16 극락 : 아미타불이 산다는 정토로 지극히
   안락하고 자유로운 세상.

한눈에 감 잡기

1. 등장인물

성진	• 육관대사의 수제자 • 꿈에서 양소유로 환생하여 온갖 부귀영화를 누리지만, 그것이 한갓 허망한 꿈임을 깨닫고 불도에 정진하여 극락세계로 간다.
팔 선녀	• 위부인의 시녀들 • 성진과 함께 남녀의 정욕을 탐하고 속세를 흠모하다가 꿈에서 양소유의 2처 6첩으로 환생하지만 이후 인생무상을 깨닫고 불도에 입문한다.
육관대사	• 성진의 스승 • 성진과 팔 선녀를 불도에 입문하게 한다.

2. 제목 '구운몽(九雲夢)'의 상징적 의미

구(九) – 인물	운(雲) – 주제	몽(夢) – 구성
현실 – 성진과 팔 선녀 꿈 – 양소유와 2처 6첩	인생무상의 깨달음	환몽 구조(현실 → 꿈 → 현실)

✔ 바로바로 CHECK

01 ㉠~㉤ 중 지시 대상이 동일한 것은?

① ㉠, ㉡ 　　　② ㉡, ㉢

③ ㉢, ㉣ 　　　④ ㉤, ㉥

해설 ㉤, ㉥은 성진을 가리키는 말이다.

02 (다)와 (라)의 전개 방식은?

① 대화로 문제를 해결하고 있다.

② 회상하며 분위기를 전환시키고 있다.

③ 행동을 통해 갈등을 고조시키고 있다.

④ 권위를 이용하여 상대를 설득하고 있다.

해설 육관대사가 성진을 책망하며 깨달음에 이르게 하는 부분으로, 대사가 성진에게 물어보는 형식을 취하고 있다.

정답 01. ④ 02. ①

교과 연계 작품 🎧 **사씨남정기**

– 김만중

✔ 핵심정리

- **갈래** : 국문 소설, 가정 소설
- **성격** : 풍간적(諷諫的), 가정적
- **시점** : 전지적 작가 시점
- **배경**
  ① 시간 : 중국 명나라 초기
  ② 공간 : 중국 북경 금릉 순천부
- **주제**
  ① 처첩 간의 갈등과 사씨의 고행
  ② 권선징악(勸善懲惡)

- **글의 구성**

  발단 유연수는 중국 명나라 세종 때 유현이라는 명신의 아들로 태어나 15세에 과거에 장원 급제하여 한림학사를 제수 받음

  전개 유연수는 사씨와 혼인하지만 아이가 없자 교씨를 첩으로 들이고, 교씨는 아들을 낳자 정실이 되기 위해 사씨를 참소하고 폐출시킴

  위기 교씨와 간통한 동청의 모함으로 유연수가 귀양가게 됨

  절정 유연수의 혐의가 풀리고, 유연수를 모해한 동청을 처형함

  결말 사씨와 해후한 유연수는 고향에 돌아와 교씨를 처형하고, 사씨를 다시 정실로 맞음

㉮ <u>유생</u>은 애초 급제한 후에 아내를 얻으리라 생각하였다. 따라서 구혼하는 사람들이 많이 나타났으나
　유한림(유연수)
그때까지는 혼인을 허락하지 않고 있었다. 유생이 급제하자 <u>소사(少師)</u>는 훌륭한 며느리를 얻으려는 생각
　　　　　　　　　　　　　　　　　　　　　　　　　　유연수의 부친, 소사는 관직명
에 마음이 급했다. <u>두 부인(杜夫人)</u>과 함께 성중(城中)의 여러 매파들을 불러 놓고 처녀가 있는 곳을 물어
　　　　　　　유 소사의 여동생으로 유 한림의 고모
보았다. 여러 매파들은 손뼉을 치며 허풍을 떨었다. 칭찬하는 경우에는 청천(靑天)으로 들어올리고, 비난
하는 경우에는 황천(黃泉)으로 떨어뜨렸다. / 그들 가운데 주파(朱婆)라는 자가 있었다. 『그녀는 나이가
가장 많았다. 유독 홀로 입을 열지 않더니 마침내 소사에게 고했다.』『　』: 주파가 신뢰성이 있는 사람임을 나타냄

"〈중략〉 <u>노야(老爺)</u>께서 만일 부귀한 형세를 구하려 하신다면, 엄 승상(嚴丞相) 댁의 손녀만한 사람이
　　　　　유 소사
없을 것입니다. 반드시 어진 며느리를 고르려 하신다면, 신성현(新城縣)의 고(故) 사 급사(謝給事) 댁 처
　　　　　　　　　　　　　　　　　　　　　　　　　　　　　　　　　　　사씨의 부친 사담, 급사는 관직명
녀 만한 사람이 없을 것입니다."

"부귀는 본래 원하는 바가 아니란다. 오직 어진 사람을 택할 것이니라. 그런데 자네가 말한 『신성의 사
급사는 필시 직간(直諫)하다가 적소(謫所)로 가서 죽은 사담(謝潭)일 것이야.』 그 사람은 청렴하고 정직
　　　　　　　　　　　　　　　『　』: 비록 귀양 가서 죽은 사람이라도 직간한 이는 높이 평가했음
한 선비였지. 사 급사 댁이라면 의당 혼인을 맺을 만하겠구나. 다만 처녀가 과연 어떤 사람인지 그것을
알 수가 없으니……."

"〈중략〉 몇 해 전에는 소인이 마침 일이 있어 그 댁에 갔다가 처녀를 직접 본 적이 있습니다. 그 당시

처녀는 열세 살이었습니다. 그런데도 덕성(德性)은 이미 무르익은 상태였습니다. 그 자색(姿色)을 논할 것 같으면 진실로 천인(天人)이 적강(謫降)한 것 같았습니다(매우 아름다움). 이 세상에는 그와 견줄 만한 사람이 없을 것입니다. 이미 여공(女功)에서도 능치 못한 것이 없었습니다. 또한 경사(經史)도 널리 섭렵하였답니다. 그 문재(文才)는 비록 남자라 하더라도 쉽게 대적할 수 없을 것입니다. 이상의 말씀은 비단 소인만이 아는 바가 아닙니다. 사람들이 하는 말도 또한 모두 그러하였습니다." ▶ 유 소사가 며느릿감을 구함

나 두 부인이 그 이야기를 듣고 한동안 생각에 잠겼다가 입을 열었다.

"우화암 여승(女僧) 묘희(妙姬)는 계행(戒行)이 매우 높고 겸하여 안목도 갖추고 있습니다(사람 보는 눈이 있음). 사오 년 전에 저에게 말하기를, '신성현 사 급사 댁의 소저는 이 세상 사람이 아니다(그만큼 사 소저가 뛰어난 인물임을 드러냄).'라고 하는 것이었습니다. 당시 조카의 혼사를 염두에 두고 자못 귀를 기울였습니다. 그런데 그 후 마침내 잊어버려 오라버님께 미처 말씀을 올리지 못하고 말았습니다." / 소사가 두 부인에게 물었다.

"현매(賢妹)가 들은 말씀과 주파가 한 이야기를 참고해 보건대 사 급사 댁의 처녀는 필시 현숙할 것이야. 그렇지만 인륜대사(人倫大事)를 허술하게 할 수는 없는 법이지. 어떻게 하면 자세하게 알 수가 있을까?" / "좋은 방법이 하나 있습니다. 저의 집에 당(唐)나라 때 사람이 그린 남해관음(南海觀音) 화상(畫像)이 한 축 있습니다. 제가 본래 우화암으로 보내려 하던 것이지요. 지금 묘희에게 그 그림을 주어 사 급사 댁으로 가게 하겠습니다. 처녀의 글을 구하고 아울러 글씨도 손수 쓰게 한다면 가히 그 재주를 알 수 있을 것입니다. 그리고 묘희가 그 용모를 볼 수만 있다면 또한 저를 속일 리가 있겠습니까?" / "그 방법이 좋기는 하겠네. 다만 문제(文題)가 몹시 어려운 것일세. 아녀자가 쉽게 지을 수 있는 글이 아니라는 말씀이야." / "능히 어려운 글을 지을 수 없다면 어떻게 재녀(才女)라고 말할 수 있겠습니까?"

▶ 유 소사가 사 소저의 재능을 시험하려 함

한눈에 감 잡기

1. 갈등 양상

사씨 ↔ 교씨 : 대립적 인물들을 설정하여 고매한 사씨의 인품을 부각시킴

2. 등장인물

사씨	현모양처로서 성품이 곱고 착한 인물의 전형
교씨	악하고 교활한 인물의 전형
유연수	우유부단하고 봉건적 사고방식을 지닌 인물이지만 악행에 대해서는 단호하게 처벌함

02 유충렬전

– 작자 미상

☑ 핵심정리

- **갈래** : 국문 소설, 영웅 소설, 군담 소설, 적강 소설
- **성격** : 전기적, 비현실적, 영웅적
- **주제** : 유충렬의 고난과 영웅적 행적
- **특징**
  ① 영웅 소설의 전형적 요소를 갖춤
  ② 천상계와 지상계로 이원적 공간이 설정됨
- **의의** : 영웅 소설의 유형적 구조를 잘 보여 주는 대표적인 작품

- **영웅 서사의 구조**

  발단 ① 고귀한 혈통 : 현직 고위 관리 유심의 외아들로 태어남
  ② 비정상적 출생 : 부모가 산천에 기도하여 늦게 얻은 자식
  전개 ③ 비범한 능력 : 천상인의 하강이기에 비범한 능력을 지님
  위기 ④ 고난을 당함 : 간신 정한담의 박해로 죽을 고비에 처함
  절정 ⑤ 조력자의 도움 : 강희주를 만나 그의 사위가 되고, 노승을 만나 도술을 배움
  ⑥ 성장 후 다시 위기 : 정한담이 호족과 함께 반란을 일으켜 국가가 위기에 처함
  결말 ⑦ 고귀한 지위에 오름 : 정한담을 물리치고 고귀한 지위에 올라 부귀영화를 누림

가 정한담과 최일귀 두 사람이 이때를 타서 천자[1]께 여쭈오되,
　　　반동 인물

"폐하 즉위하신 후에 은덕이 온 백성에게 미치고 위엄이 온 세상에 진동하여 열국 제신이 다 조공[2]을
　　　　　　　　　　　　　　　　　　　　　　　　　　　　　　　　　　여러 신하 나라 제후국

바치되, 오직 토번과 가달이 강포[3]함만 믿고 천명을 거스르니, 신 등이 비록 재주 없사오나 남적을 항복
　　　　　티베트 족　　몽골계의 한 부족　　　　　　　　　　　　　　　　　　　　남쪽의 오랑캐 : 토번, 가달

받아 충신으로 돌아오면 ㉠ 폐하의 위엄이 남방에 가득하고 소신의 공명은 후세에 전하리니, 엎드려

바라옵건대 폐하는 깊이 생각하소서."

천자 매일 남적이 강성함을 근심하더니, 이 말을 듣고 대희 왈,
　　　　　　　　　　　　　　　　　　　　　　　　크게 기뻐하여

"경의 마음대로 기병하라." / 하시니라.
　　　　　　전쟁을 일으킴

이때 유 주부 조회하고 나오다가 이 말을 듣고 천자 앞에 들어가
　　　유심. 유충렬의 아버지

엎드려 주 왈,

낱말풀이

1 **천자** : 천제의 아들, 즉 하늘의 뜻을 받아 하늘을 대신하여 천하를 다스리는 사람.
2 **조공** : 종속국이 종주국에 때를 맞추어 예물을 바치던 일, 또는 그 예물.
3 **강포** : 몹시 우악스럽고 사나움.

"듣사오니 폐하께옵서 남적을 치라 하시기로 기병하신단 말씀이 옳으니이까?"

천자 왈, / "한담의 말이 여차여차하기로 그런 일이 있노라."
　　　　　　　이러이러하기로 : 구체적인 내용을 생략할 때 쓰는 표현

주부 여쭈오되,

"폐하 어찌 망령되게 허락하였습니까? 왕실은 미약하고 외적은 강성하니, 이는 자는 범을 찌름과 같고

드는 토끼를 놓침이라. 한낱 새알이 천 근의 무게를 견디리까? 가련한 백성 목숨 백 리 사장(沙場) 외로

운 혼이 되면 그것인들 아니 적악(積惡)이리오. 엎드려 바라옵건대 황상은 기병하지 마옵소서."
　　　　　　　　　　　　남에게 악한 짓을 많이 함　　　　　　　　　　　황제, 천자

천자 그 말을 들으시고 여러 가지로 생각하던 차에, 한담과 일귀 일시에 합주하되, "유심의 말을 듣사
　　　　　　　　　　　　　　　　　　　　　　　　　　　　　　　　한꺼번에 아뢰기를

오니 죽여도 애석하지 않으니, 오국 간신과 같은 무리로소이다. 대국을 저버리고 도적놈만 칭찬하여
　　　　　　　　　　　　　　　　오나라　　　　　　　　　　　　　　　　　　　　오나라

개미 무리를 대국에 비하고 한낱 새알을 폐하에게 비하니, 일대의 간신이요 만고의 역적이라. 신 등은
보잘것없는 무리　　　　　　비유하고　　　　　　　　　　유심에 대한 극단적인 부정적 평가

저어하건대[4] 유심의 말이 가달을 못 치게 하니 가달과 동심하여 내응[5]이 된 듯하니 유심의 목을 먼저
　　　　　　　　　　　　　　　　　　유심이 적 가달과 내통한다고 모함함

베고 가달을 치사이다." 천자가 허락하니,

한림학사[6] 왕공렬이 유심 죽인단 말을 듣고 땅에 엎드려 주 왈,

"주부 유심은 선황제 개국 공신 유기의 자손이라. 위인이 정직하고 일심이 충직하오니 남적을 치지
　　　　　　　　　나라를 세울 때 큰 공로가 있는 신하

말자는 말이 사리에 당연하옵거늘, 그 말을 죄라 하와 충신을 죽이시면 태조 황제 사당 안에 유 상공을
　　　　　　　　　　　　　　　　　　　　　　　　　　　　　　　　　　개국공신인 유기

배향[7]하였으니 춘추로 제사 지낼 때에 무슨 면목으로 뵈오며, 유심을 죽이면 직간[8]할 신하 없사올 것이
　　　봄가을로

니, 황상은 생각하와 죄를 용서하옵소서." 〈중략〉　　　　　　　(발단) 정한담과 유심이 남적 토벌로 대립함

🔵 이때 정한담이 오국 군왕 전에 한 꾀를 드려 왈,
　　　　정한담의 스승

"소장이 옥관 도사에게 십 년을 공부해 변화무궁하고 구척장검 칼머리에 강산이 무너지고 하해도 뒤집
정한담이 자신을 낮추어 이르는 표현　　　　　　　　　　아주 긴 칼　　　　　　　　　　　　　강과 바다

혔나이다. 그런데 명진 도원수[9] 유충렬은 사람이 아니라 천신입니다. 이제 비록 대왕이 억만 병사를
　　　　　　　　　　　　　　　　　　유충렬이 매우 뛰어남을 이르는 말

거느리고 왔으나 충렬 잡기는커녕 접전할 장수도 없사오니, 만일 무작정 싸운다면 우리 군사 씨가 없

고 대왕의 중한 목숨마저도 응당 보존하기 어려울 것이옵니다.

그러니 오늘 밤 삼경에 군사들을 둘로 나누어 일군이 먼저 금
　　　　　　　　　밤 11시~1시 사이

산성을 치게 되면 충렬이 응당 구하러 올 것이옵니다. 그때를

틈타 소장이 도성에 들어가 천자에게 항복 받고 옥새를 앗아
　　　　　　　　　　　　　　　　　　　나라의 도장 - 국권을 상징함

버리면 충렬이 비록 천신이라고 한들 제 인군이 죽었는데 무
　　　　　　　　　　　　　　　　　　임금, 곧 천자

슨 면목으로 싸우리까. 소장의 꾀가 마땅할 듯하온데, 대왕의

📖 낱말풀이
4 저어하다 : 염려하거나 두려워하다.
5 내응 : 내부에서 몰래 적과 통함. 또한 적
　의 내부에서 몰래 통함.
6 한림학사 : 중국 당나라 때 황제의 명령을
　받아 문서를 꾸미는 일을 맡아보던 벼슬.
7 배향 : 공신의 신주를 종묘에 모시는 일.
8 직간 : 임금이나 웃어른에게 잘못된 일에
　대하여 직접 말함을 이름.
9 도원수 : 전쟁이 났을 때 군무를 통괄하던
　임시 무관벼슬.

생각은 어떠하시나이까?" / 하니, 호왕이 대희해 한담으로 대장을 삼고 천극한으로 선봉을 삼아 약속을 정하고 군중(軍中)에 기치¹⁰를 둘러 도성¹¹으로 갈 듯이 하니, 원수 산하(山下)에 있다가 적세를 탐지하고 도성으로 들어오더라. 위기 정한담이 유충렬과 정면 승부를 피하려고 계략을 꾸밈

다 이때 한담이 원수를 속이고 정병¹²만을 가리어 급히 도성으로 들어가니,
      _{유충렬}

『성중에는 지키는 군사가 전혀 없었으며, 천자 또한 원수의 힘만 믿고 잠이 깊이 들어 있었다.』 이에
                                                 『 』: 한담의 계략이 맞아 떨어진 것을 나타내는 상황

한담이 천병만마¹³를 이끌고 와 순식간에 성문을 깨치고 궐내로 들어가 함성해 이르기를,

"이봐, 명제야! 이제 네가 어디로 달아날 수 있겠느냐?『팔랑개비라 비상천¹⁴하며 두더지라 땅으로 들
    _{명나라 황제}

어가랴.』 네 놈의 옥새 빼앗으려고 왔는데, 네 이제는 어디로 달아나려느냐. 바삐 나와 항복하라."
  『 』: 더 도망갈 곳이 없음을 동물들의 행동에 빗대어 드러냄

하는 소리에 궁궐이 무너지고 혼백이 상천(上天)하는지라. 한담의 고함 소리에 명제도 넋을 잃고 용상¹⁵에

서 떨어졌으나, 다급히 옥새를 품에 품고 말 한 필을 잡아타고 엎어지며 자빠지며 북문으로 빠져나와
                                             _{매우 다급함}

변수 가로 도망했다. 한담이 궐내에 달려들어 천자를 찾았으나 천자는 간데없고, 태자가 황후와 태후를
                                                    _{황태후, 황제의 살아 있는 어머니}

모시고 도망하기 위해 나오는지라. 한담이 호령하며 달려들어 태자 일행을 잡아 호왕(胡王)에게 맡긴 후,
                                                            _{오랑캐의 왕}

북문으로 나와 보니 천자가 변수 가로 달아나고 있었다. 한담이 대희해 천둥 같은 소리를 지르고 순식간

에 달려들어 구척장검을 휘두르니 천자가 탄 말이 백사장에 거꾸러지거늘, 천자를 잡아내어 마하(馬下)에

엎어뜨리고 서리 같은 칼로 통천관(通天冠)¹⁶을 깨어 던지며 호통하기를,

"이봐, 명제야! 내 말을 들어 보아라. 하늘이 나 같은 영웅을 내실 때는 남경의 천자가 되게 하심이라.
                                              _{천자가 되고자 하는 한담의 야욕을 알 수 있음}

네 어찌 계속 천자이기를 바랄쏘냐. 내가 네 한 놈을 잡으려고

십 년을 공부해 변화무궁한데, 네 어찌 순종하지 않고 조그마

한 충렬을 얻어 내 군사를 침노¹⁷하느냐. 네 죄를 논죄컨대 이

제 바삐 죽일 것이로되, 나에게 옥새를 바치고 항서를 써서 올
                                     _{항복을 인정하는 문서}

리면 죽이지 아니 하리라. 그러나 만약 그렇지 아니 하면 네놈

은 물론 네놈의 노모와 처자를 한칼에 죽이리라."〈중략〉
        _{태후와 황후와 태자}

        절정 도성에 침입한 정한담이 천자에게 항복을 요구함

★ 낱말풀이

10 **기치** : 예전에 군대에서 쓰던 깃발.
11 **도성** : 임금이나 황제가 있던 '서울'을 이르는 도읍지가 있는 것으로 이루어져 있었다는 데서 도성이라 불림.
12 **정병** : 우수하고 강한 군사.
13 **천병만마** : 천 명의 군사와 만 마리의 군마라는 뜻으로, 아주 많은 수의 군사와 군마를 이르는 말. 천군만마.
14 **비상천** : 하늘로 날아 올라감.
15 **용상** : 임금이 정무를 볼 때 앉던 평상.
16 **통천관** : 황제가 정무를 보거나 조칙을 내릴 때 쓰던 관.
17 **침노** : 남의 나라를 불법으로 쳐들어가거나 쳐들어옴.

한눈에 감 잡기

1. '유충렬전'의 의의
   • 화려하고 다채로운 군담 : 청나라에 대한 강한 민족적 적개심을 반영
   • 이원적 세계관 : 천상계 인물들의 지상계에서의 활약상

2. 작품에 반영된 시대상
   • 병자호란 때 주전과 주화의 대립 양상
   • 강화도 함락의 실상
   • 청나라에 대한 복수 의식

3. 작품에 반영된 현실
   문학을 통해 당시 민중의 한을 풀고자 한 것이며, 몰락한 유심의 집안이 유충렬에 의해 권력을 회복하는 것은 당쟁에서 패배해 몰락한 사람들의 권력 회복의 소망을 반영한 것으로 볼 수 있다.

✔ 바로바로 CHECK

01 이 글에 대한 설명으로 적절하지 <u>않은</u> 것은?

① 중국을 배경으로 하고 있다.
② 영웅 설화의 기본 구조가 나타난다.
③ '현실 – 꿈 – 현실'의 구조를 갖추고 있다.
④ 병자호란과 같은 역사적 상황이 반영되어 있다.

해설 몽자류 소설 혹은 몽유록계 계열의 작품은 아니다.

02 ㉠의 두 인물의 상황을 속담으로 나타내었을 때 적절하지 <u>않은</u> 것은?

① 도랑 치고 가재 잡는다.
② 누이 좋고 매부 좋다.
③ 알로 먹고 꿩으로 먹는다.
④ 제 논에 물 대기

해설 ④는 자기의 이익만을 생각한다는 뜻이다.

정답 01. ③ 02. ④

국 어

교과 연계 작품 🐾 **박씨전**

– 작자 미상

✔ 핵심정리

• **갈래** : 군담 소설, 영웅 소설

• **성격** : 전기적, 역사적

• **시점** : 전지적 작가 시점

• **배경**
① 시간 : 병자호란 때
② 공간 : 한반도 전역

• **주제** : 박씨 부인의 영웅적 기상과 병자호란의 치욕에 대한 문학적 보상

• **특징**
① 역사적 사건을 허구적으로 재구성하여 민족적 자긍심을 고취
② 여성을 주인공으로 내세워 여성의 주체의식을 강조

• **글의 구성**

발단	이시백은 박 처사의 딸과 혼인을 하지만 박씨가 박색임을 알고 대면하지 않음
전개	박씨는 비범한 능력으로 시댁을 일으키고 남편의 장원급제를 돕지만 남편과 시어머니의 박대가 지속됨
위기	① 허물을 벗은 박씨는 절세가인이 되고 부부의 정이 깊어 감 ② 한편, 청나라 용골대 형제가 조선을 침략함
절정	① 청나라 군의 공격에 임금은 남한산성에서 청나라 군에게 항복함 ② 박씨는 죽은 동생의 원수를 갚기 위해 자신을 찾아온 용골대를 항복시킴
결말	청나라 군이 물러간 뒤 임금은 박씨의 공을 치하함

• **'박씨전'의 창작 동기**

역사적 사실	임금이 청나라의 침략에 치욕적 항복을 하고 세자와 대군이 인질로 청나라에 끌려감	역사적 사실과 작품 속 결말이 다름
작품 속 결말	임금이 치욕적 항복을 하고 세자와 대군이 인질로 청나라에 끌려갔으나 박씨와 임경업 장군의 뛰어난 능력으로 청나라 장수를 물리치고 두 나라가 화친하게 됨	

➡ 병자호란의 굴욕적 패배를 문학적으로 보상받고 싶은 마음 / 우리 민족의 우수성과 자주성을 지키고자 하는 마음

㉠ 한편, 용울대가 군사들에게 명령하여 한꺼번에 불을 지르니 화약이 터지는 소리가 산천이 무너지
_{호군이 피화당에 화공을 전개함}
는 듯하고 불이 사방에서 일어나며 불빛이 하늘에 가득하니,『부인이 계화를 시켜서 부적을 던지고 왼손에 홍화선이라는 부채를 들고 오른손에 백화선이라는 부채를 들고 오색실을 매어 불꽃 속에 던지니, 갑자기 피화당에서부터 큰 바람이 일어나며 오히려 오랑캐 군사들의 진중으로 불길이 돌아오며 오랑캐 병사들이 불빛 속에 들어가 천지를 구별하지 못하며 불에 타 죽는 자가 그 수효를 알 수 없을 정도라.』

「 」: 전기적 요소

▶ 용울대의 공격과 박씨 부인의 격퇴

178 Part Ⅰ 문학

🕒 용울대가 깜짝 놀라 급히 병사들을 후퇴시키며 하늘을 우러러 탄식하여 말하기를,

"병사를 일으켜 조선에 나온 후 군사들의 <u>피 한 방울도 흘리지 않고 공포 한 발에 조선을 차지하였는데,</u>
조선을 손쉽게 점령했음

이곳에 와서 여자를 만나 불쌍한 <u>동생</u>을 죽이고 무슨 면목으로 임금과 귀비를 뵈올 것인가."
용골대

통곡해 마지않는데, 여러 장수들이 좋은 말로 위로하며 의논하기를,

"<u>아무리 하여도 그 여자에게 복수할 수는 없사오니</u> 군사를 퇴각시키는 것이 좋을 것 같습니다."
박씨 부인과 대적하는 것이 불가항력임을 깨달음

하고 『왕비와 세자, 대군과 장안의 재물과 여자들을 거두어 행군하니 백성들의 울음소리가 산천을 움직였다.』『 』: 역사적 사건 반영

이때, 박씨 부인이 계화로 하여금 적진에 대고 크게 외치게 하여 말하기를,

『"무지한 오랑캐놈아, 내 말을 들어라. 너희 왕은 우리를 모르고 너같이 입에서 젖비린내가 나는 자를 보내어 조선을 침략하고 노략질하니 나라의 운수가 불행하여 패망을 당하였지만, 무슨 까닭으로 우리나라의 중요한 사람들까지 끌고 가려고 하느냐. 만일 왕비를 모시고 갈 뜻을 둔다면 너희들을 땅 속에 파묻어 버릴 것이니 신령님의 뜻을 돌아보거라."』『 』: 현실적 패배를 소설 속에서 허구적 승리로 보상받으려는 의도 〈중략〉

말을 마치자마자 무슨 주문을 외우는데, 『갑자기 공중에서 두 줄기 무지개가 일어나며 우박이 담아붓듯이 오고 순식간에 폭우와 눈보라가 내리고 얼음이 얼어 오랑캐 진지의 장수와 병졸이며 말굽이 그 얼음에 붙어 떨어지지 아니하여 한 발짝도 움직이지 못하게 되었다.』오랑캐 장수가 그제서야 깨달아 말하기를,
『 』: 전기적 요소

"처음에 귀비가 분부하시기를 '조선에 신인이 있을 것이니 부디 우의정 이시백의 집 후원을 침범하지 말라.'고 하셨는데, 우리가 일찍 깨닫지 못하고 또한 한때의 분함을 생각하여 귀비의 부탁을 잊고 이곳에 와서 오히려 그 죄값으로 재앙을 당해 십만 대병을 다 죽일 뿐 아니라 용골대도 죄 없이 죽이고 무슨 면목으로 귀비를 뵈올 것인가. 우리가 이러한 일을 당하였으니 부인에게 비는 것이 좋을 것이다."

▶ 퇴각하는 용울대

03 허생전

- 박지원

✔ 핵심정리

- **갈래** : 한문 소설, 풍자 소설
- **성격** : 풍자적, 비판적
- **시점** : 전지적 작가 시점
- **배경**
  ① 시간 : 조선 효종 때(17세기 중반)
  ② 공간 : 국내(서울, 안성, 제주, 변산 등)와 국외(장기도, 빈 섬 등)
- **주제** : 지배층인 사대부의 무능과 허위의식 비판
- **특징**
  ① 실학사상을 바탕으로 당대 사회의 모순을 풍자함
  ② '빈 섬'을 통해 이상향의 구체적 모습을 제시함
  ③ '허생'이라는 영웅적 인물의 행적을 중심으로 사건을 전개함

- **글의 구성**
  - **발단** 허생의 가난한 삶과 가출
  - **전개** 허생의 경륜 시험과 변씨와의 교제
  - **위기** 허생과 이완의 만남과 시사삼책의 제시
  - **절정** 허생의 사대부의 허위성 비판
  - **결말** 허생의 잠적
- **의의** : 당시 사회의 모순을 비판·풍자하고 근대 의식을 고취한 실학 문학의 대표

가 ㉠허생은 만 냥을 입수하자, 다시 자기 집에 들르지도 않고 바로 안성(安城)으로 내려갔다. 안성은 경기도, 충청도 사람들이 마주치는 곳이요, 삼남(三南)의 길목이기 때문이다. 『거기서 대추, 밤, 감, 배며
충청도, 전라도, 경상도
석류, 귤, 유자 등속의 과일을 모조리 두 배의 값으로 사들였다.』 허생이 과일을 몽땅 쓸었기 때문에
『 』: 첫 번째 매점매석
온나라가 잔치나 제사를 못 지낼 형편에 이르렀다. 얼마 안 가서, 허생에게 두 배의 값으로 과일을 팔았던
경제 구조의 취약함과 잔치와 제사에 몰두하는 양반들의 허례허식 비판
상인들이 도리어 열 배의 값을 주고 사 가게 되었다. 허생은 길게 한숨을 내쉬었다.
조선의 경제 구조가 취약함을 탄식

㉡"만 냥으로 온갖 과일의 값을 좌우했으니, 우리나라의 형편을 알 만하구나."

그는 다시 칼, 호미, 포목 따위를 가지고 『제주도(濟州島)에 건너가서 말총을 죄다 사들이면서』 말했다.
말의 갈기나 꼬리의 털   『 』: 두 번째 매점매석
"몇 해 지나면 나라 안의 사람들이 머리를 싸매지 못할 것이다."
양반들의 치장에 필요한 말총을 매점매석함으로써 이들의 허례허식을 비판함
허생이 이렇게 말하고 얼마 안 가서 과연 망건¹값이 열 배로 뛰어올랐다.
매점매석이 가능한 당시의 유통 구조의 취약함을 보여 줌

전개1 매점매석으로 큰돈을 번 허생

✏ 낱말풀이

1 **망건** : 상투를 튼 사람이 머리카락을 걷어 올려 흘러내리지 아니하도록 머리에 두르는 그물처럼 생긴 물건.

㉯ 이때, 변산(邊山)에 수천의 <u>군도(群盜)</u>들이 우글거리고 있었다. 『각 지방에서 군사를 징발하여 수
　　　　　　　　　　　떼를 지어 도둑질을 하는 무리

색을 벌였으나 좀처럼 잡히지 않았고,』군도들도 감히 나가 활동을 못해서 배고프고 곤란한 판이었다. 허
『 』: 군도를 구제의 대상으로 보기보다는 토벌의 대상으로 여기는 지배층의 인식이 엿보임

생이 군도의 <u>산채</u>를 찾아가서 우두머리를 달래었다.
　　　　　　산적들의 소굴

㉢"천 명이 천 냥을 빼앗아 와서 나누면 하나 앞에 얼마씩 돌아가지요?" / "일 인당 한 냥이지요."

"모두 아내가 있소?" / "없소." / "논밭은 있소?"

<u>군도들이 어이없어 웃었다.</u>
자신들의 처지를 이해하지 못한다는 데서 오는 웃음

"땅이 있고 처자식이 있는 놈이 무엇 때문에 괴롭게 도둑이 된단 말이오?"

"정말 그렇다면, 왜 아내를 얻고, 집을 짓고, 소를 사서 논밭을 갈고 지내려 하지 않는가? 그럼 도둑놈

소리를 안 듣고 살면서, 집에는 부부의 낙(樂)이 있을 것이요, 돌아다녀도 잡힐까 걱정을 않고 길이 의

식의 <u>요족(饒足)</u>을 누릴 텐데……."
　　　　살림이 넉넉함

"아니, 왜 바라지 않겠소? 다만 돈이 없어 못 할 뿐이지요." / 허생은 웃으며 말했다.

"도둑질을 하면서 어찌 돈을 걱정할까? 내가 능히 당신들을 위해서 마련할 수 있소. 내일 바다에 나와

보오. 붉은 깃발을 단 것이 모두 돈을 실은 배이니, 마음대로 가져가구려."

허생이 군도와 언약하고 내려가자, 군도들은 모두 그를 미친놈이라고 비웃었다.

이튿날, 군도들이 바닷가에 나가 보았더니, 과연 허생이 삼십만 냥의 돈을 싣고 온 것이었다. <u>모두들</u>

<u>대경해서 허생 앞에 줄지어 절했다.</u> / "오직 장군의 명령을 따르겠소이다."
허생의 능력을 확인한 뒤 허생을 대하는 태도가 달라짐

"너희들, 힘껏 짊어지고 가거라." / 이에, 군도들이 다투어 돈을 짊어졌으나, 한 사람이 백 냥 이상을

지지 못했다.

"㉣너희들, 힘이 한껏 백 냥도 못 지면서 무슨 도둑질을 하겠느냐? 인제 너희들이 양민이 되려고 해

도, 이름이 도둑의 장부에 올랐으니, 갈 곳이 없다. 내가 여기서 너희들을 기다릴 것이니, 한 사람이

백 냥씩 가지고 가서 <u>여자 하나, 소 한 필을 거느리고 오너라.</u>"
　　　　　　　　　　　　　가정을 이루고 농사를 짓기 위한 최소한의 조건

허생의 말에 군도들은 모두 좋다고 흩어져 갔다.

<u>허생은 몸소 이천 명이 1년 먹을 양식을 준비하고 기다렸다.</u> 군도들이 빠짐없이 모두 돌아왔다. 드디
　　　　　　　　허생의 비범함 – 비현실적

어 다들 배에 싣고 그 ⓐ <u>빈 섬</u>으로 들어갔다. 『허생이 도둑을 몽땅 쓸어 가서 나라 안에 시끄러운 일이

없었다.』『 』: 무능력한 지배층과 달리 허생이 문제를 해결한 것으로 허생의 영웅적 면모를 엿볼 수 있음

그들은 나무를 베어 집을 짓고, 대(竹)를 엮어 울을 만들었다. 땅기운이 온전하기 때문에 백곡이 잘 자

라서, 한 해나 세 해만큼 걸러 짓지 않아도 한 줄기에 아홉 이삭이 달렸다. 3년 동안의 양식을 비축해 두

고, 『나머지를 모두 배에 싣고 장기도(長崎島)로 가져가서 팔았다.』 『 』: 해외무역을 통해 부를 축적함

(전개2) 군도를 이끌고 빈 섬으로 들어가 이상국 건설을 시도하는 허생

다 이 대장이 방에 들어와도 허생은 자리에서 일어서지도 않았다. 이 대장은 몸 둘 곳을 몰라하며
　　　　　　　　　　위정자(권력자)에 대한 반감
나라에서 어진 인재를 구하는 뜻을 설명하자, 허생은 손을 저으며 막았다.

"밤은 짧은데 말이 길어서 듣기에 지루하다. 너는 지금 무슨 벼슬에 있느냐?" / "대장이오."

"그렇다면 너는 나라의 신임받는 신하로군. 내가 와룡 선생(臥龍先生) 같은 이를 천거하겠으니, 네가
　　　　　　　　　　　　　　　　　　중국 삼국 시대 촉한의 정치가인 제갈량을 일컬음
임금께 아뢰어서 삼고초려(三顧草廬)² 를 하게 할 수 있겠느냐?"
　　　　　　인재 등용을 위한 노력이 필요함을 강조함
이 대장은 고개를 숙이고 한참 생각하더니,

"어렵습니다. 제이(第二)의 계책을 듣고자 하옵니다." / 했다.　　　　　(절정1) 허생이 제시한 시사일책

라 "나는 원래 '제이'라는 것은 모른다."

하고 허생은 외면하다가, 이 대장의 간청에 못 이겨 말을 이었다. "명(明)나라 장졸들이 조선은 옛 은혜
가 있다고 하여, 그 자손들이 많이 우리나라로 망명해 와서 정처 없이 떠돌고 있으니, 『너는 조정에 청하
여 종실(宗室)의 딸들을 내어 모두 그들에게 시집보내고, 훈척(勳戚)³ 권귀(權貴)의 집을 빼앗아서 그들에
게 나누어 주게 할 수 있겠느냐?』 『 』: 명나라 유민을 대우할 것을 주장함으로써 청나라에 대한 반감으로
　　　　　　　　　　　　　　　대두되고 있던 북벌론의 진정성을 확보하고자 함
이 대장은 또 머리를 숙이고 한참을 생각하더니, / "어렵습니다." / 했다.

(절정2) 허생이 제시한 시사이책

마 "이것도 어렵다, 저것도 어렵다 하면 도대체 무슨 일을 하겠느냐? 가장 쉬운 일이 있는데, 네가
　　　　　　사대부의 개혁 의지에 대한 비판
능히 할 수 있겠느냐?"

"말씀을 듣고자 하옵니다."

"무릇, 천하에 대의(大義)를 외치려면 먼저 천하의 호걸들과 접촉하여 결탁하지 않고는 안 되고, 『남의
나라를 치려면 먼저 첩자를 보내지 않고는 성공할 수 없는 법이다.』 지금 만주 정부가 갑자기 천하의
　　　　　　　　　　　　　　　　　　『 』: 지피지기백전불태　　　　　　청나라
주인이 되어서 중국 민족과는 친근해지지 못하는 판에, 조선이
다른 나라보다 먼저 섬기게 되어 저들이 우리를 가장 믿는 터
이다. 진실로 당(唐)나라, 원(元)나라 때처럼 『우리 자제들이
유학 가서 벼슬까지 하도록 허용해 줄 것』과 『상인의 출입을
　　　　　　　　　　　　『 』: 인적 교류
금하지 말도록 할 것』을 간청하면, 저들도 반드시 자기네에게
　　『 』: 자유 무역

+ 낱말풀이

2 삼고초려 : 인재를 맞아들이기 위하여 참을
성 있게 노력함. 중국 삼국시대에 촉한의
유비가 난양에 은거하고 있던 제갈량의 초
옥으로 세 번이나 찾아갔다는 데서 유래함.
3 훈척 : 나라를 위하여 드러나게 세운 공로
가 있는 임금의 친척.

친근해지려 함을 보고 기뻐 승낙할 것이다. 국중의 자제들을 가려 뽑아 <u>머리를 깎고</u> <u>되놈의 옷을</u> 입혀서,
변발 호복

그중 선비는 가서 <u>빈공과(賓貢科)</u>에 응시하고, 또 서민은 멀리 강남(江南)에 건너가서 장사를 하면서,
중국 당나라 때에 외국인을 상대로 한 과거

저 나라의 실정을 정탐하는 한편, 저 땅의 호걸들과 결탁한다면 한번 천하를 뒤집고 <u>국치(國恥)</u>를 씻을
병자호란의 치욕

수 있을 것이다. 그리고 만약 명나라 황족에서 구해도 사람을 얻지 못할 경우, 천하의 제후(諸侯)를 거

느리고 적당한 사람을 하늘에 천거한다면, 잘되면 대국(大國)의 스승이 될 것이고, 못 되어도 백구지국

(伯舅之國)[4]의 지위를 잃지 않을 것이다." / 이 대장은 힘없이 말했다.

"사대부들이 모두 조심스럽게 예법(禮法)을 지키는데, 누가 <u>변발(辨髮)</u>[5]을 하고 <u>호복(胡服)</u>을 입으려 하
청나라의 차림새 – 청나라의 문물제도를 의미함

겠습니까?"
(전개 3) 허생이 제시한 시사삼책

(바) 허생은 크게 꾸짖어 말했다.

"<u>소위 사대부란 것들이 무엇이란 말이냐?</u> 오랑캐 땅에서 태어나 자칭 사대부라 뽐내다니 이런 어리석
사대부에 대한 비판 의식이 드러남

을 데가 있느냐? 의복은 흰 옷을 입으니 그것이야말로 상인(喪人)이나 입는 것이고, 머리털을 한데 묶

어 송곳같이 만드는 것은 남쪽 오랑캐의 습속에 지나지 못한데, 대체 무엇을 가지고 예법이라 한단 말

인가? 『번오기(樊於期)[6]는 원수를 갚기 위해서 자신의 머리를 아끼지 않았고, 무령왕(武靈王)은 나라를

강성하게 만들기 위해서 되놈의 옷을 부끄럽게 여기지 않았다.』 이제 대명(大明)을 위해 원수를 갚겠
『 』: 목표를 이루기 위해 노력했던 역사적 인물들의 사례를 들어 허례허식에 얽매이는 지배층의 태도 비판

다 하면서, 그까짓 머리털 하나를 아끼고, 또 장차 말을 달리고 칼을 쓰고 창을 던지며 활을 당기고 돌

을 던져야 할 판국에 넓은 소매의 옷을 고쳐 입지 않고 딴에 예법이라고 한단 말이냐? 내가 세 가지를
인재 등용, 명나라 후손에 대한 배려, 청나라와의 교류

들어 말하였는데, 너는 한 가지도 행하지 못한다면서 그래도 신임받는 신하라 하겠는가? 신임받는 신

하라는 게 참으로 이렇단 말이냐? 너 같은 자는 칼로 목을 잘라야 할 것이다."

하고 좌우를 돌아보며 칼을 찾아서 찌르려 했다. 이 대장은 놀라

서 일어나 급히 뒷문으로 뛰쳐나가 도망쳐서 돌아갔다.

(절정 4) 사대부에 대한 허생의 질타

(사) 이튿날, 다시 찾아가 보았더니, 집이 텅 비어 있고, 『허생은

간 곳이 없었다.』 『 』: 미완성의 결말(급진적 주장을 했으므로 화를 면하기 위한 작가의 의도)

(결말) 허생의 잠적

낱말풀이

4 백구지국 : 중국 봉건 시대 제후국 중에서 규모가 큰 나라.

5 변발 : 몽골인이나 만주인의 풍습으로 남자의 머리를 뒷부분만 남기고 나머지 부분을 깎아 뒤로 길게 땋아 늘임. 또는 그런 머리.

6 번오기 : 중국 진나라의 장수. 연나라로 망명한 뒤 진나라가 이를 빌미로 연나라를 침공하자 자신의 목을 바쳐 진나라에 대한 원수를 갚으려 하였음.

✔ 바로바로 CHECK

01 (가)에 대한 설명으로 알맞은 것은?

① 허생과 변씨의 갈등이 드러난다.
② 허생은 지배계층의 전형적 인물이다.
③ 허생에 대한 심리 묘사가 두드러진다.
④ 허생의 행적을 중심으로 사건이 전개된다.

해설 (가)는 허생이 변씨에게 돈을 빌려 매점매석을 한 행적을 중심으로 사건이 전개되고 있다.

02 ㉠~㉣ 중 당시의 취약한 경제 구조를 지적한 부분은?

① ㉠   ② ㉡
③ ㉢   ④ ㉣

해설 ㉡은 독점 상인에 의해 상거래 질서가 정해지기도 하는 취약한 경제 구조를 보여 준다.

03 (나)의 ⓐ의 의미로 가장 적절한 것은?

① 현실 도피처
② 이상국 건설의 공간
③ 범죄자를 가두는 감옥
④ 나라의 영토를 넓히려는 공간

해설 빈 섬은 허생이 이상국을 건설하는 무대이다.

정답 01. ④ 02. ② 03. ②

한눈에 감 잡기

1. 등장인물

허생	• 비범한 풍모를 지닌 비판적 지식인 • 이용후생의 실학사상을 실천하는 인물
허생의 처	• 경제적 능력을 중시하는 인물 • 작가의 의식을 대변하는 인물
변씨	• 허생의 비범한 재주와 성품을 꿰뚫어 보는 안목을 지닌 인물 • 허생과 이완의 만남을 주선하는 매개자 역할을 하는 인물
이완	• 무능한 지배계층을 대표하는 인물 ⇒ 과거의 인습에 얽매여 새로운 변화를 거부함 • 작가의 비판의 대상이 되는 인물

2. '허생전'을 통해 본 시대 배경

사회 현실 상황	경제적 피폐와 사회의 구조적 모순으로 기본적인 생계조차 꾸리기 힘들어 도둑이 되는 평민들이 많았음
신분 질서의 동요	• 경영형 부자(변씨)가 등장하고, 생계조차 잇기 어려운 몰락한 양반(허생)이 생겨남 • 평민 의식의 성장으로 지배층(양반)의 무능함과 허위가 드러나면서 양반이 비판과 풍자의 대상이 됨
실학사상	실사구시와 이용후생으로 구세제민을 주장하는 새로운 학풍이 등장함

교과 연계 작품 🐯 **호질**

– 박지원

✔ 핵심정리

- **갈래** : 한문 소설, 풍자 소설
- **성격** : 비판적, 풍자적, 우의적
- **시점** : 전지적 작가 시점
- **배경**
  - ① 시간 : 미상(창작 시기 18세기 후반)
  - ② 공간 : 정나라(우리나라가 아님)
- **주제** : 선비의 위선적인 의식과 인간 사회의 부도덕성 비판
- **특징**
  - ① 날카로운 풍자와 해학
  - ② 우화 소설 → 호랑이를 의인화하여 인격화함
  - ③ 표면적으로는 점잖은 당대 제일의 석학을 대상으로 그의 위선을 예리하게 폭로하고 비판함

- **글의 구성**

발단	여러 논의 끝에 유자(儒子)가 호랑이의 먹이로 추천됨

전개·위기	① 북곽 선생과 동리자를 소개함 ② 깊은 밤에 동리자의 청에 의하여 북곽이 동리자 방에 들어감 ③ 동리자의 다섯 아들이 습격하자 북곽은 도망치다 똥구덩이에 빠짐

절정	① 똥구덩이에서 기어 나온 북곽이 호랑이와 대면함 ② 북곽이 살려주기를 간청하자 호랑이는 당대 도학자들의 위선적인 사실들을 호랑이의 속성과 대비하여 크게 꾸짖고 가 버림

결말	아침에 농부를 만나 북곽은 다시 위선적인 모습을 보임

- **'북곽 선생'과 '동리자'의 인물됨**

북곽 선생	동리자
• 표면 : 학식 있고 고매한 인품의 유학자 • 이면 : 동리자와 밀회하며 고상한 말로 수작함	• 표면 : 열녀로 추앙받는 과부 • 이면 : 성이 다른 다섯 아들을 두고 있음

  가식적이고 위선적인 인물 → 당대 지배층의 허위의식과 부도덕함을 풍자

가 정나라 어느 고을에 벼슬을 탐탁하게 여기지 않는 학자가 살았으니 북곽 선생이었다. 『그는 나이
　　　양반을 대표하는 인물
마흔에 손수 교정(校正)해 낸 책이 만 권이었고, 또 육경(六經)의 뜻을 부연해서 다시 저술한 책이 일만 오
천 권이었다. 천자(天子)가 그의 행의(行義)를 가상히 여기고 제후(諸侯)가 그 망명을 존경하고 있었다.』
　　　　　　　　　　　　　　　　　　　　　　　　　　　　　　『 』: 학식과 덕망이 높아 세상 사람들에게 존경을 받는 북곽 선생
　　그 고장 동쪽에는 동리자라는 미모의 과부가 있었다. 천자가 그 절개를 가상히 여기고 제후가 그 현
　　　　　　　　　　　정절이 높은 열녀로 알려져 있으나 실상은 그렇지 않은 이중적 인물
숙함¹을 사모하여, 그 마을의 둘레를 봉(封)해서 '동리과부지려(東里寡婦之閭)'²라고 정표해 주기도 했다.
이처럼 『동리자가 수절을 잘 하는 부인이라 했는데, 실은 슬하의
다섯 아들이 저마다 성을 달리하고 있었다.』〈중략〉
　　　　　『 』: 동리자의 이중적이고 위선적인 모습(표리부동)
　　　　　　　　　　　　▶ 북곽 선생과 동리자에 대한 소개

> **✏ 낱말풀이**
> 1 현숙함 : 어질고 정숙함.
> 2 동리과부지려 : 동리라는 과부가 사는 마을.

나 다섯 놈들이 방을 둘러싸고 우루루 쳐들어갔다. 북곽 선생은 크게 당황하여 도망쳤다. 『사람들이 자기를 알아볼까 겁이 나서 모가지를 두 다리 사이로 들이박고 귀신처럼 춤추고 낄낄거리며 문을 나가서 내닫다가 그만 들판의 구덩이 속에 빠져 버렸다.』 그 구덩이에는 똥이 가득 차 있었다. 간신히 기어올라

└ 유학자의 허위와 위선을 풍자하는 해학적 소재

『 』: 자신의 부정이 들통날까 두려워 허둥지둥 달아나는 북곽 선생의 모습을 희화화함(유학자의 허위와 위선)

머리를 들고 바라보니 뜻밖에 범이 길목에 앉아 있는 것이 아닌가. 범은 북곽 선생을 보고 오만상을 찌푸리고 구역질을 하며 코를 싸쥐고 외면을 했다.

　　"어휴, 유자(儒者)여! 더럽다." 〈중략〉
　　유학자의 도덕적 타락에 대한 직접적인 비판

▶ 도망치다 똥구덩이 속에 빠진 후 범을 만난 북곽 선생

다 "이제 상황이 급해지자 면전에서 아첨을 떠니 누가 곧이듣겠느냐? 천하의 원리는 하나뿐이다. 범의 본성이 악한 것이라면 인간의 본성도 악할 것이요, 인간의 본성이 선한 것이라면 범의 본성도 선할 것이다. 『너희들의 떠드는 천 소리 만 소리는 오륜(五倫)³에서 벗어난 것이 아니고, 경계하고 권면하는 말은 내내 사강(四綱)⁴에 머물러 있다.』 『그런데 도회지에 코 베이고, 발꿈치 짤리고, 얼굴에다 자자(刺字)⁵질하고

『 』: 인간은 겉으로는 윤리와 도덕을 강조함

다니는 것들은 다 오륜을 지키지 못한 자들이 아니냐?』 『 』: 인간 사회의 타락 〈중략〉

▶ 인간 사회의 타락을 비판하는 범

라 북곽 선생이 숨을 죽이고 명령을 기다렸으나 오랫동안 아무 동정이 없기에 참으로 황공해서 절하고 조아리다가 머리를 들어 우러러보니, 이미 먼동이 터 주위가 밝아 오는데 범은 간 곳이 없었다. 그때 새벽 일찍 밭을 갈러 나온 농부가 있었다.

　　"선생님, 이른 새벽에 들판에서 무슨 기도를 드리고 계십니까?"

　　북곽 선생은 "성현의 말씀에 '하늘이 높다 해도 머리를 아니 굽힐 수 없고, 땅이 두껍다 해도 조심스럽게 닫지 않을 수 없다.' 하셨느니라."라고 엄숙히 말했다.

▶ 농부에게 자신의 행동을 변명하는 북곽 선생

낱말풀이

3 오륜 : 군신유의, 부자유친, 부부유별, 장유유서, 붕우유신.
4 사강 : 예(禮), 의(義), 염(廉), 치(恥).
5 자자 : 몸에 죄명을 먹물로 새겨 넣는 징벌.

04 심생의 사랑

– 이옥

☑ 핵심정리

- **갈래** : 애정 소설, 고전 소설
- **성격** : 비극적
- **시점** : 전지적 작가 시점
- **배경**
  ① 시간 : 조선 시대
  ② 공간 : 종로
- **제재** : 신분이 다른 두 남녀의 사랑
- **주제** : 신분을 초월한 남녀의 비극적인 사랑

- **글의 구성**
  - **발단** 심생이 종로에서 임금님 행차를 구경하고 돌아오는 길에 소녀를 만남
  - **전개** 심생은 매일 밤 소녀의 집에 찾아감
  - **위기** 소녀가 거짓말을 하여 심생이 마음을 접도록 하나 마음이 편치 않음
  - **절정** 소녀가 부모의 허락을 받아 심생과 혼인을 약속하나 병이 들어 죽음
  - **결말** 심생이 소녀의 죽음을 슬퍼하고 벼슬길에 올랐으나 일찍 죽음

㉮ 심생은 서울에 사는 선비였다. 『스무 살의 나이에 용모가 매우 준수했고 풍치 있는 마음이 흘러넘쳤다.』「　」: 인물 소개 – 인물의 직접적 제시

심생이 종로에서 임금님 행차를 구경하고 돌아오는 길이었다. 건실하게 생긴 여종 하나가 한 소녀를 자줏빛 비단 보자기로 덮어 씌워 업고 가는 것이 보였다. 또 다른 여종 하나는 붉은 비단 꽃신을 들고 그
<u>소녀에 대한 관심을 유발하는 소재</u>
뒤를 따르고 있었다. 보자기 겉으로 드러난 여인의 몸집을 어림해 보니 어린아이는 아닌 듯싶었다. 심생은 바짝 뒤를 쫓기도 하고, 졸졸 꽁무니를 따르기도 하고, 소매가 휙 스치게 곁을 지나기도 하면서 한시도 보자기에서 눈을 떼지 않았다.

소광통교에 이르렀을 때 문득 회오리바람이 일더니 <u>자줏빛 보자기가 반쯤 젖혀졌다</u>. 복사꽃 같은 뺨에
<u>소녀의 모습을 볼 수 있는 계기가 됨</u>
버들잎 같은 눈썹을 가진 소녀의 얼굴이 살포시 보였다. 초록 저고리에 붉은 치마를 입고 화장을 짙게 한 것이 얼핏 보기에도 절세미인이었다. 소녀 또한 어떤 미소년이 남색 저고리를 입고 초립을 쓴 채 왼쪽으로 오른쪽으로 따라 걸으며 자신에게 은근한 눈길을 주는 것을 보자기 속에서 희미하게나마 보고 있었다.

그러다 보자기가 벗겨지면서 <u>버들잎 같은 눈매, 별 같은 눈동자의 두 눈이 순간 마주쳤다.</u> 『소녀는
<u>심생과 소녀의 인연이 이어질 것임을 암시</u>
놀랍고도 부끄러워』보자기를 여며 덮어쓰고 떠났다. 심생이 여기서 그만둘 리 있겠는가. 곧장 뒤따라갔
「　」: 심생에게 관심을 보인 자신의 마음이 탄로 난 것이 부끄러워　　　　서술자 개입, 심생의 적극적 성격이 단적으로 드러남
으나 소공동 홍살문 안에 이르러 소녀는 어느 집 문으로 들어가 버렸다.

심생은 뭔가 잃어버린 듯이 멍하니 한참을 서성였다. 그러다가 이웃의 한 노파를 만나 그 집에 대해
　　　　　　　　　　　　　　　　　　　　　　　　　　심생에게 소녀에 대한 정보를 알려 주는 역할을 함
자세히 물었다. 노파의 말에 의하면, 그 집은 호조에서 회계 일을 맡아보다 퇴직한 중인의 집으로, 시집
을 가지 않은 열예닐곱 살의 딸이 하나 있다는 것이었다. 〈중략〉　　　　　**발단** 심생과 소녀의 만남

나 심생은 이때부터 날이 저물면 소녀의 집에 갔다가 새벽녘에야 집으로 돌아오는 일을 습관처럼 되
　　　　　　　　　　　　　　　　　　사랑에 빠진 심생의 행동
풀이했다. 스무 날이 지나도록 그렇게 하기를 멈추지 않았다. 소녀는 초저녁엔 소설을 읽거나 바느질을
　　　　　소녀를 사모하는 심생의 마음이 변하지 않음을 드러냄
하다가 한밤중이 되면 등불을 끄고 그대로 잠들기도 하고 혹 번뇌하며 잠을 이루지 못하기도 했다. 심생
　　　　　　　　　　　　　　　　　　　　　　　　　　　　　　　　전전반측
이 그런 지 예니레쯤 되는 날, 소녀는 문득 몸이 좋지 않다며 초저녁부터 자리에 누웠다. 『소녀는 자주
손으로 벽을 치며 길고 짧은 한숨을 내쉬었는데, 그 소리가 창밖까지 들려왔다.』 이런 일은 날이 갈수록
　　　　　　　　　　　　　『　』: 소녀가 심생이 매일 찾아오는 것을 알고 마음속으로 고심함
심해졌다.　　　　　　　　　　　　　　　　　　　　**전개1** 심생이 매일 밤 소녀의 집에 찾아감

다 스무날째 밤이었다. 소녀는 홀연 대청마루 뒤로 나오더니 벽을 따라 돌아와 심생이 앉아 있는 자리
에 나타났다. 심생은 캄캄한 어둠 속에서 불쑥 일어나 소녀를 붙잡았다. 소녀는 조금도 놀라지 않으며
　　　　　　　　　　　　　　　　　　　　　　　　　　　심생이 붙잡았다는 것을 알았기 때문에
소리를 낮추어 이렇게 말했다.

"낭군은 소광통교에서 만났던 그분이 아니신지요? 저는 처음부터 낭군이 와 계시는 걸 알고 있었습니
　소녀 역시 심생에 대해 관심을 가지고 있었음을 알 수 있음
다. 벌써 스무 날째로군요. 나를 붙들지 마시어요. 제가 소릴 지르면 여기서 나갈 수 없을 것이옵니다.
　심생이 매일 자신을 찾아 왔음을 알고 있었다는 말
나를 놓아주시면 저쪽 문을 열고 낭군을 맞이하겠사오니 어서 제 말대로 하시지요."

심생이 그 말을 믿고 물러서서 기다렸다. 소녀는 다시 벽을 따라 빙 돌아 들어가더니 방에 이르자 여종
을 불러 말했다.

"어머니께 가서 주석으로 만든 큰 자물쇠를 좀 얻어 오너라. 밤이 너무 깜깜하여 무섬증이 이는구나."

여종이 안방으로 가더니 얼마 안 있어 ㉠자물쇠를 가지고 왔다. 소녀는 심생과 약속했던 뒷문으로 가
자물쇠를 걸더니 일부러 딸가닥 소리를 내며 손수 열쇠로 자물쇠를 채웠다.

그러고는 즉시 방으로 들어가 등불을 끄고 기적도 내지 않고 깊이 잠든 체했지만 실은 잠들지 않았다.

　　　　　　　　　　　　　　　　　　　　　　　　전개2 소녀가 심생의 구애를 거절함

한눈에 감 잡기

1. 등장인물

심생	용모 준수한 양반 자제로 중인층의 소녀에게 적극적으로 구애함
소녀	미인인 중인층 소녀로 사려 깊고 주관이 뚜렷함

2. '심생전'의 등장인물을 통해 본 사회상
- 중인층의 성장
- 자유연애 사상
- 여성 의식의 성장
- 신분 질서의 동요

✔ 바로바로 CHECK

01 이 글에 대한 설명으로 적절하지 <u>않은</u> 것은?

① 혼사 장애 모티프가 드러난다.
② 우연에 의해 사건이 전개되고 있다.
③ 액자식 구성을 통해 주제를 드러낸다.
④ 주로 개인과 사회 사이의 갈등이 드러나 있다.

해설 이 글은 액자식 구성이 아니다.
※ 액자식 구성 : 외부 · 내부 이야기가 존재하는 것

02 (다)의 ⊙의 의미로 적절한 것은?

① 현실적 제약   ② 사랑의 매개물
③ 사랑의 방해물   ④ 갈등 해소의 매개체

해설 소녀의 사랑을 얻는 데 생긴 또 다른 장벽이라고 볼 수 있다.

03 이 글의 내용과 일치하지 <u>않는</u> 것은?

① 심생은 짝사랑하던 소녀를 매일 밤 미행하고 있다.
② 노파의 도움으로 심생은 소녀의 집을 찾을 수 있었다.
③ 심생이 매일 밤마다 찾아오는 것을 소녀는 알고 있었다.
④ 심생과 소녀가 대면한 것은 만난 지 스무날째 되던 날이다.

해설 짝사랑하던 소녀가 아니라 임금님 행차를 구경하고 돌아오는 길에 여종에게 업혀 가는 예쁜 소녀를 보고 따라간 것이다.

정답 01. ③   02. ①   03. ①

05 춘향전

– 작자 미상

✓ 핵심정리

- **갈래** : 판소리계 소설, 염정 소설
- **성격** : 해학적, 풍자적, 평민적
- **배경**
  ① 시간 : 조선 후기(숙종)
  ② 공간 : 전라도 남원
- **제재** : 춘향의 정절
- **주제**
  ① 신분을 초월한 남녀 간의 사랑
  ② 불의한 지배 계층에 대한 서민의 항거
  ③ 신분적 갈등의 극복을 통한 인간 해방
- **특징**
  ① 해학과 풍자에 의한 골계미가 나타남
  ② 서술자의 편집자적 논평이 자주 드러남
  ③ 판소리의 영향으로 운문체와 산문체가 혼합됨

- **글의 구성**

  발단 전라도 남원 부사의 아들 이몽룡과 퇴기 월매의 딸 춘향은 서로 사랑에 빠져 백년가약을 맺음

  전개 이몽룡의 부친이 서울로 영전하게 되어 이몽룡과 춘향은 이별함

  위기 새로 부임한 변학도는 춘향에게 수청을 강요하고, 이를 거부한 춘향은 옥에 갇힘

  절정 이몽룡은 장원급제를 하여 암행어사로 내려와 변사또의 생일날 어사 출두를 하고 탐관오리를 숙청함

  결말 이몽룡은 춘향을 정실부인으로 맞아 행복한 여생을 보냄

가 이때에 어사또 군호(軍號)¹할 제, 서리(胥吏) 보고 눈을 주니 서리, 중방(中房)² 거동 보소. 역졸(驛卒) 불러 단속할 제 이리 가며 수군, 저리 가며 수군수군, 서리 역졸 거동 보소. 외올망건(網巾)³, 공단

_{어사 출두를 외치라는 신호를 의성어로 표현}　　　　　　　　　　　　　　　_{편집자적 논평}

(貢緞)⁴ 쌔기⁵ 새 평립(平笠)⁶ 눌러 쓰고 석 자 감발⁷ 새 짚신에 한삼(汗衫)⁸, 고의(袴衣)⁹ 산뜻 입고 『육모

방치』 녹피(鹿皮) 끈을 손목에 걸어 쥐고 예서 번뜻 제서 번뜻, 남원읍이 우군우군, 청파 역졸(靑坡驛卒)

_{사슴 가죽}　　　　　　　　　　　　　　　　　　　　　　　　　　　　　　　^{『　』: 육면으로 된 방망이}

거동 보소. 달 같은 마패(馬牌)를 햇빛같이 번뜻 들어

"암행어사 출도(出道)야!"

외는 소리, 강산이 무너지고 천지가 뒤눕는 듯. 초목금수(草木禽

_{직유법, 과장법}

獸)인들 아니 떨랴.

남문에서 / "출도야!" / 북문에서 / "출도야!"

<u>동문 서문 출도 소리 청천에 진동하고,</u>

_{과장법}

"공형 들라!" 외는 소리, 육방(六房)¹⁰이 넋을 잃어, / "공형이

오." / 등채¹¹로 휘닥딱 / "애고 중다."

_{죽는다}

"공방, 공방!" / 공방이 포진 들고 들어오며,

🔍 낱말풀이

1 **군호** : 대궐의 군졸들이 쓰던 암호.
2 **중방** : 고을 원의 시중을 들던 사람.
3 **외올망건** : 하나의 올로 만든 망건.
4 **공단** : 두껍고 무늬는 없지만 윤기가 도는 비단.
5 **쌔기** : 흔히 갓 모자에 씌운 직물.
6 **평립** : 패랭이. 댓개비로 엮어 만든 갓.
7 **감발** : 버선 대신 발에 감는 좁고 긴 무명.
8 **한삼** : 손을 가리기 위해 윗옷 소매 끝에 흰 헝겊으로 길게 덧대는 소매.
9 **고의** : 남자의 여름 홑바지.
10 **육방** : 조선 시대에 승정원 및 각 관아에 둔 여섯 부서.
11 **등채** : 옛날 전쟁에서 쓰던 채찍.

"안 하려던 공방을 하라더니 저 불 속에 어찌 들랴." / 등채로 후닥딱 / "애고, 박 터졌네."

좌수, 별감 넋을 잃고, 이방, 호방 실혼(失魂)하고, 삼색 나졸(三色羅卒)¹² 분주하네.
　　　　　　　　　　　　　넋을 잃고

▶ 암행어사 출두와 넋을 잃은 아전들

나 모든 수령 도망할 제 거동 보소. 인궤(印櫃) 잃고 과줄¹³ 들고, 병부(兵符) 잃고 송편 들고, 탕건(宕巾)
　　　　　　　　　　　　　　　　　　　　　　　　　　　　　　　　　　　　갓 아래에 받쳐 쓰는 관의 한 가지

잃고 용수 쓰고, 갓 잃고 소반(小盤)¹⁴ 쓰고, 칼집 쥐고 오줌 누기. 부서지니 거문고요, 깨지느니 북, 장구

라. ㉠본관이 똥을 싸고 멍석 구멍 새앙쥐 눈 뜨듯 하고 내아(內衙)로 들어가서
　　　　　　　　　　　　　비유적 표현을 통한 웃음 유발 – 해학적 표현

"어 추워라, 문 들어온다, 바람 닫아라. 물 마른다, 목 들여라."
　　언어 도치에 의한 언어유희 – 해학적 표현

관청색은 상을 잃고 문짝 이고 내달으니, 서리, 역졸 달려들어 후닥딱 / "애고, 나 죽네!"

▶ 어사 출두로 도망가는 본관과 수령들

다 이 때 수의사또¹⁵ 분부하되

"이 골은 대감이 좌정하시던 골이라, 훤화(喧譁)¹⁶를 금하고 객사(客舍)로 사처(徙處)하라."
　　　　　　　　　　　　　　　　　　　　　　　　　　　　　　거처를 옮김

좌정(座定) 후에 / "본관은 봉고파직(封庫罷職)¹⁷하라." / 분부하니, / "본관은 봉고파직이오!"

▶ 본관을 봉고파직함

라 사대문에 방 붙이고 옥 형리 불러 분부하되, / "네 골 옥수(獄囚)를 다 올리라."
　　　　　　　　　　　　　　　　　　　　　　　　　　옥에 갇힌 사람

호령하니 죄인을 올리거늘, 다 각각 문죄(問罪) 후에 무죄자 방송(放送)할새,
　　　　　　　　　　　　　　　　죄를 캐내어 물음　　　　죄인을 석방함

"저 계집은 무엇인다?" / 형리 여짜오되,

"기생 월매 딸이온데, 관정(官庭)에 포악(暴惡)한 죄로 옥중에 있삽내다."

"무슨 죈다?" / 형리 아뢰되, / "본관 사또 수청(守廳)으로 불렀더니 수절(守節)이 정절(貞節)이라 수청

아니 들려 하고, 관전(官前)에 포악한 춘향이로소이다."
　　　　　　　　　　　　　　　　절개를 지킨다는 의미로 동음 반복을 통한 언어유희

어사또 분부하되, / "너만 년이 수절한다고 관정 포악하였으니

살기를 바랄쏘냐. 죽어 마땅하되 내 수청도 거역할까?"

▶ 춘향의 절개를 시험하는 어사또

마 춘향이 기가 막혀 『"내려오는 관장(官長)마다 개개이 명관

이로구나.』 수의 사또 들으시오. 층암절벽(層巖絶壁) 높은 바위
『　』:반어적 표현

바람 분들 무너지며, 청송녹죽(靑松綠竹) 푸른 나무 눈이 온들

낱말풀이

12 삼색나졸 : 조선 시대에 지방 관아에 속하
　던 죄인을 다루는 일이나 심부를 따위를
　위하여 지방에 보내던 임시나졸.
13 과줄 : 강정, 다식, 약과, 정과 따위를 통
　틀어 이르는 말.
14 소반 : 술을 거르는 데 쓰는 싸리로 만든
　긴 통.
15 수의사또 : 어사또를 달리 이르는 말.
16 훤화 : 시끄럽게 지껄이며 떠듦.
17 봉고파직 : 어사나 감사가 못된 짓을 많이
　한 고을의 원을 파면하고 관가의 창고를
　봉하여 잠금.

변하리까? 그런 분부 마옵시고 어서 바삐 죽여 주오." / 하며,

"향단아, 서방님 어디 계신가 보아라. 어젯밤에 옥문간에 와 계실 제 천만 당부하였더니 어디를 가셨는지, 나 죽는 줄 모르는가?"

▶ 춘향의 곧은 절개

🕓 어사또 분부하되, / "얼굴을 들어 나를 보라." / 하시니,

춘향이 고개를 들어 대상(臺上)을 살펴보니 걸객(乞客)으로 왔던 낭군, 어사또로 뚜렷이 앉았구나.
　　　　　　　　　　　　　　　　　　극적인 반전
반 웃음 반 울음에

"얼씨구나 좋을씨고. 어사 낭군 좋을씨고. 남원 읍내 추절(秋節) 들어 떨어지게 되었더니, 객사에 봄이
　　감정의 반전　　　　　　　　　　　　　　　　학정
들어 이화 춘풍(李花春風) 날 살린다. 꿈이냐 생시냐, 꿈을 깰까 염려로다."
　봄바람, 이몽룡 – 중의적 표현
『한참 이리 즐길 적에 춘향 모 들어와서 가없이 즐겨하는 말을 어찌 다 설화(說話)하랴. 춘향의 높은 절
개 광채 있게 되었으니 어찌 아니 좋을쏜가?』
　『　』: 편집자적 논평(요약적 제시)

▶ 춘향과 어사또의 재회

🕓 어사또 남원 공사(公事) 닦은 후에 춘향 모녀와 향단이를 서울로 치행(治行)할 제, 위의(威儀) 찬란하
　　　　　　　　　공적인 사무　　　　　　　　　　　　　　　　길 떠날 준비
니 세상 사람들이 누가 아니 칭찬하랴. 이 때, 춘향이 남원을 하직할새, 영귀(榮貴)하게 되었건만 고향을 이별
하니 일희일비(一喜一悲)가 아니 되랴.

"놀고 자던 부용당(芙蓉堂)아, 너 부디 잘 있거라. 광한루(廣寒樓), 오작교(烏鵲橋)며 영주각(瀛洲閣)도
　　　　　　첫날밤의 장소　　　　　　　　　　　　　　　　첫 만남의 장소
잘 있거라. 춘초(春草)는 연년록(年年綠)하되 왕손(王孫)은 귀불귀(歸不歸)라, 날로 두고 이름이라. 다
각기 이별할 제 만세무량(萬歲無量) 하옵소서, 다시 보긴 망연(茫然)이라."
　　　　　　　　만수무강　　　　　　　　　　　　　넓고 아득함
이 때, 어사또는 좌우도(左右道) 순읍(巡邑)하여 민정을 살핀 후에 서울로 올라가 어전(御前)에 숙배(肅
　　　　　　　전라도의 좌우 고을
拜)하니, 삼당상(三堂上) 입시(入侍)하사 문부(文簿)를 사정(査定) 후에 상이 대찬(大讚)하시고 즉시 이조
　　　　　　　　　　　　　　　　　　　　　　　　　　임금
참의(吏曹參議) 대사성(大司成)을 봉하시고, 춘향으로 정렬부인(貞烈夫人)을 봉하시니, 사은(謝恩) 숙배하
　　　　　　　　　　　　　　　　　　　정조와 지조를 지킨 부인에게 내리는 칭호
고 물러나와 부모전에 뵈온대, 성은(聖恩)을 축수(祝壽)하시더라.

이 때, 이판(吏判), 호판(戶判), 좌우영상(左右領相) 다 지내고, 퇴사(退仕) 후 정렬부인으로 더불어 백
　　　　　　　　　　　　　　좌의정, 우의정, 영의정
년 동락할새, 정렬부인에게 삼남 이녀를 두었으니, 개개이 총명하여 그 부친을 압두(壓頭)하고 계계승승
(繼繼承承)하여 직거일품(職居一品)으로 만세 유전(萬世流轉)하더라.

▶ 이몽룡이 춘향과 함께 상경하여 백년동락함

– 완판본(完板本) '열녀 춘향 수절가(烈女春香守節歌)'

한눈에 감 잡기

1. '춘향전'의 갈등 양상

춘향과 변학도	탐관오리에게 저항하는 서민 의식을 대변함
이몽룡과 변학도	탐관오리를 응징한다는 측면에서 권선징악의 주제와 관련됨
춘향과 사회	춘향이 이몽룡과 결합하여 사대부가에 편입됨으로써 신분 상승을 이루므로 여성 해방과 관련됨

2. '춘향전'의 배경 사상과 주제 의식

- 자유연애 사상 : 자유 의지에 의한 남녀 간의 사랑
- 인간 평등 사상 : 신분을 초월한 두 남녀의 결합
- 사회 개혁 사상 : 탐관오리의 횡포에 대한 징계
- 관념적 유교 사상 : 춘향이 보여 준 지조와 정절의 자세

3. '춘향전'의 전승 과정

근원 설화		판소리 사설		고전 소설		신소설
염정 설화, 신원 설화, 관탈 민녀 설화, 열녀 설화	➡	춘향가	➡	춘향전	➡	옥중화

✔ 바로바로 CHECK

01 이 글에 대한 설명으로 적절하지 <u>않은</u> 것은?

① 역순행적 구성이 드러난다.
② 구비 전승되어 작가를 알 수 없다.
③ 해학적인 표현과 풍자가 드러난다.
④ 호흡이 빠른 구어체를 사용하고 있다.

해설 시간의 흐름에 따른 구성이 드러난다.

02 (나)의 ㉠의 기능에 대한 설명으로 가장 적절한 것은?

① 갈등을 조장한다.
② 긴장감을 유발한다.
③ 사건의 결말을 암시한다.
④ 웃음을 유발하여 긴장감을 이완시킨다.

해설 본관 사또의 행동을 해학적으로 표현하여 심리적 긴장을 이완시키고 있다.

정답 01. ① 02. ④

06 흥보전

– 작자 미상

☑ 핵심정리

• **갈래** : 국문 소설, 설화 소설, 판소리계 소설

• **성격** : 교훈적, 해학적, 풍자적

• **배경**
① 시간 : 조선 후기(숙종)
② 공간 : 경상도와 전라도 경계

• **주제**
① 형제간의 우애와 권선징악(勸善懲惡)
② 빈부 간의 갈등

• **특징**
① 과장된 표현, 익살, 해학 등을 통해 골계미를 드러냄
② '춘향전', '심청전'과 더불어 3대 판소리계 소설에 해당함
③ '박타령(흥보가) – 흥보전 – 연의 각' 등으로 끊임없이 재생산됨

• **글의 구성**

발단 심술 고약한 형 놀보가 부모의 유산을 독차지하고 착한 동생 흥보를 내쫓음

전개 흥보가 매품팔이까지 하려고 하지만 가난에서 벗어나지 못하고 온갖 고생을 함

위기 놀보 집에 도움을 청하러 갔다가 매만 맞고 돌아온 흥보는 다친 제비를 치료해 주고 박씨를 얻음

절정 흥보는 박씨를 심어 수확한 박에서 금은보화가 나와 큰 부자가 되고 이 소문을 들은 놀보는 제비 다리를 일부러 부러뜨려 박씨를 얻지만 패가망신함

결말 착한 흥보는 놀보에게 재물을 나누어 주고, 형제가 행복하게 살게 됨

㉮ "애기 어멈, 게 있는가. 문을 열고 이것 보시오. 대장부 한 걸음에 삼십 냥이 들어가네."
<u>모처럼 돈을 가지고 집으로 들어가는 흥보의 자부심이 반영된 표현</u>

흥보 아내 이른 말이, / "그 돈은 웬 돈이며 삼십 냥은 웬 돈이오?"
<u>모처럼 돈을 가지고 집에 온 흥보를 보고 놀라서 묻는 아내</u>

흥보 이른 말이, / "천기누설(天機漏洩)이라, 말부터 앞세우면 일이 이루어질 수 없으니, 그 돈으로 양식 팔아 배불리 질끈 먹고."

흥보 아내 이른 말이, / "먹으니 좋소만 그 돈은 어디서 났소?" / 흥보 이른 말이,

"<u>본읍 좌수 대신으로 병영 가서 곤장 맞기로 삼십 냥에 결단하고 마싻 돈 닷 냥 받아 왔네.</u>"
<u>삼십 냥을 매품을 판 후에 받기로 하고 일단 닷 냥을 받아 왔음</u>

전개1 매품을 팔기로 하고 집으로 돌아온 흥보

㉯ 흥보 아내 이 말 듣고 기가 막혀 이른 말이, / "그놈의 죄상(罪狀)도 모르고 병영으로 올라갔다가 저 모습 저 몰골에 곤장 열을 맞으면 곤장 아래 혼백 될 것이니 제발 덕분 가지 마오."
<u>죽게 될 것이 뻔하니</u>

흥보 이른 말이, / "볼기의 구실이 있나니." / "볼기가 구실이 있단 말이오?"

"그렇지. 볼기 구실 들어 보소. 이내 몸이 정승 되어 <u>평교자(平轎子)</u>에 앉아 볼까, 육판서 하였으면
<u>종1품 이상의 벼슬아치가 타던 가마</u>

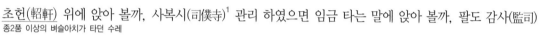

초헌(軺軒) 위에 앉아 볼까, 사복시(司僕寺)[1] 관리 하였으면 임금 타는 말에 앉아 볼까, 팔도 감사(監司)
<u>종2품 이상의 벼슬아치가 타던 수레</u>

하여 선화당(宣化堂)에 앉아 볼까, 각 읍 수령 하여 좋은 가마에 앉아 볼까, 좌수 별감(別監) 하여 향사
　　　<u>각 도의 관찰사가 사무를 보던 정당</u>

당(鄕社堂)[2]에 앉아 볼까, 이방 호장 하여 <u>작청(作廳)</u> 좋은 자리에 앉아 볼까, 소리명창 되어 크고 넓은
　　　　　　　　　　　　　<u>군아에서 구실아치가 일을 보던 곳</u>

좋은 집 양반 앞에 앉아 볼까, 풍류 호걸 되어 기생집에 앉아 볼까, 서울 이름난 기생 되어 가마 안에

앉아 볼까, 많은 돈 벌어 부담마(負擔馬)에 앉아 볼까, 『쓸데없는 이내 볼기 놀려 무엇 한단 말인가. 매

품이나 팔아 먹세.』『 』: 자신의 볼기는 쓸 곳이 없으니 매품을 파는 데 써야 한다는 생각을 드러냄

　　　　　　　　　　　　　　　전개2 매품을 파는 것이 볼기의 구실이라는 흥보

다 흥보 자식들이 벌 떼같이 나앉으며, / "아버지 말씀을 들으니 <u>호사(豪奢)</u>가 큼직하오. 그래 아버지
　　　　　　　　　　　　　　　　　　　　　　　<u>호화롭게 사치하는 것</u>

병영 가신다 하니, 날 <u>오동철병(烏銅鐵瓶)</u> 하나 사다 주오."
　　　　　　　<u>검붉은 빛이 나는 구리로 만든 병</u>

흥보 이른 말이, / "<u>고의</u> 벗은 놈이 어디다 차게야?"
　　　　　　　<u>남자의 여름 홑바지</u>

"귀밑머리에 차도 찰 터이옵고 생갈비를 뚫고 차도 찰 터이오니 사 오기만 사 오오."
<u>불가능한 곳에라도 찰 테니 사 오라는 의지를 표현</u>

또 한 놈 나앉으며, / "나는 <u>남수주(藍水紬)</u> 비단으로 만든 큰 <u>창옷</u> 한 벌 사다 주오."
　　　　　　　　　<u>남색으로 된 품질이 좋은 비단</u>　　　　　　<u>두루마기와 같은데 소매가 좁은 웃옷</u>

"고의 벗은 놈이 어디다 입게야?"

흥보 큰아들 나앉으며 제 동생들을 꾸짖는데 옳게 꾸짖는 게 아니라 하늘에 사무칠 듯 꾸짖어,

"에라 심하구나, 후레아들 놈들. 아버지 그렇잖소. 나는 담비 가죽 <u>탕평채(蕩平菜)</u>[3]에 모초의(毛稍衣)
　　　　　　　　　　　　　　　　　　　　　　　<u>내용상 잘못 끼어든 것에 해당</u>

한 놈과, <u>한포단</u> 허리띠 비단 주머니 당팔사(唐八絲) 끈 꿰어, 쇠거울 돌거울 넣어다 주오."
　　　<u>한포로 된 비단</u>

흥보 이른 말이, / "네 아무것도 안 찾을 듯이 하더니 단계를 높여 하는구나. 너희 놈들이 내 마른 볼기

를 <u>대송방(大松房)</u>[4]으로 아는 놈들이로구나."

흥보 이른 말이, / "애기 어멈 그리하시오. 쉬 다녀옴세."

흥보 병영 내려갈 제 탄식하고 내려간다. 전개3 병영에 가는 흥보에게 온갖 물건을 사 달라고 보채는 흥보 자식들

라 "도로는 끝없는데 병영 성중 어드메요. 조자룡이 강을 넘
던 <u>청총마(靑驄馬)</u>나 있으면 이제 잠깐 가련마는, 몸이 고생스
　　<u>갈기와 꼬리가 파르스름한 백마</u>

러우니 조그마한 내 다리로 오늘 가다 어디서 자며 내일 가다

어디서 잘꼬. 제갈공명 쓰던 축지법을 배웠으면 이제로 가련마

는 몇 밤 자고 가잔 말가."

낱말풀이

1 사복시 : 고려, 조선 시대에 궁중의 말과 가마에 관한 일을 맡아보던 관청.
2 향사당 : 고려, 조선조에 지방의 수령을 보좌하던 자문기관.
3 탕평채 : 초나물에 녹말묵을 썰어 넣고 만든 음식.
4 대송방 : 예전에 주로 서울에서 개성 사람이 주단, 포목 따위를 팔던 큰 가게.

여러 날 만에 병영을 당도하니 영문(營門)도 엄숙하다. 처다보니 대장이 지휘하는 깃발이요 내려다보니 순시하는 깃발이로다.

전개4 흥보가 매품을 팔기 위해 병영에 당도함

한눈에 감 잡기

1. 등장인물

흥보	선량하고 우애와 신의가 있는 인물
흥보 처	선량하며 현실 인식이 빠르고 고난을 이겨 내고자 하는 현실적 인물
놀보	탐욕과 심술로 가득 찬 악인의 전형적 인물
놀보 처	놀보와 같이 욕심 많고 인정 없는 인물

2. 흥보가 매품을 파는 상황에 대한 인물들의 반응과 효과

흥보	자신의 볼기짝이 쓸모없음을 들어 매품팔이가 최선임을 말한다.
흥보의 아내	남편에 대한 염려 때문에 반대하고 간절하게 만류한다.
자식들	매를 맞아 죽을지도 모르는 아버지에게 이것저것 사 달라고 요구한다.

⇒ 인물의 궁핍한 처지가 부각되어 비극성이 고조됨

✔ 바로바로 CHECK

01 이 글의 내용으로 적절하지 않은 것은?

① 흥보는 생계를 위해 매품을 팔려고 하고 있다.
② 자식들은 철없이 요구 사항만을 말하고 있다.
③ 흥보의 아내는 돈보다 남편을 더 소중하게 생각하고 있다.
④ 흥보의 가족은 궁핍한 처지에서 각자 살 방법을 찾고 있다.

해설 가난한 처지에서 각자 살 방법을 찾고 있는 것은 아니다.

02 이 글에서 (다)의 역할로 적절한 것은?

① 새로운 갈등의 계기가 된다.
② 갈등 해소의 실마리를 제공한다.
③ 이해타산적인 세태를 풍자하고 있다.
④ 상황에 어울리지 않는 대화를 통해 해학성을 주고 있다.

해설 매품을 팔러 가는 흥보에게 자식들이 무언가를 사다 달라고 떼를 쓰는 부분으로 부정적인 상황인데도 웃음을 유발하고 있다.

정답 01. ④ 02. ④

※ 다음 글을 읽고 물음에 답하시오. (1~3)

　　승상이 자세히 보니 과연 낯이 익은 듯하거늘 홀연 깨쳐 능파 낭자를 돌아보며 왈,
　　"소유가 전일 토번을 정벌할 제 꿈에 동정 용궁에 가 잔치하고 돌아오는 길에 남악에 가 놀았는데, 한 화상이 법좌에 앉아서 경을 강론하더니 노부가 그 화상이냐?"
　　호승이 박장대소하고 가로되,
　　"옳다, 옳다. 비록 옳으나 몽중에 잠깐 만나 본 일은 생각하고 십 년을 동처하던 일을 알지 못하니 뉘 양 장원을 총명타 하더뇨?"
　　승상이 망연하여 가로되,
　　"소유가 십오륙 세 전은 부모 좌하를 떠나지 않았고 십육 세에 급제하여 연하여 직명이 있었으니, 동으로 연국에 봉사하고 서로 토번을 정벌한 밖은 일찍 경사를 떠나지 않았으니 언제 사부로 더불어 십 년을 상종하였으리오?"
　　호승이 웃어 왈,
　　"상공이 오히려 춘몽을 깨지 못하였도소이다."
　　승상 왈,
　　"사부가 어찌하면 소유로 하여금 ㉠춘몽을 깨게 하리오?"

[A]　　호승 왈,
　　"이는 어렵지 아니하니이다."
　　하고, 손 가운데 석장을 들어 석난간을 두어 번 두드리니 홀연 네 녘 산골로부터 구름이 일어나 대 위에 끼이어 지척을 분변치 못하니, 승상이 정신이 아득하여 마치 취몽 중에 있는 듯하더니 오래되어서야 소리 질러 가로되,
　　"사부가 어이 정도로 소유를 인도치 아니하고 환술로 서로 희롱하느뇨?"
　　말을 떨구지 못하여서 구름이 걷히니 호승이 간 곳이 없고 좌우를 돌아보니 여덟 낭자가 또한 간 곳이 없는지라. 정히 경황하여 하더니, 그런 높은 대와 많은 집이 일시에 없어지고 제 몸이 한 작은 암자 중의 한 포단 위에 앉았으되, 향로에 불이 이미 사라지고, 지는 달이 창에 이미 비치었더라.

　　스스로 제 몸을 보니 일백여덟 낱 염주가 손목에 걸렸고 머리를 만지니 갓 깎은 머리털이 가칠가칠하였으니, 완연히 소화상의 몸이요 다시 대승상의 위의 아니니, 정신이 황홀하여 오랜 후에 비로소 제 몸이 연화 도량 성진 행자인 줄 알고 생각하니, 처음에 스승에게 수책하여 풍도로 가고 인세에 환도하여 양가의 아들 되어 장원 급제 한림학사 하고 출장입상하여 공명신퇴하고 두 공주와 여섯 낭자로 더불어 즐기던 것이 다 하룻밤 꿈이라. 마음에,
　　'이 필연 사부가 나의 염려를 그릇함을 알고 나로 하여금 이 꿈을 꾸어 인간 부귀와 남녀 정욕이 다 허사인 줄 알게 함이로다.'

– 김만중, 「구운몽」

01

윗글의 내용 중 의미하는 바가 다른 하나는?

① 장원 급제한 일

② 토번을 정벌한 일

③ 여덟 낭자와 함께 산 일

④ 연화 도량의 행자로 지낸 일

01

④는 현실인 천상계로 돌아온 소화상 성진의 삶이며, ①, ②, ③은 꿈속 인간계에서 부귀영화를 누리던 양소유의 삶이다.

02

[A]에 나타난 고전 소설의 특징으로 적절한 것은?

① 사물을 의인화한다.

② 장면의 전환이 없다.

③ 갈등을 해학적으로 표현한다.

④ 비현실적으로 사건을 전개한다.

02

호승이 환술을 부리는 것은 전기적 요소로 고전 소설의 비현실성에 해당한다.

03

다음의 ⓐ에 주목할 때 ㉠에 대한 설명으로 가장 적절한 것은?

> 이 작품에서 '성진'은 세속적인 부귀공명을 누리는 삶에 미련을 가지고 있었다. 그러던 중 꿈속에서 '소유'로 태어나 세속적인 삶을 다양하게 경험하게 된다. 여기에서 꿈은 세속적인 가치가 헛되다는 ⓐ작가의 의도를 드러내는 중요한 기능을 한다. 꿈에서 깬 '성진'은 '육관대사'의 가르침으로 불도를 깨닫고 팔선녀와 함께 극락세계로 가게 된다.

① 인생의 덧없음을 깨닫게 한다.

② 부귀공명의 중요성을 인식하게 한다.

③ 지조와 절개의 필요성을 느끼게 한다.

④ 형제간 우애의 소중함을 확인하게 한다.

03

작가는 꿈속 양소유의 삶을 통해 인생의 부귀공명이 덧없음을 깨닫게 한다.

ANSWER

01. ④ **02.** ④ **03.** ①

※ 다음 글을 읽고 물음에 답하시오. (4~6)

두 부인(杜夫人)과 함께 성중(城中)의 여러 매파들을 불러 놓고 처녀가 있는 곳을 물어보았다. 여러 매파들은 손뼉을 치며 허풍을 떨었다. 칭찬하는 경우에는 청천(靑天)으로 들어올리고, 비난하는 경우에는 황천(黃泉)으로 떨어뜨렸다. 그들 가운데 주파(朱婆)라는 자가 있었다. 그녀는 나이가 가장 많았다. 유독 홀로 입을 열지 않더니 마침내 소사에게 고했다.

"〈중략〉 노야(老爺)께서 만일 부귀한 형세를 구하려 하신다면, 엄 승상(嚴丞相) 댁의 손녀만한 사람이 없을 것입니다. 반드시 어진 며느리를 고르려 하신다면, 신성현(新城縣)의 고(故) 사 급사(謝給事) 댁 처녀만한 사람이 없을 것입니다."

"부귀는 본래 원하는 바가 아니란다. 오직 어진 사람을 택할 것이니라. 그런데 자네가 말한 신성의 사 급사는 필시 직간(直諫)하다가 적소(謫所)로 가서 죽은 사담(謝潭)일 것이야. 그 사람은 청렴하고 정직한 선비였지. 사 급사 댁이라면 의당 혼인을 맺을 만하겠구나. 다만 처녀가 과연 어떤 사람인지 그것을 알 수가 없으니……." / "〈중략〉 몇 해 전에는 소인이 마침 일이 있어 그 댁에 갔다가 처녀를 직접 본 적이 있습니다. 그 당시 처녀는 열세 살이었습니다. 그런데도 덕성(德性)은 이미 무르익은 상태였습니다. 그 자색(姿色)을 논할 것 같으면 진실로 천인(天人)이 적강(謫降)한 것 같았습니다. 이 세상에는 그와 견줄 만한 사람이 없을 것입니다. 이미 여공(女功)에서도 능치 못한 것이 없었습니다. 또한 경사(經史)도 널리 섭렵하였답니다. 그 문재(文才)는 비록 남자라 하더라도 쉽게 대적할 수 없을 것입니다. 이상의 말씀은 비단 소인만이 아는 바가 아닙니다. 사람들이 하는 말도 또한 모두 그러하였습니다."

두 부인이 그 이야기를 듣고 한동안 생각에 잠겼다가 입을 열었다.

"우화암 여승(女僧) 묘희(妙姬)는 계행(戒行)이 매우 높고 겸하여 안목도 갖추고 있습니다. 사오 년 전에 저에게 말하기를, '신성현 사 급사 댁의 소저는 이 세상 사람이 아니다.'라고 하는 것이었습니다. 당시 조카의 혼사를 염두에 두고 자못 귀를 기울였습니다. 그런데 그 후 마침내 잊어버려 오라버님께 미처 말씀을 올리지 못하고 말았습니다." / 소사가 두 부인에게 물었다.

"현매(賢妹)가 들은 말씀과 주파가 한 이야기를 참고해 보건대 사 급사 댁의 처녀는 필시 현숙할 것이야. 그렇지만 인륜대사(人倫大事)를 허술하게 할 수는 없는 법이지. 어떻게 하면 자세하게 알 수가 있을까?" / "좋은 방법이 하나 있습니다. 저의 집에 당(唐)나라 때 사람이 그린 남해관음(南海觀音) 화상(畫像)이 한 축 있습니다. 제가 본래 우화암으로 보내려 하던 것이지요. 지금 묘희에게 그 그림을 주어 사 급사 댁으로 가게 하겠습니다. 처녀의 글을 구하고 아울러 글씨도 손수 쓰게 한다면 가히 그 재주를 알 수 있을 것입니다. 그리고 묘희가 그 용모를 볼 수만 있다면 또한 저를 속일 리가 있겠습니까?" / "그 방법이 좋기는 하겠네. 다만 문제(文題)가 몹시 어려운 것일세. 아녀자가 쉽게 지을 수 있는 글이 아니라는 말씀이야."

"능히 어려운 글을 지을 수 없다면 어떻게 재녀(才女)라고 말할 수 있겠습니까?"

— 김만중, 「사씨남정기」

04 이 글의 서술 방식에 대한 설명으로 적절한 것은?

① 등장인물이 서술자가 되어 서술하고 있다.

② 특정 인물의 시각을 중심으로 사건을 전개하고 있다.

③ 3인칭 서술자가 객관적인 입장에서 서술하고 있다.

④ 대화와 요약을 적절히 사용하여 사건을 진행하고 있다.

04

서술자가 사건을 요약해서 제시하는 요약적 서술과 인물 간의 대화를 통해 사건을 진행해 나간다.

05 이 글의 내용으로 보아 '사씨 처녀'에 대한 평가로 적절하지 <u>않은</u> 것은?

① 용모가 출중하다.

② 글재주가 뛰어나다.

③ 불심이 남달리 신실하다.

④ 어린 나이지만 훌륭한 인품을 갖추고 있다.

05

이 글에는 불심이 남달리 신실하다는 근거로 제시할 만한 내용이 나와 있지 않다.

06 윗글에 대한 설명으로 적절하지 <u>않은</u> 것은?

① 내용상 가정 소설에 해당한다.

② 사건 전개가 필연적이고 전기적이다.

③ 권선징악의 교훈적 내용을 주제로 삼고 있다.

④ 주인공의 성격은 주로 대화를 통해서 나타난다.

06

제시된 부분에는 비현실적인 전기성, 즉 현실과 동떨어진 기이한 특성은 나타나지 않는다.

ANSWER

04. ④ 05. ③ 06. ②

※ 다음 글을 읽고 물음에 답하시오. (7~9)

정한담과 최일귀 두 사람이 이때를 타서 천자께 여쭈오되,

"폐하 즉위하신 후에 은덕이 온 백성에게 미치고 위엄이 온 세상에 진동하여 열국 제신이 다 조공을 바치되, 오직 토번과 가달이 강포함만 믿고 천명을 거스니, 신 등이 비록 재주 없사오나 남적을 항복 받아 충신으로 돌아오면 폐하의 위엄이 남방에 가득하고 소신의 공명은 후세에 전하리니, 엎드려 바라옵건대 폐하는 깊이 생각하소서." / 천자 매일 남적이 강성함을 근심하더니, 이 말을 듣고 대희 왈,

"경의 마음대로 기병하라." 하시니라.

이때 유 주부 조회하고 나오다가 이 말을 듣고 천자 앞에 들어가 엎드려 주왈,

"들사오니 폐하께옵서 남적을 치라 하시기로 기병하신단 말씀이 옳으니이까?" 천자 왈, / "한담의 말이 ㉠여차여차하기로 그런 일이 있노라."

주부 여쭈오되,

"폐하 어찌 망령되게 허락하였습니까? 왕실은 미약하고 외적은 강성하니, 이는 자는 범을 찌름과 같고 드는 토끼를 놓침이라. 한낱 새알이 천 근의 무게를 견디리까? 가련한 백성 목숨 백 리 사장(沙場) 외로운 혼이 되면 그것인들 아니 적악(積惡)이리오. 엎드려 바라옵건대 황상은 기병하지 마옵소서."

천자 그 말을 들으시고 여러 가지로 생각하던 차에, 한담과 일귀 일시에 합주하되,

"유심의 말을 들사오니 죽여도 애석하지 않으니, 오국 간신과 같은 무리로소이다. 대국을 저버리고 도적놈만 칭찬하여 개미 무리를 대국에 비하고 한낱 새알을 폐하에게 비하니, 일대의 간신이요 만고의 역적이라. 신 등은 저어하건대 유심의 말이 가달을 못 치게 하니 가달과 동심하여 내응이 된 듯하니 유심의 목을 먼저 베고 가달을 치사이다."

천자가 허락하니, / 한림학사 왕공렬이 유심 죽인단 말을 듣고 땅에 엎드려 주왈,

"주부 유심은 선황제 개국 공신 유기의 자손이라. 위인이 정직하고 일심이 충직하니 남적을 치지 말자는 말이 사리에 당연하옵거늘, 그 말을 죄라 하와 충신을 죽이시면 태조 황제 사당 안에 유 상공을 배향하였으니 춘추로 제사 지낼 때에 무슨 면목으로 뵈오며, 유심을 죽이면 직간할 신하 없사올 것이니, 황상은 생각하와 죄를 용서하옵소서."

– 작자 미상, 「유충렬전」

07 이 글의 전후 맥락을 고려할 때, ㉠에서 이끌어 낼 수 있는 내용으로 적절한 것은?

① 선제공격이 최상의 방책임을 알 수 있다.
② 전쟁 결정권은 정한담에게 있음을 알 수 있다.
③ 감언이설로 천자를 설득했다는 것을 알 수 있다.
④ 천자의 나라와 제후국의 힘의 관계를 알 수 없다.

07
정한담이 감언이설로 천자를 설득했다는 사실을 본문에서 확인할 수 있다.

08 이 작품에 대한 설명으로 적절하지 <u>않은</u> 것은?

① 비범성이 있는 재자가인(才子佳人)형 인물이 소개되고 있다.
② 사건이 전개되는 과정에서 서술자가 바뀌고 있다.
③ 인물의 성격이나 특성을 직접적으로 제시하고 있다.
④ 기이하고 비현실적인 요소가 드러나 있다.

08
'유충렬전'은 전지적 작가 시점의 글로 서술자에 의해 인물의 성격이나 특성이 직접적으로 제시되고 있다. 서술자는 바뀌지 않는다.

ANSWER
07. ③ 08. ②

09 이 글의 유형과 비슷한 작품이 <u>아닌</u> 것은?

① 심청전   ② 전우치전

③ 조웅전   ④ 홍길동전

09

'유충렬전', '조웅전', '홍길동전', '전우치전'은 영웅 소설이고, '심청전'은 판소리계 소설이다.

ANSWER

09. ①

※ 다음 글을 읽고 물음에 답하시오. (10~12)

변씨는 대경해서 일어나 절하여 ㉠사양하고, 십분의 일로 이자를 쳐서 받겠노라 했다. 허생이 잔뜩 ㉡역정을 내어,

"당신은 나를 장사치로 보는가?"

하고는 소매를 뿌리치고 가 버렸다.

변씨는 가만히 그의 뒤를 따라갔다. 허생이 남산 밑으로 가서 조그만 초가로 들어가는 것이 멀리서 보였다. 한 늙은 할미가 우물 터에서 빨래하는 것을 보고 변씨가 말을 걸었다.

"저 조그만 초가가 누구의 집이오?"

"허 생원 댁이지요. 가난한 형편에 글공부만 좋아하더니, 하루아침에 집을 나가서 5년이 지나도록 돌아오지 않으시고, 시방 부인이 혼자 사는데, 집을 나간 날로 제사를 지냅지요."

변씨는 비로소 그의 성이 허씨라는 것을 알고, 탄식하며 돌아갔다.

이튿날, 변씨는 받은 돈을 모두 가지고 그 집을 찾아가서 돌려주려 했으나, 허생은 받지 않고 거절하였다.

"내가 부자가 되고 싶었다면 백만 냥을 버리고 십만 냥을 받겠소? 이제부터는 당신의 도움으로 살아가겠소. 당신은 가끔 나를 와서 보고 양식이나 떨어지지 않고 옷이나 입도록 하여 주오. 일생을 그러면 족하지요. 왜 재물 때문에 정신을 괴롭힐 것이오?"

변씨가 허생을 여러 가지로 권유하였으나, 끝끝내 어찌할 도리가 없었다.

변씨는 그때부터 허생의 집에 양식이나 옷이 떨어질 때쯤 되면 몸소 찾아가 도와주었다. 허생은 그것을 ㉢흔연히 받아 들였으나, 혹 많이 가지고 가면 좋지 않은 기색으로,

"나에게 재앙을 갖다 맡기면 어찌하오?"

하였고, 혹 술병을 들고 찾아가면 아주 반가워하며 서로 술잔을 기울여 취하도록 마셨다.

〈중략〉

어느 날, 변씨가 5년 동안에 어떻게 백만 냥이나 되는 돈을 벌었던가를 조용히 물어보았다. 허생이 대답하기를,

"그야 가장 알기 쉬운 일이지요. 조선이란 나라는 배가 외국에 통하질 않고, 수레가 나라 안에 다니질 못해서, 온갖 물화가 제자리에 나서 제자리에서 사라지지요. 무릇, 천 냥은 적은 돈이라 한 가지 물종(物種)을 독점할 수 없지만, 그것을 열로 쪼개면 백 냥이 열이라, 또한 열 가지 물건을 살 수 있겠지요. 단위가 작으면 굴리기가 쉬운 까닭에, 한 물건에서 실패를 보더라도 다른 아홉 가지의 물건에서 재미를 볼 수 있으니, 이것은 보통 이(利)를 취하는 방법으로 [A] 조그만 장사치들이 하는 짓 아니오? 대개 만 냥을 가지면 족히 한 가지 물종을 독점할 수 있기 때문에, 수레면 수레 전부, 배면 배를 전부, 한 고을이면 한 고을을 전부, 마치 총총한 그물로 훑어 내듯 할 수 있지요. 뭍에서 나는 만 가지 중에 한 가지를 슬그머니 독점하고, 물에서 나는 만 가지 중에 슬그머니 하나를 독점하고, 의원의 만 가지 약재 중에 슬그머니 하나를 독점하면, 한 가지 물종이 한곳에 묶여 있는 동안 모든 장사치들이 ㉣고갈될 것이매, 이는 백성을 해치는 길이 될 것입니다. 후세에 당국자들이 만약 나의 이 방법을 쓴다면 반드시 나라를 병들게 만들 것이오."

– 박지원, 「허생전」

10 윗글을 통해 알 수 있는 것으로 적절하지 <u>않은</u> 것은?

① 허생은 재물 소유를 부정적으로 인식하고 있다.
② 당시에는 해외 무역이 활발하게 이루어지지 않았다.
③ 허생은 한 가지 물종을 독점할 수 있는 기준은 만 냥이라 하였다.
④ 허생은 독점을 나라를 부강하게 하는 방법으로 인식하였다.

10
허생은 독점이 '백성을 해치는 길', '나라를 병들게 만들 것'이라면서 그 부정적인 면을 밝히고 있다.

11 [A]에서 드러난 '허생'의 생각으로 가장 적절한 것은?

기출
① 독점은 백성의 삶과는 무관하다.
② 돈의 단위가 작으면 굴리기가 어렵다.
③ 조선은 교통이 열악하고 경제 구조가 취약하다.
④ 조선에서 한 가지 물종을 독점하는 일은 불가능하다.

11
[A]는 조선의 열악한 교통으로 인해 한 가지 물종의 독점이 가능하며, 독점은 백성들의 삶을 어렵게 하고 나라를 병들게 한다고 지적하고 있다.

ANSWER
10. ④ 11. ③

12 ⊙~⊜을 활용한 예로 적절하지 <u>않은</u> 것은?

① ⊙ 사양(辭讓) : 사양 말고 많이 드세요.

② ⓒ 역정(逆情) : 그 일로 아버지께서 역정을 내셨다.

③ ⓒ 흔연히(欣然-) : 친구의 말장난에 속이 상해서 흔연히 일어났다.

④ ⓔ 고갈(枯渴) : 올봄은 오랜 가뭄으로 하천의 물이 고갈될 지경이다.

12

ⓒ 흔연히 : 기쁘거나 반가워 기분이 좋게

ＡＮＳＷＥＲ

12. ③

※ 다음 글을 읽고 물음에 답하시오. (13~15)

소녀는 놀랍고도 부끄러워 보자기를 여며 덮어쓰고 떠났다. 심생이 여기서 그만둘 리 있겠는가. 곧장 뒤따라갔으나 소공동 홍살문 안에 이르러 소녀는 어느 집 문으로 들어가 버렸다. 심생은 뭔가 잃어버린 듯이 멍하니 한참을 서성였다. 그러다가 이웃의 한 노파를 만나 그 집에 대해 자세히 물었다. 노파의 말에 의하면, 그 집은 호조에서 회계 일을 맡아보다 퇴직한 중인의 집으로, 시집을 가지 않은 열예닐곱 살의 딸이 하나 있다는 것이었다. 〈중략〉 스무날째 밤이었다. 소녀는 홀연 대청마루 뒤로 나오더니 벽을 따라 돌아와 심생이 앉아 있는 자리에 나타났다. 심생은 캄캄한 어둠 속에서 불쑥 일어나 소녀를 붙잡았다. 소녀는 조금도 놀라지 않으며 소리를 낮추어 이렇게 말했다. / "낭군은 소광통교에서 만났던 그분이 아니신지요? 저는 처음부터 낭군이 와 계시는 걸 알고 있었습니다. 벌써 스무 날째로군요. 나를 붙들지 마시어요. 제가 소릴 지르면 여기서 나갈 수 없을 것이옵니다. 나를 놓아주시면 저쪽 문을 열고 낭군을 맞이하겠사오니 어서 제 말대로 하시지요." / 심생이 그 말을 믿고 물러서서 기다렸다. 소녀는 다시 벽을 따라 빙 돌아 들어가더니 방에 이르자 여종을 불러 말했다. / "어머니께 가서 주석으로 만든 큰 자물쇠를 좀 얻어 오너라. 밤이 너무 깜깜하여 무섬증이 이는구나."

여종이 안방으로 가더니 얼마 안 있어 자물쇠를 가지고 왔다. 소녀는 심생과 약속했던 뒷문으로 가 자물쇠를 걸더니 일부러 딸가닥 소리를 내며 손수 열쇠로 자물쇠를 채웠다. / 그러고는 즉시 방으로 들어가 ⊙등불을 끄고 기척도 내지 않고 깊이 잠든 체했지만 실은 잠들지 않았다.

– 이옥, 「심생의 사랑」

13 윗글에 나타난 소녀의 언행의 의미에 대한 설명으로 적절한 것은?

① 소리를 낮추어 말한 것은 소녀의 목소리가 원래 작기 때문이다.

② 여종에게 무섬증이 인다고 말한 것은 밤이라는 시간적 배경 때문이다.

③ 여종을 안방으로 보낸 것은 홀로 마음을 가라앉히기 위해서이다.

④ 소녀가 심생을 보고 놀라지 않은 것은 그가 거기 있는 것을 알고 있었기 때문이다.

13
소녀가 심생을 보고 놀라지 않은 것은 심생이 소녀의 집에 있는 것을 알고 있었기 때문이다.

14 ㉠에 담긴 소녀의 심리로 가장 적절한 것은?

① 심생이 자신에게 더 집착할까 봐서

② 짝사랑을 하는 심생이 안쓰러워서

③ 속마음과 달리 냉정하게 거절한 것 때문에

④ 심생과 정을 나누고 있다는 것이 알려질까 두려워서

14
소녀는 자신의 속마음과는 달리 심생을 거절하고는 마음이 편치 않아 잠을 못 이루고 있는 것으로 볼 수 있다.

15 이 작품에 대한 설명으로 적절한 것은?

① 상황 묘사가 자세하고 생동감 있다.

② 인물 간의 갈등이 점점 심화되고 있다.

③ 당대 사회의 부조리함을 비판하고 있다.

④ 인물들의 과거 행적을 대화 형태로 제시하고 있다.

15
심생이 소녀를 따라가는 장면, 소녀를 생각하는 심생과 자신의 집을 찾아오는 심생을 바라보는 소녀의 심리를 자세하게 묘사하고 있다.

ANSWER
13. ④ 14. ③ 15. ①

※ 다음 글을 읽고 물음에 답하시오. (16~18)

가 등 밀쳐 내니 어찌 아니 명관(名官)인가. 운봉이 그 거동을 보고 본관에게 청하는 말이
"저 걸인의 의관은 남루하나 양반의 후예인 듯하니, 말석에 앉히고 술잔이나 먹여 보냄이 어떠하뇨?"

본관 하는 말이 / "운봉 소견대로 하오마는 ……." 〈중략〉

운봉이 하는 말이 / "이러한 잔치에 풍류로만 놀아서는 맛이 적사오니 차운(次韻) 한 수씩 하여 보면 어떠하오?"

"그 말이 옳다." 하니 운봉이 운(韻)을 낼 제, 높을 고(高)자, 기름 고(膏)자 두 자를 내어 놓고 차례로 운을 달제, 어사또 하는 말이

"걸인도 어려서 추구권(抽句卷)이나 읽었더니, 좋은 잔치 당하여서 주효를 포식하고 그저 가기 무렴(無廉)하니 차운 한 수 하사이다."

운봉이 반겨 듣고 필연(筆硯)을 내어 주니 좌중(座中)이 다 못하여 글 두 귀[句]를 지었으되, 민정(民情)을 생각하고 본관의 정체(政體)를 생각하여 지었것다.

[A]
"금준미주(金樽美酒)는 천인혈(千人血)이요,
옥반가효(玉盤佳肴)는 만성고(萬姓膏)라.
촉루낙시(燭淚落時) 민루낙(民淚落)이요,
가성고처(歌聲高處) 원성고(怨聲高)라."

이 글 뜻은, "금동이의 아름다운 술은 일만 백성의 피요, 옥소반의 아름다운 안주는 일만 백성의 기름이라. 촛불 눈물 떨어질 때 백성 눈물 떨어지고, 노랫소리 높은 곳에 원망 소리 높았더라."

나 모든 수령 도망할 제 거동 보소. 인궤(印櫃) 잃고 과줄 들고, 병부(兵符) 잃고 송편 들고, 탕건(宕巾) 잃고 용수 쓰고, 갓 잃고 소반(小盤) 쓰고, 칼집 쥐고 오줌 누기. 부서지니 거문고요, 깨지느니 북, 장구라. 본관이 똥을 싸고 멍석 구멍 새앙쥐 눈 뜨듯 하고 내아(內衙)로 들어가서
㉠"어 추워라, 문 들어온다, 바람 닫아라. 물 마른다, 목 들여라."
관청색은 상을 잃고 문짝 이고 내달으니, 서리, 역졸 달려들어 후닥딱
"애고, 나 죽네!"

다 춘향이 기가 막혀
㉡"내려오는 관장(官長)마다 개개이 명관이로구나. 수의 사또 들으시오. 층암절벽(層巖絶壁) 높은 바위 바람 분들 무너지며, 청송녹죽(青松綠竹) 푸른 나무 눈이 온들 변하리까? 그런 분부 마옵시고 어서 바삐 죽여 주오." / 하며,
"향단아, 서방님 어디 계신가 보아라. 어젯밤에 옥문간에 와 계실 제 천만 당부하였더니 어디를 가셨는지, 나 죽는 줄 모르는가?"

– 작자 미상, 「열녀 춘향 수절가(烈女春香守節歌)」

16 시적 화자의 현실 인식이 [A]와 가장 유사한 것은?

고난도

① 참새야 어디서 오가며 나느냐, / 일 년 농사는 아랑곳하지 않고, / 늙은 홀아비 홀로 갈고 맸는데, / 밭의 벼며 기장을 다 없애다니. — 이제현, 「사리화」

② 보슬보슬 봄비는 못에 내리고 / 찬 바람이 장막 속 스며들 제 / 뜬시름 못내 이겨 병풍 기대니 / 송이송이 살구꽃 담 위에 지네. — 허난설헌, 「봄비」

③ 가을 바람에 괴로이 읊조리니, / 세상에 알아주는 이 없네. / 창 밖엔 밤 깊도록 비만 내리는데, / 등불 앞에 마음은 만 리 밖을 내닫네.

— 최치원, 「추야우중(秋夜雨中)」

④ 거북아 거북아 / 머리를 내어라 / 내어 놓지 않으면 / 구워서 먹으리. — 작자 미상, 「구지가」

16

ⓐ는 변학도의 가렴주구(苛斂誅求)를 고발하며 극적 위기감을 조성하는 한시로, 백성을 착취하는 탐관오리의 부도덕성을 질타하고 있다.
① 농촌의 모습과 농민 생활의 고초, 탐관오리들(참새)의 횡포 고발(한시)
② 젊은 규중 여인의 고독과 우수(한시)
③ 가을비 오는 날 밤의 외로움 또는 고국에 대한 그리움(한시)
④ 새로운 임금의 출현 기원(고대 가요)

17 ㉠과 표현이 가장 비슷한 것은?

고난도

① 어이구, 그만 정신이 없다 보니 말이 빠져 이가 헛나와 버렸네.

② 신 것을 그리 많이 먹어 그놈은 낳더라도 안 시건방질가 몰라.

③ 올라간 이 도령인지 삼도령인지, 그놈의 자식은 일거후무소식하니

④ 매암이 맵다 울고 쓰르라미 쓰다 우니 / 산채를 맵다는가 박주를 쓰다는가

17

㉠은 단어를 도치시켜 웃음을 유발하는 언어유희이다.

18 ㉡에 담긴 춘향의 마음을 속담으로 적절하게 표현한 것은?

① 개밥에 도토리

② 개천에서 용 난다.

③ 모난 돌이 정 맞는다.

④ 초록은 동색이요 가재는 게 편이다.

18

④는 처지가 유사한 사람들이 한편이라는 뜻이다.

ANSWER
16. ① 17. ① 18. ④

※ 다음 글을 읽고 물음에 답하시오. (19~20)

(가) 흥보 아내 이 말 듣고 기가 막혀 이른 말이,

"그놈의 죄상(罪狀)도 모르고 병영으로 올라갔다가 저 모습 저 몰골에 곤장 열을 맞으면 곤장 아래 혼백 될 것이니 제발 덕분 가지 마오."

흥보 이른 말이,

"볼기의 구실이 있나니." / "볼기가 구실이 있단 말이오?"

"그렇지. 볼기 구실 들어 보소. 이내 몸이 정승 되어 평교자(平轎子)에 앉아 볼까, 육판서 하였으면 초헌(軺軒) 위에 앉아 볼까, 사복시(司僕寺) 관리 하였으면 임금 타는 말에 앉아 볼까, 팔도 감사(監司) 하여 선화당(宣化堂)에 앉아볼까, 각 읍 수령 하여 좋은 가마에 앉아 볼까, 좌수 별감(別監) 하여 향사당(鄕社堂)에 앉아 볼까, 이방 호장 하여 작청(作廳) 좋은 자리에 앉아볼까, 소리 명창 되어 크고 넓은 좋은 집 양반 앞에 앉아 볼까, 풍류 호걸 되어 기생집에 앉아 볼까, 서울 이름난 기생 되어 가마 안에 앉아 볼까, 많은 돈 벌어 부담마(負擔馬)에 앉아 볼까, 쓸데없는 이내 볼기 놀려 무엇 한단 말인가. 매품이나 팔아 먹세."

– 작자 미상, 「흥보전」

(나) (아니리)

이렇게 흥보가 울며불며 나가, 그렁저렁 이리 갔다가 저리 갔다 허는디, 아, 살 디가 없이니까 거 동네 앞에 물방아실도 자기 안방이요, 이리저리 돌아댕기다가 셍현동 복덕촌을 당도하였겄다. 여러 날, 흥보 자식들이 잘 묵다가 굶어 노니, 모도 아사지경이 되야 가지고, 하루는 음석 노래로 이놈들이 죽 나와서 조르넌디, 한 놈이 썩 나서며,

┌ "아이고, 어머니! 아이고, 어머니! 배는 고파 못 살겄소. 나 육개장국에 사리쌀밥 많이 먹었으면."

│ "어따, 이 자석아. 저 입맛 도저하게 아네. 육개장국에 사리쌀밥이 어디 있단 말이냐, 이 자석아. 너 입맛 한번 도저허게 잘 아는다 와."

[A] 또 한 놈이 나앉으며,

│ "아이고, 어머니! 나는 용미봉탕에 잣죽 좀 먹었으면 좋겄소."

│ "어따, 이 자석아. 아이, 보리밥도 없는디, 용미봉탕에 잣죽이 또 어디 있단 말이냐? 느그들

└ 난시 못 살겄다, 못 살겄어."

– 강도근 창, 「흥부가」

---

19 (가)에 대한 설명으로 적절하지 <u>않은</u> 것은?

① 판소리 사설을 소설화한 판소리계 소설이다.

② 다양한 근원 설화를 바탕으로 형성되어 있다.

③ 오랜 세월 동안 여러 사람들에 의해 만들어진 적층 문학이다.

④ 판소리 전문가인 광대에 의해 창작되어 작가의 개성 이 강하게 드러난다.

19

판소리계 소설은 적층 문학으로 특별한 개인의 창작물이 아니다.

ANSWER

19. ④

20 (나)의 [A]에 나타난 특징으로 가장 적절한 것은?

기출 ① 배경 묘사를 통해 사건을 전개하고 있다.
② 속담을 인용하여 자신의 처지를 드러내고 있다.
③ 양반에 대한 원망을 직설적으로 나타내고 있다.
④ 어구를 반복하여 가난한 상황을 강조하고 있다.

20

[A]는 흥부가 가난한 형편에 맞지 않게 음식 타령을 하는 철없는 자식들을 탓하는 부분으로, '어따, 이 자식아 / ~있단 말이냐?' 등의 어구를 반복하여 가난한 상황을 강조하고 있다.

ANSWER

20. ④

03 극·시나리오

1 희곡의 이해

(1) 희곡의 개념
희곡은 무대 상연을 전제로 한 연극의 대본이다.

(2) 희곡의 특성
① 무대 상연을 전제로 한 문학 : 무대 상연이 목적이 아닌 읽기 위해서 쓴 레제드라마도 있음
② 행동의 문학 : 무대 위에서 인물들의 행동을 통해 표현되는 예술
③ 대사의 문학 : 대사를 통해 형상화됨 → 작가의 묘사나 해설이 개입할 수 없음
④ 대립과 갈등의 문학 : 극적 대립과 갈등을 주된 내용으로 함
⑤ 현재 진행형의 문학 : 모든 사건을 관객의 눈앞에서 배우의 행동을 통해 직접적으로 보여 주므로 사건은 현재적 사실로 전개됨

(3) 희곡의 구성 요소
① 해설 : 무대 지시, 등장인물, 장소, 무대 등을 설명하는 부분
② 지시문 : 배경, 효과, 등장인물의 행동(동작, 표정 등)을 지시하고 설명하는 글
③ 대사 : 등장인물이 하는 말

대화	무대 위에서 배우들이 서로 주고받는 말
독백	배우가 혼자 하는 말
방백	관객들에게는 들리나 다른 배우들은 듣지 못하는 것으로 약속한 말

(4) 희곡의 구성 단계
① 발단 : 도입부로서 작품의 시간적·공간적 배경과 인물이 소개되고, 갈등의 실마리가 드러난다.
② 전개 : 인물 사이의 갈등이 본격화되면서 위기감이 조성되고, 심리적 긴장이 고조된다.
③ 절정 : 인물 사이의 갈등이 최고조에 이르면서 해결을 위한 단서가 마련된다.

④ 하강 : 최고조에 이른 갈등의 국면이 깨지고 급격하게 해결 국면으로 기울어지게 된다.

⑤ 대단원 : 갈등이 해결되고 사건이 종결되면서 등장인물의 운명이 결정된다.

2 시나리오의 이해

(1) 시나리오의 개념

시나리오는 영화나 드라마 제작을 목적으로 쓴 대본으로, 장면의 차례, 배우의 대사, 동작, 배경, 카메라의 작동, 화면 연결 등을 지시한다.

(2) 시나리오의 특징

① 주로 대사와 행동에 의해 전개된다.

② 내용이 장면(S#) 단위로 나뉜다.

③ 등장인물 수의 제한을 거의 받지 않는다.

④ 연극의 대본인 희곡에 비해 시간적, 공간적 제약을 덜 받는다.

(3) 시나리오의 구성 요소

① 장면 : 사건의 배경이 되는 장면들을 찍은 단위, 장면 번호로 나타냄

② 대사 : 등장인물 간에 주고받는 말 → 인물의 성격을 드러내고 사건을 진행시키며 갈등 관계를 나타내고 주제를 구현함

③ 지시문 : 인물의 표정이나 동작, 무대 장치, 카메라의 위치, 필름 편집 기술 등을 지시함

④ 해설 : 주로 배경이나 등장인물을 소개함 → 인물의 심리를 직접 소개하기도 함

3 극·시나리오 작품 감상

01 봉산 탈춤

– 작자 미상

> ☑ **핵심정리**
>
> • 갈래 : 가면극(탈춤) 대본, 민속극
> • 성격 : 풍자적, 해학적, 서민적, 비판적
> • 배경
> ① 시간적 : 조선 후기(18세기경)
> ② 공간적 : 황해도 봉산
> • 주제 : 양반에 대한 풍자와 조롱
>
> • **특징**
> ① 각 과장이 복합적으로 구성되어 독립적임
> ② 언어유희, 열거, 대구, 익살과 과장 등을 통하여 양반을 풍자하고 비판함
> ③ 서민 계층의 언어와 양반 계층의 언어가 함께 사용됨
> ④ 무대와 객석, 배우와 관객이 엄격하게 구분되지 않음
> ⑤ 봉건 사회에 대한 비판과 풍자가 강하고 근대 시민 의식이 엿보임

⑦ 제6과장 양반춤
_{가면극의 전개 단위, 각 과장마다 특성화된 인물을 등장시켜 사회의 모순을 날카롭게 풍자함}

말뚝이 : (벙거지를 쓰고 채찍을 들었다. 굿거리장단에 맞추어 양반 삼 형제를 인도하여 등장)

양반 삼 형제 : (말뚝이 뒤를 따라 굿거리장단에 맞추어 점잔을 피우나, 어색하게 춤을 추며 등장. 양반 삼 형제 맏이는 샌님[生員], 둘째는 서방님[書房], 끝은 도련님[道令]이다. 샌님과 서방님은 흰 창옷에 관을 썼다. 도련님은 남색 쾌자에 복건을 썼다. 『샌님과 서방님은 언청이이며(샌님은 언청이 두 줄, 서방님은 한 줄이다.) 부채와 장죽을 가지고, 도련님은 입이 삐뚤어졌고 부채만 가졌다. 도련님은 일절 대사는 없으며, 형들과 동작을 같이 하면서 형들의 면상을 부채로 때리며 방정맞게 군다.)』
_{『 』: 우스꽝스러운 외모와 행동을 통하여 양반 삼형제가 어리석고 못난 인물임을 암시}

▶ 인물 소개 : 말뚝이와 양반 삼 형제의 등장과 소개

⑭ 말뚝이 : (가운데쯤에 나와서) 쉬이. (음악과 춤 멈춘다.) 양반 나오신다아! 양반이라고 하니까 『노론(老論), 소론(少論), 호조(戶曹),』병조(兵曹), 옥당(玉堂)을 다 지내고 삼정승(三政丞), 육판서(六判書)를
_{『 』: 조선 시대 양반들의 당파성을 풍자하기 위한 의도가 내포됨}
다 지낸 퇴로 재상(退老宰相)으로 계신 양반인 줄 아지 마시오. <mark>개잘량이라는 '양'자에 개다리소반이라는 '반'자 쓰는 양반이 나오신단 말이오.</mark>
_{동음이의어를 활용한 언어유희로 양반을 조롱하여 풍자함}

양반들 : <u>야아, 이놈, 뭐야 아!</u>
_{양반의 호통}

말뚝이 : 아, 이 양반들 어찌 듣는지 모르갔소. 노론, 소론, 호조, 병조, 옥당을 다 지내고 삼정승, 육판서 다 지내고 퇴로 재상으로 계신 이 생원네 삼 형제분이 나오신다고 그리 하였소.

양반들 : (합창) 이 생원이라네. (굿거리장단으로 모두 춤을 춘다. 도령은 때때로 형들의 면상을 치며 논
　　　　　양반의 안심　　　　　　　　　　　갈등의 일시적 해소　　　　　　　　　경박한 행동을 묘사함
　　다. 끝까지 그런 행동을 한다.)
　　　　　　　　　　　　　　　　　　　　　　　　　　　　　재담 1 양반 뜻풀이 재담

다 말뚝이 : 쉬이. (반주 그친다.) 여보, 구경하시는 양반들, 말씀 좀 들어 보시오. 짤다란 곰방대로 잡
　　　　　　　새로운 이야기의 시작을 알림　　　민속극의 특징 – 관객 참여 유도(무대와 객석의 구분이 없음)
　　숫지 말고 저 연죽전(煙竹廛)으로 가서 돈이 없으면 내게 기별이래도 해서 양칠간죽(洋漆竿竹), 자죽
　　　　　　　　　　담뱃대를 파는 가게　　　　　　　　　　　　　　　　　　　알록달록한 담배설대
　　죽(紫紋竹)을 한 발가웃씩 되는 것을 사다가 육모깍지 희자죽(喜子竹), 오동수복(烏銅壽福) 연변죽을
　　　　　　　　　　　　　　　　　　　　　　　　　　　　글자 '희(喜)'를 새긴 담뱃대
　　이리저리 맞추어 가지고 저 재령(載寧) 나무리 거이 낚시 걸 듯 죽 걸어 놓고 잡수시오.
　　　　　　　　　　　　　게를 낚을 때 낚시를 줄줄이 걸어 놓은 모양처럼 모두 담배를 마음껏 피우라는 뜻

양반들 : 뭐야아!

말뚝이 : 아, 이 양반들, 어찌 듣소. 양반 나오시는데 담배와 훤화(喧譁)를 금하라 그리 하였소.
　　　　　　　　　　　　　　　　　　　　　　시끄럽게 지껄이며 떠듦

양반들 : (합창) 훤화를 금하였다네. (굿거리장단으로 모두 춤을 춘다.)　　재담 2 '담배'를 소재로 한 재담

라 말뚝이 : 쉬이. (춤과 반주 그친다.) 여보, 악공들 말씀 들으시오. 오음 육률(五音六律) 다 버리고 저
　　버드나무 홀뚜기 뽑아다 불고 바가지장단 좀 쳐 주오.

양반들 : 야아, 이놈, 뭐야!

말뚝이 : 아, 이 양반들, 어찌 듣소. 용두 해금(奚琴), 북, 장고, 피리, 젓대 한 가락도 뽑지 말고 건건드러
　　　　　　　　　　　　　　　　　　　　　　　　　　　　　　　　빼놓지 말고　　　멋드러지게
　　지게 치라고 그리 하였소.

양반들 : (합창) 건건드러지게 치라네. (굿거리장단으로 춤을 춘다.)　　재담 3 장단을 소재로 한 재담

마 생원 : 쉬이. (춤과 장단 그친다.) 말뚝아.

말뚝이 : 예에.

생　원 : 이놈, 너도 양반을 모시지 않고 어디로 그리 다니느냐?

말뚝이 : 예에, 양반을 찾으려고 찬밥 국 말어 일조식(日早食)하고, 마구간에 들어가 노새 원님을 끌어
　　　　　　　　　　　　　　　　　　　　　　　　　　　　　　노 생원님과의 음의 유사성을 이용한 언어유희
　　다가 등에 솔질을 쏼쏼 하여 말뚝이님 내가 타고 서양(西洋) 영미(英美), 법덕(法德), 동양 삼국 무른
　　　　　　　　　　　　　　　　　　　　　　　　　　　　프랑스와 독일의 한자식 표기
　　메주 밟듯 하고, 『동은 여울이요, 서는 구월이라, 동여울 서구월 남드리 북향산 방방곡곡(坊坊曲曲)
　　면면촌촌(面面村村)이, 바위 틈틈이, 모래 쨈쨈이, 참나무 결결이』 다 찾아다녀도 『샌님 비뚝한 놈도
　　　　　　　　　『 』: 대구와 유사 음운의 반복, 유성음의 사용으로 리듬감을 느끼게 해 줌
　　없습디다.』『 』: 공손하지 못한 표현　　　　　　　　　　　재담 4 양반 찾기를 소재로 한 재담

한눈에 감 잡기

1. 등장인물

양반 삼 형제	말뚝이
• 풍자의 대상 • 무능력한 양반의 전형	• 풍자의 주체 • 저항적 · 비판적 인물

2. 양반춤의 재담 구조

양반의 위엄 → 말뚝이의 조롱 → 양반의 호통 → 말뚝이의 변명 → 양반의 안심 → 말뚝이와 양반의 일시적 화해

6과장에서 이러한 재담 구조가 반복되는데, 이는 관객들의 극 중 참여를 쉽게 유도할 수 있고, 동일한 조롱의 구조에 연달아 당하는 양반들의 모습을 통해 고도의 풍자성을 획득할 수 있다.

3. 해학과 풍자

양반들은 외형적 결함을 가진 인물들로, 말뚝이의 놀림에도 적극적으로 대응하지 못하는 허술함으로 관객의 웃음을 유발하고, 신분이 낮은 말뚝이가 언어유희를 통해 양반들을 조롱함으로써 그들의 어리석음을 풍자하고 있다.

✔ 바로바로 CHECK

01 이 글에 대한 설명으로 적절하지 않은 것은?

① 관객이 극 중에 참여한다.
② 전문적인 무대 장치가 필요하다.
③ 가면극(탈춤)의 대본으로, 종합 예술적 성격을 지닌다.
④ 익살스러운 표현과 과장을 통해 웃음을 유발하고 있다.

해설 전통 가면극은 특별한 무대 장치가 필요 없어 시간과 공간이 자유롭다.

02 이 글의 주제로 가장 적절한 것은?

① 빈부 간의 갈등
② 헛된 욕심에 대한 경계
③ 남성의 횡포에 대한 비판
④ 양반의 무능과 허세에 대한 비판

해설 이 글은 양반을 희화화하여 양반의 허세와 무능에 대해 비판하고 있다.

정답 01. ② 02. ④

02 결혼

– 이강백

☑ 핵심정리

• 갈래 : 단막극, 실험극

• 성격 : 풍자적, 희극적

• 배경
  ① 시간적 : 현대
  ② 공간적 : 어느 저택

• 제재 : 어떤 남자의 결혼담

• 주제 : 소유의 본질과 사랑의 의미

• 특징
  ① 특별한 무대 장치가 없음
  ② 관객의 극 중 참여를 유도함
  ③ 이야기책의 내용을 극 중 현실로 바꾸는 기법을 사용함

• 글의 구성

  발단 남자는 사랑하는 여인을 만나 결혼하기 위해 넥타이, 시계, 라이터, 구두, 양복, 집, 하인 등을 빌려 만반의 준비를 갖추어 놓고 여자가 나타나기를 기다림

  전개 남자의 집에 미모의 여자가 찾아오고, 남자는 여자와 대화를 나누는 동안 남에게 빌렸던 물건들을 하나하나 빼앗김

  절정 남자가 빈털터리임을 눈치 챈 여자가 집으로 가겠다고 말함

  하강·대단원 남자는 여자에게 인생에서 참된 소유의 의미를 일깨우며 자신의 사랑을 받아 줄 것을 고백하고 여자가 이를 받아들이고 함께 결혼하러 감

㉮ 남자 : 내 것이라곤 없습니다. / 여자 : (충격을 받는다.)
　　　　　　　　　　　　　　　　　　남자가 빈털터리 사기꾼임을 알았기 때문에

남자 : 모두 빌린 것들뿐이었지요. 저기 두둥실 떠 있는 달님도, 저 은빛의 구름도, 이 하늬바람도, 그리고 어쩌면 여기 있는 나마저도…… (미소를 짓고) 잠시 빌린 겁니다.

여자 : 잠시 빌렸다구요? / 남자 : 네. 그렇습니다.

　　앞하인, 엄청나게 큰 구두 한 짝을 가져오더니 주저앉아 자기 발에 신는다. 그 구둣발로 차 낼 듯한 『험악한
　　　　　　　　남자를 쫓아내기 위한 소도구
분위기가 조성된다.』『 』 : 긴장감 조성

남자 : 결혼해 주십시오. 당신을 빌린 동안에 오직 사랑만을 하겠습니다.
　　　　　　　　　　당신과 함께 사는 동안에

여자 : …… 아, 어쩌면 좋아?

　　하인, 구두를 거의 다 신는다. 〈중략〉
　　　　　　긴장감이 점차 고조됨
여자, 작별 인사를 하고 문전까지 걸어 나간다.

남자 : 잠깐만요, 덤…… . / 여자 : (멈칫 선다. 그러나 얼굴은 남자를 외면한다.)

남자 : 가시는 겁니까, 나를 두고서? / 여자 : (침묵)

남자 : 덤으로 내 말을 조금 더 들어 봐요.

여자 : (악의적인 느낌이 없이) 당신은 사기꾼이에요.
　　　남자를 전적으로 부정하지는 않음 - 행복한 결말 암시

🌕 남자 : 그래요, 난 사기꾼입니다. 『이 세상 것을 잠시 빌렸었죠. 그리고 시간이 되니까 하나둘씩 되돌

려 줘야 했습니다.』 이제 난 본색이 드러나구 이렇게 빈털터리입니다. 그러나 덤, 여기 있는 사람들에
　『　』: 소유의 본질에 대한 철학적 사고

게 물어봐요. 누구 하나 자신 있게 이건 내 것이다, 말할 수 있는가를. 아무도 없을 겁니다. 없다니까

요. 모두들 덤으로 빌렸지요. 눈동자, 코, 입술, 그 어느 것 하나 자기 것이 아니구 잠시 빌려 가진 거
　　　　모두가 본래는 빈털터리임

예요. (누구든 관객석의 사람을 붙들고 그가 가지고 있는 물건을 가리키며) 이게 당신 겁니까? 정해진

시간이 얼마지요? 잘 아꼈다가 그 시간이 되면 꼭 돌려주십시오. 덤, 이젠 알겠어요?

　　여자, 얼굴을 외면한 채 걸어 나간다.

　　하인, 서서히 그 무거운 구둣발을 이끌고 남자에게 다가온다. 남자는 뒷걸음질을 친다. 그는 마지막으로 절규하
　　　　　　　　　　　　　　　　　　　긴장감이 최고조에 이르게 됨

듯이 여자에게 말한다.

남자 : 덤, 난 가진 것 하나 없습니다. 모두 빌렸던 겁니다. 그런데 덤, 당신은 어떻습니까? 당신이 가진
　　　　　　　　　　　　　　　　　　　　　　　자신의 경우 → 상대방 여자의 경우

건 뭡니까? 무엇이 정말 당신 겁니까? (넥타이를 빌렸었던 남성 관객에게) 내 말을 들어 보시오. 그럼
　　　　　　　　　　　　　　　　관객에게 주제 의식을 인식시킴

당신은 나를 이해할 거요. 내가 당신에게서 넥타이를 빌렸을 때, 그때 내가 당신 물건을 어떻게 다뤘었

소? 마구 험하게 했소? 어딜 망가뜨렸소? 아니오, 그렇진 않았습니다. 오히려 빌렸던 것이니까 소중

하게 아꼈다간 되돌려 드렸지요. 덤, 당신은 내 말을 들었어요? 여기 증인이 있습니다. 이 증인 앞에서

약속하지만, 내가 이 세상에서 덤 당신을 빌리는 동안에, 아끼고, 사랑하고, 그랬다가 언젠가 그 시간
　　　　　　　　　　　　　　　　　　　　　헌신적 사랑이라는 주제와 연결됨　　　　　이별, 죽음의 시간

이 되면 공손하게 되돌려 줄 테요. 덤! 내 인생에서 당신은 나의 소중한 덤입니다. 덤! 덤! 덤!

🌗 남자, 하인의 구둣발에 걷어차인다. 여자, 더 이상 참을 수 없다는 듯 『다급하게 되돌아와서 남자를 부축해

일으키고 포옹한다.』 『　』: 결혼을 결심함

여자 : 그만해요! / 남자 : 이제야 날 사랑합니까?

여자 : 그래요! 당신 아니구 또 누굴 사랑하겠어요!

남자 : 어서 결혼하러 갑시다, 구둣발에 차이기 전에!

여자 : 이래서요, 어머니도 말짱한 사기꾼과 결혼했었다던데…….

남자 : 자아, 빨리 갑시다! / 여자 : 네, 어서 가요!

(절정·대단원) 여자는 소유의 의미와 진정한 사랑의 가치를 인식하고 남자와 결혼하기로 결심함

한눈에 감 잡기

1. 소유에 대한 '남자'의 관점

   영원히 소유할 수 있는 것은 없고 돌려주어야 할 덤이므로 소유에 대한 집착을 버려야 한다.

2. '결혼'의 주제 의식

   본래부터 자신에게 소유된 것은 아무것도 없으며 모든 것은 빌린 것에 지나지 않는다는 것이다. 이러한 주제 의식을 바탕으로 한 이 작품은 현대인들의 무절제한 소유적 욕망을 풍자적 상황 설정을 통해 비판하고 있다.

✔ 바로바로 CHECK

이 글에서 '하인'의 역할로 적절한 것은?

① 극의 긴장감을 높임

② 극의 결말을 암시함

③ 작가의 의식을 대변함

④ 관객의 참여를 유도함

해설 하인은 남자를 저택에서 쫓아내기 위해 엄청나게 큰 구두를 가져와 신고 남자에게 다가감으로써 극의 긴장감을 높이고 있다.

 정답 ①

※ 다음 글을 읽고 물음에 답하시오. (1~6)

가 말뚝이 : (벙거지를 쓰고 채찍을 들었다. 굿거리장단에 맞추어 양반 삼 형제를 인도하여 등장)

양반 삼 형제 : (말뚝이 뒤를 따라 굿거리장단에 맞추어 점잔을 피우나, 어색하게 춤을 추며 등장. 양반 삼 형제 맏이는 샌님[生員], 둘째는 서방님[書房], 끝은 도련님[道令]이다. 샌님과 서방님은 흰 창옷에 관을 썼다. 도련님은 남색 쾌자에 복건을 썼다. 샌님과 서방님은 언청이이며(샌님은 언청이 두 줄, 서방님은 한 줄이다.) 부채와 장죽을 가지고, 도련님은 입이 삐뚤어졌고 부채만 가졌다. 도련님은 일절 대사는 없으며, 형들과 동작을 같이 하면서 형들의 면상을 부채로 때리며 방정맞게 군다.)

나 말뚝이 : (가운데쯤에 나와서) 쉬이. (음악과 춤 멈춘다.) 양반 나오신다아! 양반이라고 하니까 노론(老論), 소론(少論), 호조(戶曹), 병조(兵曹), 옥당(玉堂)을 다 지내고 삼정승(三政丞), 육판서(六判書)를 다 지낸 퇴로 재상(退老宰相)으로 계신 양반인 줄 아지 마시오. ㉠개잘량이라는 '양' 자에 개다리소반이라는 '반' 자 쓰는 양반이 나오신단 말이오.

양반들 : 야아, 이놈, 뭐야!

말뚝이 : 아, 이 양반들 어찌 듣는지 모르갔소. 노론, 소론, 호조, 병조, 옥당을 다 지내고 삼정승, 육판서 다 지내고 퇴로 재상으로 계신 이 생원네 삼 형제분이 나오신다고 그리하였소.

양반들 : (합창) 이 생원이라네. (굿거리장단으로 모두 춤을 춘다. 도령은 때때로 형들의 면상을 치며 논다. 끝까지 그런 행동을 한다.)

– 작자 미상, 「봉산탈춤」

01
기출
윗글에 대한 설명으로 적절하지 않은 것은?

① 비슷한 재담 구조가 반복되고 있다.

② 음악과 춤으로 분위기를 조성하고 있다.

③ 서술자의 설명을 통해 사건이 묘사되고 있다.

④ 인물의 대화와 행동을 통해 극이 진행되고 있다.

01
'탈춤'은 극 갈래로 서술자의 서술 없이 등장인물의 대사와 행동으로 사건이 전개되는 형식이다.

ANSWER
01. ③

02 이 글의 '춤'에 대한 설명으로 옳지 <u>않은</u> 것은?

① 관객의 흥을 돋운다.

② 하나의 재담을 마무리한다.

③ 새로운 이야기의 시작을 알린다.

④ 인물 간의 갈등을 일시적으로 해소시킨다.

02
③은 '쉬이'의 기능이다.
※ '쉬이'의 기능
 • 새로운 재담의 시작 예고
 • 관객의 주의 환기, 관심 유도

03 ㉠과 표현 방법이 유사하지 <u>않은</u> 것은?

① 매아미 맵다 울고 쓰르라미 쓰다 우네.

② 네 남방인지 서방인지 걸인 하나 시러 왔다.

③ 본관이 똥을 싸고 멍석 구멍 생쥐 눈 뜨듯 하고

④ 신 것을 그리 많이 먹어. 그 놈은 낳드라고 안 시건 방질가 몰라.

03
㉠은 발음의 유사성을 이용한 언어유희적 표현에 해당한다. ③은 비유적 표현을 통해 해학성을 드러내고 있다.

04 인물에 대한 이해로 가장 적절한 것은?

① 말뚝이는 양반을 조롱하고 있다.

② 양반들은 악공을 비판의 대상으로 삼고 있다.

③ 샌님은 삼 형제의 막내답게 방정맞게 행동하고 있다.

④ 도련님은 짤따란 곰방대로 양반의 권위를 높이고 있다.

04
말뚝이의 역할 : 양반들의 무능력과 비현실적인 세계관을 조롱하고 풍자하는 민중 의식의 대변자

05 '말뚝이'의 말하기 방식에 대한 설명으로 가장 적절한 것은?

① 상대의 반응에 따라 내용을 바꿔 말하고 있다.

② 상대의 말에 공감하면서 상대를 위로하고 있다.

③ 상대 행위의 부당함을 직접적으로 지적하고 있다.

④ 자신의 처지를 강조하며 상대의 감정에 호소하고 있다.

05
말뚝이는 양반의 반응에 따라 입장과 내용을 바꾸고 있다.

ANSWER
02. ③ 03. ③ 04. ① 05. ①

06 다음은 윗글의 재담 구조를 나타낸 표이다. ⓐ에 들어갈 말로 적당한 것은?

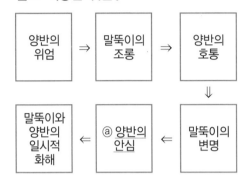

① (합창) 이 생원이라네.
② 야아, 이놈 뭐야아!
③ 아, 이 양반들 어찌 듣는지 모르겠소.
④ 쉬이. 양반 나오신다아!

06
말뚝이가 양반을 조롱한 것에 대해 변명을 하자 양반들은 안심하며 합창하는 해학적인 모습을 보이고 있다.
🔑 (합창) 훤화를 금하였다네. / (합창) 건건드러지게 치라네.

ANSWER
06. ①

※ 다음 글을 읽고 물음에 답하시오. (7~10)

남자 : 그래요, 난 사기꾼입니다. 이 세상 것을 잠시 빌렸었죠. 그리고 시간이 되니까 하나둘씩 되돌려 줘야 했습니다. 이제 난 본색이 드러나구 이렇게 빈털터리입니다. 그러나 덤, 여기 있는 사람들에게 물어봐요. 누구 하나 자신 있게 이건 내 것이다, 말할 수 있는가를. 아무도 없을 겁니다. 없다니까요. 모두들 덤으로 빌렸지요. 눈동자, 코, 입술, 그 어느 것 하나 자기 것이 아니구 잠시 빌려 가진 거예요. (㉠누구든 관객석의 사람을 붙들고 그가 가지고 있는 물건을 가리키며) 이게 당신 겁니까? 정해진 시간이 얼마지요? 잘 아꼈다가 그 시간이 되면 꼭 돌려주십시오. 덤, 이제 알겠어요?

여자, 얼굴을 외면한 채 걸어 나간다. 하인, 서서히 그 무거운 구둣발을 이끌고 남자에게 다가온다. 남자는 뒷걸음질을 친다. 그는 마지막으로 절규하듯이 여자에게 말한다.

남자 : 덤, 난 가진 것 하나 없습니다. 모두 빌렸던 겁니다. 그런데 덤, 당신은 어떻습니까? 당신이 가진 건 뭡니까? 무엇이 정말 당신 겁니까? (넥타이를 빌렸었던 남성 관객에게) 내 말을 들어 보시오. 그럼 당신은 나를 이해할 거요. 내가 당신에게서 넥타이를 빌렸을 때, 그때 내가 당신 물건을 어떻게 다뤘었소? 마구 험하게 했었소? 어딜 망가뜨렸소? 아니오, 그렇진 않았습니다. 오히려 빌렸던 것이니까 소중하게 아꼈다간 되돌려 드렸지요. 덤, 당신은 내 말을 들었어요? 여기 증인이 있습니다. 이 증인 앞에서 약속하지만, 내가 이 세상에서 덤 당신을 빌리는 동안에, 아끼고, 사랑하고, 그랬다가 언젠가 그 시간이 되면 공손하게 되돌려 줄 테요. 덤! 내 인생에서 당신은 나의 소중한 덤입니다. 덤! 덤! 덤!

– 이강백, 「결혼」

07 이 글의 소유에 대한 관점과 거리가 먼 것은?

① 자연도 모두 빌린 것으로 볼 수 있다.

② 세상에서 빌리지 않은 것은 자기 자신뿐이다.

③ 인간이 소유한 물질은 모두 잠시 빌린 것이다.

④ 누군가와 사랑할 때도 역시 상대를 잠시 빌린 것이다.

07
이 글에서는 자기 자신도 빌린 것으로 보고 있다.

08 윗글에 나타난 남자의 말하기 방식으로 적절한 것은?

고난도 ① 관객에게 동의를 구하여 근거로 제시하고 있다.

② 도덕적 모범이 되는 인물을 설정하여 삶의 교훈을 일깨우고 있다.

③ 눈에 보이지 않는 정신적 가치에 집착하는 현대인들을 비판하고 있다.

④ 감정적으로 자신의 의견만을 주장하여 타인의 의견을 묵살하고 있다.

08
관객석을 향해 동의를 구하여 자신의 논거로 삼고 있다.

09 ㉠에 대한 설명으로 적절한 것은?

① 관객의 웃음을 유발하고 있다.

② 관객이 극에 몰입할 수 있게 유도한다.

③ 인물들이 즉흥적인 연기를 할 수 있도록 시간을 준다.

④ 대본에는 없는 행동으로 관객을 놀라게 하려는 의도이다.

09
관객에게 질문을 하는 것은 무대와 객석의 구별을 없애고 관객으로 하여금 극의 인물이 되어 생각해 보라는 것이므로 극에 몰입할 수 있게 하는 기능을 한다.

10 이 글의 주제로 가장 적절한 것은?

① 진정한 사랑과 그 덤으로 받은 재산은 소중하다.

② 여자는 행운을 가져다줄 것이므로 소중한 덤과 같다.

③ 여자는 다른 것을 추구하다 덤으로 얻었기에 소중하다.

④ 진정한 사랑은 소유하지 않으면서 소중하게 생각하는 것이다.

10
이 글의 주제는 인생에서 소유한 모든 것은 빌린 것이며 덤과 같은 것이기 때문에 참된 사랑이란 소유하지 않으면서 소중하게 여기는 것이다.

ANSWER
07. ② 08. ① 09. ② 10. ④

04 수 필

1 수필의 이해

(1) 수필의 개념

수필은 인생이나 자연에 대한 체험이나 생각을 개성적인 문체로 형식에 얽매이지 않고 쓴 글이다.

(2) 수필의 특성

① 자유로운 형식 → 무형식의 형식
② 개성적이고 자기 고백적인 글
③ 제재의 다양성
④ 비전문적, 개방적인 글
⑤ 심미적, 사색적인 글
⑥ 비교적 길이가 짧은 글

(3) 수필의 구성 요소

① 소재 : 글의 소재 → 글을 쓰기 위한 자료
② 구성 : 글의 짜임 → 수필은 자유롭게 쓰는 글이지만 일관성과 통일성이 있어야 함
③ 문체 : 문장에 나타나는 글쓴이의 독특한 개성
④ 주제 : 글쓴이의 주된 생각이나 느낌, 인생관, 세계관

(4) 수필의 종류

① 경수필(輕隨筆, miscellany) : 생활 속에서 일어나는 여러 가지 일들과 글쓴이의 느낌, 생각 등을 가볍게 쓴 글 → 가벼운 느낌의 문장, 자기 고백적임, '나'가 겉으로 드러남
② 중수필(重隨筆, essay) : 사회적인 문제나 공적인 문제 등 무거운 내용을 논리적·객관적으로 표현한 글 → 무거운 느낌의 문장, 논리적·실용적임, 일반적으로 '나'가 드러나지 않음

(5) 수필과 소설의 비교

구 분	수 필	소 설
세 계	실제의 세계	꾸며 낸 허구의 세계
형 식	형식이 자유로움	일정한 형식이 있음
나	지은이 자신(실제 인물)	지은이가 만들어 낸 인물(허구적 인물)
주 제	겉으로 직접 드러남	속에 숨어 있음

2 고전 수필의 이해

본격적인 고전 수필의 발달은 고려 시대 패관문학과 교훈을 목적으로 대상의 일생을 압축하여 서술한 '전(博)'부터이다. 종류에는 한문 수필, 궁중 수필, 내간 등이 있다.

3 수필 작품 감상

01 무소유
– 법정

☑ 핵심정리

- **갈래** : 경수필
- **성격** : 교훈적, 사색적, 체험적
- **주제** : 진정한 자유와 무소유의 의미
- **특징**
  ① 사색적이고 담담한 태도를 유지함
  ② 인용, 예시, 역설적 표현 등의 사용
  ③ 자신의 체험을 고백적인 말하기를 통해 서술함

- **글의 구성**
  기 난초에 대한 애착
  서 집착에서 괴로움이 나온다는 것을 깨달음
  결 무소유의 의미를 깨달음

가 우리들이 필요에 의해서 물건을 갖게 되지만, 때로는 그 물건 때문에 적잖이 마음이 쓰이게 된다. 그러니까 무엇인가를 갖는다는 것은 다른 한편 무엇인가에 얽매인다는 뜻이다. 필요에 따라 가졌던 것이 도리어 우리를 부자유하게 얽맨다고 할 때 <u>주객(主客)</u>이 전도되어 우리는 가짐을 당하게 된다. 그러
필요에 따라 소유하게 되었으나 소유에 집착하게 되는 경우

므로 많이 갖고 있다는 것은 흔히 자랑거리로 되어 있지만, 그만큼 많이 얽히어 있다는 측면도 동시에 지니고 있다.

▶ 무엇인가를 소유하면 그것에 얽매이게 됨

나 나는 지난해 여름까지 이름 있는 난초(蘭草) 두 분(盆)을 정성스레, 정말 정성을 다해 길렀었다. 3년 전 거처를 지금의 다래헌(茶來軒)으로 옮겨 왔을 때 아는 스님이 우리 방으로 보내준 것이다. 혼자 사는 거처라 살아 있는 생물이라고는 나하고 그 애들뿐이었다. 『그 애들을 위해 관계 서적을 구해다 읽었고,
친밀감의 표현(의인법)
그 애들의 건강을 위해 하이포넥이라는 비료를 구해 오기도 했다. 여름철이면 서늘한 그늘을 찾아 자리를 옮겨주어야 했고, 겨울에는 나는 떨면서도 실내 온도를 높이지 않았다.』「 」: 난초에 대한 애정이 드러남

이런 정성을 일찍이 부모에게 바쳤더라면 아마 효자 소리를 듣고도 남았을 것이다. 이렇듯 애지중지 가꾼 보람으로 이른 봄이면 은은한 향기와 함께 연둣빛 꽃을 피워 나를 설레게 했고, 잎은 초승달처럼 항시 청청했었다. 우리 다래헌을 찾아온 사람마다 싱싱한 난을 보고 한결같이 좋아라 했다.

▶ 난초를 정성스럽게 기름

다 지난해 여름 장마가 갠 어느 날 봉선사로 운허 노사(耘虛老師)를 뵈러 간 일이 있었다. 한낮이 되자 장마에 갇혔던 햇볕이 눈부시게 쏟아져 내리고 앞 개울물 소리에 어울려 숲 속에서는 매미들이 있는 대로 목청을 돋우었다.

아차! 이때에야 문득 생각이 난 것이다. 난초를 뜰에 내놓은 채 온 것이다. 모처럼 보인 찬란한 햇볕이 돌연 원망스러워졌다. 뜨거운 햇볕에 늘어져 있을 난초잎이 눈에 아른거려 더 지체할 수가 없었다. 허둥지둥 그 길로 돌아왔다. 아니나 다를까, 잎은 축 늘어져 있었다. 안타까워하며 샘물을 길어다 축여 주고 했더니 겨우 고개를 들었다. 하지만 어딘지 생생한 기운이 빠져 버린 것 같았다.

나는 이때 온몸으로, 그리고 마음속으로 절절히 느끼게 되었다. 집착이 괴로움인 것을. 그렇다, 나는
글쓴이가 깨달은 내용(소유 → 집착 → 부자유 → 괴로움)
난초에게 너무 집념한 것이다. 이 집착에서 벗어나야겠다고 결심했다.

▶ 집착으로 인한 괴로움을 깨달음

라 우리들의 소유 관념이 때로는 우리들의 눈을 멀게 한다. 그래서 자기의 분수까지도 돌볼 새 없이
소유하려는 욕심이 현실을 올바로 보지 못하게 함
들뜨게 된다. 그러나 우리는 언젠가 한 번은 빈손으로 돌아갈 것이다. 내 이 육신마저 버리고 홀홀히 떠나갈 것이다. 하고많은 물량(物量)일지라도 우리를 어떻게 하지 못할 것이다.
아무리 소유물이 많아도 죽으면 소유하지 못함
㉠크게 버리는 사람만이 크게 얻을 수 있다는 말이 있다. 물건으로 인해 마음이 상하고 있는 사람들

에게는 한 번쯤 생각해 볼 말씀이다. ⓛ아무것도 갖지 않을 때 비로소 온 세상을 갖게 된다는 것은 무
무소유의 역설적 의미
소유의 또 다른 의미이다.

▶ 무소유의 의미를 깨달음

한눈에 감 잡기

1. '무소유'의 역설적 진리
   '크게 버리는 사람만이 크게 얻을 수 있다.'라는 깨달음을 얻음 ⇒ 아무것도 갖지 않은 무소유
   자가 될 수 있을 때 비로소 완전한 자유와 행복을 얻을 수 있다는 깨달음을 역설적으로 표현

2. 표현상의 특징
   교훈적 주제를 곁들여 설득력 있게 제시하고 있으며, 불교적 사유 방식을 구체적이고 쉽게 제
   시하고 있다. 깊이 있는 철학적 주제를 감정을 절제한 담담한 어조로 서술하였다.

✔ 바로바로 CHECK

01 이 글에서 글쓴이가 '소유'에 대해 궁극적으로
말하고자 하는 바로 가장 알맞은 것은?

① 현재 소유하고 있는 것에 만족할 줄 알아야
한다.

② 소유에 대한 집착을 버려야 진정한 자유를
얻을 수 있다.

③ 소유욕의 정도가 사람마다 차이가 날 수 있
다는 점을 인정해야 한다.

④ 많이 소유하고 있는 사람은 그렇지 못한 사
람에게 베풀어야 한다.

해설 소유로 인해 괴로웠던 경험을 통해 ②의 의미를 강조하
고 있다.

02 다음 중 표현과 발상 면에서 ㉠, ㉡과 가장 유사한
것은?

① 산아, 우뚝 솟은 산아, 철철철 흐르듯 짙푸
른 산아.

② 우리들의 사랑을 위하여서는 / 이별이, 이
별이 있어야 하네.

③ 저 청청한 하늘 / 저 흰 구름 저 눈부신 산맥 /
왜 날 울리나 / 나는 새여 / 묶인 이 가슴

④ 겨울나무와 / 바람 / 머리채 긴 바람들은 투
명한 빨래처럼 / 진종일 가지 끝에 걸려 / 나
무도 바람도 혼자가 아닌 게 된다.

해설 ㉠, ㉡ 역설적 표현
② 역설적 표현을 통해 성숙한 사랑을 위해서 이별이 필
요하다는 것을 강조

정답 01. ② 02. ②

02 통곡할 만한 자리
– 박지원

☑ 핵심정리

- **갈래** : 한문 수필, 기행 수필
- **성격** : 체험적, 비유적, 설득적, 사색적, 교훈적
- **주제** : 요동 벌판을 보며 느끼는 감회

- **글의 구성**
  - **기** 글쓴이가 요동 벌판을 보고 '좋은 울음터'라고 말함
  - **승** 울고 싶어 하는 까닭을 '모든 감정이 극에 달하면 울게 된다'고 묻고 답함
  - **전** 요동 벌판에서의 울음을 갓난아이가 세상에 나와 우는 울음에 빗대어 말함
  - **결** 요동의 광활한 풍경 묘사, 통곡할 만한 자리임을 다시 한 번 확인함

㉮ 초팔일 갑신(甲申), 맑다.
1780년 정조 4년 7월 8일 – 일기체 형식임을 엿볼 수 있음

정사 박명원(朴明源)과 같은 가마를 타고 삼류하(三流河)를 건너 냉정(冷井)에서 아침밥을 먹었다. 십여
여정이 드러남
리 남짓 가서 한 줄기 산기슭을 돌아 나서니 태복(泰卜)이 국궁(鞠躬)을 하고 말 앞으로 달려 나와 땅에 머
리를 조아리고 큰 소리로, / "백탑(白塔)이 현신(現身)함을 아뢰오." 한다.
백탑을 의인화하여 백탑에 가까이 왔음을 말함

태복이란 자는 정 진사(鄭進士)의 말을 맡은 하인이다. 산기슭이 아직도 가리어 백탑은 보이지 않았다.
말을 채찍질하여 수십 보를 채 못 가서 겨우 산기슭을 벗어나자 눈앞이 아찔해지며 눈에 헛것이 오르락내
리락하여 현란했다. 『나는 오늘에서야 비로소 사람이란 본디 어디고 붙어 의지하는 데가 없이 다만 하늘을
이고 땅을 밟은 채 다니는 존재임을 알았다.』『 』: 자연의 광활함을 보고 사람이 왜소한 존재라고 여김. 그만큼 감동이 매우 큼을 드러냄

말을 멈추고 사방을 돌아보다가 나도 모르게 손을 이마에 대고 말했다.

"좋은 울음터로다. 한바탕 울어 볼 만하구나!"　　　**㉮** 광활한 요동 벌판을 보고 난 소감
요동 벌판을 바라보고 느낀 작가의 감정

㉯ 정 진사가, "이 천지간에 이런 넓은 안계(眼界)를 만나 홀연 울고 싶다니 그 무슨 말씀이오?" 하기
에 나는,

"참 그렇겠네. 그러나 아니거든! 『천고의 영웅은 잘 울고 미인은 눈물이 많다지만 불과 두어 줄기 소리
없는 눈물이 그저 옷깃을 적셨을 뿐이오,』아직까지 그 울음소리가 쇠나 돌에서 짜 나온 듯하여 천지에
『 』: 일반적으로 생각하는 울음에 대한 생각
가득 찼다는 소리를 들어 보진 못했소이다. 사람들은 다만 안다는 것이 희로애락애오욕(喜怒哀樂愛惡欲)

칠정(七情) 중에서 '슬픈 감정[哀]'만이 울음을 자아내는 줄 알았지, 『칠정이 모두 울음을 자아내는
_{일반인의 상식적 사고}
줄은 모를 겝니다.』 기쁨[喜]이 극에 달하면 울게 되고, 노여움[怒]이 사무치면 울게 되고, 즐거움[樂]이
_{『 』: 글쓴이의 창의적 사고}
극에 달하면 울게 되고, 사랑[愛]이 사무치면 울게 되고, 미움[惡]이 극에 달하여도 울게 되고, 욕심

[欲]이 사무치면 울게 되니, 『답답하고 울적한 감정을 확 풀어 버리는 것으로 소리쳐 우는 것보다 더

빠른 방법은 없소이다.』 울음이란 천지간에 있어서 뇌성벽력에 비할 수 있는 게요. 복받쳐 나오는 감
_{『 』: 감정을 정화하는 울음의 기능   울음이 그만큼 대단한 가치가 있는 것임을 드러내 주는 말}
정이 이치에 맞아 터지는 것이 웃음과 뭐 다르리요? 사람들의 보통 감정은 이러한 지극한 감정을 겪어

보지도 못한 채 교묘하게 칠정을 늘어놓고 '슬픈 감정[哀]'에다 울음을 짜 맞춘 것이오. 이러므로 사람

이 죽어 초상을 치를 때 이내 억지로라도 '아이고', '어이'라고 부르짖는 것이지요. 그러나 정말 칠정에

서 우러나오는 지극하고 참다운 소리는 참고 억눌리어 천지 사이에 쌓이고 맺혀서 감히 터져 나올 수

없소이다. 저 한(漢)나라의 가의(賈誼)는 자기의 울음터를 얻지 못하고 참다 못하여 필경은 선실(宣室)

을 향하여 한번 큰 소리로 울부짖었으니, 어찌 사람들을 놀라게 하지 않을 수 있었으리요."

_{(송) 요동 벌판을 좋은 울음터라고 한 이유}

(다) "그래, 지금 울 만한 자리가 저토록 넓으니 나도 당신을 따라 한바탕 통곡을 할 터인데 칠정 가운

데 어느 '정'을 골라 울어야 하겠소?"

"갓난아이에게 물어보게나. 아이가 처음 배 밖으로 나오며 느끼는 '정'이란 무엇이오? 처음에는 광명
_{정진사의 물음에 답해 주기 위해 작가가 의도적으로 설정한 내용}
을 볼 것이요, 다음에는 부모 친척들이 눈앞에 가득히 차 있음을 보리니 『기쁘고 즐겁지 않을 수 없을

것이오.』 이 같은 기쁨과 즐거움은 늙을 때까지 두 번 다시 없을 일인데 슬프고 성이 날 까닭이 있으
_{『 』: 작가는 '희'와 '락'을 어린아이의 정으로 생각}
랴? 그 '정'인즉 응당 즐겁고 웃을 정이련만 도리어 분하고 서러운 생각에 복받쳐서 하염없이 울부짖

는다. 혹 누가 말하기를 인생은 잘나나 못나나 죽기는 일반이요, 그 중간에 허물·환란·근심·걱정을 백

방으로 겪을 터이니 갓난아이는 세상에 태어난 것을 후회하여 먼저 울어서 제 조문(弔問)을 제가 하는

것이라고 한다면 이것은 결코 갓난아이의 본정이 아닐 겝니다. 아이가 어미 태속에 자리 잡고 있을 때
_{비좁고 폐쇄된 곳. 글쓴이의 처지로 이해할 때 조선을 비유함}
에는 어둡고 갑갑하고 얽매이고 비좁게 지내다가 하루아침에 탁 트인 넓은 곳으로 빠져나오자 팔을 펴
_{청나라의 새로운 문물과 넓은 땅}
고 다리를 뻗어 정신이 시원하게 될 터이니, 『어찌 한번 감정이 다하도록 참된 소리를 질러 보지 않을

수 있으랴!』 그러므로 갓난아이의 울음소리에는 거짓이 없다는 것을 마땅히 본받아야 하리이다.
_{『 』: 글쓴이의 호연지기를 엿볼 수 있음}
_{기쁨과 즐거운 감정의 원초적인 표현}

_{(전) 갓난아이가 세상에 나왔을 때의 기쁨과 즐거움으로 울어야 함}

국어

(라) 비로봉(毘盧峰) 꼭대기에서 동해 바다를 굽어보는 곳에 한바탕 통곡할 '자리'를 잡을 것이요, 황해도 장연(長淵)의 금사(金沙) 바닷가에 가면 한바탕 통곡할 '자리'를 얻으리니, 오늘 요동 벌판에 이르러 이로부터 산해관(山海關) 일천이백 리까지의 어간(於間)은 사방에 도무지 한 점 산을 볼 수 없고 『하늘가와 땅끝이 풀로 붙인 듯, 실로 꿰맨 듯,』 고금에 오고 간 비바람만이 이 속에서 창망(蒼茫)할 뿐이니, 이 역시

『 』: 요동 벌판의 모습을 비유적으로 묘사

한번 통곡할 만한 '자리'가 아니겠소." **결** 요동 벌판의 풍경과 통곡할 만한 자리

한눈에 감 잡기

비유적 표현과 그 의미
• 갓난 아이 : 작가 자신
• 어미 태속 : 폐쇄적인 조선 사회, 좁은 조선 땅을 벗어나지 못했던 작가 자신의 처지
• 탁 트인 넓은 곳으로 빠져나옴 : 조선 땅을 벗어나 넓은 중국 땅에 도착함, 청나라의 새로운 문물을 접함
• 한바탕 참된 울음 : 넓은 세상을 접한 작가의 감격

바로바로 CHECK

01 이 글에 대한 설명으로 적절하지 <u>않은</u> 것은?
① 묻고 답하는 구조이다.
② 작가의 경험이 바탕이 된 수필이다.
③ 기, 승, 전, 결의 4단 구성으로 되어 있다.
④ 문제점을 지적하고 그 해결 방안을 제시하고 있다.

해설 정 진사의 물음에 '나(글쓴이)'가 대답하는 문답의 구성 방식으로 전개하면서 요동 벌판이 왜 한바탕 울 만한 자리인지 설명하고 있다.

02 이 글에서 '나'가 말한 울음을 바르게 이해한 것은?
① 슬플 때만 울음이 나오는 것이다.
② 어떤 감정이든 극에 달하면 웃게 된다.
③ 칠정이 모두 울음을 자아내는 것은 아니다.
④ 슬픈 감정만이 울음을 자아내는 것은 아니다.

해설 이 글에서 작가는 슬플 때만 울음이 나오는 것이 아니라 칠정이 극에 달하면 모두 울음을 자아낸다고 하였다.

정답 01. ④ 02. ④

03 조침문

– 유씨 부인

☑ 핵심정리

- **갈래** : 국문 수필, 내간체 수필
- **성격** : 추모적, 고백적, 애도적
- **제재** : 바늘
- **주제** : 부러뜨린 바늘에 대한 애도
- **특징**
  ① 제문 형식을 차용하여 바늘에 대한 추도의 정을 표현함
  ② 바늘을 의인화하여 대화하듯이 표현함
  ③ 의성어, 의태어를 사용하여 감각적으로 표현함
  ④ 섬세한 정서가 드러남

- **제문 형식** : 죽은 사람을 추모하는 내용을 담은 글
  서사 영결(永訣)의 심회를 적는 취지
  본사 바늘의 행장과 '나'의 회포
  결사 애도의 심정과 후세를 기약함

가 유세차(維歲次) 모년(某年) 모월(某月) 모일(某日)에, 미망인(未亡人) 모씨(某氏)는 두어 자 글로써
_{제문의 상투적 표현으로 글의 양식을 알게 해 줌} _{글쓴이에 대한 정보}
침자(針子)에게 고하노니, 인간 부녀(人間婦女)의 손 가운데 중요한 것이 바늘이로되, 세상 사람이 귀히
_{글의 제재인 바늘}
아니 여기는 것은 도처에 흔한 바이로다. 이 바늘은 한낱 작은 물건이나, 이렇듯이 슬퍼함은 나의 정회
_{매우 흔해 하찮은 물건} _{감정과 품은 마음}
(情懷)가 남과 다름이라. 오호통재(嗚呼痛哉)라, 아깝고 불쌍하다. 너를 얻어 손 가운데 지닌 지 우금(于今)
_{슬퍼서 탄식할 때 하는 말} _{지금까지}
이십칠 년이라. 어이 인정(人情)이 그렇지 아니하리오. 슬프다. 눈물을 잠깐 거두고 심신을 겨우 진정하여,
너의 행장(行狀)과 나의 회포(懷抱)를 총총히 적어 영결(永訣)하노라. **서사** 조문을 쓰는 취지를 밝힘
_{죽은 이의 행위와 몸가짐} _{품은 마음} _{대강} _{영원히 이별}

나 연전(年前)에 우리 시삼촌께옵서 동지상사 낙점¹을 무르와, 북경을 다녀오신 후에, 바늘 여러 쌈을
_{몇 해 전에} _{임명되어}
주시거늘, 친정과 원근 일가(一家)에게 보내고, 비복(婢僕)들도 쌈쌈이 나누어 주고, 그중에 너를 택하여
_{남자 종과 여자 종을 함께 지칭}
손에 익히고 익히어 지금까지 해포² 되었더니, 슬프다, 연분이 비상(非常)하여, 너희를 무수히 잃고 부러
_{일상적이지 않음}
뜨렸으되, 오직 너 하나를 연구(年久)히 보전하니, 비록 무심한 물건이나 어찌 사랑스럽고 미혹(迷惑)하지
_{오래도록} _{마음이 쓰임}
아니하리오. 아깝고 불쌍하며, 또한 섭섭하도다.

본사1 바늘을 얻은 내력과 상실의 안타까움

다 나의 신세 박명(薄命)하여 슬하에 한 자녀 없고, 인명(人
_{복이 없는 운명} _{사람의 운명}
命)이 흉완(凶頑)하여 일찍 죽지 못하고, 가산(家産)이 빈궁하여
_{흉악하고 모질어서}

✐ 낱말풀이

1 낙점 : 조선 시대에 이품 이상의 벼슬아치를 뽑을 때 임금이 이조에서 추천된 세 후보자 가운데 마땅한 사람의 이름 위에 점을 찍던 일.
2 해포 : 한 해가 조금 넘는 동안. 여기서는 여러 해의 뜻임.

침선(針線)에 마음을 붙여, 널로 하여 생애를 도움이 적지 아니하더니, 오늘날 너를 영결하니, 오호통재
바느질
라, 이는 귀신이 시기하고 하늘이 미워하심이로다.　　　　　　　　　　　　　본사2 '나'의 처지와 '바늘'의 관계

　　라 아깝다 바늘이여, 어여쁘다 바늘이여, 너는 미묘한 품질과 특별한 재치(才致)를 가졌으니, 물중(物
　　　　　　　　　불쌍하다
中)의 명물(名物)이요, 철중(鐵中)의 쟁쟁(錚錚)³이라. 민첩하고 날래기는 백대(百代)의 협객이요, 굳세고
　　特별히 이름난 사물　　　　　　　　　　　　　　　　　　　　　　　　　의협심이 뛰어난 사람에 비유
곧기는 만고(萬古)의 충절(忠節)이라. 추호(秋毫)⁴ 같은 부리는 말하는 듯하고, 뚜렷한 귀는 소리를 듣는 듯
한지라. 능라(綾羅)와 비단에 난봉(鸞鳳)과 공작을 수놓을 제, 그 민첩하고 신기함은 귀신이 돕는 듯하니,
　　　　　　비단의 종류　　　　　　친한 친구나 좋은 부부관계를 비유
어찌 인력(人力)이 미칠 바리요.　　　　　　　　　　　　　　　　　　　본사3 바늘의 신묘한 품질과 재주

　　마 오호통재라, 자식이 귀하나 손에서 놓일 때도 있고, 비복이 순하나 명(命)을 거스를 때 있나니, 너
의 미묘한 재질(才質)이 나의 전후에 수응(酬應) 함을 생각하면, 자식에게 지나고 비복에게 지나는지라.
　　　　　　　　　　　　　　　　　　순순히 응함　　　　　　　　　　　　　　　　　더 낫다
천은(天銀)으로 집을 하고, 오색(五色)으로 파란⁵을 놓아 곁고름에 채였으니, 부녀의 노리개라. 밥 먹을 적
질 좋은 고급 은　　　　　　　　　　　　　　　　　　　　　　여성들의 한복에 다는 장식물
만져 보고 잠잘 적 만져 보아, 너로 더불어 벗이 되어, 여름 낮에 주렴(珠簾)이며, 겨울밤에 등잔을 상대
하여, 누비며, 호며, 감치며, 박으며, 공 그릴 때에, 겹실을 꿰었으니 봉미(鳳尾)를 두르는 듯, 땀땀이
　　　　　　　　　　바느질 방법 나열(열거법)
떠 갈 적에, 수미(首尾)가 상응하고, 솔솔이 붙여 내매 조화(造化)가 무궁하다. 이생에 백년동거(百年同
　　　　　바늘과 실을 의미함
居)하렸더니, 오호애재(嗚呼哀哉)라, 바늘이여.　　　　　　　　　　　　　본사4 바늘과의 동고동락

　　　　　　　　　　　　　　　　　　　　　　　　　　　　　　　바늘 부러지는 소리
　　바 금년 시월 초십일 술시(戌時)에, 희미한 등잔 아래서 관대⁶ 깃을 달다가, 무심중간(無心中間)에 자끈동
　　　　　　　　　　　　오후 7시~9시　　　　　　　　　　　　　　무의식중에
부러지니 깜짝 놀라와라. 아야 아야 바늘이여, 두 동강이 났구나. 정신이 아득하고 혼백(魂魄)이 산란하
여, 마음을 빻아 내는 듯, 두골(頭骨)을 깨쳐 내는 듯, 이슥도록
기색혼절(氣塞昏絶)⁷하였다가 겨우 정신을 차려, 만져 보고 이어
기가 막히고 혼이 나감
본들 속절없고 하릴없다. 편작⁸의 신술(神術)로도 장생불사(長生
　　　어쩔 수 없음
不死) 못하였네. 동네 장인(匠人)에게 때이련들 어찌 능히 때일손
가. 한 팔을 베어 낸 듯, 한 다리를 베어 낸 듯, 아깝다 바늘이
　　　　　　바늘과 자신을 동일시함. 바늘을 잃은 아픔을 표현함
여, 옷섶을 만져 보니, 꽂혔던 자리 없네. 오호통재라, 내 삼가
　　　섬세함이 잘 나타난 표현
지 못한 탓이로다.　　　　　　　　　　본사5 바늘의 최후

낱말풀이
3 쟁쟁 : 쇠붙이 따위가 맞부딪혀 맑게 울리
　는 소리. 여기서는 여럿 가운데서 매우 뛰
　어나다의 의미임.
4 추호 : 가을철에 털갈이하여 새로 돋아난 짐
　승의 털. 여기서는 매우 보잘것없다는 의미임.
5 파란 : 광물을 원료로 하여 만든 유약. 사기
　그릇의 겉에 올려 불에 구우면 밝은 윤기가
　나고 쇠 그릇에 올려서 구우면 사기그릇의
　잿물처럼 된다.
6 관대 : 옛날 벼슬아치들의 공복.
7 기색혼절 : 심한 흥분이나 타격으로 호흡이
　잠시 맞고 까무러침.
8 편작 : 중국 전국 시대의 이름난 의사.

사 무죄(無罪)한 너를 마치니, 백인(伯仁)이 유아이사(由我而死)라, 뉘를 한(恨)하며 뉘를 원(怨)하리오.
_{나로 인해 죽게 되었다(중국의 인물 백인과 관련된 고사).}

능란(能爛)한 성품(性品)과 공교(工巧)한 재질을 나의 힘으로 어찌 다시 바라리오. 절묘한 의형(儀形)은 눈
_{솜씨와 재치} _{거동과 모양}

속에 삼삼하고, 특별한 품재(稟才)는 심회(心懷)가 삭막(索莫)하다. 네 비록 물건이나 무심하지 아니하면,

후세에 다시 만나 평생 동거지정(平生同居之情)을 다시 이어, 백년고락(百年苦樂)과 일시생사(一時生死)를 한
_{평생 함께 살고자 하는 마음. 고통과 즐거움을 나눔}

가지로 하기를 바라노라. 오호애재라, 바늘이여. **(결사)** 바늘을 애도하고 후세에 재회하고 싶은 마음을 밝힘

✔ 바로바로 CHECK

이 글의 특징으로 적절하지 않은 것은?

① 대상을 의인화하고 있다.

② 감정을 솔직하게 드러내고 있다.

③ 한문투의 문체를 사용하고 있다.

④ 사실을 객관적으로 표현하고 있다.

해설 유씨 부인이 바늘을 대하는 태도나 감정이 주관적으로 드러나는 수필이다.

정답 ④

※ 다음 글을 읽고 물음에 답하시오. (1~4)

가 지난해 여름 장마가 갠 어느 날 봉선사로 운허 노사(耘虛老師)를 뵈러 간 일이 있었다. 한낮이 되자 장마에 갇혔던 햇볕이 눈부시게 쏟아져 내리고 앞 개울물 소리에 어울려 숲 속에서는 매미들이 있는 대로 목청을 돋구었다.

아차! 이때에야 문득 생각이 난 것이다. 난초를 뜰에 내놓은 채 온 것이다. 모처럼 보인 찬란한 햇볕이 돌연 원망스러워졌다. 뜨거운 햇볕에 늘어져 있을 난초잎이 눈에 아른거려 더 지체할 수가 없었다. 허둥지둥 그 길로 돌아왔다. 아니나 다를까, 잎은 축 늘어져 있었다. 안타까워하며 샘물을 길어다 축여 주고 했더니 겨우 고개를 들었다. 하지만 어딘가 생생한 기운이 빠져 버린 것 같았다.

나는 이때 온몸으로, 그리고 마음 속으로 절절히 느끼게 되었다. 집착(執着)이 괴로움인 것을. 그렇다, 나는 난초에게 너무 집념한 것이다. 이 집착에서 벗어나야겠다고 결심했다. 난(蘭)을 가꾸면서는 산철 —승가(僧家)의 유행기(游行期) — 에도 나그넷 길을 떠나지 못한 채 꼼짝 못 하고 말았다. 밖에 볼일이 있어 잠시 방을 비울 때면 환기가 되도록 들창문을 조금 열어 놓아야 했고, 분(盆)을 내놓은 채 나가다가 뒤미처 생각하고는 되돌아와 들여 놓고 나간 적도 한두 번이 아니었다. 그것은 정말 지독한 집착이었다.

나 며칠 후, 난초처럼 말이 없는 친구가 놀러 왔기에 선뜻 그의 품에 분을 안겨 주었다. 비로소 나는 얽매임에서 벗어난 것이다. 날 듯 홀가분한 해방감. 삼 년 가까이 함께 지낸 '유정(有情)'을 떠나 보냈는데도 서운하고 허전함보다 홀가분한 마음이 앞섰다. 이때부터 나는 하루 한 가지씩 버려야겠다고 스스로 다짐을 했다. 난을 통해 무소유(無所有)의 의미 같은 걸 터득하게 됐다고나 할까. 〈중략〉

다 ㉠소유욕은 이해(利害)와 정비례한다. 그것은 개인뿐 아니라 국가 간의 관계도 마찬가지다. 어제의 맹방(盟邦)들이 오늘에는 맞서게 되는가 하면, 서로 으르렁대던 나라끼리 친선 사절을 교환하는 사례를 우리는 얼마든지 보고 있다. 그것은 오로지 소유(所有)에 바탕을 둔 이해관계 때문인 것이다. 만약 인간의 역사가 소유사(所有史)에서 무소유사(無所有史)로 그 향(向)을 바꾼다면 어떻게 될까. 아마 싸우는 일은 거의 없을 것이다. 주지 못해 싸운다는 말은 듣지 못했다.

라 크게 버리는 사람만이 크게 얻을 수 있다는 말이 있다. 물건으로 인해 마음이 상하고 있는 사람들에게는 한 번쯤 생각해 볼 말씀이다. 아무것도 갖지 않을 때 비로소 온 세상을 갖게 된다는 것은 무소유(無所有)의 또 다른 의미이다.

– 법정, 「무소유」

01 이 글에 대한 설명으로 알맞지 <u>않은</u> 것은?

① 무소유 사상을 명상적이면서도 담담한 필치로 서술하고 있다.

② 현대인들에게 삶의 가치를 새롭게 모색할 것을 일깨우고 있다.

③ 경험을 바탕으로 자신의 생각을 솔직하고 진지하게 고백하고 있다.

④ 자신의 경험을 통해 자연 속에서 살아가는 삶의 여유를 보여 주고 있다.

01

이 글은 난을 키우며 깨닫게 된 집착의 괴로움과 무소유의 의미를 이야기하는 수필이다. 자연 속에서의 삶의 여유는 적절하지 못하다.

02 이 글과 〈보기〉를 비교하여 감상한 내용으로 가장 알맞은 것은?

┌─**보기**┐

산이 날 에워싸고 / 씨나 뿌리며 살아라 한다.
밭이나 갈며 살라 한다.

어느 짧은 산자락에 집을 모아
아들 낳고 딸을 낳고 / 흙담 안팎에 호박 심고
들찔레처럼 살아라 한다. / 쑥대밭처럼 살아라 한다.

산이 날 에워싸고 / 그믐달처럼 사위어지는 목숨
구름처럼 살아라 한다. / 바람처럼 살아라 한다.

– 박목월, 「산이 날 에워싸고」

└────────────────┘

① 이 글과 〈보기〉 모두 세속적 가치에 집착하지 않는 삶을 권장하고 있어.

② 이 글과 〈보기〉 모두 자신의 삶에 최선을 다하라는 점을 강조하고 있어.

③ 이 글과 달리 〈보기〉는 논리적이고 직설적으로 작가의 주제 의식을 드러내고 있어.

④ 이 글은 글쓴이가 스스로를 반성하고 있고, 〈보기〉는 화자가 독자의 반성을 촉구하고 있어.

02

이 글과 〈보기〉 모두 세속적 가치에 집착하지 않고 순리대로 살아가는 삶을 권장하고 있다.
〈보기〉의 시는 산이 화자에게 말한 것을 전달하는 방식을 취하여 자연 속에서 욕심 없이 살고, 그믐달처럼 현실을 초월하며 살라고 말하고 있는 작품이다.

ANSWER
01. ④ **02.** ①

03 (다)의 ㉠과 관련된 속담으로 알맞지 <u>않은</u> 것은?

① 가는 말에 채찍질한다.

② 말 타면 경마 잡히고 싶다.

③ 감기 고뿔도 남은 안 준다.

④ 한 섬 빼앗아 백 섬 채운다.

04 '소유'에 대해 작가가 말하고자 하는 것으로 가장 알맞은 것은?

① 나눌 수 있는 마음의 여유가 중요하다.

② 현재 가진 것에 만족할 줄 알아야 한다.

③ 필요한 만큼씩만 가지면 모든 분쟁이 사라진다.

④ 소유의 집착에서 벗어나야만 진정으로 자유로울 수 있다.

※ 다음 글을 읽고 물음에 답하시오. (5~7)

"그래, 지금 울 만한 자리가 저토록 넓으니 나도 당신을 따라 한바탕 통곡을 할 터인데 칠정 가운데 어느 '정'을 골라 울어야 하겠소?"

"갓난아이에게 물어보게나. 아이가 처음 배 밖으로 나오며 느끼는 '정'이란 무엇이오? 처음에는 광명을 볼 것이요, 다음에는 부모 친척들이 눈앞에 가득히 차 있음을 보리니 기쁘고 즐겁지 않을 수 없을 것이오. 이 같은 기쁨과 즐거움은 늙을 때까지 두 번 다시 없을 일인데 슬프고 성이 날 까닭이 있으랴? 그 '정'인즉 응당 즐겁고 웃을 정이련만 도리어 분하고 서러운 생각에 복받쳐서 하염없이 울부짖는다. 혹 누가 말하기를 인생은 잘나나 못나나 죽기는 일반이요, 그 중간에 허물·환란·근심·걱정을 백방으로 겪을 터이니 갓난아이는 세상에 태어난 것을 후회하여 먼저 울어서 제 조문(弔問)을 제가 하는 것이라고 한다면 이것은 결코 갓난아이의 본정이 아닐 겝니다. 아이가 어미 태 속에 자리 잡고 있을 때에는 어둡고 갑갑하고 얽매이고 비좁게 지내다가 하루아침에 탁 트인 넓은 곳으로 빠져나오자 팔을 펴고 다리를 뻗어 정신이 시원하게 될 터이니, 어찌 한번 감정이 다하도록 참된 소리를 질러 보지 않을 수 있으랴! 그러므로 갓난아이의 울음소리에는 거짓이 없다는 것을 마땅히 본받아야 하리이다. 비로봉(毘盧峰) 꼭대기에서 동해 바다를 굽어보는 곳에 한바탕 통곡할 '자리'를 잡을 것이요, 황해도 장연(長淵)의 금사(金沙) 바닷가에 가면 한바탕 통곡할 '자리'를 얻으리니, 오늘 ㉠요동 벌판에 이르러 이로부터 산해관(山海關) 일천이백 리까지의 어간(於間)은 사방에 도무지 한 점 산을 볼 수 없고 하늘가와 땅끝이 풀로 붙인 듯, 실로 꿰맨 듯, 고금에 오고 간 비바람만이 이 속에서 창망(蒼茫)할 뿐이니, 이 역시 한번 통곡할 만한 '자리'가 아니겠소."

– 박지원, 「통곡할 만한 자리」

05 ㉠에 대한 설명으로 적절하지 <u>않은</u> 것은?

① 대화의 실마리를 제공한다.

② 비로봉 산마루와 유사하다.

③ 옛 영웅이 울었던 공간이다.

④ 한바탕 참된 소리를 낼 수 있는 공간이다.

05

'옛 영웅이 울었던 공간이다.'라는 의미는
제시되어 있지 않다.

06 이 작품이 잘된 작품으로 꼽히는 이유로 가장 알맞은 것은?

① 행복한 결말   ② 다양한 표현 기교

③ 사건의 복잡성   ④ 발상 및 비유의 참신성

06

천하의 장관을 만나 감탄 대신 통곡하겠다
고 한 것이나 갓난아이가 우는 이유를 설
명한 것은 발상의 전환이 뒷받침된 참신한
해석이라고 볼 수 있다.

07 요동 벌판에 당도한 작가가 울고 싶다고 느끼게 된 동기로 가장 알맞은 것은?

① 당황과 분노   ② 감탄과 흥분

③ 슬픔과 괴로움   ④ 자책과 부끄러움

07

천하의 장관인 요동 벌판을 보고 감탄과
흥분이 뒤섞였기 때문이다.

ANSWER
05. ③   06. ④   07. ②

※ 다음 글을 읽고 물음에 답하시오. (8~10)

㉮ 연전(年前)에 우리 시삼촌께옵서 동지상사 낙점을 무르와, 북경을 다녀오신 후에, 바늘 여러 쌈을 주시거늘, 친정과 원근 일가(一家)에게 보내고, 비복(婢僕)들도 쌈쌈이 나누어 주고, 그중에 너를 택하여 손에 익히고 익히어 지금까지 해포 되었더니, 슬프다, 연분이 비상(非常)하여, 너희를 무수히 잃고 부러뜨렸으되, 오직 너 하나를 연구(年久)히 보전하니, 비록 무심한 물건이나 어찌 사랑스럽고 미혹(迷惑)하지 아니하리오. 아깝고 불쌍하며, 또한 섭섭하도다.

㉯ 나의 신세 박명(薄命)하여 슬하에 한 자녀 없고, 인명(人命)이 흉완(凶頑)하여 일찍 죽지 못하고, 가산(家産)이 빈궁하여 침선(針線)에 마음을 붙여, 널로 하여 생애를 도움이 적지 아니하더니, 오늘날 너를 영결하니, 오호통재라, 이는 귀신이 시기하고 하늘이 미워하심이로다.

다 아깝다 바늘이여, 어여쁘다 바늘이여, 너는 미묘한 품질과 특별한 재치(才致)를 가졌으니, 물중(物中)의 명물(名物)이요, 철중(鐵中)의 쟁쟁(錚錚)이라. 민첩하고 날래기는 백대(百代)의 협객이요, 굳세고 곧기는 만고(萬古)의 충절(忠節)이라. 추호(秋毫) 같은 부리는 말하는 듯하고, 뚜렷한 귀는 소리를 듣는 듯한지라. 능라(綾羅)와 비단에 난봉(鸞鳳)과 공작을 수놓을 제, 그 민첩하고 신기함은 귀신이 돕는 듯하니, 어찌 인력(人力)이 미칠 바리요.

– 유씨 부인, 「조침문」

08 이 글에서 알 수 있는 내용으로 적절하지 <u>않은</u> 것은?

① 글쓴이는 외국 문물에 관심이 많다.
② 글쓴이는 물건을 아끼고 다정다감하다.
③ 글쓴이는 지체 높은 집안의 부녀자이다.
④ 글쓴이는 남편과 사별하고 혼자 사는 미망인이다.

09 이 글을 쓴 의도로 가장 적절한 것은?

기출

① 베푸는 삶을 실천하려고
② 절약의 미덕을 권장하려고
③ 부러진 바늘을 추모하려고
④ 아내의 도리를 가르치려고

10 (다)에서 서술하고 있는 바늘의 특징으로 적절하지 <u>않은</u> 것은?

① 민첩하고 날래다.
② 솜씨와 능력이 뛰어나다.
③ 예쁜 여인과 같은 모습을 지녔다.
④ 굳세고 굳은 절개를 지니고 있다.

PART II

읽 기

01 읽기의 이해

읽기 영역에서는 다양한 비문학 지문을 읽고 글의 내용을 이해 및 추론하는 능력을 요구합니다. 이 장에서는 읽기에 대한 전반적인 학습 요소, 즉 사회적 상호 작용으로서의 읽기, 관점이나 표현 방법의 적절성 평가하기 (매체), 문제 해결을 위한 읽기, 과정 점검하며 읽기 등을 이해하고 글의 종류에 따른 독서 능력을 기르도록 합니다.

01 읽기의 기초

1 사회적 상호작용으로서의 읽기

(1) 사회적 상호작용으로서의 읽기 과정

읽기란 독자의 머릿속에서 자신만의 독창적인 의미를 구성하는 것이 아니라 독자가 속한 구체적인 상황과 사회·문화적 맥락 속에서 다른 구성원들과 교류하고 반응하여 의미를 만들어가는 과정이다.

(2) 읽기와 쓰기의 상호작용

글쓴이(필자)는 자신의 글이 독자에게 미칠 영향을 생각하며 책임감 있는 태도로 글을 써야 하고, 독자는 읽기 과정을 점검하며 능동적으로 글을 읽어야 한다.

글쓴이(쓰기 활동)		독자(읽기 활동)
책임감 있게 글 쓰기	↔ 사회적 상호작용	• 능동적 읽기 • 읽기를 통해 사회 맥락 이해 • 자신의 생각을 다른 사람과 공유 • 여론 형성

2 매체 자료 읽기

(1) 매체의 의미

의미를 담고 있는 메시지를 한쪽에서 다른 쪽으로 전달하여 의사소통을 가능하게 하는 수단이다. ⓓ 시각 자료(신문, 사진), 청각 자료(라디오), 시청각 자료(TV, 인터넷)

(2) 매체에서 글쓴이의 의도가 드러나는 부분

① 신문 : 표제, 기사, 본문, 사진 등
② 광고 : 배경, 이미지, 광고 문구 등

(3) 관점이나 표현 방법의 적절성 평가하기

① 매체에 담긴 글쓴이의 관점과 의도를 파악하고 타당성과 공정성을 평가한다.
② 글쓴이의 표현 방법을 살펴보고 효과와 적절성을 평가한다. → 매체의 비판적 수용

3 문제 해결을 위한 읽기(비판적 독서)

(1) 비판적 독서의 의미

글을 그대로 수용하지 않고 비판적 사고를 통해 글쓴이의 주장과 논증이 타당하고 적절한지를 따져가면서 읽는 방법이다.

(2) 비판적 독서의 효용성

① 독자 자신이나 사회가 안고 있는 문제에 대한 해결의 실마리를 얻을 수 있다.
② 글쓴이의 관점이나 생각에 대하여 다양한 대안을 마련하며 읽는 능력을 기를 수 있다.
③ 적극적 읽기 태도를 기르는 데 도움이 된다.

4 과정 점검하며 읽기

(1) 읽기 전 활동

① 글을 읽는 목적을 정하고 확인한다.

② 제목과 소제목을 통해 글의 내용이나 구조를 예측한다.

③ 배경지식을 활성화한다.

(2) 읽기 중 활동

① 글의 내용을 해석하고 추론하며 읽는다.

② 궁금한 점을 스스로 질문하고 그 답을 찾아가며 읽는다.

③ 예측한 내용이 맞는지 확인하며 읽는다.

④ 공감적·비판적·창의적으로 읽는다.

(3) 읽기 후 활동

① 읽은 글의 내용을 요약하고 정리한다.

② 읽기 과정을 통해 알게 된 사실이나 떠오른 생각을 정리한다.

③ 읽은 글의 내용을 바탕으로 여러 사람과 의견을 주고받거나, 관점 및 형식이 다른 글과 비교한다.

✔ 바로바로 CHECK

다음 중 읽기 후 활동으로 바르지 <u>않은</u> 것은?

① 읽은 글에 대해 토의하기

② 다른 갈래로 바꾸어 써 보기

③ 중요 내용을 정리하기

④ 글의 구조 예측하기

해설 ④는 읽기 전의 사전 활동에 해당한다.

정답 ④

02 다양한 종류의 글

1 설명문(정보 전달의 글)

(1) 설명문의 개념

설명문은 어떤 대상에 대한 정보나 지식 등을 독자들이 이해하기 쉽게 풀이하여 쓴 글이다.

(2) 설명문의 특징 중요⁺

① **사실성** : 사실에 근거하여 전달한다.
② **체계성** : 내용을 짜임새 있게 구성한다.
③ **평이성** : 이해하기 쉽게 평범하고 쉬운 말로 설명한다.
④ **명료성** : 뜻이 명료하게 전달되도록 간결하고 명확하게 쓴다.
⑤ **객관성** : 글쓴이의 짐작, 의견, 주장 등을 배제하고 객관적인 입장에서 쓴다.

(3) 설명 방법(내용 전개 방법) 중요⁺

① **정의** : '무엇은 무엇이다'의 형식으로 어떤 개념이나 용어의 뜻을 명확하게 풀이하여 설명하는 방법 ⓔ 주제란, 작가가 독자에게 전달하고 싶은 중심 생각을 말한다.
② **예시** : 대상에 대하여 구체적인 예를 들어 설명하는 방법
   ⓔ 조선 시대의 기녀 시인으로는 황진이, 홍랑, 계랑 등이 있다.
③ **비교** : 둘 또는 그 이상의 사물이 지니고 있는 공통점이나 유사성에 초점을 맞추어 서술하는 방법 ⓔ 숟가락과 젓가락은 밥을 먹을 때 쓰는 도구이다.
④ **대조** : 둘 또는 그 이상의 사물이 지니고 있는 차이점에 초점을 맞춰 서술하는 방법
   ⓔ 영화는 영상 매체이고, 소설은 인쇄 매체이다.
⑤ **분류** : 대상을 공통되는 성질에 따라 종류별로 나누어 설명하는 방법
   ⓔ 문학은 시, 소설, 수필, 평론, 희곡으로 나눌 수 있다.
⑥ **분석** : 대상을 구성 요소로 나누어 설명하는 방법 ⓔ 시계는 판, 침, 태엽 등으로 이루어져 있다.

국 어

2 논설문(주장하는 글)

(1) 논설문의 개념

논설문은 글쓴이가 자신의 주장이나 의견과 그에 대한 타당한 근거를 짜임새 있고 논리적으로 전개하여 독자를 설득하는 글이다.

(2) 논설문의 특징

① **주관성** : 글쓴이의 주관적인 의견이나 주장이 뚜렷하게 제시되어야 한다.
② **체계성** : '서론 – 본론 – 결론'에 따라 체계적으로 구성되어야 한다.
③ **타당성** : 주장의 근거나 이유가 타당하고 논리적이어야 한다.
④ **신뢰성** : 출처가 분명하고 신뢰성이 있는 근거를 제시해야 한다.
⑤ **논리성** : 상대방을 설득할 수 있는 논리적인 글이어야 한다.
⑥ **명료성** : 글쓴이의 주장과 그에 대한 근거가 명확하게 드러나야 한다.

(3) 논설문 읽기

① 사실과 의견을 구분하며 읽는다.
② 글쓴이의 주장과 주장을 뒷받침하는 근거(전제와 가정)가 논리적으로 타당한지 판단하며 읽는다.
③ 각 문단의 중심 내용과 글의 주제를 파악하면서 읽는다.

3 전기문

(1) 전기문의 개념

전기문은 역사상 큰 업적이나 사회적으로 의미 있는 공헌으로 다른 사람에게 좋은 영향을 준 실존 인물의 일생을 기록한 글이다.

(2) 전기문의 특성

① **진실성** : 인물에게 일어난 사건을 중심으로 실제로 있었던 일을 사실적으로 기록한다.
② **교훈성** : 인물의 삶이 갖는 의미를 해석하고 조명하여 독자에게 감동과 교훈을 준다.
③ **문학성** : 서사, 묘사, 대화 등의 문학적인 표현과 인물, 사건, 배경 등의 요소를 사용한다.

(3) 전기문의 구성 요소

인 물	인물의 출생, 성장 과정, 성품, 재능, 인물이 끼친 영향 등
사 건	인물의 활동이나 업적, 그에 따른 일화 등
배 경	인물이 살았던 시대와 장소의 사회적 환경 및 개인적 환경 등
비 평	인물에 대한 글쓴이의 의견, 생각, 평가 등

기초학습 — 전기문과 소설의 비교

구 분	전기문	소 설
차이점	실제적, 역사적 사실의 기록	상상 속의 이야기(허구)
공통점	• 여러 가지 문학적인 방법을 사용함	• 바람직한 인간상 구현을 목적으로 함

4 보고문

(1) 보고문의 개념

보고문은 어떤 주제에 대하여 조사하거나 연구한 결과를 정리하여 정보를 제공하는 글이다.

(2) 보고문의 요건

① 사실과 의견을 구별하여 정확하고 구체적으로 표현한다.

② 보고할 내용이나 대상, 보고의 순서나 방법을 먼저 나타낸다.

③ 표나 그림, 관련 사진 등의 보조 자료를 효과적으로 이용한다.

(3) 보고문의 특징

① 객관적이고 정확한 연구의 결과를 정리하여 전달한다.

② 연구 과정과 결과를 간결하고 체계적으로 정리하기 위해 도표나 그래프 등 시각적 자료의 사용이 빈번하다.

③ 내용을 효율적이고 정확하게 전달하기 위해 일정한 형식을 체계적으로 도입한다.

④ 보고문은 무엇인가를 보고해야 한다는 목적의식을 가지고 서술된다.

(4) 보고문의 종류

① 연구 보고문 : 연구한 내용을 기록한 글

② 조사 보고문 : 조사한 내용을 정리하여 기록한 글

③ 관찰 보고문 : 어떤 대상을 관찰하고 그 경과를 요약 보고한 글

④ 실험 보고문 : 실험을 통해 가설을 검증한 과정과 결과를 기록한 글

✔ 바로바로 CHECK

다음 중 글쓴이의 주장을 내세워 독자를 설득하려는 목적으로 쓰인 글은?

① 서간문
② 기행문
③ 논설문
④ 전기문

해설 ① 서간문은 편지 형식의 글, ② 기행문은 여행을 하면서 보고 느낀 점을 쓴 글을 일컫는다.

정답 ③

※ 다음 글을 읽고 물음에 답하시오. (1~4)

> ### 한국 바닷속 미세 플라스틱 오염 세계 최고 수준
>
> 수십 년 섞여든 플라스틱 조각
> 수산물 내장에서 잇따라 검출
>
> 한국 해역 오염 세계 최고 수준
> 작을수록 먹이사슬 이동 쉬워
> 인체 도달 가능성도 배제 못해
>
> '미세 플라스틱'은 맨눈으로 보이지 않는 크기에서부터 최대 길이 1~5㎜까지의 작은 플라스틱 조각인데 현재 전 세계 대부분의 바다에서 발견되고 있다.
>
> 〈중략〉
>
> 해양 생물들이 먹이로 잘못 알고 먹거나, 물과 함께 체내로 빨려 들어온 미세 플라스틱은 생물체에 포만감을 줘서 영양 섭취를 저해할 수 있다. 체내 장기의 좁은 부분에 걸려 문제를 일으킬 수도 있다. 난연제·가소제·열안정제·자외선차단제 등의 플라스틱 첨가제에 함유된 잔류성 유기오염물질(POPs)과 중금속 성분은 체내에 축적돼 생물체의 성장을 저해하거나 생식력을 떨어뜨릴 수 있다.
>
> 실제 생물학 분야 유명 저널인 「커런트 바이올로지(Current Biology)」에 동시에 실린 영국 플리머스 대학과 엑서터 대학 연구팀의 연구 결과를 보면, 미세 플라스틱 오염도가 높은 곳에 사는 갯지렁이들은 먹이를 덜 먹게 될 뿐만 아니라 미세 플라스틱과 함께 체내로 들어온 유해 화학물질 탓에 건강이 나빠질 수 있는 것으로 나타났다.
>
> 〈중략〉
>
> 미세 플라스틱의 실태와 생태계에 끼치는 영향 등은 여전히 불확실한 부분이 많지만, 미국이나 영국의 비정부기구(NGO)들은 예방 차원에서 미세 플라스틱을 추방하기 위한 활동을 활발히 펼치고 있다. 이들은 비닐봉지와 같은 플라스틱 제품의 생산과 소비를 줄이고 미세 플라스틱이 바닷물 속에 추가로 흘러드는 것을 막는 데 집중하고 있다. 이미 바다에 흘러 들어간 플라스틱 쓰레기를 의미 있는 수준까지 제거하는 일은 경제적으로 사실상 불가능하기 때문이다. 이들은 치약, 세정용 스크럽과 같은 생활용품에 미세 플라스틱 알갱이를 넣는 제조업체들에게 호두 껍질이나 코코넛 껍질과 같은 유기물질로 플라스틱을 대체하도록 촉구하고 있다. 소비자를 상대로는 미세 플라스틱이 함유된 생활용품을 쓰지 않도록 하는 캠페인을 진행 중이다.
>
> — 김정수, 한겨레 기사

01 윗글을 쓴 목적으로 가장 적절한 것은?

① 해양에 미세 플라스틱을 배출하는 제조업체를 비판하기 위해

② 독자들에게 바닷속 미세 플라스틱의 위험성을 알리기 위해

③ 해양 생물들이 입은 피해에 대한 슬픈 마음을 표현하기 위해

④ 정부에 미세 플라스틱 배출 규제 정책을 도입하도록 요구하기 위해

01
다음 글의 주목적은 사람들에게 바닷속 미세 플라스틱의 심각성을 알게 하는 데에 있다.

02 윗글을 읽을 때 고려할 사항으로 알맞지 <u>않은</u> 것은?

① 표제에 글쓴이의 특정 관점이 드러나는지 파악하기

② 글쓴이의 정서가 잘 표현되었는지 살피며 읽기

③ 관점이나 내용이 편견에 치우치지는 않는지 판단하기

④ 미세 플라스틱 문제 해결 방안을 고려하며 읽기

02
이 글은 정보를 전달하는 신문 기사문으로 정확성, 객관성, 공정성, 보도성 등을 특징으로 한다. 신문 기사문을 읽을 때에는 표제나 기사 본문 등에 드러나는 글쓴이의 특정 관점이나 의도를 파악하고, 편견에 치우치지 않았는지 판단하도록 한다.

03 윗글을 읽고 알 수 <u>없는</u> 것은?

① 미세 플라스틱이 해양 생물의 체내에 쌓이는 이유

② 미세 플라스틱이 생태계에 미치는 부정적인 영향

③ 미세 플라스틱을 대체할 수 있는 친환경적 소재

④ 미세 플라스틱을 줄이기 위한 우리나라의 노력

03
윗글을 통해 미국과 영국의 환경단체 등이 예방 차원에서 미세 플라스틱 추방을 위한 노력을 하고 있음은 알 수 있지만, 우리나라의 사례는 알 수 없다.

04 윗글의 내용 전개 방식으로 적절하지 <u>않은</u> 것은?

① 용어의 개념을 정의하고 있다.

② 묻고 답하는 방식으로 서술하고 있다.

③ 구체적인 예시를 소개하고 있다.

④ 객관적이고 과학적인 근거를 제시하고 있다.

04
글쓴이는 정보를 독자에게 일방향으로 전달하고 있으며, 독자에게 질문을 던지고 그에 답하는 형식으로 서술하고 있지는 않다.

ANSWER
01. ② **02.** ② **03.** ④ **04.** ②

05 다음 공익광고를 해석한 것으로 바르지 <u>않은</u> 것은?

> **㉮** 전 세계 바다에 버려지는 플라스틱 빨대 한 해
> 800만 톤 –
> 사람들에겐 편리한 작은 빨대 하나지만
> 바다 생물들에겐 생명의 위협이 됩니다.
> 이제라도 플라스틱 빨대 사용을 줄여서
> 바다 생물과 함께 지구 환경도 살릴 때입니다.
> – 공익광고 협의회, 2018.
>
> **㉯** '공범'까지 20% 남았습니다.
> 죄의식 없이 쉽게 다운로드하고 유포되는 불법
> 촬영물
> 피해자에겐 유포자도 다운로드한 사람도
> 인생을 망가뜨리는 똑같은 가해자입니다.
> 불법 촬영물 다운로드,
> 받는 순간 당신도 범죄에 가담한 공범입니다.
> – 공익광고 협의회, 2019.
>
> **㉰** 별이 취하는 밤에 당신이 보는 마지막 명화
> 아름다우십니까?
> 작년 기준 서울시 음주운전 건수 2,926건
> 사망자수 35명, 부상자수 5,191명
> 매년 끊이지 않는 음주운전 사고
> 한 번의 실수로 더 이상 가족의 품으로 돌아갈 수
> 없을지도 모릅니다.
> – 공익광고 협의회, 2018.

① 유신 : (가)에서는 인간과 해양 생물의 대조를 통해
플라스틱 빨대의 위험성을 부각시키고 있어.

② 연유 : (나)에서는 사람들의 양심에 호소하여 문제
해결을 촉구하고 있어.

③ 찬규 : (다)와는 달리 (가)에서는 구체적인 수치를 제시하
여 자료의 신뢰성을 높이고 있어.

④ 영선 : (다)에서는 시각적인 묘사를 통해 음주운전의
위험성을 부각시키고 있어.

05

(가)와 (다)에서는 각각 '한 해에 버려지는 플라스틱 빨대 800만 톤', '작년 기준 서울시 음주운전 건수 2,926건, 사망자수 35명, 부상자수 5,191명' 등의 구체적인 수치를 제시하고 있다.

ANSWER

05. ③

※ 다음 글을 읽고 물음에 답하시오. (6~8)

가장 흔히 볼 수 있는 거미줄의 형태는 중심으로부터 ㉠ 방사형으로 뻗어 나가는 둥근 그물로, 짜임이 어찌나 완벽한지 곤충의 입장에서는 마치 빽빽하게 쳐 놓은 튼튼한 고기잡이 그물과 다름 없다. 이 둥근 그물을 짜기 위해 거미는 먼저 두 물체 사이를 팽팽하게 이어주는 '다리실'을 만든다. 그 다음 몇 가닥의 실을 뽑아내 별 모양으로 주변 사물들과 중심부를 연결한다. 두 번째 작업으로, 거미는 맨 위에 설치한 다리실에서부터 실을 뽑아내 거미줄의 가장자리 틀을 완성한다. 그런 후 중심과 가장자리 사이를 왔다갔다 하며 세로줄을 친다. 세 번째 작업은 ㉡ 임시 가로줄을 치는 것이다. 이 가로줄은 거미가 돌아다닐 때 발판으로 쓰기 위한 것이기 때문에 점성이 없어 달라붙지 않고 튼튼하다. 나중에 거미줄을 완성하고 쓸모가 없어지면 다니면서 먹어 치웠다가 필요할 때 다시 뽑아내 재활용한다. 마지막으로 영구적이고 끈끈한 가로줄을 친다. 중심을 향해 가로줄을 친 후 다시 바깥쪽으로 꼼꼼히 치기도 하면서 끈끈하고 ㉢ 탄력 있는 사냥용 거미줄을 짠다. 거미는 돌아다닐 때 이 가로줄을 밟지 않으려고 각별히 조심한다고 한다. 거미의 발끝에 기름칠이 되어 있어 이 실에 달라붙지 않는다는 설도 있다. 이렇게 거미줄을 완성하면 거미는 가만히 앉아 먹잇감을 기다리기만 하면 된다. 거미줄을 완성하는 데 걸리는 시간은 한 시간 반이 안 되며 사용되는 실의 길이는 최대 30미터다.

거미줄은 거미와 곤충 사이에 벌어지는 끊임없는 생존 경쟁이 낳은 진화의 산물이다. 일례로 그물을 이루는 견사(실)는 눈에 거의 띄지 않게끔 진화했다. 그래서 1초에 자기 몸길이의 57배만큼 날아가는 초파리의 경우, 몸길이의 세 배 거리까지 접근하기 전에는 눈앞의 재앙을 ㉣ 감지하지 못한다.

– 리처드 코니프, 「거미줄, 죽음을 부르는 실」

06 윗글을 통해 알 수 있는 내용으로 적절하지 <u>않은</u> 것은?

① 거미줄 치기의 첫 번째 작업은 다리실을 만드는 것이다.
② 거미는 이동을 위해 점성이 없는 임시 가로줄을 친다.
③ 사냥용 거미줄은 거미가 돌아다닐 때 발판으로 쓰인다.
④ 거의 눈에 띄지 않는 거미줄은 생존을 위해 진화된 결과이다.

07 윗글에 대한 읽기 전략으로 가장 적절한 것은?

① 여정과 견문을 이해하고 감상에 공감하며 읽는다.
② 새로운 정보를 파악하고 사실인지 확인하며 읽는다.

06

거미가 돌아다닐 때 발판으로 사용하는 것은 점성이 없는 임시 발판이다. 사냥용 거미줄은 끈끈하고 탄력이 있으며 거미는 이것을 밟지 않으려고 각별히 조심한다.

ANSWER

06. ③

③ 필자의 주장을 파악하고 근거의 타당성을 따지며 읽는다.

④ 글의 미적 구조를 이해하고 인물의 정서를 파악하며 읽는다.

07
이 글은 거미와 거미줄에 대한 특징을 설명하고 있는 설명문이다. 설명문은 정보 전달을 목적으로 쓴 글로서, 필자가 전하려는 정보의 내용은 무엇인지, 그 정보가 객관성을 확보하고 있는지 따져가며 읽어야 한다.

08 **㉠~㉣**의 사전적 의미로 적절하지 **않은** 것은?

기출

① ㉠ 방사형 : 중앙의 한 점에서 사방으로 뻗어나간 모양

② ㉡ 임시 : 미리 얼마 동안으로 정하지 않은 잠시 동안

③ ㉢ 탄력 : 용수철처럼 튀거나 팽팽하게 버티는 힘

④ ㉣ 감지 : 감추어진 사실을 깊이 살피어 조사하는 것

08
㉣ 감지 : 느끼어 앎

A N S W E R
07. ② 08. ④

※ 다음 글을 읽고 물음에 답하시오. (9~10)

서문(序文)

인류 가족 모두의 존엄성과 양도할 수 없는 권리를 인정하는 것이 세계의 자유, 정의, 평화의 기초이다. 인권을 무시하고 경멸하는 만행이 과연 어떤 결과를 초래했던가를 기억해 보라. 인류의 양심을 분노케 했던 야만적인 일들이 일어나지 않았던가?

그러므로 오늘날 보통 사람들이 바라는 지고지순의 염원은 '이제 제발 모든 인간이 언론의 자유, 신념의 자유, 공포와 결핍으로부터의 자유를 누릴 수 있는 세상이 왔으면 좋겠다.'라는 것이리라.

유엔 헌장은 이미 기본적 인권, 인간의 존엄과 가치, 남녀의 동등한 권리에 대한 신념을 재확인했고, 보다 폭넓은 자유 속에서 사회 진보를 촉진하고 생활 수준을 향상시키자고 다짐했었다. 그런데 이러한 약속을 제대로 실천하려면 도대체 인권이 무엇이고 자유가 무엇인지에 대해 모든 사람이 이해할 수 있도록 하는 것이 가장 중요하지 않겠는가?

유엔 총회는 이제 모든 개인과 조직이 이 선언을 항상 마음속 깊이 간직하면서, 지속적인 국내적·국제적 조치를 통해 회원국 국민들의 보편적 자유와 권리 신장을 위해 노력하도록, 모든 인류가 '다 함께 달성해야 할 하나의 공통기준'으로 '세계 인권 선언'을 선포한다.

제1조 우리 모두는 태어날 때부터 자유롭고, 존엄성과 권리에 있어서 평등하다. 우리 모두는 이성과 양심을 가졌으므로 서로에게 형제자매의 정신으로 대해야 한다.

제2조 피부색, 성별, 종교, 언어, 국적, 갖고 있는 의견이나 신념 등이 다를지라도 우리는 모두 평등하다.

제3조 우리는 누구나 생명을 존중받으며, 자유롭게 그리고 안전하게 살아갈 권리가 있다.

– 「세계 인권 선언문」 (1948)

09 윗글을 선포한 목적으로 가장 적절한 것은?

① 회원국 국민의 자유와 인권을 신장하기 위해

② 인권이 침해당한 역사적 사례를 제시하기 위해

③ 유엔 헌장과 세계 인권 선언의 차이점을 밝히기 위해

④ 인류의 자유와 평등이 확대되는 과정을 보여 주기 위해

10 윗글을 읽고 답할 수 <u>없는</u> 것은?

① 이 선언을 선포한 주체는 누구인가?

② 이 선언을 제정한 배경은 무엇인가?

③ 이 선언으로 권리를 보장받는 대상은 누구인가?

④ 이 선언을 위반했을 때의 제재 조치는 무엇인가?

09
서문의 4단락에서 '회원국 국민들의 보편적 자유와 권리 신장을 위해 노력하도록 ~ 세계 인권 선언을 선포한다.'라는 목적을 밝히고 있다.

10
① 선포한 주체 : 유엔 총회
② 선언을 제정한 배경 : 인류 양심을 분노케 했던 야만적인 일들(전쟁)을 겪으며 모든 인간이 자유를 누릴 수 있는 세상이 왔으면 좋겠다고 염원함
③ 권리를 보장받는 대상 : 모든 인류(사람)

ANSWER
09. ① 10. ④

NOTE

02 읽기의 실제

 읽기 능력을 신장하기 위해서는 다양한 종류의 지문을 많이 읽어보는 것이 중요합니다. 설명문, 논설문, 전기문, 보고문, 기사문 등 글의 종류에 따라 지문을 꼼꼼하게 읽으면서 글의 주제 및 세부 내용을 파악하도록 합니다.

01 설명문의 실제

1 독서의 목적과 방법
– 박영목

✓ 핵심정리

• **갈래** : 설명문
• **성격** : 설명적, 예시적
• **제재** : 독서의 목적과 방법
• **주제** : 독서의 목적에 따른 독서 방법과 독서의 생활화

• **특징**
① 독서의 목적과 방법을 구체적인 예를 통해 설명
② 독서의 방법을 분류하고, 각 방법의 특징을 상세히 설명

〈독서의 목적〉

㉮ 독서는 일정한 상황 속에서 이루어진다. 독서의 상황을 구성하는 요소에는 독자, 글, 독서 목적
_{글의 의미나 독서 방법을 다르게 하는 요인}
등이 있다. 같은 글이라도 독자가 누구인가에 따라 그 글의 의미는 다르게 구성될 수 있다. 동일한 독자라 하더라도 읽는 글의 특성에 따라 독해의 절차나 방법을 달리할 수 있다. 또한 독서의 목적이 무엇이냐에 따라 독서의 방법이 달라지기도 한다. ▶ 독서의 상황을 구성하는 요소

㉯ 글을 읽는 목적은 글을 읽는 상황과 밀접한 관련이 있다. 사람들은 ❶글 속에 들어 있는 정보를 획득하기 위하여 글을 읽을 수도 있으며, ❷글 속에 드러나 있는 글쓴이의 사상과 감정, 또는 가치관과 정서적 태도를 배우기 위하여 글을 읽을 수도 있다. 또한, ❸시험에 대비하여 필요한 정보나 단어적 지식을 기억하기 위하여 글을 읽을 수도 있으며, ❹여가를 선용하거나 즐거움을 얻기 위해
_{❶ ～ ❹ : 글을 읽는 목적}
글을 읽을 수도 있다. 이와 같은 글 읽기의 목적은 독자가 처한 상황에 따라 달라진다.
▶ 독자의 상황과 관련된 독서의 목적

다 학생들이 학교생활을 하면서 흔히 직면하는 상황은 교과서에 제시된 글을 읽는 것이다. 이러한 경우에 독서의 목적은 교과서에 실린 글에 제시된 정보나 개념을 잘 기억해 두는 것이다. 예를 들면, 사회 과목이나 과학 과목의 교과서에 실린 글을 읽는 주된 목적은 교과서에 담긴 내용을 잘 기억하는 것이다. 『글의 주요 내용을 잘 기억함으로써 학생들은 해당 교과서에 관한 지식을 체계적으로 축적해 나갈 수 있다.』 이처럼 글에 제시된 정보와 개념을 잘 기억하는 것을 주된 목적으로 하는 독서를 학습

「 」: 학습을 위한 독서의 효과

을 위한 독서라고 한다. ▶ 학습을 위한 독서의 목적

〈독서의 방법〉

라 <u>소리를 내는지의 여부에 따라</u> 음독(音讀), 묵독(黙讀)으로 나눌 수 있다. 음독은 소리를 내어
　　독서 방법의 분류 기준 ①
읽는 것으로, 근대 이전의 보편적인 독서 방법이었다. 『과거에는 글자를 읽을 수 있는 사람이 많지 않고 책도 매우 귀한 것이었기 때문에』 음독 중에서도 여러 사람이 들을 수 있도록 큰 소리로 읽는 낭
　　　　「 」: 과거 음독이 보편적이었던 이유
독이 중시되었다. 그러다가 서서히 묵독이 생겨났는데, 이것이 오늘날의 보편적인 독서 방법이 되었다. 묵독은 눈으로 읽는 방법인데, 독서가 개인적인 행위가 되었다는 의미이다.

▶ 독서의 방법(음독과 묵독)

마 <u>읽는 속도에 따라</u> 빠르게 읽는 속독(速讀)과 느리게 읽는 지독(遲讀)으로 나눌 수 있다. 시간이
　　독서 방법의 분류 기준 ②
없어서 중요한 내용을 빨리 파악해야 하는 경우라면 속독이, 내용을 정밀하게 파악하는 경우라면 지독이 주로 사용될 것이다. 특히 지독은 학술 서적의 경우처럼 전문적인 지식을 얻을 때에 꼼꼼하게 읽는 방법이다.

▶ 독서의 방법(속독과 지독)

바 <u>읽는 범위에 따라</u> 책을 처음부터 끝까지 읽는 전부 읽기와 필요한 부분을 찾아 그 부분만 읽는
　　독서 방법의 분류 기준 ③
발췌 읽기로 나눌 수 있다. 소설과 같이 줄거리를 파악해야 하는 경우라면 처음부터 읽어야 하지만, 특정 정보를 찾는 목적이거나 독서 시간이 부족한 경우라면 발췌 읽기를 할 수 있다.

▶ 독서의 방법(전부 읽기와 발췌 읽기)

사 <u>꼼꼼하게 읽는 정도에 따라</u> 통독(通讀), 정독(精讀), 미독(味讀)으로 나눌 수 있다. 통독은 훑어
　　독서 방법의 분류 기준 ④
읽기라고도 하며, 주어진 글에서 중요한 정보를 찾아내기 위해 글 전체를 빠른 속도로 읽는 독서 방법이다. <u>글에서 중요하지 않거나 미리 알 수 있는 부분을 대강 훑어서 읽는 방법</u>으로 책을 고를 때나
　　　　　　　　　　　　　통독의 구체적인 방법
책의 내용을 빠르게 파악하고 싶을 때 효과적으로 사용하는 방법이다. 정독은 뜻을 새겨 가며 자세히

읽는 독서 방법이다. 『한 작품이나 문장을 읽은 후 전체의 뜻을 이해하고, 그 의미의 구성과 전개 과정, 어구와 문장의 표현 등을 깊이 있게 읽어 글의 주제와 핵심 내용을 파악』한다. 한편, 미독은 글의
『 』: 정독의 구체적인 방법
내용을 충분히 음미하며 읽는 것이다. 문장이나 표현 등을 되새기면서 그 의미를 느끼는 읽기 방법
미독의 구체적인 방법
으로 주로 문학 작품이나 고전을 읽기에 좋다.
▶ 독서의 방법(통독, 정독, 미독)

아 글을 전문적으로 읽는 방법도 있다. 대표적인 방법으로 'SQ3R'을 들 수 있는데, 이 방법은 독서의 과정을 다섯 단계로 나누고 있다. 먼저 '훑어보기(Survey)' 단계에서 글의 내용을 차례와 제목을 중심으로 훑어 읽고, '질문하기(Question)' 단계를 통해 글의 내용과 관련된 의문점들을 떠올려 질문하며 읽는다. 다음으로 '자세히 읽기(Read)' 단계를 통해 자신이 품었던 질문을 확인하며 글을 꼼꼼히 읽고 나서, '되새기기(Recite)' 단계를 통해 글에서 기억할 만한 중요한 부분을 회상하여 요약해 본다. 마지막으로 '다시 보기(Review)' 단계를 통해 이제까지 읽은 모든 내용을 살펴보고 검토한다. 그리고 『잘못 읽은 부분은 없었는지, 읽은 글이 자신에게 의미가 있었는지 등을 생각해 본다.』
『 』: 독서의 내면화
▶ 독서의 방법(SQ3R)

한눈에 감 잡기

1. 독서 방법

분류 기준	독서 방법
소리를 내는지의 여부	소리를 내어 읽는 음독 – 눈으로 읽는 묵독
읽는 속도	중요한 내용을 빨리 파악하며 읽는 속독 – 내용을 정밀하게 파악하며 읽는 지독
읽는 범위	처음부터 끝까지 읽는 전부 읽기 – 필요한 부분만 찾아 읽는 발췌 읽기
꼼꼼하게 읽는 정도	중요한 정보를 찾아내기 위해 글 전체를 빠른 속도로 읽는 통독 – 뜻을 새겨 가며 자세히 읽는 정독 – 내용을 충분히 음미하며 읽는 미독

2. 전문적인 독서 방법 – SQ3R

단계	독서 방법
훑어보기(Survey)	차례와 제목을 중심으로 훑어 읽기
질문하기(Question)	글의 내용과 관련된 의문점을 떠올려 질문하며 읽기
자세히 읽기(Read)	질문을 확인하며 꼼꼼히 읽기
되새기기(Recite)	기억할 만한 중요한 부분을 회상하여 요약하기
다시 보기(Review)	이제까지 읽은 모든 내용을 살펴보고 검토하기

바로바로 CHECK

01 이 글을 읽고, 아래 (가), (나), (다)에 들어갈 내용을 바르게 배열한 것은?

> 경훈 : 독서는 (가)에 따라 속독과 지독으로 나눌 수 있어.
> 성희 : 그렇지. 시간이 없어서 중요한 내용을 빨리 파악해야 하는 경우 (나)의 방법을 사용하곤 해.
> 경훈 : 그러면 내용을 정밀하게 파악해야 하는 경우라면 (다)의 방법이 적합하겠구나.

	(가)	(나)	(다)
①	읽는 속도	속독	지독
②	읽는 범위	속독	지독
③	읽는 속도	지독	속독
④	읽는 범위	지독	속독

해설 읽는 속도에 따라 속독과 지독으로 나뉠 수 있다.

02 글의 종류와 그에 따른 독서의 목적으로 알맞은 것은?

① 설명문 – 의견과 주장의 타당성 판단
② 논설문 – 지식과 정보의 체계적인 이해
③ 문학 – 글쓴이가 형상화한 내용의 사실성 판단
④ 문학 – 글쓴이의 정서, 삶의 가치관, 인생관 등에 공감

해설 문학은 작가가 드러내고자 하는 삶의 양식, 인생관이나 가치관, 정서 등에 공감하거나 즐거움을 느끼는 데 목적이 있다.

정답 01. ① 02. ④

2 이야기의 전달자, 전기수

– 이승원

☑ 핵심정리

- **갈래** : 설명문
- **성격** : 설명적, 해설적, 예시적
- **제재** : 전기수의 활동 양상
- **주제** : 낭독 문화의 변천 과정과 낭독 문화가 지니는 의의

- **특징**
  ① 전기수와 관련된 기록을 소개
  ② 낭독 문화의 변화 과정을 시대별로 보여 줌

㉮ 조선 시대에는 <u>전문적으로 이야기책을 읽어 주며 돈을 벌었던 직업인이 존재했다.</u> 이들을 전기
<small>전기수의 뜻</small>
수(傳奇叟)라 불렀다. 전기수의 등장은 <u>이야기책의 대중화</u>와 깊이 연결되어 있다. 그뿐만 아니라 <u>책을</u>
<small>전기수의 등장 배경 ①</small>
<u>읽는 당대의 문화적 풍토</u>와도 관계가 깊다. 이제는 텔레비전의 심야 프로그램 정도로밖에 남아 있지
<small>전기수의 등장 배경 ② – 낭독의 문화</small>
않은 '낭독'의 문화가 조선 시대에는 일상적인 독서의 방식이었다.　▶ 조선 시대 독서 문화와 전기수

㉯ 책을 읽어 주는 직업이 언제부터 존재했는지는 정확하게 알 수 없다. 전기수의 존재가 문헌상에
알려진 것은 18세기 중반이었다. 한 전기수에 대한 기록을 보면, 그는 동대문 밖에 살면서 언문으로 쓴
이야기책을 입으로 줄줄 외웠다. 『매달 초하루에는 청계천 제일교 아래 앉아서 읽고, 초이틀에는 제이
교 아래 앉아서 읽으며, 초사흘에는 이현에 앉아서 읽고, 초나흘에는 교동 입구, 초닷새에는 대사동 입
구, 초엿새에는 종루 앞에 앉아서 읽었다. 그렇게 거슬러 올라가기를 마치면 초이레부터는 거꾸로 내
려온다. 아래로 내려갔다가 올라가고, 올라갔다가 또 내려오면 한 달을 마친다. 달이 바뀌면 또 전과
같이 한다.』「 」: 전기수의 활동 장소와 활동 시기 및 활동 방법　　　　　　　　　　▶ 전기수에 대한 기록

㉰ 민중들은 전기수가 낭독하는 이야기를 통해 자신들의 지친 일상에서 잠시나마 벗어나 다른 세상
속으로 빠져들 수 있었다. 『글을 쓰고 읽을 줄 몰랐던 민중들이 많았고, 책값이 워낙 비싸서 개인적으
로 책을 소유하기 어려웠던 시대』에 <u>이야기와 민중 사이를 매개했던 직업이 바로 전기수였던 것이다.</u>
<small>「 」: 전기수 활동의 시대적 배경　　　　　　　전기수의 역할</small>
▶ 전기수의 역할

㉱ 『근대 사회에 접어들면서 글을 읽고 쓸 줄 아는 사람들이 이전 시대보다 증가했고, 신문과 잡
지의 등장으로 읽을거리 또한 많아졌다.』 직업적 낭독자인 전기수는 점차 사라지기 시작했다. 그러나 전기
<small>「 」: 근대 사회 독서 환경의 변화</small>
수가 하던 일, 즉 이야기 혹은 책을 낭독하고 구연하는 전통은 지속되었다. ▶ 근대 이후 전기수 문화의 변화

마 20세기 초에는 읽을거리 대여점에 해당하는 신문종람소나 <u>서적종람소</u>가 등장했다. 민중들은
　　　　　　　　　　　　　　　　　　　　　　　　　　　　　　　도서관
이곳에서 책이나 신문, 잡지를 대여했다. <u>글을 읽을 줄 아는 사람은 누구나 앞선 시대의 전기수처럼</u>
　　　　　　　　　　　　　　　　20세기 초에 전기수와 같은 역할을 함
여러 사람들 앞에서 글을 낭독했다. 그렇지만 이들의 낭독은 전기수와 같은 직업적 활동이 아니었고,
돈을 받는 것도 아니었다. <u>오래 지속된 글 읽기의 관행이었을 뿐이다.</u> 그래서 근대 초기『신문 한 장은
　　　　　　　　　　　근대 이전 글을 낭독하던 관습의 지속
약 60여 명의 공동 저자』를 갖고 있었다고 추정된다.　　　　　　　　　▶ 근대 초기 낭독 문화의 지속
「　」: 여러 사람이 모인 자리에서 신문을 낭독했기 때문

바 일제 강점기 때에도 옛날의 전기수와 같은 역할을 했던 이야기꾼들이 여전히 존재했다. 이들은
<u>신소설 등을 파는 책 장수들이었다.</u>『저잣거리를 돌아다니며 책을 팔았던 이들은 자신들이 팔 책을 여
　일제 강점기 전기수와 같은 역할을 함
러 사람들 앞에서 구연했는데, 일종의 호객 행위』였다. 책 장수들의 구성진 낭독 솜씨 여하에 따라 책
　　　　　　　　　　　「　」: 책을 낭독하는 목적이 전기수와 다름
의 판매가 결정되었다. <u>이러한 책 읽기 문화는 1960년대까지 그 생명력을 이어 갔다.</u>
　　　　　　　　　　책 판매를 위한 낭독의 문화
　　　　　　　　　　　　　　　　　　　　　　　　　　　　▶ 일제 강점기의 이야기꾼 책 장수

사 낭독은 파편화되어 있는 개인들을 하나의 공동체로 묶어 주는 역할을 한다. 묵독이 고립된 개인
을 양산한다면 낭독은 공동체적 개인을 길러 낸다. 자신의 몸을 태워 마지막 불씨가 사그라질 때까지
형형하게 빛나는 촛불처럼, 전기수는 이야기라는 마음의 횃불로 다른 이들의 어둡고 외로운 삶을 밝혀
주었던 사람들이 아니었을까.　　　　　　　　　　　　　　　　　　▶ 낭독의 문화가 지니는 의의

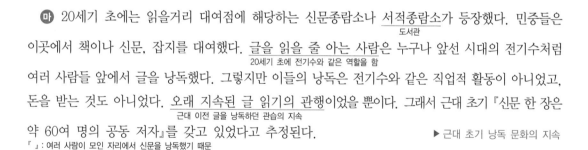

한눈에 감 잡기

1. 전기수의 문화적 기능과 의의
　글을 쓰고 읽을 줄 몰랐던 민중들이 많았고, 책값이 비싸서 개인적으로 책을 소유하기 어려웠
　던 시대에 이야기와 민중 사이를 매개함

2. 시대 변화에 따른 독서 환경

근대 사회 이전	• 글을 읽고 쓸 줄 모르는 사람이 많음 • 책값이 비싸 개인이 소장하기 어려움
근대 사회 이후	• 글을 읽고 쓸 줄 아는 사람이 증가함 • 신문, 잡지 등 읽을거리가 증가함

3. 낭독 문화의 변화 과정

	〈근대 사회 이전〉		〈20세기 초〉		〈일제 강점기〉
낭독의 주체	전기수	➡	글을 읽을 줄 아는 사람	➡	책 장수
낭독의 목적	직업적 활동	➡	읽을거리의 공유	➡	호객 행위
낭독의 대상	이야기 책	➡	책, 신문, 잡지 등	➡	자신이 팔 책

✔ 바로바로 CHECK

01 이 글을 통해 알 수 있는 내용이 <u>아닌</u> 것은?

① 전기수가 하는 일
② 전기수의 활동 방법
③ 우리나라 최초의 전기수
④ 전기수가 등장하게 된 배경

해설 (나)에서 전기수가 언제 등장하였는지는 정확하게 알 수 없다고 하였다.

02 이 글의 내용과 일치하지 <u>않는</u> 것은?

① 전기수는 모두 동대문 밖에 살았다.
② 전기수의 존재는 문헌상에 나타나 있다.
③ 낭독은 조선 시대의 보편적인 독서 방식이었다.
④ 근대로 접어들면서 직업적 낭독자로서 전기수는 점차 사라지기 시작했다.

해설 (나)에 동대문 밖에 살았던 전기수에 대한 이야기가 나오지만 모든 전기수가 동대문 밖에 살았는지는 알 수 없다.

03 이 글의 전개 방식에 대한 설명으로 알맞은 것은?

① 원인과 결과에 따른 내용의 나열
② 글쓴이의 체험을 제시한 후 정서를 표현
③ 전문가의 의견을 나열하며 설명의 신뢰성을 높임
④ 흥미로운 사례를 통해 대상에 대한 독자의 관심을 유발함

해설 '전기수'에 대한 흥미로운 사례를 제시하였다.

정답 01. ③ 02. ① 03. ④

3 21세기 정보 통신 기술의 혁명

– 이필렬

☑ 핵심정리

• 갈래 : 설명문

• 성격 : 설명적, 비판적, 예시적

• 제재 : 정보 통신 기술의 발달

• 주제 : 정보 통신 기술이 우리 사회를 긍정적으로 변화시키고 있지만, 부정적 영향도 있으므로 바르게 활용하고 발전시켜야 함

• 특징

① 정보 통신 기술의 긍정적 영향과 부정적 영향을 제시함

② 현대 정보 통신 기술이 우리 생활에 미치는 영향을 예로 들어 설명

③ 사회학자의 의견을 인용하여 설명하고자 하는 바를 강조

㉮ 오늘날에는 컴퓨터와 통신 기술의 발전으로 또 한 번 정보 기술의 혁명적인 변화가 일어나고 있다. 컴퓨터와 통신 기술의 비약적 발전은 정보를 신속하게 수집, 처리, 축적, 전송, 관리하게 함으로써 현대를 정보화 사회로 만들었다. 그런데 그 변화의 속도가 워낙 빠르고 폭은 짐작할 수 없을 정도로 넓어서 사람들에게 일종의 충격으로 다가오고 있다. '제4의 물결'의 주역으로 일컬어지는『현대 정보 통신
_{엘빈 토플러 '제3의 물결'을 응용하여 정보 통신 기술을 '제4의 물결'로 지칭}
기술은 우리 생활에 어떤 영향을 미칠 것인가? 과연 우리에게 '멋진 신세계'를 열어 줄 수 있을까?』
「　」: 앞으로 전개될 내용과 관련한 질문 – 독자의 관심, 흥미 유발

▶ 오늘날 정보 통신 기술의 비약적 발전

㉯ 정보 통신 기술의 발달로 인간은 활동하는 데 시간과 공간의 제약을 덜 받게 되었고, 성별과 인종, 나이를 초월하여 개인과 개인이 연결됨으로써 조직이나 국경의 벽이 허물어지고 있다. 또한 생산 체계와 업무 방식, 소비의 유형이 변화하고 있으며, <u>세계적인 주요 산업 또한 바뀌고 있다.</u>
_{IT 산업으로의 변화}

▶ 정보 통신 기술의 긍정적 영향

㉰ 하지만 정보 통신 사회에 대한 전망이 꼭 밝은 것만은 아니다. 한편에서는 정보 통신 기술의 발달이 미칠 부정적인 영향에 대해 심각하게 우려하는 학자들도 있다. 정보 통신 기술이 발달하면서 일반인들이 각종 정보에 좀 더 쉽게 접근할 수 있게 되었고, 접근할 수 있는 정보의 양도 기하급수적으로 늘어난 것이 사실이다. 그러나 ❶<u>정보의 양이 많아져 정보의 홍수에 빠지게 되면 사람들은 오히려 전문가가 제공한 정보에 쉽게 의존하거나 자신의 취향에 맞는 특정 정보에만 집착하게 될 수 있다.</u> 지금도 인터넷을 비롯한 여러 매체에서 수많은 정보가 쏟아져 나오고 있지만,『그 많은 정보 가운데 진정으로 우리에게 필요한 정보가 얼마나 될까?』정보가 지나치게 많아 오히려 ❷<u>자신에게 필요한 정보</u>
「　」: 많은 정보 가운데 필요한 정보는 사실상 많지 않다는 의미

를 찾는 데 더 많은 시간을 소비해야 하는 효율 저하 현상이 이미 일어나고 있다. 또 ❸양적 증대에 비해 정보의 질은 그리 높아지지 않았다는 현실은 정보를 찾는 사람들에게 실망을 안겨 주고 있다.
　　❶~❸ : 정보 통신 기술 발달의 부정적 영향

▶ 정보 통신 기술의 부정적 영향

　　㉣ 한편 인터넷의 혜택을 누릴 수 있는 사람들과 그렇지 못한 사람들 사이의 격차도 갈수록 벌어지고 있다. 『중요한 정보를 독점하는 계층이나 기업은 사회적으로 우위에 서게 되며, 점점 복잡·다양해지는 정보의 증가에 적응하지 못하는 사람들은 사회적으로 더욱 소외될 수밖에 없다.』 이를
　　　　　　　　　　　　『 』 : 정보 격차의 개념(특정 계층의 정보 독점으로 인한 경제적, 사회적 격차의 심화)
'정보 격차'라고 한다. 미국에서는 컴퓨터 조작에 서투른 중년층 직장인이 컴퓨터에 대해 심리적 거부
정보 통신 기술 발달의 부정적 영향
감을 느끼고, 이것이 우울증과 공포증으로 이어져 결국 출근을 거부하는 사례까지 나타났다. 정보 격차가 사회 문제로 떠오른 것이다. 앞에서도 언급한 바와 같이 이러한 정보 격차는 개인뿐만 아니라 지역, 인종, 기업과 국가 간에도 발생할 수 있으므로, 이를 없애려는 노력은 정부 차원을 넘어서 국제적인 차원까지 확장되어야 할 것이다.

▶ 정보 격차 문제

　　㉤ 『사회학자 드 세토(De Certeau)는 "기술은 문을 열 뿐이고, 그 문에 들어갈지 말지는 인간이 결정한다."라는 말을 했다.』 정보 통신 기술은 우리의 모든 생활 영역에 영향을 미치고 있다. 이 시점에
『 』: 자신의 주장을 뒷받침하기 위해 전문가의 의견을 인용
서 우리에게 중요한 것은 정보 통신 기술을 어떻게 활용하느냐이다. 정보 통신 기술이 우리 사회를 변화시키고 있지만, 그 기술의 가치를 이해하고 선택하는 주체는 바로 우리이기 때문이다. 『변화는 이미
　　　　　　　　　　　　　　　　　이 글의 집필 의도와 주제
시작되었지만, 우리가 어떤 선택을 하느냐에 따라 그 양상은 달라질 수 있지 않을까?』
『 』: 의문형 문장의 마무리 – 여운을 남김, 독자에게 판단의 기회 제공

▶ 기술의 가치에 대한 인간의 선택의 중요성 강조

한눈에 감 잡기

정보 통신 기술 발달의 긍정적 영향과 부정적 영향

긍정적 영향	• 시간과 공간의 제약을 덜 받게 됨 • 조직이나 국경의 벽이 허물어짐 • 생산 체계, 업무 방식, 소비 유형, 주요 산업 등이 변화함
부정적 영향	• 전문가가 제공한 정보에 쉽게 의존함 • 자신의 취향에 맞는 특정 정보에만 집착함 • 정보 검색의 효율 저하 현상 • 양적 증대에 비해 정보의 질이 높지 않음 • 인터넷의 혜택을 누릴 수 있는 사람들과 그렇지 못한 사람들 사이의 정보 격차 문제

✔ 바로바로 CHECK

01 이 글에서 정보 통신 기술 발달의 부정적 영향으로 언급한 것이 <u>아닌</u> 것은?

① 정보 격차 문제 발생
② 정보 검색 효율성의 저하
③ 전문가의 정보에 쉽게 의존
④ 수공업 관련 산업의 침체와 몰락

해설 ④의 내용은 언급되지 않았다.

02 글 (마)의 주된 서술 방식으로 알맞은 것은?

① 두 대상의 공통점 제시를 통한 정보 전달
② 대상의 개념을 설명하여 논지를 명확하게 전달
③ 대상의 구성 요소를 명확히 분석한 후 정보를 전달
④ 글쓴이의 주장을 뒷받침하기 위한 전문가의 의견 인용

해설 사회학자 '드 세토'의 말을 인용하였다.

정답 01. ④ 02. ④

02 논설문의 실제

1 공유지의 비극
– 홍은정

✔ **핵심정리**

- **갈래** : 논설문
- **성격** : 논리적, 설득적, 비판적
- **제재** : 공유 자원에 대한 사람들의 이기적인 태도와 이로 인한 문제점
- **주제** : 공동체의 자율적 합의와 질서를 바탕으로 한 '공유지의 비극'의 해결 방안

- **특징**
  ① 일상의 구체적 사례를 통해 현상을 설명
  ② 여러 가지 문제 해결 방안을 비판적으로 검토한 뒤 새로운 해결 방안 제시

가 어떤 마을에 모두 함께 사용할 수 있는 목초지가 있었다. 마을 주민들은 각자 자신의 땅을 갖고
<u>공유지</u>
있었지만, <u>이 공동의 땅에 자신의 가축을 가능한 많이 풀어놓으려 했다.</u>『자신에게는 비용의 부담이
공유 자원을 함부로 사용하는 이기적인 태도
없이 넓은 목초지에서 신선한 풀을 마음껏 먹일 수 있기 때문이다. 각 농가에서는 공유지의 신선한
풀이 자신과 다른 농가의 모든 가축을 기르기에 충분한가를 걱정하기보다는 공유지에 방목하는 자신의
가축 수를 늘리는 일에만 골몰했다.』『그로 인해 공유지는 가축들로 붐비게 됐고, 그 결과 마을의 공유
『 』: '공유지의 비극'이 일어난 이유
지는 가축들이 먹을 만한 풀이 하나도 없는 황량한 땅으로 변하고 말았다.』
『 』: 사람들의 이기적인 태도가 초래한 결과 – '공유지의 비극'
개릿 하딘의 목초지 사례에서 보듯이, <u>개인들의 합리적 행동이 결코 사회적 합리성을 보장해 주지는</u>
개인의 이익을 극대화하기 위한 행동
못했다. 각 개인의 입장에서 보면 최대한 많은 가축을 공유지에 방목하는 것이 이익이자 합리적인 판
단이었을 것이다. 하지만『개인들이 자신의 이익만을 추구하면서 공유지는 황폐화되었고, 마침내 자
신들도 가축을 방목할 수 없는 상황이 되어 버렸다.』이것이 바로 '공유지의 비극'인 상황이다.
『 』: 개인들이 합리성을 추구한 결과 – 사회적 합리성을 보장받지 못함
▶ '공유지의 비극'의 개념과 사례

〈우리 주변에 넘쳐나는 '공유지의 비극'〉

나 이러한 공유지의 비극이 가장 대표적이고 심각하게 드러나는 사례는 바로 환경오염 문제이다. 일부 사람들은 물이나 공기가 자신의 재산이 아니라고 생각하고는 『폐수를 몰래 흘려보내거나 이산화 탄소를 마구 뿜어 대고 있다.』 폐수 처리 장치를 하거나 오염 방지 시설을 갖추면 개인이 비용을 부담

『 』: '공유지의 비극'의 예

해야 하기 때문에, 그 돈을 아끼려고 공공의 자산인 물과 대기를 오염시키는 것이다. 하지만 그들이 내 것이 아니라고 이기심을 발휘하는 사이 『인류 공동의 재산이 고갈되는 것은 물론, 결국에는 자기 자신의 삶까지 파멸되는 엄청난 결과를 초래하고 만다.』 『 』: 개인의 욕심만을 위해 공유 자원을 사용했을 때 발생할 수 있는 결과

▶ 주변에서 볼 수 있는 '공유지의 비극'의 사례와 문제점

〈사유화 혹은 국유화하면 해결될까?〉

다 앞에서 살펴본 공유지의 비극은 개인의 사적 이익 추구, 혹은 합리적인 행동이 전체의 이익을 가져온다는 주류 경제학의 기본 전제를 무너뜨리는 내용이다. 『개인의 합리성과 사회적 공공성이 충돌하는 영역』에서는 이러한 공유지의 비극이 발생하기 쉽다. 그렇다면 이를 해결하기 위해서는 어떻게

『 』: '공유지의 비극'이 발생하는 조건

해야 할까?

지금까지 해결 방안으로 제시된 것은 크게 두 가지이다. 먼저 공유 자원을 명확하게 사유화해 개인

'공유지의 비극'을 해결하기 위한 방안 ①

에게 소유권을 주는 방법이 있다. 이는 내 것이라고 생각하는 순간부터 아끼고 보호하는 사람들의 심리를 반영한 것이다. 하지만 이러한 방안은 『공공 자원에 대한 재산권을 특정 이익 집단이 가질 경우 엄청난 비극이 발생할 수 있다는 점』을 간과했다. 공기, 물, 햇빛 등의 공공재를 누군가가 독과점하고

『 』: 공유 자원의 사유화가 지닌 문제점

나서, 이용을 제한하거나 높은 비용을 요구한다면 개인의 삶에 커다란 위협을 초래할 수 있기 때문이다.

▶ '공유지의 비극'을 해결하기 위한 방안 ① – 사유화

라 공유지의 비극을 해결하기 위해 제시된 두 번째 방안은 공유 자원을 국유화하여 국가가 직접

'공유지의 비극'을 해결하기 위한 방안 ②

관리, 통제에 나서는 것이다. 국가가 거대한 감시자가 되어 공공재를 과도하게 사용하거나 더럽히는 사람들을 적발해 벌금을 부과하면 무분별한 행동이 줄어들 것이라는 예상이다. 하지만 이 역시 『국가가 늘 합리적, 효과적으로 상황을 통제하고 보장할 수 없다는 점』을 간과하였다. 일부 국가에서 이런 방

『 』: 공유 자원의 국유화가 지닌 문제점

법을 적용하였는데, 국유화 이후 충분한 감시 인력을 고용하지 못한 데다 감시 인력의 부정행위로 오히려 산림 파괴가 늘어난 것이 그러한 예이다. ▶ '공유지의 비극'을 해결하기 위한 방안 ② – 국유화

〈진정한 해법은 공동체의 자율적 합의와 질서!〉

마 사유화나 국유화처럼 외부에서 강제된 해결책 대신 『공유 자원 사용자들이 공동체 차원에서 직접 나서 공유 자원을 활용하기 위해 협의를 하고 제도를 만들려는 움직임, 이러한 공동체 내부의 참여와 협력이 공유 자원을 지속 가능하게 관리할 수 있도록 했다』는 게 오스트롬의 핵심 주장이다. 공동체

『　』: 오스트롬 교수가 '공동체의 자율적 합의와 질서'를 새로운 해법으로 제시한 이유

참여자 간의 의사소통이 무엇보다 중요함을 역설한 것이다. 그녀의 주장의 밑바탕에는 가장 중요한 가치가 깔려 있다. 바로 <u>인간에 대한 신뢰</u>이다. 흔히들 인간이 자신의 이익만을 좇아 움직인다고 생각하

'공유지의 비극'을 근본적으로 해결하기 위해 갖추어야 할 태도

지만, 공동체의 문제를 해결하기 위해 자발적으로 서로 돕는 모습도 많이 볼 수 있다. 이들은 공동체의 가치를 자신의 가치로 받아들이고 자발적으로 참여함으로써 더 나은 사회를 만들어 가고 있다. 이와 같이 공동체의 가치를 위해 노력하는 사람들의 모습은 인간이 개인의 이익만을 추구하는 이기적인 존재가 아니라 공동의 이익을 위해 협력할 수 있는 존재임을 알 수 있게 한다. 그러므로 우리도 『서로에 대한 신뢰를 바탕으로 공유 자원을 아끼며 효율적으로 활용할 수 있는 태도를 갖추어야 할 것이다.』

『　』: '공유지의 비극'을 근본적으로 해결할 수 있는 방법

▶ '공유지의 비극'을 해결하기 위해 갖추어야 할 태도

한눈에 감 잡기

1. '공유지의 비극'의 사례와 문제점

사 례	문제점
• 환경오염 문제 : 폐수를 몰래 흘려보냄, 이산화탄소를 마구 뿜어 댐 • 공동 어장의 물고기를 함부로 잡아들임 • 공중화장실의 휴지가 가정의 휴지보다 빨리 소모됨	인류 공동의 재산이 고갈되는 것은 물론, 자기 자신의 삶까지 파멸됨

2. '공유지의 비극'을 해결하기 위한 방안

• 사유화

전 제	공유 자원이 내 것이라고 생각하는 순간부터 아끼고 보호함
해결 방안	공유 자원을 명확하게 사유화해 개인에게 소유권을 줌
문제점	공공 자원에 대한 재산권을 특정 이익 집단이 가질 경우 엄청난 비극이 발생

• 국유화

전 제	공공재를 과도하게 사용하거나 더럽히는 사람들을 적발해 벌금을 부과하면 무분별한 행동이 줄어듦
해결 방안	공유 자원을 국유화하여 국가가 직접 관리, 통제에 나섬
문제점	국가가 늘 합리적, 효과적으로 상황을 통제한다고 보장할 수 없음

• 공동체의 자율적 합의와 질서

등장 배경	공유 자원의 사유화, 국유화처럼 외부에서 강제된 방안은 실질적 해결책이 되지 못함
근본적 해결 방법	'인간에 대한 신뢰'를 바탕으로 공유 자원을 아끼며 효율적으로 활용할 수 있는 태도를 갖추어야 함

✔ 바로바로 CHECK

01 우리 주변에서 볼 수 있는 '공유지의 비극'과 관련된 사례로 알맞지 <u>않은</u> 것은?

① 공장의 폐수 무단 방출로 인한 수질 오염 발생

② 공동 어장의 물고기를 마구 잡아들여 어종이 고갈됨

③ 대기 중에 있는 이산화탄소를 함부로 사용하는 경우

④ 전국 유원지의 야영장마다 각종 쓰레기가 쌓여 악취가 풍기는 경우

해설 '공유지의 비극'과 관련된 사례는 대기 중에 이산화탄소를 뿜어 대는 행위이다.

02 이 글에 나타난 공유 자원 국유화의 문제점으로 알맞은 것은?

① 공동체의 자율적 합의와 질서가 강조됨

② 공공 자원에 대한 재산권을 특정 이익 집단이 가짐

③ 공유 자원을 이용할 때 개인이 부담해야 하는 비용이 상승함

④ 국가의 꾸준하고 합리적인 관리가 어려워 공유 자원이 훼손될 수 있음

해설 국가가 늘 합리적이고 효과적으로 상황을 통제할 수 없다는 한계점이 있다.

정답 01. ③ 02. ④

---

2 말이 만드는 마음의 상처

– 김정기

☑ 핵심정리

- **갈래** : 논설문
- **성격** : 비판적, 설득적, 예시적
- **제재** : 공격적인 언어

- **주제** : 공격적인 언어 사용의 문제점
- **특징** : 유년 시절의 예를 통해 독자의 공감을 유도함

(가) 좋은 분위기에서 시작된 대화가 예상하지 못한 언쟁으로 씩씩거리며 끝나는 경우가 의외로 많다. 이런 일은 주로 말하기 방식 때문에 일어난다. 공격적이고 폭력적인 언어는 일상에서 자주 경험할 수 있다. 그러나 공격적이고 폭력적인 언어의 부정적인 영향력이 우리가 보통 생각하는 것보다 더 크고 막대하다는 것을 사람들은 알지 못한다. 공격적인 언어 때문에 잘 알고 지내던 사람과의 좋은 관계도 한순간에 파탄(破綻)이 날 수 있다. 이익이나 가치가 충돌할 때에는 폐해가 더욱 클 수 있다.

▶ 공격적이고 폭력적인 언어의 부정적 영향

❶ 『공격적인 언어는 의사소통 상황에서 자신의 입장을 주장하거나 변호하는 데 그치지 않고, 다른 사람의 자존심을 공격하여 상처를 주며 그 사람이 스스로를 부정적으로 느끼게 한다.』 인격과 능력에 『 』: 공격적인 언어의 특징
대한 부정적인 평가나 폄하(貶下), 모욕적인 말이나 악담, 놀리고 괴롭히며 조롱하고 저주하는 말, 상스러운 말과 상대방을 위협하는 말 등이 공격적인 언어 행위에 속한다. 따라서 공격적인 언어란 『다른 사람을 물리적·상징적으로 지배하기 위한 행위에서부터 다른 사람의 신체, 소유물, 정체성, 논쟁적인 사안에 대해 완벽하게 통제하려고 시도하는 모든 의사소통 행위』를 의미한다.
『 』: 공격적인 언어의 개념

▶ 공격적인 언어의 특징과 개념

❶ 공격적인 언어는 음성 언어를 사용하는 의사소통 행위에만 국한되는 것은 아니다. 말로 표현하지 않더라도 『목소리나 말투의 변화, 찡그리거나 경멸하는 얼굴 표정, 눈동자를 굴리거나 째려보는 행위 등의 의사소통 행위』를 통해서도 공격적인 메시지를 전달할 수 있다. 이러한 공격적인 언어 행위는
『 』: 공격적인 언어의 범위 – 비언어적, 반언어적 행위도 포함
다른 사람의 자존심을 훼손하며 고통스러운 감정을 일으키고 마음에 상처를 준다. 이 상처는 쉽게
공격적인 언어의 영향 ①
아물지 않고 다른 사람과의 대화에 부정적인 영향을 미친다.
공격적인 언어의 영향 ②

▶ 공격적인 언어의 범위와 영향

❶ 친구의 생김새에 따라 '네 코는 돼지 코', '네 코는 딸기코', '네 눈은 뱀눈'이라고 놀렸을 수도 있다. 『놀리는 아이는 단순한 놀이처럼 무심코 호수에 작은 돌 하나를 던진 것에 불과하지만 놀림을 당한 당사자는 돌을 맞은 개구리처럼 큰 상처를 받는 경우가 많다.』 〈중략〉
『 』: 악의성이 없더라도 상대에게 상처를 주는 공격적인 언어
수십 년의 세월이 지나 웬만한 추억이나 사연은 아무 거리낌 없이 농담할 수 있는 어른이 되어서도 공격적인 언어 때문에 받은 고통은 쉽게 잊히지 않는다. 중년이 되어 뒤늦게 마음에 남아 있는 상처를 고백할 정도이니 그것은 심각한 심적 외상의 수준이다. 이렇듯 『어린 시절에 들은, 외모를 비하하는 말은 물리적인 공격 행위로 말미암은 신체의 상처보다도 더 심각하고 더 오래 지속되는 특성』이 있다.
『 』: 공격적인 언어가 물리적인 언어보다 더 나쁜 이유

▶ 공격적인 언어의 폐해

❶ 우리에게 필요한 말은 상대방과의 차이를 이해하고 대화의 가치를 알고 공동체 구성원 간의 공유와 통합을 지향하는 말이다. 다른 사람의 마음에 상처를 주는 말이 아니다. 상대방을 존중하고 언어 예절을 지키려고 노력할 때 우리 사회는 즐겁게 진화할 수 있다.

▶ 언어 예절 준수의 필요성

한눈에 감 잡기

1. 공격적인 언어의 개념과 특징

개 념	다른 사람을 물리적·상징적으로 지배하기 위한 행위에서부터 다른 사람의 신체, 소유물, 정체성, 논쟁적인 사안에 대해 완벽하게 통제하려고 시도하는 모든 의사소통 행위
특 징	의사소통 상황에서 자신의 입장을 주장하거나 변호하는 데 그치지 않고, 다른 사람의 자존심을 공격하여 상처를 주며 그 사람이 스스로를 부정적으로 느끼게 함

2. 공격적인 언어의 예와 영향

언어적 행위	• 인격과 능력에 대한 부정적인 평가나 폄하 • 모욕적인 말이나 악담 • 놀리고 괴롭히며 조롱하고 저주하는 말 • 상스러운 말과 상대방을 위협하는 말
비언어적·반언어적 행위	• 목소리나 말투의 변화 • 찡그리거나 경멸하는 얼굴 표정 • 눈동자를 굴리거나 째려보는 행위

• 다른 사람의 자존심을 훼손하며 고통스러운 감정을 일으키고 마음에 상처를 줌
• 공격적인 언어로 인한 마음의 상처는 쉽게 아물지 않고 다른 사람과의 대화에 부정적인 영향을 미침

✔ 바로바로 CHECK

01 이 글의 특징으로 가장 알맞은 것은?

① 특정 소재를 바탕으로 글쓴이의 정서를 표현한다.
② 독자들이 궁금해 하는 정보나 지식을 제공하고 있다.
③ 논리적인 근거를 바탕으로 상대방의 의견에 대해 반박한다.
④ 예상되는 문제점을 지적하고 예를 통해 독자의 공감을 유도한다.

해설 이 글은 공격적인 언어의 폐해를 중심으로 그 문제점을 설명하고 유년 시절의 예를 통해 독자의 공감을 유도하고 있다.

02 이 글을 참고할 때, '공격적인 말하기'의 사례로 알맞지 않은 것은?

① 네가 뭘 안다고 참견이야?
② 이것도 음식이라고 만들었니?
③ 생긴 모양을 보니 정말 꼴불견이네.
④ 생각만큼 성적이 나오지 않아서 걱정이겠구나.

해설 ④는 상대방을 걱정해 주는 의도로 말하는 것이다.

정답 01. ④ 02. ④

3 신문과 텔레비전 짚어보기

– 손석춘

핵심정리

• **갈래** : 논설문

• **성격** : 비판적, 설득적

• **제재** : 신문과 텔레비전

• **주제** : 신문과 텔레비전을 비판적으로 수용하는 태도의 필요성

• **특징**
① 대중 매체의 역할에 대한 의문을 제기하고, 대중 매체를 바로 보기 위한 수용자의 태도를 비유적으로 표현
② 신문과 텔레비전의 속성을 비판적인 관점에서 설명

〈사회 생활의 더듬이 대중 매체〉

가 급변하는 사회에서 삶을 꾸려 가려면 최소한 자신의 삶 밖에서 시시각각 어떤 일이 일어나고 있는지 알아야 한다. ㉠ 그런데 사회 환경을 인간 개개인의 감각 기관에 의존해 파악하기란 불가능하다. 그래서 개개인이 사회 환경을 파악할 수 있게 하기 위해 신문과 텔레비전이라는 대중 매체가
〔사회 환경을 파악할 수 있는 매개체〕
활발하게 움직이고 있다. 『대중 매체는 현실에서 일어나는 현상들 가운데 사회 구성원 개개인의 삶에 영향을 끼칠 정보와 사건들을 보여 준다.』『그런데 우리 개개인에게 사회 환경을 알려 주는 더듬이 구
〔『 』: 대중 매체의 역할〕
실을 하는 대중 매체가 과연 우리 삶의 외부 현실을 정확하게 알려 주고 있을까?』
〔『 』: 화제 제시 – 대중 매체가 올바른 역할을 하고 있는지 의문을 제기함〕

▶ 대중 매체의 역할

〈깨져야 할 신문의 신화〉

나 그렇다면 신문을 바로 보기 위해서는 구체적으로 무엇을 해야 할까? 우선, 『신문 지면마다 그 그림을 그린 편집자의 의도를 헤아려야 한다.』우리가 미술 작품을 보며 그 작품에 담긴 의미를 감상
〔『 』: 신문을 바로 보기 위한 방법 ① – 편집자의 의도 파악하기〕
해야 하듯이, 『신문을 볼 때에도 지면 배치의 의미를 곰곰이 생각해야 한다. 한정된 지면에 편집자는 왜 이 기사를 머리기사로 하였는지, 어느 기사는 왜 중간에 배치하거나 단신(短信)으로 처리하였는지를 따져 물어야 한다. 또 사진을 어느 정도 크기로 어떻게 배열했으며, 숱한 사진 가운데 그 사진을 실은 의미는 무엇일까도 한 번쯤 되물어 볼 필요가 있다.』
〔『 』: 편집을 통해 중요한 사건이 축소되기도 하고, 중요하지 않은 내용이 부각되기도 하기 때문〕

그리고 신문이라는 그림이 과연 어떤 가치 판단을 담고 있는지 찬찬히 살펴야 한다. 그 그림 속에
〔신문을 바로 보기 위한 방법 ② – 신문에 담긴 가치 판단하기〕
편집자의 가치 판단만이 아니라 정치 집단이나 기업, 각종 단체 등과 같은 외적 요인의 간섭도 있을
〔신문 편집에 영향을 주는 요인〕
수 있기 때문이다.

편집에 간섭하는 외적 요인으로, 과거에는 정치 집단의 영향력이 컸으나 민주화가 진전됨에 따라 그 영향력은 시나브로 줄어들고 있다. 그 반면, 기업의 영향력은 점점 더 커지고 있다. 기업의 광고가 신문사 수입에 큰 비중을 차지하다 보니 광고를 많이 주는 기업을 비판하는 기사가 점점 줄어들 수밖에 없는 것이다. 따라서 신문을 비판적 안목 없이 읽는다면, 우리가 세상을 바라보는 눈은 스스로 인식하지도 못한 사이에 자신이 구독하는 신문이 만든 색안경을 쓰게 될 수도 있다.

특정 신문의 관점이나 가치관을 비유

▶ 신문을 바로 보기 위한 방법

〈즐거운 텔레비전, 은폐된 현실〉

다 드라마에서는 우리 사회에서 극소수에 불과한 부유층이 주인공으로 등장하는 경우가 많다. 저택의 화려한 집안 살림은 기본이고 고가의 상품을 소비하는 모습들도 자주 그려진다. 『그런데 이러한 주인공들의 삶은 작가나 프로듀서 등에 의해 선택된 것일 뿐, 우리 삶의 보편적인 모습, 사실적인 모습은 아니다.』 한번 생각해 보라. 『신데렐라 꿈을 부추기는 드라마들과 청소년이 살아갈 실제 현실이

『 』: 시청률을 높이기 위한 흥미 위주의 내용

얼마나 일치하겠는가?』 『 』: 현실을 왜곡하여 보여 주는 텔레비전 드라마

뉴스도 예외가 아니다. 사회적으로 매우 중요한 사건이 벌어져도 그 사건은 토막 뉴스로 전해지거나 아예 방송되지 않는 경우도 있다. 신문과 마찬가지로 방송사의 가치 판단과 외적 요인이 사건의 선정과 보도에 영향을 주기 때문이다. 그러므로 『우리는 텔레비전이 우리에게 사회 환경을 항상 객관적으로 알려 주는 매체가 아니라는 사실을 염두에 두어야 한다. 그리고 방송사들이 의도했든 아니든 결과적으로 현실을 은폐하기도 한다는 점도 깨달아야 한다.』 방송국에서는 시청자를 최대한 확보하는 것

『 』: 방송사의 가치 판단과 외적 요인에 따라 뉴스가 선별됨   광고 수익과 연결됨

이 방송 편성의 중요한 목표이다 보니, 시청자의 눈을 끌기 위해서 현실과 다른 내용과 장면을 연출하여 방송하는 경우가 종종 있으니 말이다.

▶ 현실을 왜곡하기도 하는 텔레비전 드라마와 현실을 은폐하기도 하는 뉴스

라 신문이나 텔레비전이 현대인에게 더듬이 구실을 하지만 '참된 더듬이'는 우리 내면에 있다. 선

비판적인 태도로 현실을 인식하는 것은 수용자의 몫임

진국에서 신문과 텔레비전에 대한 비평이 활발하게 일어나는 이유도 여기에 있다. 우리 내면의 촉각을 곤두세워 신문과 텔레비전을 짚어보는 태도를 지닐 때, 그 지면과 화면 뒤에 우리가 미처 보지 못했던

대중 매체에 담긴 의도를 읽어 내려는 노력

이야기들이 꿈틀거리고 있다는 진실을 발견할 수 있다. 『호기심을 지닌 만큼 진실이 드러난다. 그 또한 즐거움이 아닐까?』 ▶ 신문과 텔레비전을 비판적으로 짚어보는 태도의 필요성

『 』: 비판적 태도로 대중 매체를 수용할 것을 촉구

한눈에 감 잡기

1. 대중 매체의 역할
- 사회 환경을 알려 주는 '더듬이' 구실을 함
- 현실에서 일어나는 현상들 가운데 사회 구성원 개개인의 삶에 영향을 끼칠 정보와 사건들을 보여 줌

2. 신문을 바로 보기 위한 방법

편집자의 의도 파악하기	• 지면 배치의 의미를 곰곰이 생각하기 • 머리기사와 중간에 배치되거나 단신으로 처리된 기사의 의미 고려하기 • 사진의 크기와 배열, 사진을 실은 의미 되물어 보기
신문에 담긴 가치 판단하기	편집자의 가치 판단만이 아니라 정치 집단, 기업, 각종 단체 등 외적 요인의 간섭에 대해 생각해 보기

✔ 바로바로 CHECK

01 (가)의 ㉠의 이유로 가장 알맞은 것은?

① 대중매체만이 사회 환경을 파악할 수 있기 때문
② 사회 환경뿐만 아니라 자연 환경까지 파악해야 하기 때문
③ 개인의 감각으로 급변하는 사회를 알아내기가 어렵기 때문
④ 대중 매체가 인간의 감각 기관보다 외부 현실을 더 잘 알려 주기 때문

해설 개인의 감각 기관에만 의존하여 급변하는 사회 환경을 알아내기 어렵기 때문이다.

02 이 글을 읽고 신문을 보는 방법으로 적절한 것을 〈보기〉에서 골라 바르게 묶은 것은?

┌─ 보기 ─────────────────┐
㉠ 신문이 어떤 가치 판단을 담고 있는지 살펴본다.
㉡ 신문이 현실의 문제를 모두 반영했는지 확인한다.
㉢ 신문 지면의 배치에 담긴 편집자의 의도를 파악한다.
㉣ 신문 편집 상태가 기사를 전달하는 데 적절한지 따져 본다.
└─────────────────────┘

① ㉠, ㉡   ② ㉠, ㉢
③ ㉡, ㉢   ④ ㉡, ㉣

해설 신문을 바로 보기 위해 편집자의 의도를 파악하고 신문이 어떤 가치 판단을 담고 있는지 판단하여야 한다.

정답 01. ③ 02. ②

03 전기문의 실제

✳ 간송(澗松) 전형필(全鎣弼) (본문 내용 일부 중략)　　　　　　– 한국방송 한국사전(傳) 제작부

☑ 핵심정리

- **갈래** : 전기문
- **성격** : 역사적, 사실적, 교훈적
- **제재** : 전형필의 생애
- **주제** : 우리 문화재 수호를 위한 전형필의 평생의 노력
- **특징** : 인물의 삶을 시간적 순서에 따라 서술함(일대기적 구성)

- **글의 구성**

  처음 간송 미술관 소개

  중간 전형필의 성장 과정과 여러 일화를 통한 그의 업적 소개

  끝 광복 이후의 전형필의 업적과 비평

조선 청년, 국보급 문화재를 되찾다

　간송 미술관의 소장품들 중에는 좀처럼 공개되지 않는 국보가 있다. 바로 국보 70호 "훈민정음"이다.
조선 세종 28년에 반포함
간송 전형필(1906~1962)이 "훈민정음"을 수집한 때는 일제가 극단적인 민족 말살 정책을 펴던
배경
엄혹(儼酷)한 시기였다. 1943년, 전형필은 "훈민정음"이 발견되었다는 소식을 듣는다. 일본 당국이 이
매우 엄하고 모진
사실을 알면 "훈민정음"은 다시 우리 민족의 품으로 돌아오지 못할 수도 있는 상황이었다. 전형필은 당시 기와집 열 채 값에 해당하는 1만 원을 지불하고 발 빠르게 "훈민정음"을 입수해 비밀리에 보관
훈민정음을 지키기 위한 노력 – 사건
했고, 광복 후 세상에 공개했다.　　　　　　　　　▶ 거액을 지불하고 "훈민정음"을 입수함

　"훈민정음" 원본이 발견되기 전까지 한글의 제자 원리는 장막에 가려 있었다. 그러나 "훈민정음" 원본을 통해 자음은 발음 기관의 모양, 모음은 천지인(天地人)의 철학을 담아낸 글자임이 밝혀졌다. 비로소 한글 창제의 비밀이 풀린 것이다. 현재 "훈민정음" 원본은 1997년 유네스코 세계 기록 유산으로 등록되어 있으며, 한글은 세계에서 유일하게 제자 원리가 밝혀진 글자라는 것을 인정받고 있다. 〈중략〉

▶ "훈민정음"의 발견 – 한글 제자 원리가 밝혀짐

　전형필이 일본인에게서 되찾은 또 하나의 국보는 바로 신윤복의 풍속화첩인 국보 135호 "혜원풍속도"이다. '기방무사, 월하정인, 유곽쟁웅' 등 총 30여 점의 그림이 수록된 "혜원풍속도"는 조선 후기 서울 뒷골목의 삶을 생생하게 묘사하고 있다. 혜원은 당시 금기시되던 남녀 간의 애정을 그리고 자신의 이름까지 당당하게 밝힘으로써, 조선 후기 미술의 영역을 한 단계 넓혔다. 조선 시대의 다양한 복식을 살펴볼 수 있다는 점도 "혜원풍속도"의 중요한 특징이다. 전형필은 풍속화라는 이유로 낮

게 평가되던 이 화첩의 진가를 알아보았다. 그러나 일제 강점기 때 이 그림들은 일본인의 손에 있었고, 전형필은 이를 되찾기 위해 수년 동안을 애태워야만 했다. ▶ "혜원풍속도"의 진가를 알아보고 되찾음

간송은 겸재의 진경산수화, 단원과 혜원의 풍속화, 추사의 추사체, 난초 그림 등 걸작을 중심으로
전형필이 지켜낸 문화유산
서화를 모았다. 전문가들은 간송의 수집품을 통하지 않는다면 조선 후기에 대한 의미 있고 깊이 있는 회화사 연구나 서술이 불가능하다고 평가한다. 이렇듯 전형필이 지켜 낸 것은 그저 보기 좋은 예술품이 아니었다. 예술적 가치를 넘어서는, 우리의 민족 예술 안에 담긴 민족혼을 지켜 낸 것이다. 그런데 그는 어떻게 이 많은 유산들을 지켜 낼 수 있었던 것일까? ▶ 예술품을 지켜 내서 민족혼을 지켜 냄

스승 오세창(吳世昌)을 만나다

전형필은 1906년 종로의 대재력가 집안에서 태어났다. 손이 귀했던 부잣집에서 2남 4녀 중 막내로
출생 배경
태어난 전형필은 집안 어른들의 사랑을 한 몸에 받으며 자라난다. 집에서 한학(漢學)을 공부하던 전형필은 열두 살 되던 해, 어의동 보통학교(지금의 효제 초등학교)에 입학하고, 그때부터 한학과 더불어 신학문을 공부하면서 세상에 대한 견문을 넓혀 나간다. 1921년 휘문고보(지금의 휘문 고등학교)에 진학하는데, 이 시절 전형필의 가장 큰 즐거움은 도서 수집이었다. 그의 수필 '수서만록'에는 도서 수집의 열정이 잘 드러나 있다. 〈중략〉 ▶ 전형필의 성장 과정

전형필이 오세창을 만났을 때 전형필의 나이는 스무 살이었다. 오세창과는 무려 40년의 나이 차이가 났지만 둘은 세월을 뛰어넘은 우정을 나누었다. 두 사람의 만남을 지켜보며 자란 오세창의 막내아들 오일룡 씨는 당시 두 사람의 모습을 생생하게 기억하고 있다. "하루는 밤중에 자다가 눈을 떠 보니, 하얀 두루마기를 입은 청년과 아버지가 이야기를 나누고 계셨다. 자는 척하고 그 이야기를 들어 보니,
전형필
우리나라 고서화에 관한 것이었다."
이후 전형필은 오세창의 집을 드나들며 많은 작품들을 감상하고 공부하며, 우리 문화유산에 대한 안목을 키워 나갔다. 오세창은 전형필이 작품을 가져올 때마다 그 가치를 꼼꼼히 평가하고 정리한 글을 남겼다. ▶ 오세창을 만나면서 문화유산에 대한 안목을 높인 전형필

전형필은 오세창과의 만남을 통해 비로소 일제 강점하의 조선을 위해 자신이 해야 할 일이 무엇인지 깨닫는다. 훗날 사람들은 두 사람의 만남을 암울했던 시기에 하늘이 우리 민족에게 내린 복이라고 했다. 하지만 전형필이 우리 문화유산의 소중함을 자각하던 그 시기, 조선의 현실은 더없이 절망적이었다. 일제의 가혹한 민족 말살 정책으로 인해 조선의 역사, 문화, 제도 등 모든 것이 사라져 가고

있었으며, 전형필이 목격한 우리 문화유산의 처치 또한 암담했다. 우리의 문화유산이 철저히 파괴되고, 민족혼이 나락으로 떨어지던 일제 강점하의 절박한 현실 앞에서 전형필은 일생을 건 싸움을 시작한다.

문화재를 지키기 위한 노력

▶ 전형필과 오세창의 만남과 조선의 현실

한눈에 감 잡기

1. 전기문의 구성 요소

인 물	간송 전형필	사 건	• "훈민정음"의 입수
배 경	일제 강점기~광복 이후		• 대재력가 집안에서의 출생
			• 오세창을 만나 문화유산에 대한 안목을 높임
비 평	전형필의 인간적인 면모와 생애에 대한 평가		• 존 개스비의 소장품을 인수

2. 전형필이 지켜 낸 예술품의 의미

우리의 문화유산 = 우리의 민족혼 ⇒ 전형필이 지켜 낸 것은 단순한 예술품이 아닌 민족의 혼이라고 볼 수 있음

✔ 바로바로 CHECK

01 이 글을 통해 알 수 없는 것은?

① 인물의 업적
② 인물과 관련된 일화
③ 인물의 출생 배경
④ 인물의 종교적 가치관

해설 인물의 종교적 가치관은 이 지문에서는 확인할 수 없다.

02 이와 같은 글의 특징으로 적절하지 않은 것은?

① 실존 인물의 생애가 드러나 있다.
② 인물, 사건, 배경, 비평으로 구성된다.
③ 인물의 일화를 통해 교훈과 감동을 전달한다.
④ 인물에 대한 사실만 드러나 있고 글쓴이의 의견은 배제되어 있다.

해설 이 글은 인물에 대한 사실 부분과 글쓴이의 주관적 의견이 드러나 있다.

03 이 글의 사건을 정리한 것으로 적절하지 않은 것은?

① "훈민정음"을 입수한 후 바로 공개함
② 거액을 지불하고 "훈민정음"을 입수함
③ 수년 동안 노력하여 '혜원 신윤복'의 그림을 되찾음
④ "혜원풍속도"의 발견으로 조선 시대의 다양한 복식을 살펴볼 수 있었음

해설 "훈민정음"을 입수한 후 광복 전까지 이 사실을 숨겼다.

정답 01. ④ 02. ④ 03. ①

04 보고문의 실제

✻ 가짜 웃음의 효과

> **☑ 핵심정리**
>
> • 갈래 : 보고문
> • 성격 : 사실적
> • 제재 : 가짜 웃음
> • 주제 : 가짜 웃음의 효과
> • 특징
> ① 사실을 객관적으로 전달함
> ② 실험 내용을 체계적으로 제시하고 결론을 도출함
>
> • 글의 구성
> **처음** 가짜 웃음에 대한 가설 제시
> **중간** ① '볼펜 물기 실험'의 조건과 방법
> ② '볼펜 물기 실험'의 과정과 결과
> **끝** 가설의 입증 : 가짜 웃음이 기분을 좋게 한다.

1. 실험의 배경과 목적

웃음이 건강에 좋다는 것은 누구나 잘 알고 있는 사실이다. 웃음을 웃을 수 있는 것은 그 사람의 마음이 즐겁고 기쁘기 때문이다. 즐겁고 기쁘게 사는 사람이 건강할 수 밖에 없는 것은 어쩌면 당연하다. 그런데 우리의 생활이 늘 즐겁고 기쁘기만 한 것은 아니다. 오히려 슬프고 힘들고 짜증나는 일이 더 많은 것이 현실이다. 그렇다면 혹시 마음이 즐겁지는 않지만 억지로라도 웃음을 웃으면 거꾸로 마음이 즐거워지지 않을까? 그래서 우리는 <u>가짜 웃음이 기분을 좋게 만들 수 있는지</u> 직접 실험을
　　　　　　　　　　　　　　　　　　　　　　　　　가설 설정
해 보기로 했다.

처음 가짜 웃음에 대한 가설

2. 실험 방법

우리는 '볼펜 물기 실험'을 해 보기로 했다. 이 실험은 얼굴 근육을 웃는 표정으로 만들었을 때와 얼굴 근육을 웃지 않는 쪽으로 억제했을 때, 사람들의 감정이 어떻게 달라지는지 알아보려는 것이다. 이 실험의 조건은 피 실험자들이 실험의 목적을 전혀 몰라야 한다는 것이다. 우리는 강의실에 모인 100명의 남녀 학생들에게 '장애인 이해를 위한 연구'라고 적힌 설문지를 나누어 주었다. 물론 이것은 학생들의 의식을 다른 데로 돌리기 위한 거짓말이다.

학생들은 두 집단으로 나누어 한 집단은 볼펜 꼭지 부분을 입술로 물어서 입술 모양을 동그랗게

했다. 다른 집단은 볼펜 가운데 부분을 치아로 길게 물어 입꼬리가 위를 향하게 했다. 설문지에는 요즘 인터넷에서 유행하는 재미있는 만화 네 편이 실려 있었다. 만화를 한 편 씩 보면서 재미있는 정도를 0부터 10까지 평점을 매기도록 했다.

3. 실험 결과

실험 결과, 볼펜을 동그랗게 입술로 문 학생들보다 볼펜을 치아로 가로로 길게 문 학생들이 만화를 더 재미있게 봤다고 대답했다. 똑같은 만화인데도 왜 이런 차이가 났을까? 혹시 볼펜을 물고 있는 자세가 더 편했기 때문은 아닐까?

하지만 볼펜을 물고 있는 자세가 불편하다는 평점은 볼펜을 치아로 가로로 문 학생들이 더 높았다. 즉, 입꼬리가 올라간 채 만화를 본 학생들은 볼펜을 물고 있는 자세가 불편하게 느껴졌지만 만화는 재미있게 본 것이다.

(중간) '볼펜 물기' 실험의 조건, 방법, 결과

4. 해석 및 결론

이 실험으로 우리는 입꼬리를 인위적으로 올렸을 때 좀 더 긍정적인 사고를 하게 되고 즐거움이나 재미를 더 느낄 수 있다는 것을 유추할 수 있었다. 따라서 『일부러 미소를 지으면 기분도 덩달아 좋아진다는 가설이 어느 정도 입증된 셈』이다.

「　」: 결과 도출 – 가설의 입증

(끝) 가짜 웃음이 기분을 좋게 한다는 가설을 입증함

✔ 바로바로 CHECK

01 이 글에 드러나 있지 않은 정보는?
① 보고의 대상
② 보고의 목적
③ 보고의 내용
④ 보고의 내용 정리

해설 보고의 대상은 구체적으로 언급되어 있지 않다.

02 이 글의 주제와 어울리는 것은?
① 말 한 마디로 천 냥 빚을 갚는다.
② 웃는 낯에 침 뱉으랴.
③ 가는 말이 고와야 오는 말이 곱다.
④ 웃음은 행복의 보증 수표이다.

해설 이 글에서 실험은 웃음의 긍정적인 효과를 언급하고 있다.

정답 01. ① 02. ④

※ 다음 글을 읽고 물음에 답하시오. (1~4)

가 정보를 정확하고 신속하게 수집하고 이용하기 위한 도구와 기술은 인류 문명의 발달에 중요한 역할을 해 왔다. 이러한 정보 기술은 특히 15세기 중반 구텐베르크가 발명한 활판 인쇄술이 제지술과 결합하여 대량 인쇄를 가능하게 함으로써, 정치, 학문, 산업, 예술뿐만 아니라 종교에 이르기까지 모든 분야에 걸쳐 혁명적인 변화를 가져왔다.

오늘날에는 컴퓨터와 통신 기술의 발전으로 또 한 번 정보 기술의 혁명적인 변화가 일어나고 있다. 〈중략〉 그런데 그 변화의 속도가 워낙 빠르고 폭은 짐작할 수 없을 정도로 넓어서 사람들에게 일종의 충격으로 다가오고 있다. '제4의 물결'의 주역으로 일컬어지는 현대 정보 통신 기술은 우리 생활에 어떤 영향을 미칠 것인가? 과연 우리에게 '멋진 신세계'를 열어 줄 수 있을까?

나 정보 통신 기술 분야의 혁신은 다른 어떤 기술 분야보다도 우리 생활에 큰 변화를 가져올 것으로 예상된다. 예를 들어 단말기 하나로 전화를 걸고 사진이나 동영상을 찍어 인터넷에 올리는 일이나, 손바닥만한 컴퓨터로 정보 검색을 하는 것 등 옛날에는 상상만 하던 일들이 이미 현실이 되었다. 〈중략〉

ⒶＥ이처럼 정보 통신 기술의 발달로 인간은 활동하는 데 시간과 공간의 제약을 덜 받게 되었고, 성별과 인종, 나이를 초월하여 개인과 개인이 연결됨으로써 조직이나 국경의 벽이 허물어지고 있다. 또한 생산 체계와 업무 방식, 소비의 유형이 변화하고 있으며, 세계적인 주요 산업 또한 바뀌고 있다.

다 하지만 정보 통신 사회에 대한 전망이 꼭 밝은 것만은 아니다. 한편에서는 정보 통신 기술의 발달이 미칠 부정적인 영향에 대해 심각하게 우려하는 학자들도 있다. 정보 통신 기술이 발달하면서 일반인들이 각종 정보에 좀 더 쉽게 접근할 수 있게 되었고, 접근할 수 있는 정보의 양도 기하급수적으로 늘어난 것이 사실이다. 〈중략〉

더구나 컴퓨터에 의존하는 정도가 높아짐에 따라 통신망에 장애가 발생할 경우, 사회 전체 기능이 마비되는 일까지 생길 수 있다. 앞으로 컴퓨터에 대한 의존도가 증가할수록 극히 미미한 사고가 큰 파장을 부를 수도 있을 것이다. 컴퓨터 범죄자들이 이러한 점을 악용하여 기업이나 국가의 정보를 파괴하는 일이 발생할 경우, 그 여파가 상상할 수 없을 정도로 크리라는 것은 자명한 사실이다.

－ 이필렬, 「21세기 정보 통신 기술의 혁명」

01 이 글에서 알 수 있는 내용으로 가장 알맞은 것은?

① 조직이 수평적 구조에서 수직적 구조로 바뀔 것이다.

② 정보 통신 기술에 대한 부정적 입장이 사라질 것이다.

③ 정보 통신 기술의 발달로 민족의 개념이 사라질 것이다.

④ 컴퓨터에 대한 의존성이 높아지므로 정보 통신 보안 기술의 중요성이 높아질 것이다.

01
(다)에서 통신망 장애에 대한 문제점을 말하고 있으므로, 적절한 추리 내용이다.

02 (나)의 ⓐ의 내용을 뒷받침하기 위한 예시 문장으로 알맞지 <u>않은</u> 것은?

① 인터넷 쇼핑을 통해 가정에서의 물건 구입이 가능해짐

② 전자 우편을 통해 직접 만나지 않고도 사람들과의 소통이 가능해짐

③ 은행에 직접 가지 않고도 인터넷을 통해 각종 금융 업무가 가능해짐

④ 항공 산업의 발전으로 내국인과 외국인이 함께 일하는 것이 가능해짐

02
ⓐ는 정보 통신 기술의 긍정적 영향으로 ④는 정보 통신 기술 발달과 관련이 적다.

03 (가)~(다)의 내용을 능동적으로 구성하기 위해 한 일로 알맞지 <u>않은</u> 것은?

① 자신의 배경 지식을 활용하여 글의 내용을 이해한다.

② 정보 통신 기술에 대한 글쓴이의 의견에 전적으로 찬성한다.

③ 백과사전이나 관련 자료를 통해 어려운 개념을 이해하며 글을 읽는다.

④ 정보 통신 기술의 발달로 인한 생활의 변화를 자신의 경험과 관련지으며 글을 읽는다.

03
글쓴이의 신념에 따라 글을 읽는 것은 능동적으로 의미를 구성하는 방법이라 할 수 없다.

ANSWER

01. ④ **02.** ④ **03.** ②

04 〈보기〉의 자료에 대해 위 글의 글쓴이 입장에서 평가한 내용으로 가장 알맞은 것은?

> ┌보기┐
>
> 　요즘엔 필요한 정보 대부분이 휴대전화에 저장되어 있거나 인터넷으로 금세 찾을 수 있기 때문에 굳이 기억하려고 노력할 필요가 없다. 그래서 가까운 가족의 전화번호도 기억 못 하는 사람이 많다. 이처럼 휴대전화나 컴퓨터 등 디지털 기기에 의존한 나머지 기억력이나 계산 능력이 크게 떨어지는 것을 '디지털 치매'라고 한다.

① 우현 : 정보 통신 기술의 혜택을 누리기 위해서 이 정도의 대가는 지불해야 해.

② 준기 : 정보 통신 기술이 진정으로 인간의 두뇌와 신경을 확장시켰다고만 볼 수 있는지 반성해야 해.

③ 예준 : 정보 통신 기술이 불평등을 야기하고 있으므로 기술을 사용하는 우리의 태도에 대해 반성해야 해.

④ 성희 : 휴대전화나 인터넷 사용을 금지하고 인간 두뇌 활동을 통해서만 정보를 처리하도록 노력해야 해.

04
〈보기〉는 현대인이 디지털 기기에 지나치게 의존하는 문제점을 설명하고 있다. 위 글은 이러한 부작용에 대해 경계하고 우려하는 태도를 보여주고 있으므로 가장 적절한 것은 ②이다.

ANSWER
04. ②

※ 다음 글을 읽고 물음에 답하시오. (5~8)

㉮ 세계는 대단히 빠른 속도로 변화하고 있다. 과학 기술이 급속도로 발달하면서 인간의 삶에 필요한 정보의 양이 크게 증가하고 있으며, 물질 문명의 발전에 따른 비인간화 현상 또한 날로 ㉠심각해지고 있다. 앞으로 고도 산업 사회 및 정보화 사회에 능동적으로 대처하면서 보다 인간적인 삶을 누리기 위해서는 누구나 체계적이고 지속적으로 독서를 해 나갈 필요가 있다.

독서를 함으로써 사람들은 삶에 필요한 정보를 얻을 수 있고, 지적 능력을 개발할 수 있으며, 바람직한 정서와 올바른 가치관을 ㉡함양할 수 있다. 또한 사회 구성원으로서 주어진 역할을 효과적으로 수행할 수 있으며, 더 나아가서는 문명의 발전과 문화의 창조에 ㉢기여할 수 있다. 이러한 독서의 중요성에 대한 인식은 최근에 들어 점차 ㉣확산되고 있는 추세이다.

독서는 일정한 상황 속에서 이루어진다. 독서의 상황을 구성하는 요소에는 독자, 글, 독서 목적 등이 있다. 같은 글이라도 독자가 누구인가에 따라 그 글의 의미는 다르게 구성될 수 있다. 동일한 독자라 하더라도 읽는 글의 특성에 따라 독해의 절차나 방법을 달리할 수 있다. 또한 독서의 목적이 무엇이냐에 따라 독서의 방법이 달라지기도 한다.

㉯ 글을 전문적으로 읽는 대표인 방법으로 'SQ3R'을 들 수 있는데, 이 방법은 독서의 과정을 다섯 단계로 나누고 있다. 먼저, '훑어보기(Survey)' 단계에서 글의 내용을 차례와 제목을 중심으로 훑어 읽고, '질문하기(Question)' 단계를 통해 글의 내용과 관련된 의문점들을 떠올려 질문하며 읽는다. 다음으로 '자세히 읽기(Read)' 단계를 통해 자신이 품었던 질문을 확인하며 글을 꼼꼼히 읽고 나서, '되새기기(Recite)' 단계를 통해 글에서 기억할 만한 중요한 부분을 회상하여 요약해 본다. 마지막으로 '다시 보기(Review)' 단계를 통해 이제까지 읽은 모든 내용을 살펴보고 검토한다. 그리고 잘못 읽은 부분은 없었는지, 읽은 글이 자신에게 의미가 있었는지 등을 생각해 본다. 'SQ3R' 외에 전문적인 읽기 방법으로 다양한 관점의 자료들을 비교·대조하여 읽고 자신의 관점을 정리하는 주제 통합적 읽기 방법도 있다.

이외에도 글을 읽는 방식은 매우 다양하지만, 글을 읽는 목적, 글의 특성, 여건 등과 같은 독서 상황에 따라 적합한 독서 방법이 있으므로 독서 상황에 알맞은 방법을 선정하여 읽는 것이 좋다.

– 박영목, 「독서의 목적과 방법」

05 독서의 상황을 고려하여 독서의 목적을 정할 때, 독자가 (가) 글을 읽는 목적으로 알맞은 것은?

① 제시된 객관적 정보를 정확하고 체계적으로 이해하기 위해서
② 사회적인 문제를 비판적인 시각에서 접근하기 위해서
③ 글쓴이의 체험과 생각을 독자들과 함께 나누기 위해서
④ 작품에 드러난 글쓴이의 삶의 양식, 가치관, 정서 등에 공감하기 위해서

05
(가)는 설명문에 해당하며, 설명문을 읽을 때 독자는 글에 제시된 정보를 정확하고 체계적으로 이해하는 것을 목적으로 한다.

06 (가)의 내용과 일치하지 <u>않는</u> 것은?

① 현대 사회는 변화의 속도가 점점 빨라지고 있다.
② 인간의 삶에 필요한 정보의 양이 크게 증가하고 있다.
③ 독서를 통해 문명 발전과 문화 창조에 기여할 수 있다.
④ 정보화 사회에서 독서로는 바람직한 정서와 올바른 가치관을 함양할 수 없다.

06
물질 문명의 발전에 따른 비인간화 현상이 심각해지고 있는 현대 사회에서 독서는 바람직한 정서와 올바른 가치관을 함양할 수 있다고 (가)에 제시되어 있다.

ANSWER
05. ① 06. ④

07 다음 중 ㉠~㉣의 사전적 뜻풀이로 알맞지 <u>않은</u> 것은?

① ㉠ – 상태나 정도가 매우 깊고 중대함

② ㉡ – 능력이나 품성을 기르고 닦음

③ ㉢ – 기운이나 세력 따위가 점점 더 늘어 가고 나아감

④ ㉣ – 흩어져 널리 퍼짐

07
'기여'의 사전적 의미는 도움이 되도록 이 바지함의 의미이다. ③은 '증진'의 사전적 의미이다.

08 위 글을 읽고 심화학습을 하기 위한 질문으로 가장 알 맞은 것은?

① 글 속에 나타난 독서의 기능은 무엇인가?

② 인간에게 독서가 필요한 이유는 무엇인가?

③ 과거와 달리 현대 사회는 어떻게 변화하고 있는가?

④ 독서의 상황에 따라 독서의 목적은 어떻게 달라지는가?

08
심화학습을 하기 위한 질문은 글에 제시되어 있지 않은 내용 중에서 본문의 내용과 관련하여 확장해서 다룰 영역을 포함한다. 따라서 본문에 제시되어 있지 않은 내용 중 앞의 내용과 연결될 수 있는 내용을 찾으면 ④가 적절하다.

ANSWER
07. ③ **08.** ④

※ 다음 글을 읽고 물음에 답하시오. (9~12)

㉮ 공유지의 비극이 가장 대표적이고 심각하게 드러나는 사례는 바로 환경오염 문제이다. 일부 사람들은 물이나 공기가 자신의 재산이 아니라고 생각하고는 폐수를 몰래 흘려보내거나 이산화탄소를 마구 뿜어 대고 있다. 폐수 처리 장치를 하거나 오염 방지 시설을 갖추면 개인이 비용을 부담해야 하기 때문에, 그 돈을 아끼려고 공공의 자산인 물과 대기를 오염시키는 것이다. 하지만 그들이 내 것이 아니라고 이기심을 발휘하는 사이 인류 공동의 재산이 고갈되는 것은 물론, 결국에는 자기 자신의 삶까지 파멸되는 엄청난 결과를 초래하고 만다.

㉯ 앞에서 살펴본 공유지의 비극은 ㉠<u>개인의 사적 이익 추구</u>, 혹은 합리적인 행동이 전체의 이익을 가져온다는 주류 경제학의 기본 전제를 무너뜨리는 내용이다. 개인의 ⓐ 과 사회적 ⓑ 이 충돌하는 영역에서는 이러한 공유지의 비극이 발생하기 쉽다. 그렇다면 이를 해결하기 위해서는 어떻게 해야 할까?

지금까지 해결 방안으로 제시된 것은 크게 두 가지이다. 먼저 공유 자원을 명확하게 사유화해 ㉡<u>개인에게 소유권을 주는 방법</u>이 있다. 이는 내 것이라고 생각하는 순간부터 아끼고 보호하는 사람들의 심리를 반영한 것이다. 하지만 이러한 방안은 공공 자원에 대한 재산권을 특정 이익 집단이 가질 경우 엄청난 비극이 발생할 수 있다는 점을 간과했다. 공기, 물, 햇빛 등의 공공재를 누군가가 독과점하고 나서, 이용을 제한하거나 높은 비용을 요구한다면 개인의 삶에 커다란 위협을 초래할 수 있기 때문이다.

다 공유지의 비극을 해결하기 위해 제시된 두 번째 방안은 ⓒ<u>공유 자원을 국유화하여 국가가 직접 관리, 통제에 나서는 것</u>이다. 국가가 거대한 감시자가 되어 공공재를 과도하게 사용하거나 더럽히는 사람들을 적발해 벌금을 부과하면 무분별한 행동이 줄어들 것이라는 예상이다. 하지만 이 역시 국가가 늘 합리적, 효과적으로 상황을 통제하고 보장할 수 없다는 점을 간과하였다. 일부 국가에서 이런 방법을 적용하였는데, 국유화 이후 충분한 감시 인력을 고용하지 못한 데다 감시 인력의 부정행위로 오히려 산림 파괴가 늘어난 것이 그러한 예이다.

라 사유화나 국유화처럼 외부에서 강제된 해결책 대신 공유 자원 사용자들이 공동체 차원에서 직접 나서 공유 자원을 활용하기 위해 협의를 하고 제도를 만들려는 움직임, 이러한 ⓔ<u>공동체 내부의 참여와 협력</u>이 공유 자원을 지속 가능하게 관리할 수 있도록 했다는 게 오스트롬의 핵심 주장이다. 공동체 참여자 간의 의사소통이 무엇보다 중요함을 역설한 것이다. 그녀의 주장의 밑바탕에는 가장 중요한 가치가 깔려 있다. 바로 인간에 대한 신뢰이다.

– 홍은정, 「공유지의 비극」

09 이와 같은 글을 읽는 방법으로 가장 알맞은 것은?

① 글쓴이의 경험에 공감
② 글쓴이의 개성을 파악
③ 글쓴이가 꾸며 낸 이야기를 상상
④ 글쓴이가 설득하고자 하는 주제를 파악

09

이 글은 주장하는 글로, 글쓴이가 설득하려는 주장이 무엇인지 파악하며 읽는다.

10 이 글의 서술적 특징끼리 묶인 것은?

> **보기**
> ㉠ 일상생활에서 접할 수 있는 사례 제시
> ㉡ 관련 서적을 검토·분석하여 해결 방안을 제시
> ㉢ 문제에 대한 다양한 의견을 모두 긍정적으로 인정
> ㉣ 기존의 문제 해결 방안에 대한 비판적 검토를 토대로 새롭게 대두되는 문제 해결 방안을 제시

① ㉠, ㉡   ② ㉠, ㉢
③ ㉠, ㉣   ④ ㉡, ㉣

10

이 글은 일상생활 속의 다양한 사례와 그로 인한 문제점을 제시하고 있으며, '공유지의 비극'에 대해 지금까지 제시된 해결 방안과 문제점을 바탕으로 새로운 문제 해결 방안을 소개하고 있다.

ANSWER
09. ④ **10.** ③

11 ㉠~㉢ 중 〈보기〉의 내용에 해당하는 것은?

> **보기**
>
> ○○시에서는 도시 공동체에서 주요 공공시설을 함께 관리함으로써 효율적인 운영을 하고 있다. 이는 공유 자원을 합리적이고 효과적으로 활용한다는 점에서 긍정적으로 생각해 볼 수 있다.

① ㉠ ② ㉡

③ ㉢ ④ ㉣

12 ⓐ, ⓑ에 들어갈 말끼리 바르게 연결된 것은?

	ⓐ	ⓑ		ⓐ	ⓑ
①	합리성	공공성	②	공공성	합리성
③	합리성	강제성	④	자원성	합리성

11

〈보기〉의 사례는 공동체의 자율적 합의와 질서에 의한 방법에 해당한다.

12

공유지의 비극이 발생하는 조건은 개인의 합리성과 사회적 공공성이 충돌하는 영역에서이다.

ANSWER

11. ④ 12. ①

※ 다음 글을 읽고 물음에 답하시오. (13~16)

> 좋은 분위기에서 시작된 대화가 예상하지 못한 언쟁으로 씩씩거리며 끝나는 경우가 의외로 많다. 이런 일은 주로 말하기 방식 때문에 일어난다. 공격적이고 폭력적인 언어는 일상에서 자주 경험할 수 있다. 그러나 공격적이고 폭력적인 언어의 부정적인 영향력이 우리가 보통 생각하는 것보다 더 크고 막대하다는 것을 사람들은 알지 못한다. 공격적인 언어 때문에 잘 알고 지내던 사람과의 좋은 관계도 한순간에 ⓐ파탄(破綻)이 날 수 있다. 이익이나 가치가 충돌할 때에는 폐해가 더욱 클 수 있다.
>
> 상대방에게 상처를 주는 공격적인 언어는 자신의 의견을 주장하거나 상대방의 주장에 대해 논리적으로 반박하는 논쟁과는 다르다. 공격적인 언어는 의사소통 상황에서 자신의 입장을 주장하거나 변호하는 데 그치지 않고, 다른 사람의 자존심을 공격하여 상처를 주며 그 사람이 스스로를 부정적으로 느끼게 한다. 인격과 능력에 대한 부정적인 평가나 폄하(貶下), 모욕적인 말이나 악담, 놀리고 괴롭히며 조롱하고 저주하는 말, 상스러운 말과 상대방을 위협하는 말 등이 공격적인 언어 행위에 속한다. 따라서 공격적인 언어란 다른 사람을 물리적·상징적으로 지배하기 위한 행위에서부터 다른 사람의 신체, 소유물, 정체성, 논쟁적인 사안에 대해 완벽하게 통제하려고 시도하는 모든 의사소통 행위를 의미한다.
>
> – 김정기, 「말이 만드는 마음의 상처」

13 이 글의 서술 방식으로 가장 알맞은 것은?

① 공격적인 언어의 역사적 변천 과정을 시대 순으로 서술함

② 공격적인 언어와 논쟁 간의 차이점을 규명하는 방식으로 특성을 서술함

③ 공격적인 언어와 논쟁 간의 공통점을 강조하며 부정적 언어 활동을 비판함

④ 공격적인 언어와 관련된 여러 유형들을 제시하고 그 내용을 언급함

14 이 글을 읽은 뒤의 반응으로 적절한 것끼리 묶인 것은?

┌ 보기 ┐
미연 : 좋은 분위기에서 시작된 말하기는 계속 잘 이어지는 경우가 많다.

은주 : 공격적인 언어 사용에 대해 사람들은 별로 심각하게 생각하지 않고 있다.

도연 : 많은 사람들이 대화를 할 때 가급적 언쟁을 피하려고 노력하고 있다.

나래 : 공격적인 언어는 다른 사람을 지배하려는 의도에서 나온 언어 행위라고 볼 수 있다.
└─────┘

① 미연, 은주　　　② 미연, 도연

③ 은주, 도연　　　④ 은주, 나래

15 ⓐ의 사전적 의미로 가장 적절한 것은?

① 사라져 없어짐

② 어떤 것이 아주 없어지거나 사라짐

③ 조직, 질서, 관계 따위를 와해하거나 무너뜨림

④ 일이나 계획 따위가 원만하게 진행되지 못하고 중도에서 잘못됨

13

이 글은 공격적인 언어 행위와 논쟁 간의 차이점을 부각해서 서술하고 있다.

14

이 글은 공격적인 언어 사용의 문제점에 대해 이야기하고 있다.

15

'파탄(破綻)'은 사전적으로 '일이나 계획 따위가 원만하게 진행되지 못하고 중도에서 잘못됨'을 뜻하는 말이다. ①은 '소멸', ②는 '상실', ③은 '파괴'에 해당하는 뜻이다.

ANSWER
13. ② 14. ④ 15. ④

16 이 글을 읽고 보일 반응으로 가장 적절한 것은?

① 상대방의 의도를 항상 고려하여 말해야겠군.

② 상대방의 입장을 고려하여 항상 높임말을 써야겠군.

③ 상대방에게 상처를 주는 말이나 행동을 삼가야겠군.

④ 상대방이 내 말을 잘 알아듣도록 분명히 말해야겠군.

16
이 글은 공격적인 언어가 상대방에게 자존심의 상처를 주거나 고통스러운 감정을 주게 된다는 점을 역설하고 있다.

ANSWER
16. ③

※ 다음 글을 읽고 물음에 답하시오. (17~20)

가 우리는 '볼펜 물기 실험'을 해 보기로 했다. 이 실험은 얼굴 근육을 웃는 표정으로 만들었을 때와 얼굴 근육을 웃지 않는 쪽으로 억제했을 때, 사람들의 감정이 어떻게 달라지는지 알아보려는 것이다. 이 실험의 조건은 피 실험자들이 실험의 목적을 전혀 몰라야 한다는 것이다. 우리는 강의실에 모인 100명의 남녀 학생들에게 '장애인 이해를 위한 연구'라고 적힌 설문지를 나누어 주었다. 물론 이것은 학생들의 의식을 다른 데로 돌리기 위한 거짓말이다.

학생들은 두 집단으로 나누어 한 집단은 볼펜 꼭지 부분을 입술로 물어서 입술 모양을 동그랗게 했다. 다른 집단은 볼펜 가운데 부분을 치아로 길게 물어 입꼬리가 위를 향하게 했다. 설문지에는 요즘 인터넷에서 유행하는 재미있는 만화 네 편이 실려 있었다. 만화를 한 편 씩 보면서 재미있는 정도를 0부터 10까지 평점을 매기도록 했다.

실험 결과, 볼펜을 동그랗게 입술로 문 학생들보다 볼펜을 치아로 가로로 길게 문 학생들이 만화를 더 재미있게 봤다고 대답했다. 똑같은 만화인데도 왜 이런 차이가 났을까? 혹시 볼펜을 물고 있는 자세가 더 편했기 때문은 아닐까?

하지만 볼펜을 물고 있는 자세가 불편하다는 평점은 볼펜을 치아로 가로로 문 학생들이 더 높았다. 즉, 입꼬리가 올라간 채 만화를 본 학생들은 볼펜을 물고 있는 자세가 불편하게 느껴졌지만 만화는 재미있게 본 것이다.

이 실험으로 우리는 입꼬리를 인위적으로 올렸을 때 좀 더 긍정적인 사고를 하게 되고 즐거움이나 재미를 더 느낄 수 있다는 것을 유추할 수 있었다. 따라서 일부러 미소를 지으면 기분도 덩달아 좋아진다는 가설이 어느 정도 입증된 셈이다.

- 「가짜 웃음의 효과」

나 간송은 겸재의 진경산수화, 단원과 혜원의 풍속화, 추사의 추사체, 난초 그림 등 걸작을 중심으로 서화를 모았다. 전문가들은 간송의 수집품을 통하지 않는다면 조선 후기에 대한 의미 있고 깊이 있는 회화사 연구나 서술이 불가능하다고 평가한다. 이렇듯 전형필이 지켜 낸 것은 그저 보기 좋은 예술품이 아니었다. 예술적 가치를 넘어서는, 우리의 민족 예술 안에 담긴 민족혼을 지켜 낸 것이다. 그런데 그는 어떻게 이 많은 유산들을 지켜 낼 수 있었던 것일까?

〈중략〉

　　전형필이 오세창을 만났을 때 전형필의 나이는 스무 살이었다. 오세창과는 무려 40년의 나이 차이가 났지만 둘은 세월을 뛰어넘은 우정을 나누었다. 두 사람의 만남을 지켜보며 자란 오세창의 막내아들 오일룡 씨는 당시 두 사람의 모습을 생생하게 기억하고 있다. "하루는 밤중에 자다가 눈을 떠 보니, 하얀 두루마기를 입은 청년과 아버지가 이야기를 나누고 계셨다. 자는 척하고 그 이야기를 들어 보니, 우리나라 고서화에 관한 것이었다."

　　이후 전형필은 오세창의 집을 드나들며 많은 작품들을 감상하고 공부하며, 우리 문화유산에 대한 안목을 키워 나갔다. 오세창은 전형필이 작품을 가져올 때마다 그 가치를 꼼꼼히 평가하고 정리한 글을 남겼다.

　　전형필은 오세창과의 만남을 통해 비로소 일제 강점하의 조선을 위해 자신이 해야 할 일이 무엇인지 깨닫는다. 훗날 사람들은 두 사람의 만남을 암울했던 시기에 하늘이 우리 민족에게 내린 복이라고 했다. 하지만 전형필이 우리 문화유산의 소중함을 자각하던 그 시기, 조선의 현실은 더없이 절망적이었다. 일제의 가혹한 민족 말살 정책으로 인해 조선의 역사, 문화, 제도 등 모든 것이 사라져 가고 있었으며, 전형필이 목격한 우리 문화유산의 처지 또한 암담했다. 우리의 문화유산이 철저히 파괴되고, 민족혼이 나락으로 떨어지던 일제 강점하의 절박한 현실 앞에서 전형필은 일생을 건 싸움 을 시작한다.

　　그의 문화유산 수집은 민족의 정체성을 지키기 위한 독립투쟁이었다. 문화유산을 통해 미술사를 연구하고, 미술사 연구를 통해서 우리 전통문화의 우수성을 후손들에게 알리려는 목적이 있었던 것이다.

– 「간송 전형필」

17 (가)의 실험 과정에서 유의해야 할 사항으로 적절하지 <u>않은</u> 것은?

① 피실험자들이 실험 목적을 알게 한다.

② 볼펜 물기 방법의 차이 외에 다른 조건은 같게 한다.

③ 볼펜을 문 후 각 집단에게 지시된 입술 모양을 유지하도록 한다.

④ 두 집단의 연령대를 같게 설정하여 정확한 결과가 도출될 수 있도록 한다.

17
정확한 결과 도출을 위해 피실험자들이 실험의 목적을 알지 못하게 해야 한다.

18 (가), (나)와 같은 글의 특성으로 알맞은 것은?

① 상상력을 바탕으로 한 허구의 이야기이다.

② 개인의 감정과 정서가 운율로 압축된 글이다.

③ 객관적인 정보 전달을 목적으로 하는 글이다.

④ 근거를 바탕으로 자신의 의견을 주장하는 글이다.

18
두 글 모두 객관적인 정보 전달을 목적으로 하는 '정보 전달을 위한 글'이다.

ANSWER

17. ① 18. ③

19 (나)에서 사용한 글쓰기 전략은?

기출

① 관련 인물의 증언을 인용한다.

② 허구적인 시·공간을 설정한다.

③ 여정에 따라서 견문을 서술한다.

④ 갈등을 중심으로 사건을 전개한다.

20 (나)에서 알 수 있는 일생을 건 싸움 에 해당하는 것으

기출 로 거리가 먼 것은?

① 우리 문화유산 수집

② 외국의 문화재 보호

③ 문화유산을 통한 미술사 연구

④ 후손에게 전통문화의 우수성 전달

19

(나)는 오세창의 아들 오일룡의 증언을 인용하고 있다.

20

전형필에게 '일생을 건 싸움'이란 우리의 문화유산 수집, 문화유산을 통한 미술사 연구, 전통 문화의 우수성 알리기 등이라 할 수 있다.

ANSWER

19. ① 20. ②

읽기 지문 출처

민현식 외. 중학교 국어 ⑥. 좋은책신사고

박영목 외. 고등학교 국어 Ⅰ. 천재교육

우한용 외. 고등학교 국어 Ⅰ. 비상교육

이숭원 외. 고등학교 국어 Ⅱ. 좋은책신사고

이삼형 외. 고등학교 국어 Ⅱ. 지학사

최원식 외. 고등학교 국어. 창비교육

한철우 외. 고등학교 국어 Ⅰ. 비상교육

한철우 외. 고등학교 국어 Ⅱ. 비상교육

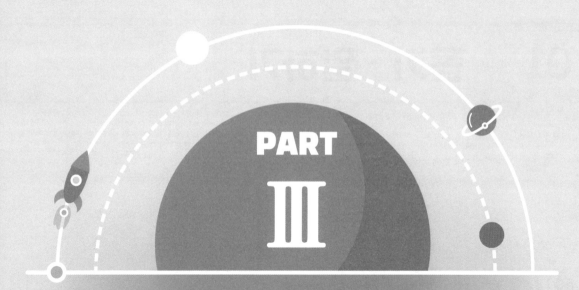

PART III

듣기 · 말하기 / 쓰기

01 듣기 · 말하기

듣기 · 말하기 영역에서는 듣기와 말하기에 대한 지식 · 기능 · 태도의 심화된 내용을 학습합니다. 개인과 집단에 따른 다양한 듣기와 말하기 방법, 담화 관습, 의사소통 과정의 점검, 언어 예절, 토론 및 협상 등을 이해하고 문제에 적응할 수 있는 능력을 기르는 것이 중요합니다.

01 듣기 · 말하기의 이해

1 듣기 · 말하기 방법의 다양성

(1) 개인과 집단에 따른 의사소통 방식의 차이

사람들은 저마다의 경험과 자신이 속한 집단의 사회문화적 환경 때문에 다른 집단과는 다른 듣기 · 말하기 방식을 체득한다. 급변하는 현대 사회에는 이러한 차이가 더욱 극대화될 수 있다. 예 세대 간의 언어 차이, 지역 간의 언어 차이

표준어	전 국민이 공통적으로 사용하는 언어로 정확한 의사소통이 가능하다.
방 언	지역민들끼리 사용하는 언어로 친숙하고 정겨운 느낌을 주며, 주로 사적인 상황에서 사용한다.

※ 표준어와 방언은 상호 보완적인 관계이므로 상황에 맞는 적절한 언어를 선택하여 사용해야 한다.

(2) 소통 방안

서로의 듣기 · 말하기 방식을 인정하고 받아들이며, 언어 예절을 갖춰 진지하게 소통하려는 노력을 해야 한다.

2 언어 예절 - 대화의 원리

(1) 협력의 원리 중요⁺

대화의 목적 및 방향에 맞는 성공적인 대화를 하기 위
한 원리이다.

| 대화 | ▼ | 검색 |

말하는 이와 듣는 이가 협력하여 새로운 의
미를 만들어 나가는 과정이다.

양의 격률	대화의 목적에 필요한 양만큼의 정보를 전달한다.
질의 격률	타당한 근거를 들어 진실만을 말한다.
관련성의 격률	대화의 내용과 관련이 있는 것을 말한다.
태도의 격률	모호하거나 중의적인 표현은 피하고, 간결하고 조리 있게 말한다.

(2) 공손성의 원리 중요⁺

공손하고 예절 바른 태도로 상대방과 대화하는 원리이다.

요령의 격률	상대방에게 부담이 되는 표현을 최소화하고, 이익이 되는 표현을 최대화한다. 예 "이번 프로젝트 있는 거 알죠? 준비하세요." → "죄송하지만 이번 프로젝트를 맡아주실 수 있으신가요?"
관용의 격률	자신에게 혜택을 주는 표현을 최소화하고, 자신에게 부담을 주는 표현을 최대화한다. (주로 '내 탓'으로 돌려 말함) 예 "하나도 안 들려요. 크게 얘기하세요." → "제가 잘 못 들어서 그런데, 조금만 더 크게 말씀해 주시겠어요?"
찬동(칭찬)의 격률	상대방을 비난하거나 트집 잡는 표현은 최소화하고, 칭찬하고 맞장구치는 표현은 최대화한다. 예 네 실력은 정말 대단해! 혼자서 열 명 몫은 했겠는데?
겸양의 격률	스스로를 낮춰 자신에 대한 칭찬을 최소화하고, 자신을 비난하는 말을 최대화한다. 예 "비록 누추한 곳(집)이지만 편히 쉬십시오.", "모자란 저에게 큰 상을 주셔서 감사합니다." ※ 겸양 : 겸손한 태도로 남에게 양보하거나 사양함
동의의 격률	상대방과의 의견 차이를 최소화하고, 일치하는 부분을 최대화한다. 예 연우 : 치킨 먹지 않을래? 찬규 : (먹고 싶지 않더라도) 좋아. 그런데 저기 피자집에서 할인 이벤트를 한다던데…. 연우 : 그래? 그럼 피자 먹으러 가자! → 우선적으로 상대방에게 동의한 이후에 자신의 의견을 제시함

(3) 순서 교대의 원리

① 대화의 참여자가 서로 적절하게 순서를 교대해 가면서 말을 주고받아야 한다는 원리이다.

② 대화의 흐름을 잘 살피고 자신의 대화 순서에 유의하여 말을 하며, 혼자서 대화를 독점하거나 상대방의 말을 가로채서는 안 된다.

✔ 바로바로 CHECK

01 다음 대화 중 공손성의 원리에 따라 최대화해야 할 표현으로 적절한 것은?

① 상대방에게 부담이 되는 표현
② 자신에게 혜택을 주는 표현
③ 상대방을 비난하거나 트집 잡는 표현
④ 자신에게 부담을 주는 표현

해설 자신에게 부담을 주는 표현이나 스스로를 비난하는 말 등을 최대화해야 한다.

02 다음 대화의 문제점을 바르게 설명한 것은?

> 우리 : 너는 햄버거 좋아해?
> 영선 : 응. 그런데 내 친구는 햄버거보다 피자를 더 좋아해. 걔는 혼자서 피자 한 판도 먹을 수 있대. 아, 그리고 나는 매운 것을 잘 먹지 못해.

① 자신에게 혜택을 주는 표현을 최대화하고 있다.
② 필요한 양보다 더 많은 정보를 제공하고 있다.
③ 상대방과의 의견 차이를 최대화하고 있다.
④ 모호하거나 중의적인 표현을 사용하고 있다.

해설 영선은 햄버거를 좋아하는지를 묻는 질문에 필요 이상의 정보를 제공함으로써 협력의 원리 중 양의 격률을 어기고 있다.

정답 01. ④   02. ②

---

3 과정 점검하며 듣고 말하기

(1) 듣기 과정의 점검 및 조정

① 담화의 목적과 의도를 정확히 파악하며 듣고 있는가?
② 화자가 말하는 내용이나 방식의 적절성을 제대로 평가하고 있는가?
③ 화자의 말에 공감하거나 올바른 태도로 반응하면서 듣고 있는가?

(2) 말하기 과정의 점검 및 조정

① 담화의 목적과 의도에 맞게 내용을 생성하고 전달하는가?

② 청자의 연령, 배경 지식 등을 고려하며 말하고 있는가?

③ 언어적・비언어적・반언어적 표현을 적절히 사용하고 있는가?

4 담화 관습과 바람직한 의사소통

(1) 언어 공동체와 담화

① 언어 공동체 : 같은 언어를 사용하는 사람들이 이룬 집단을 의미한다.

　예 한국어를 사용하는 한국인

② 담화 : 둘 이상의 문장이 연속되어 이루어지는 말의 단위를 의미한다.

(2) 담화 맥락

① 상황 맥락

　㉠ 담화에 직접적으로 관여하여 대화의 의미를 해석하는 데 영향을 미치는 상황이다.

　㉡ 말하는 사람, 듣는 사람, 내용, 배경 등이 포함된다.

　㉢ 상황 맥락에 따라 담화의 의미가 달라지므로, 이를 고려해야 정확한 의사소통이 가능하다.

② 사회・문화적 맥락

　㉠ 담화에 간접적으로 관여하여 대화의 의미를 해석하는 데 영향을 미치는 상황이다.

　㉡ 역사적・사회적・문화적 배경이나 공동체의 가치, 이념, 신념 등이 포함된다.

(3) 담화 관습 중요⁺

오랜 시간 사회・문화적 맥락에서 언어 공동체의 의사소통을 통해 형성된 언어 관습을 의미하며, 현재의 문화 풍토를 반영하여 이전에 없던 담화 관습이 생겨나기도 한다.

　예 관용 표현, 외래어, 외국어, 줄임말, 통신 언어 등

① 담화 관습의 종류

관용 표현	둘 이상의 단어가 하나로 합쳐져 원래의 뜻과는 전혀 다른 뜻으로 굳어진 것을 말한다. 예 속담, 명언, 관용어, 한자 성어, 격언 등
외래어	외국으로부터 들어와 한국어에 동화되었거나, 대체할 고유어가 없어서 우리말처럼 사용되는 것을 말한다. 예 버스, 피아노, 컴퓨터
외국어	고유어로 대체할 수 있거나, 아직 우리말로 정착되지 않은 다른 나라의 언어를 말한다. 예 girl(소녀), boy(소년), cat(고양이) ※ 가능하면 외국어와 외래어는 고유어로 순화하여 사용하는 것이 바람직하다. 　　예 다이어리 → 일기장, 웰빙(Well-being) → 참살이
통신 언어	인터넷 등의 가상공간에서 사용하는 언어로 정보 통신 기술의 발달로 인해 생겨난 새로운 담화 관습이다. 줄임말, 생략, 소리 나는 대로 적기 등을 통해 빠르게 의사를 전달할 수 있으나, 이의 무분별한 사용은 국어 문법을 파괴하고 세대 간의 의사소통을 어렵게 한다. 예 버카 → 버스 카드, 아싸(아웃사이더) → 겉도는 사람, 외톨이

② 우리말의 담화 관습 특징

　　㉠ 가족과 공동체 중심의 담화 관습

　　㉡ 서열과 격식을 중시하는 담화 관습

기초학습 ▸ 준언어 · 비언어 / 은어 · 비속어

1) 준언어(반언어)와 비언어

반언어	목소리의 억양, 어조, 강약, 높낮이 등 의사소통에 도움을 주는 요소들을 말한다.
비언어	표정이나 몸짓, 손짓, 옷차림 등의 의사소통 방법을 말한다.

※ 언어와 함께 준언어 · 비언어 표현을 적극적으로 활용하면 더 효과적으로 의사소통할 수 있다.

2) 은어와 비속어

은어	어떤 특정 집단의 사람들이 다른 이들은 알아듣지 못하도록 비밀스럽게 사용하는 말로, 집단 내의 강력한 동료 의식을 심어준다. 예 청소년 집단의 은어
비속어	격식이 낮고 속된 말로 보통 대상에 대한 경멸의 의미가 담겨 있으나, 때로는 친밀한 사이에서 격의 없이 쓰이기도 한다.

✔ 바로바로 CHECK

01 담화 관습에 대한 설명으로 가장 적절한 것은?

① 지역, 세대 간 언어 차이는 극복해야만 하는 대상이다.

② 통신 언어는 가상공간에서 사용자 간 친밀감을 높이는 데 유용하다.

③ 은어와 비속어의 사용이 주는 긍정적인 효과는 전혀 없다.

④ 외래어와 외국어는 반드시 국어로 순화해야 한다.

해설 ① 성별·지역·세대 간 언어 차이는 극복이 아닌 수용을 해야 한다.

③ 은어와 비속어의 사용은 집단 내 동질감을 형성하기도 한다.

④ 가능하면 우리말로 순화하는 것이 좋지만 절대적일 필요는 없다.

02 다음 중 국어 순화의 예로 가장 어색한 것은?

① 웨이팅 타임은 20분입니다. 메뉴 먼저 드릴까요?

→ 대기시간은 20분입니다. 차림표 먼저 드릴까요?

② 범인은 경찰의 추궁에도 포커페이스를 유지했다.

→ 범인은 경찰의 추궁에도 무표정을 유지했다.

③ 뉴욕의 센트럴 파크에서 본 햇빛은 아름다웠어.

→ 뉴욕의 중앙 공원에서 본 햇빛은 아름다웠어.

④ 이 파트의 문제는 도저히 이해되지 않아요.

→ 이 부분의 문제는 도저히 이해되지 않아요.

해설 '센트럴 파크'와 같은 고유명사의 경우에는 무리하게 우리말로 순화하지 않는 것이 좋다.

03 다음 중 관용 표현이 사용되지 <u>않은</u> 문장은?

① 그 친구는 정말 입이 무거워.

② 감독이 선수를 입에 침이 마르도록 칭찬했다.

③ 손을 놓지 말고 안전대를 꼭 잡으세요.

④ 이 좋은 분위기에 찬물을 끼얹다니!

해설 다음 문장에서 '손을 놓지'는 원래 뜻으로 사용되었다. 만약 '손을 놓다'가 관용 표현으로 사용될 경우에는 '하던 일을 그만두거나 잠시 멈추다'라는 의미를 내포한다.

① '입이 무겁다' → 말이 적다. 혹은 아는 일을 함부로 옮기지 않는다.

② '입에 침이 마르다' → 거듭하여 매우 칭찬한다.

④ '찬물을 끼얹다' → 분위기를 망치거나 흐리게 한다.

정답 01. ② 02. ③ 03. ③

02 토론과 협상

1 토론 중요⁺

(1) 토론의 의미

찬성과 반대의 입장으로 나뉘는 주제에 대해 각자 타당한 근거를 바탕으로 자신의 주장을 논리적으로 펼치는 집단적인 의사 결정 과정이다.

(2) 토론 논제

① 사실 논제 : 참이나 거짓으로 평가할 수 있는 논제이다.
  ⓔ 독도는 우리 땅이다.
② 가치 논제 : 어떤 것이 좋고 나쁜지, 가치가 있는지 없는지에 대한 판단을 내리는 논제이다. ⓔ 환경 보호가 경제 발전보다 중요하다.
③ 정책 논제 : 정책의 실행 방안에 대한 판단을 내리는 논제이다.
  ⓔ 경제 이득을 위해 셧다운 정책을 완화해야 한다.

(3) 쟁점과 필수 쟁점

① 쟁점 : 찬반 양 측이 각자 찬성하는 입장과 반대하는 입장에서 서로 치열하게 맞대결하는 세부 주장이다.
② 필수 쟁점 : 논제와 관련해 반드시 짚어야 할 쟁점을 의미한다.

(4) 토론 참여자의 역할

① 사회자 : 토론의 주제, 배경, 목적, 규칙 등을 안내하고 토론을 진행하며, 토론의 쟁점을 정리하여 합의점, 토론 성과 등을 제시한다.
② 토론자 : 토론의 쟁점을 파악하고 토론 규칙에 따라 자신의 의견을 제시하며, 상대방의 허점을 발견하여 논박한다.
③ 배심원 및 청중 : 토론자들의 주장을 듣고, 근거가 타당하게 제시되었는지를 평가한다.

(5) 토론 단계

① 논제 제시 : 토론의 주제, 규칙 등을 설명하고 토론의 시작을 알린다.

② 입론 : 찬성 측과 반대 측이 각각 논제와 관련해 자신의 주장을 내세운다.

③ 반론 : 상대방의 주장이나 근거의 허점을 지적하고 자신의 주장이 타당함을 증명한다.

④ 평결 : 배심원단이 토론을 평가하고 판결한다.

심화학습 — 토론의 심화

1) 정책 논제의 특징

① 평서문 형식의 긍정적 진술이어야 한다. **예** '~해야 한다.'

② 찬반의 대립이 뚜렷하여야 한다.

③ 기존 질서 및 상태 변화를 요구하는 진술이어야 한다.

2) 정책 논제의 필수 쟁점

① 문제의 심각성 : 문제가 매우 심각한가?

② 문제 해결 및 실행 가능성 : 제시된 해결 방안이 문제를 해결할 수 있는가? 현실적으로 실행 가능한가?

③ 효과 및 개선 이익 : 제시된 해결 방안이 긍정적인 효과와 개선 이익을 가져오는가?

3) 반대 신문식 토론의 절차

상대 토론자에게 질문을 하여 상대편의 주장을 반박하는 방식으로 진행된다.

구 분	찬성 측		반대 측	
	제1 토론자	제2 토론자	제1 토론자	제2 토론자
입 론	① 입론			② 반대 신문
	④ 반대 신문		③ 입론	
		⑤ 입론	⑥ 반대 신문	
		⑧ 반대 신문		⑦ 입론
반 론	⑩ 반론		⑨ 반론	
		⑫ 반론		⑪ 반론

2 협상

(1) 협상의 의미

개인이나 집단 사이에서 이익과 주장이 달라 갈등이 생길 때, 문제를 해결하기 위해 서로 타협하고 조정하면서 양측이 모두 만족할 만한 해결 방법을 찾아가는 의사소통 과정이다.

(2) 협상의 단계

① 시작 단계 : 갈등의 원인을 분석하고 문제를 해결할 수 있는 가능성이 있는지 확인한다.

② 조정 단계 : 문제를 확인하여 상대의 처지와 관점을 이해하고, 구체적인 제안이나 대안에 대하여 상호 검토하는 과정을 통해 입장 차이를 좁혀 나간다.

③ 해결 단계 : 최선의 해결책을 제시하여 타협과 조정을 통해 문제를 해결하고 합의한다.

✔ 바로바로 CHECK

01 토론에 대한 설명으로 가장 바르지 못한 것은?

① '독도는 우리 땅이다.'는 사실 논제이다.

② 사회자는 중립적 입장에서 토론을 진행해야 한다.

③ 입론 단계에서는 상대방의 주장의 허점을 지적하고 자신의 주장이 타당함을 증명한다.

④ 토론을 할 때는 필수 쟁점에 따라 논증을 구성해야 한다.

해설 상대방의 주장이나 근거의 허점을 지적하는 것은 일반적으로 반론 단계에 해당한다.

02 협상의 해결 단계에서 이루어져야 할 일로 옳은 것은?

① 갈등을 일으키는 원인이 무엇인지 알아본다.

② 문제가 해결될 가능성이 있는지 탐색해 본다.

③ 구체적인 대안을 검토한다.

④ 타협하고 조정하여 문제 해결에 상호 합의한다.

해설 ①・②는 협상의 시작단계, ③은 조정 단계에서 이루어져야 한다.

정답 01. ③ 02. ④

01 기출 ㉠과 같은 말에 대한 설명으로 옳은 것은?

㉠ 혼자옵서예

제주도에 오신 것을 환영합니다!

① 지역에 따라 달리 쓰는 말

② 통속적으로 쓰는 저속한 말

③ 학술 분야에서 특별한 의미로 쓰는 말

④ 외국에서 최근 들어온 말로 우리말처럼 쓰는 말

02 ㉠~㉢을 순화한 내용으로 적절하지 않은 것은?

지혜 : 오늘은 ㉠ 컨디션이 조금 좋지 않은 것 같아.

영선 : 너랑 나는 정말 ㉡ 코드가 잘 맞는구나.

유신 : 컴퓨터 고장으로 작업했던 것들이 ㉢ 제로 베이스로 돌아갔어.

연우 : 어제 남강에 놀러 갔는데 ㉣ 둔치에 핀 꽃이 정말 아름답더라.

① ㉠ 컨디션 → 상태

② ㉡ 코드 → 성향

③ ㉢ 제로 베이스 → 백지상태, 원점

④ ㉣ 둔치 → 고수부지

01

'혼저옵서예(혼자옵서예)'는 제주도 방언(사투리)이다. 방언(사투리)이란 지역에 따라 달리 쓰는 말이다.
② 비속어, ③ 전문어, ④ 외래어

02

'고수부지'는 일본식 한자어이므로 '둔치'로 쓰는 것이 더욱 적절하다.

ANSWER

01. ① **02.** ④

03 관용 표현이 사용되지 않는 문장은?

기출

① 관광객들이 태풍 때문에 발이 묶였다.

② 동생은 시험을 잘 봐서 입이 귀에 걸렸다.

③ 나는 농구공을 한 손으로 잡을 만큼 손이 크다.

④ 나와 동생은 손발이 맞아 방 청소를 금방 끝냈다.

04 ㉠에 들어갈 내용으로 가장 적절한 것은?

기출

말		행동		의미
그러게 말이에요. 그럼요.	+	고개를 끄덕이며	⇨	공감 표현
저런. 쯧쯧. 안됐군요.	+	㉠	⇨	동정 표현

① 차갑게 외면하며

② 무섭게 인상 쓰며

③ 엄지손가락을 치켜들며

④ 안타까운 표정을 지으며

05 다음을 읽고 ㉠에 들어갈 말로 가장 적절한 것은?

기출

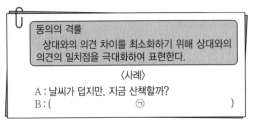

동의의 격률

　상대와의 의견 차이를 최소화하기 위해 상대와의 의견의 일치점을 극대화하여 표현한다.

〈사례〉

A : 날씨가 덥지만, 지금 산책할까?

B : (　　　　　　㉠　　　　　　)

① 혼자 가면 어때? 나는 집에 가야 할 것 같아.

② 나는 갈 마음이 없어. 다른 친구한테 물어볼래?

③ 글쎄, 나는 별로야. 이렇게 더운데 누가 산책하니?

④ 좋은 생각이야. 하지만 조금 시원해지면 가는 게 어때?

03

③에서 '손'은 말 그대로 신체 일부를 나타낸다. 한편, '손이 크다'가 관용 표현으로 쓰일 경우 '씀씀이가 후하고 크다', '수단이 좋고 많다' 등의 의미를 지닌다.

① '발이 묶이다' → 몸을 움직일 수 없거나 활동할 수 없는 형편이 되다.

② '입이 귀에 걸리다' → 활짝 웃다. 싱글벙글 웃다.

④ '손발이 맞다' → 함께 일을 하는 데에 마음이나 의견 행동 방식 따위가 서로 맞다.

04

'저런, 쯧쯧, 안됐군요'는 상대방에게 일어난 좋지 않은 일에 동정을 보내는 발화이다. 상황에 맞는 비언어적 표현(동작, 표정 등)으로 '안타까운 표정을 지으며'가 적절하다.

05

동의의 격률은 상대와의 의견 차이를 최소화하고 의견의 일치점을 극대화하는 표현이다.

• A : 날씨가 덥지만, 지금 산책할까?

• B : 좋은 생각이야. 하지만 조금 시원해지면 가는 게 어때?

B의 대화처럼 일단 상대방의 의견을 존중해주고 나서 자신의 견해를 밝히는 동의의 격률은 상대와의 갈등이나 대립을 피하는 바람직한 방법이 될 수 있다.

ANSWER

03. ③　**04.** ④　**05.** ④

06 다음을 읽고 ⑤ 에 들어갈 말로 가장 적절한 것은?

기출

> 〈겸양의 격률〉
> 자신에 대한 칭찬과 비방 중, 칭찬은 최소화하고 비방
> 은 최대화한다.
>
> 〈사례〉
> 선배 : 너 노력을 많이 하더니 요즘 글쓰기 실력이 제법
> 　　　늘었네.
> 후배 : 　⑤　 그래도 좋게 봐 주셔서 감사합니다.

① 네, 실력이 훨씬 향상되었어요.

② 아니에요, 선배님. 아직 멀었어요.

③ 그래요, 칭찬을 잘 안 하시더니 이번엔 하시네요.

④ 당연하죠, 노력을 많이 했으니까 실력이 늘었겠죠.

07 다음을 적용한 예로 가장 적절한 것은?

기출

> 대화를 할 때는 상대방과 불일치하는 표현은 최소
> 화하고 일치하는 표현은 최대화한다. 즉, 상대방의
> 의견에 동의한 다음 자신의 생각을 말한다.

① 가 : 지금 사무실이 덥네요. 창문을 열어 주실 수 있나요?

　나 : 제가 지금 창문을 열게요.

② 가 : 수상을 축하해요. 작품이 매우 뛰어나던데요.

　나 : 부끄러워요. 다른 작품도 훌륭한데 제가 운이
　　　좋았어요.

③ 가 : 사무실에서 상품 기획서를 갖다 주시겠어요?

　나 : 잠시 다른 생각하느라 못 들었어요. 다시 말씀해
　　　주세요.

④ 가 : 우리 다음 여행지는 유럽이 어때요?

　나 : 좋은 생각이긴 하지만, 비용이 많이 들 텐데 제
　　　주도는 어떨까요?

06

'겸양의 격률'은 자신에 대한 칭찬과 비방 중 칭찬은 최소화하고, 비방은 최대화하는 것을 말한다. 글쓰기 실력이 늘었다는 선배의 칭찬에 후배가 '아직 멀었다'고 자신에 대한 칭찬을 최소화하는 것은 겸양의 격률에 해당한다.

07

④의 '나'는 보기에서 제시한 것처럼 상대방의 말에 동의한 후 자신의 생각을 말하고 있다.
'좋은 생각이긴 하지만' (상대방의 의견에 동의) → '제주도는 어떨까요?' (자신의 생각)

ANSWER

06. ②　07. ④

08 다음 중 대화 내용을 바르게 해석하지 **못한** 것은?

고난도

> 대화에 참여하는 사람들은 효과적인 의사소통을 위해서 ㉮협력의 원리와 ㉯공손성의 원리를 지켜야 한다.

> 원양 : 영선아. 혹시 나한테 만 원만 빌려줄 수 있니?
> 영선 : 전에 빌려간 건 언제 갚을 거야?
> 원양 : ㉠ (알면서도) 그런 적 없는데….
> 영선 : 정말 기억이 안 난다고?
> 원양 : ㉡ 아, 이제 생각났다. 정말 미안해. 모임이 많아서 지출할 데가 많았어. 왜 이렇게들 자꾸 불러내는지 몰라. 별로 친하지도 않았는데…. 너는 나보다 친구가 몇 배나 더 많으니 나보다 더 피곤하겠구나. 그나저나 배고프지 않아?
> 영선 : ㉢ 아니, 전혀.
> 원양 : 아, 영선아. 요즘 시를 쓰고 있는데 좀 봐줄 수 있니? ㉣ 별 볼일은 없지만, 열심히 썼어.
> 영선 : 오, 좋아. 이리 줘 봐.

① ㉮에 의하면 ㉠은 관련성의 격률을 어기고 있다.
② ㉮에 의하면 ㉡은 양의 격률을 어기고 있다.
③ ㉯에 의하면 ㉢은 동의의 격률을 어기고 있다.
④ ㉯에 의하면 ㉣은 겸양의 격률을 지켜 말하고 있다.

09 다음은 '의무 투표제'에 대한 토론의 일부이다. ㉠ 에
기출 들어갈 근거로 가장 적절한 것은?

> 시민 1 : 민주주의 국가에서는 대표자를 잘 뽑아야 합니다. 그래서 대표자를 뽑는 선거에서 투표율을 높이기 위해 의무 투표제를 도입해야 합니다.
> 시민 2 : 대표자를 잘 뽑아야 한다는 말씀에는 동의합니다. 하지만 저는 의무 투표제 도입을 반대합니다. 왜냐하면 ㉠ 때문입니다.

08

㉠은 진실만을 말해야 한다는 '질의 격률'을 어기고 있는 문장이다. '관련성의 격률'이란 모호하거나 중의적인 표현을 피하고 간결하고 조리 있게 말한다는 원리이다.

ANSWER

08. ①

① 대표성은 자발적 지지에서 시작되기

② 다른 나라에서도 의무 투표제를 실시하기

③ 최근 우리나라 국회의원 선거 투표율이 낮기

④ 의무 투표제는 투표율을 높일 수 있는 방법이기

09

시민 2 : '대표성은 자발적 지지에서 시작됨'을 근거로 '의무 투표제 도입'에 반대할 수 있다.

10 다음은 '만 18세 선거권'에 대한 찬반 토론이다. ㉠에 들어갈 말로 적절하지 <u>않은</u> 것은?

10

③은 선거 연령을 낮추자는 '찬성 측'의 주장에 해당한다.

> 찬성 측 : 저는 만 18세 선거권 보장을 찬성합니다. 청소년들에게도 정치적 의사를 표명할 기회를 보장해야 합니다. 또한 OECD 국가 중에서 선거연령이 만 19세인 나라는 우리나라밖에 없습니다. 전 세계적으로도 만 18세 또는 16세부터 선거권을 부여하려는 움직임이 일고 있습니다. 우리나라도 이에 발맞춰 변화해야 합니다.
>
> 반대 측 : 그런 점만 생각한다면 찬성할 수도 있습니다. 하지만 ㉠ 따라서 저는 선거 연령을 만 18세로 하향하는 것에 반대합니다.

① 미국이나 유럽의 만 18세는 이미 학교를 졸업한 경우가 많아 우리나라와는 사정이 다릅니다.

② 교실이 선거운동의 무대가 될 수 있고, 교육의 정치적 중립성을 지키기 어려워질 것입니다.

③ 모든 국민에게는 참정권을 가질 권리가 있습니다.

④ 청소년은 아직 정치적 신념을 가지기에는 미숙하며, 성인의 보호를 받아야 할 나이입니다.

ANSWER

09. ① 10. ③

11 다음은 '인터넷 실명제를 도입해야 한다.'를 논제로 한 토론 자료의 일부이다. 이를 읽고 해석한 것으로 가장 적절하지 <u>않은</u> 것은?

> 학생 1 : 저는 인터넷 실명제 도입에 찬성합니다. 실명제가 시행되면 가상 공간에서 누리꾼들은 자신의 발언 하나하나에 대한 책임감을 기르게 될 것입니다. 이에 따라 보다 건전한 인터넷 문화가 형성될 수 있습니다.
>
> 학생 2 : 그 부분에 대해서는 저도 동의합니다. 하지만 헌법재판소는 일찍이 "헌법에서 보장한 자유뿐만 아니라 언론의 자유까지 침해한다."라고 인터넷 실명제에 대해 위헌 결정을 내린 바 있습니다. 이렇듯 인터넷 실명제는 자칫 표현의 자유를 침해할 수 있어요. 또한….
>
> 학생 3 : 아니, 잠깐만요. 어이가 없군요. 표현의 자유를 빌미로 악성 댓글을 달거나 허위 정보를 쏟아내는 경우는 전혀 고려하시지 않으십니까?
>
> 사회자 : 모두 진정하시고 순서에 맞게 발언하시기 바랍니다.

① 학생 2는 동의의 격률을 바르게 사용하고 있다.

② 사회자는 중립적 입장에서 토론을 듣고, 감정적으로 대응하는 참여자에게 토론 규칙을 지키도록 하고 있다.

③ 학생 3은 학생 2가 제시한 주장에 대한 허점을 지적하고 있다.

④ 위 토론에서 다루는 논제는 사실 논제에 해당한다.

11

'인터넷 실명제를 도입해야 한다.'와 같은 토론 논제는 현 상황 및 정책의 변화를 추구하는 문제로 정책 논제에 해당한다.

ⒶⓃⓈⓌⒺⓇ

11. ④

12 다음은 '사형제도 폐지'에 대한 필수 쟁점이다. ㉠~㉢에 들어갈 내용으로 가장 적절하지 <u>않은</u> 것은?

고난도

- 정책 논제 : 사형제도를 폐지해야 한다.
- 필수 쟁점

쟁점＼논증	찬성 측	반대 측
문제의 심각성	(㉠)	사형제를 폐지하면 흉악 범죄가 증가할 수 있다.
문제 해결 및 실행 가능성	(㉡)	사형수에 대한 교화는 불가능하며, 사형제보다 약한 다른 형벌로는 흉악 범죄를 완전히 해결할 수 없다.
효과 및 개선 이익	(㉢)	사형제는 범죄자들에게 두려움을 주기 때문에 흉악 범죄를 억제하고 안전한 사회를 만드는 데 효과가 있다.

① ㉠ : 법원의 오판으로 인해 무고한 생명이 희생되는 일이 종종 일어난다.

② ㉠ : 국가가 인간의 생명을 빼앗는 것은 인간의 존엄성을 크게 해친다.

③ ㉡ : 흉악 범죄는 종신형이나 징벌적 손해배상 등을 통해 충분히 방지할 수 있다.

④ ㉢ : 사형제가 정치적으로 악용되기도 한다.

12

㉢은 ㉠ '문제의 심각성'에 해당하는 진술이다.

13 다음 협상 내용을 바르게 해석하지 <u>못한</u> 것은?

> 지역 대표 : 우리 지역은 물 좋고 공기 좋기로 소문난 곳입니다. 이곳에 공장을 건설한다면 부동산 가격이 내려가고 환경오염으로 인해 주민들의 삶의 질은 저하될 겁니다.
>
> ○○ 기업 : 하지만 이 지역은 원자재 확보와 물류 센터와의 거리를 고려했을 때 저희 공장을 짓기에 최적의 장소입니다.
>
> 지역 대표 : 기업의 사정은 충분히 이해합니다. 하지만 주민들이 불만을 품지 않도록 보상안이 필요할 것 같습니다.
>
> ○○ 기업 : 이 지역에 커다란 도서관을 지어 지역 주민들의 여가 활동을 장려하겠습니다.
>
> 지역 대표 : 글쎄요. 그다지 매력적인 제안은 아니네요. 이미 우리 지역엔 도서관이 있거든요.
>
> ○○ 기업 : 그렇다면, 저희 공장에 지역 주민을 일정 비율 이상 고용하고, 지자체에 환경 보조금을 지원하겠습니다.
>
> 지역 대표 : 음…. 저희 지역의 실업자 문제가 심각했는데, 어느 정도 지역 경제가 활성화될 수 있겠군요. 환경 문제도 일부는 해소될 거구요. 좋아요. 그렇게 하죠.

① 지역 대표는 두 가지 이유를 들어 공장 건설에 반대하고 있다.

② ○○ 기업은 첫 번째 대안이 거절당하자 다른 대안을 제시하고 있다.

③ 지역 대표는 ○○기업의 입장에 대해 부분적으로 이해하려는 태도를 보이고 있다.

④ 대립되는 두 입장의 격차를 좁히지 못하고 협상이 결렬되었다.

13

제시문은 양 측이 서로 만족할 만한 최선의 대안을 모색하여 협상을 이끌어내는 과정을 보여주고 있다.

ANSWER

13. ④

※ 다음을 읽고 물음에 답하시오. (14~15)

> 발표자 : 협상이 주는 긍정적 효과는 무엇일까요? 프랑스와 독일의 국경이 맞닿아 있는 '알자스-로렌'의 사례를 들어 설명해 보겠습니다. 이 지역은 철광석과 석탄의 대표적인 생산지입니다. 산업혁명 시대에 이러한 자원을 확보하는 것은 매우 중요한 일이었습니다. 따라서 알자스-로렌 지방을 차지하기 위한 두 나라 간의 ㉠ 파워 게임은 종종 전쟁으로 이어지기도 했습니다.
> 싸움이 심해지자 프랑스의 정치가인 장 모네는 협상안을 하나 내놓았습니다. 바로 알자스-로렌의 철광석과 석탄을 공동으로 생산하고 분배하는 기구를 설립하자는 것입니다. ㉡ 등을 돌리고 지내던 두 나라가 선뜻 협상안을 받아들이기는 쉽지 않았겠죠? 하지만 결국 이 협상안은 통과되었습니다. 장 모네의 끝없는 설득 덕분이기도 했지만, 가장 중요한 이유는 두 나라가 만족할 만한 최선의 해결책을 제시했다는 데 있었습니다.

14 위 발표에 대한 설명으로 적절하지 **않은** 것은?

① 청유형 형식으로 듣는 이에게 궁금증을 유발하는 말하기 방식을 택하고 있다.

② 알자스-로렌 지방을 둘러싼 두 나라 간의 갈등의 원인을 제시하였다.

③ ㉠은 우리말로 순화할 수 있다.

④ ㉡은 두 나라 간의 관계를 관용 표현을 사용하여 설명한 것이다.

14
① 청유형이 아닌 의문문 형식으로 서술하고 있다.
③ '파워 게임'은 '권력 다툼' 혹은 '세력 다툼'으로 수정할 수 있다.
④ '등을 돌리다'는 '관계를 끊고 거부하다'라는 의미의 관용 표현이다.

15 해결책에 대한 설명으로 적절하지 **않은** 것은?

① 알자스-로렌의 철광석과 석탄을 공동으로 생산 및 관리하는 것이다.

② 처음부터 쉽게 받아들여졌다.

③ 프랑스와 독일 간 협상이 맺은 결실이다.

④ 두 나라의 경제적 효과를 모두 고려하였다.

15
처음에는 프랑스와 독일이 협상안에 응하지 않았다는 내용이 서술되어 있다.

ANSWER
14. ① 15. ②

02 쓰기

 학습 point⁺

쓰기 영역에서는 목적과 맥락을 고려하여 작문 과정을 점검하고 조정하면서 효과적으로 글을 쓰고 소통하는 방식을 배웁니다. 타당한 근거를 들어 설득하는 글, 자신의 경험과 성찰을 담아 정서를 표현하는 글을 쓰는 방법을 이해하고 쓰기 맥락을 고려하여 고쳐 쓰는 방법을 학습하도록 합니다.

01 쓰기의 이해

1 쓰기의 기초

(1) 쓰기의 성격

① 사회적 상호작용으로서의 쓰기 : 쓰기는 의미를 구성하는 과정으로, 이렇게 구성한 의미를 바탕으로 독자와 소통하는 사회적 상호 작용이 이루어진다.

② 문제 해결 과정으로서의 쓰기 : 쓰기는 문제 해결에 대한 여러 대안을 탐색하고 선택하여 문제를 해결하는 일련의 과정이다.

(2) 책임감 있는 글 쓰기 태도

글이 독자와 사회에 끼치는 영향을 고려하여 책임감 있게 글을 쓰는 태도를 지녀야 한다.

2 쓰기의 단계 중요⁺

내용 계획하기	글의 목적, 주제, 예상 독자, 매체를 분석하는 과정(쓰기 맥락 분석)
내용 생성하기	글을 쓸 내용을 구체화하고, 자료를 수집하는 과정
내용 조직하기	통일성과 응집성을 고려하여 내용을 조직하고 개요표를 작성하는 과정
글 쓰기	적절한 표현 방식과 올바른 문법으로 글을 써내려 가는 과정
고쳐 쓰기	작성한 글을 전체 수준에서부터 단어 수준에 이르기까지 점검하고 수정하는 과정(스스로 점검하기, 상호 점검하기)

(1) 내용 계획하기 단계

글의 목적 정하기	정보 전달하기	독자에게 정보를 알려 주거나, 어떤 사실을 가르쳐 주기 ⓔ 설명문
	설득하기	독자의 행동이나 신념을 변화시키기 ⓔ 논설문
	친교·정서 표현하기	글쓴이 개인의 감정, 정서를 나타내거나 독자에게 즐거움을 주기 ⓔ 문학
예상 독자 고려하기		독자의 수준이나 관심사에 부합하는 글을 쓰기 위해 독자의 연령, 직업, 주제에 대한 흥미, 배경 지식 파악하기

(2) 내용 생성하기 단계

① 자유롭게 사고하여 글로 표현할 내용을 생성한다.

② 자료를 수집하고 쓰기 맥락에 맞는 자료를 선별한다. 이때, 다양한 자료의 활용은 글 쓸 내용을 풍부하게 한다.

(3) 내용 조직하기 단계

① 선별한 자료를 쓰기 맥락에 맞도록 통일성을 고려하여 배열한다.

② 개요표 작성

개 념	글을 쓰기 전에 주제와 목적에 맞게 수집한 자료를 일관성 있게 배열한 것
필요성	글 전체의 방향을 잡아주는 뼈대 구실을 하며, 글의 순서에 구조적인 결함이나 내용의 중복 및 누락을 방지하여 짜임새 있는 글쓰기에 도움을 준다.
작성 방법	• 문제를 충분히 분석하고 주장과 근거를 정확하게 제시한다. • 서론 → 본론 → 결론의 흐름이 유기적 연관성을 지니도록 작성한다. • 본론의 내용은 중요성과 논리적 우선순위를 고려하여 차례를 정한다.

(4) 글 쓰기 단계

① 다양하고 적절한 표현 기법을 사용하여 글을 쓴다. ⓔ 비유법, 변화법, 강조법 등

② 올바른 어휘와 문법을 활용하여 글을 쓴다.

(5) 고쳐 쓰기 단계

글 전체 수준	• 글의 주제나 목적이 분명하게 드러나는가? • 글의 제목은 적절한가?
문단 수준	• 문단과 문단의 연결이 자연스러운가? • 한 문단에 하나의 중심 생각이 들어가 있는가? • 문단의 길이가 적절한가?
문장 수준	• 문장의 뜻이 분명한가? • 문장의 호응 관계가 알맞은가?
어휘 표현 수준	• 뜻이 정확하지 않거나 불필요한 낱말이 있는가? • 띄어쓰기 및 맞춤법이 올바른가?

3 통일성과 응집성

통일성	• 글(담화)의 의미가 내용상 일관된 흐름으로 연결되는 관계를 의미한다. • 통일성을 높이기 위해서는 세부 내용이 전체의 중심 내용과 부합하는지 고려하고, 문단별로 하나의 중심 생각만 드러나도록 구성해야 한다.
응집성	• 글(담화)이 형식상 유기적으로 연결되는 관계를 의미한다. • 응집성을 높이기 위해서는 문장 사이, 문단 사이에 적절한 접속어를 활용하고 반복되는 말은 지시어나 대명사를 활용하여 표현해야 한다.

✔ 바로바로 CHECK

01 책임감 있게 글을 쓰는 태도로 적절하지 <u>않은</u> 것은?

① 인터넷상의 쓰기 활동이 긍정적 혹은 부정적 영향을 주었던 경험을 떠올려 본다.

② 쓰기 활동이 독자와 사회에 끼칠 영향을 생각하여 바른 언어를 사용한다.

③ 독자의 흥미 유발을 위해 사실이 아닌 내용을 과장하여 표현한다.

④ 다른 사람이 쓴 글을 인용할 때는 출처를 밝혀 저작권을 해치지 않도록 한다.

해설 사실과 다른 내용을 과장하거나 왜곡해서는 안 된다.

02 글을 쓸 때 고쳐 쓰기 단계에서 해야 할 일은?

① 글을 쓸 내용을 구체화하고 자료를 수집 및 선별한다.

② 글을 읽을 예상 독자를 분석한다.

③ 단어, 문장, 문단, 글 전체의 수준에서 점검하고 수정한다.

④ 다양한 내용 전개 방법을 사용하여 글을 쓴다.

해설 ① 내용 생성하기 단계, ② 계획하기 단계, ④ 글 쓰기 단계

정답 01. ③ 02. ③

02 다양한 글 쓰기

1 설득하는 글 쓰기

(1) 설득하는 글의 의미

글쓴이의 주장을 효과적으로 내세우기 위해 적절하고 다양한 자료와 타당한 근거를 활용하여 작문한 글로, 상대방을 설득하는 데에 그 목적이 있다.

(2) 종 류

논설문	글쓴이가 자신의 주장에 대한 타당한 근거를 짜임새 있고 논리적으로 전개하여 독자를 설득하는 글
건의문	개인 혹은 단체가 어떠한 문제에 대한 의견을 제시하는 글
연설문	대중 앞에서 자신의 주장을 진술하는 글
광고문	상품 판매나 공익 홍보를 목적으로 하는 글

(3) 주제 분석과 독자 분석

① 주제 분석 : 주제와 관련된 개념을 정의하고, 왜 이 주제가 논의되어야 하는지, 주제에 대한 자신의 입장은 어떠한지를 명확히 한다.
② 독자 분석 : 독자의 연령이나 직업은 무엇인지, 주제에 대해 얼마나 잘 알고 있는지, 얼마나 관심을 갖고 있는지 분석한다. → 주제, 독자에 따라 제시해야 할 근거가 달라짐

(4) 구성 방식

① 서론 : 독자의 흥미를 유발하고 글을 쓰게 된 동기나 목적을 제시한다.
② 본론 : 타당한 근거나 이유를 들어 주장을 구체적으로 전개한다.
③ 결론 : 주장을 요약·강조하고, 앞으로의 전망과 과제를 제시하며 독자에게 당부한다.

(5) 효과적인 표현 방법

① 정의 : 글에 소개되는 개념을 정의한다.
② 예증 : 구체적인 예를 들어 주장의 타당성을 뒷받침한다.

③ 논증 : 논리적인 이치를 따져 주장의 타당성을 증명한다.

④ 인용 : 권위자의 말, 속담, 객관적인 자료 등을 통해 주장을 뒷받침한다.

2 정서를 표현하는 글 쓰기

(1) 정서를 표현하는 글의 의미

글쓴이가 자신의 경험 속에서 가치 있는 소재를 탐색하거나 일상의 경험에 가치를 부여하는 과정을 통해 개성을 살려서 쓴 글을 의미한다.

(2) 종 류

수 필	형식의 제약을 받지 않고 붓 가는 대로 일상의 경험과 생각을 쓴 글
기행문	여행하면서 보고, 듣고, 느낀 것을 자유롭게 기록한 글
비평문	다양한 작품을 분석하고 가치를 평가하는 글
일 기	매일 일어나는 일과 경험을 개인적으로 기록한 글

✔ 바로바로 CHECK

설득하는 글을 쓸 때 유의해야 할 사항으로 바르지 못한 것은?

① 쓰기 맥락을 분석할 때는 글의 주제를 선정해야 한다.

② 논설문의 주목적은 글쓴이의 주관적인 정서를 드러내는 데에 있다.

③ 결론에서는 앞에 제시한 본론의 내용을 요약하고 정리하여 쓴다.

④ 글의 내용이 예상 독자의 수준을 적절하게 고려하였는지 판단한다.

해설 논설문은 설득하는 글의 대표적인 유형으로, 글쓴이의 정서를 표현하기보다는 독자를 설득하여 신념의 변화를 꾀하거나 행동을 촉구하는 데에 주안점을 둔다.

정답 ②

※ 다음 글을 읽고 물음에 답하시오. (1~3)

여러분은 화장품의 다양한 향과 색을 만들어 내기 위해 과일이나 꽃을 넣었다고 생각하신 적이 있나요? ㉠ 비록 화장품에 과일이나 꽃을 넣는다면 제조, 유통, 보관 과정이 그리 쉽진 않겠죠? 여러 가지 이유로 화장품에는 각종 성분이 첨가되는데요, 그중 화학 성분이 인체에 미치는 영향에 대해 살펴보겠습니다.

화장품에 사용되는 화학 성분은 자외선을 차단하고 변색을 방지하며 부패를 막거나 절대 섞일 수 없는 물과 기름을 하나로 모아 주는 역할을 합니다. 또한 향기를 오래 지속시켜 주기도 하고 화장품이 부드럽게 발리게 하며 피부를 윤기 있고 촉촉하게 보이게 해 줍니다. ㉡ 그래서 저는 화장을 하지 않으면 외출을 하지 않습니다.

하지만 화장품의 화학 성분 중에는 유해 물질이 포함된 것도 있습니다. 이것이 몸속으로 스며들어 여러 가지 질병을 일으키기도 합니다. 또한 피부에 맞지 않는 화장품을 사용하게 될 경우 피부 트러블 등의 ㉢ 반작용이 발생할 수도 있습니다. 화장품의 부패를 막기 위해 사용하는 파라벤은 피부의 알레르기 반응을 유발하는 것으로 알려져 있고, 그 외에도 일부 화학 물질은 내분비계 장애를 일으키는 것으로 의심되어 사용이 금지되기도 하였습니다.

화장품은 피부를 보호해 주고 아름답게 가꾸어 줍니다. 이런 화장품에 어떤 화학 성분이 ㉣ 첨가하고 있는지를 잘 파악하고 올바르게 사용함으로써 피부의 아름다움뿐만 아니라 건강도 지키시길 바랍니다.

01 다음은 윗글에 대한 글쓰기 개요이다. ㉮에 들어갈 내용으로 가장 적절한 것은?

> 주제 : _____㉮_____
> • 처음 : 화장품의 화학 성분에 대한 호기심 유발
> • 중간
> － 화장품에 사용되는 화학 성분의 역할
> － 화장품에 사용되는 화학 성분의 유해성
> • 끝 : 화장품에 대한 바른 이해와 올바른 사용 당부

① 화장품의 기원 및 역사에 대해 이해하자.
② 화장품 사용의 심리적 효과에 대해 알아보자.
③ 화장품의 유해성이 심각하므로 사용을 금지하자.
④ 화장품의 화학 성분을 잘 파악하고 사용하자.

01
다음 글은 화장품에 사용된 화학 성분의 역할과 유해성을 구체적으로 설명하며, 이에 대한 올바른 이해와 사용을 촉구하고 있다.

ANSWER
01. ④

02 윗글에 반영된 작문 계획이 <u>아닌</u> 것은?

① 질문을 통해 독자의 호기심을 유발하자.

② 화장품 소비자를 예상 독자로 설정하자.

③ 화장품의 효과에 대한 전문가의 연구 결과를 직접 인용하자.

④ 화장품의 유해성을 뒷받침할 만한 구체적인 사례를 제시하자.

03 ㉠~㉣을 고쳐 쓴 결과가 바르지 <u>않은</u> 것은?

기출

① ㉠은 문맥을 고려하여 '설마'로 고쳐 쓴다.

② ㉡은 내용상 불필요하므로 삭제한다.

③ ㉢은 문맥을 고려하여 '부작용'으로 고쳐 쓴다.

④ ㉣은 '첨가되어 있는지를'로 고쳐 쓴다.

02

③ 직접적으로 공신력 있는 단체나 전문가의 말을 인용한 구절은 확인되지 않는다.

① 첫 번째 문단의 '여러분은 ~ 생각하신 적이 있나요?', '비록 ~ 쉽진 않겠죠?'를 통해 확인할 수 있다.

② 글쓴이는 화장품 소비자를 주 독자층으로 삼아 화장품 사용에 대한 올바른 이해와 사용을 당부하고 있다.

④ 세 번째 문단에서 피부의 알레르기 반응을 유발하는 '파라벤'의 사례를 확인할 수 있다.

03

㉠ 부사어와 서술어의 호응 관계를 고려하여 '만약 ~넣는다면'으로 수정하는 것이 적절하다.

ⒶⓃⓈⓌⒺⓇ

02. ③   **03.** ①

※ 다음 글을 읽고 물음에 답하시오. (4~5)

주제문 : 도서관 이용을 활성화하자.

Ⅰ. 서론 : 도서관의 이용 실태

Ⅱ. 본론

   1. 도서관 이용의 문제점

     가. 내부가 어두워서 책을 읽기 힘듦

     나. 서가 배치가 잘못되어 공간 활용이 비효율적임

     다. 도서가 부족하여 정보를 찾기 어려움

   2. 해결 방안

㉠

Ⅲ. 결론 : 도서관 이용 활성화 촉구 …… ㉡

04 ㉠에 들어갈 내용으로 적절하지 <u>않은</u> 것은?

기출

① 책 읽기가 편하도록 조명을 밝게 함

② 도서관 개방 시간을 야간까지 연장함

③ 서가를 재배치하여 공간 활용도를 높임

④ 예산을 확보하여 다양한 종류의 책을 구입함

05 ㉡을 효과적으로 전달하기 위해 표어를 제작하려 한다.

기출 다음의 조건을 만족하는 것은?

> 비유법과 청유형을 모두 활용하여 주제를 강조할 것

① 도서관에서 성적도 높이고 지식도 쌓고!

② 도서관에서 찾은 지식, 생활 속에 도움 된다.

③ 도서관으로 오세요. 세상의 모든 것이 있어요.

④ 도서관은 보물 창고! 함께 보물을 찾아봅시다.

06 ㉠~㉣을 문맥에 맞게 고쳐 쓴 것으로 알맞지 <u>않은</u> 것은?

기출

> 안녕! 나는 연극 ㉠<u>동아리에게</u> 무대 장치를 담당하고 있어. 내 꿈은 ㉡<u>배우로서</u> 성공하는 것이었지만 무대 공포증 때문에 배우가 되기를 포기했지. 그래도 연극에 동참할 방법을 찾다가 무대 장치를 맡게 되었어. 내 손으로 만든 무대 위에서 부원들이 ㉢<u>공연을 연기하는</u> 모습에 보람을 느껴.
> 친구들아! ㉣<u>저번에</u> 우리 동아리 정기 공연이 있을 거야. 너희들의 많은 관람을 기대할게. 꼭 와 줄 거지?

① ㉠ : 동아리에서　　　② ㉡ : 배우로써

③ ㉢ : 공연하는　　　　④ ㉣ : 이번에

04

제시된 내용은 '도서관 이용 활성화'를 주제로 한 글쓰기 개요표이다. ② '도서관 개방 시간 야간까지 연장'은 본론에서 제시한 도서관 이용의 문제점을 해결하기 위한 방안과 연관성이 없다.

05

도서관은 보물창고!(비유법) 함께 보물을 찾아봅시다(청유형).

06

② ┌ ~로서 : 자격, 신분을 나타냄
　 └ ~로써 : 수단, 방법을 나타냄

① ┌ ~에게 : 유정물에 사용
　 └ ~에서 : 힘이나 작용이 이루어지는 배경이나 출발점에 사용

③ '공연'과 '연기'에 같은 의미가 중복됨

④ ┌ 저번에 : 지난 번
　 └ 이번에 : 곧 돌아오거나 막 지나간 차례

ANSWER

04. ②　05. ④　06. ②

※ 다음 글을 읽고 물음에 답하시오. (7~8)

> **초콜릿이 어떻게 만들어지는지 아시나요?**
>
> 소비자 여러분, 초콜릿은 달콤하지만 만드는 과정은 쓰다는 것을 아시나요? 초콜릿을 만들기 위한 ㉠소재인 카카오를 생산하는 데에 광범위한 아동의 노동이 포함되어 있습니다. 카카오 농사를 짓는 집 아이들은 학교 구경조차 하지 못한 ㉡체 온종일 카카오 농장에서 일합니다. 일부 카카오 농장에서 일하는 아이들 중에는 원하지 않게 팔려 온 경우도 있습니다. ○○○○의 연구 결과에 따르면 매년 아프리카에서 20만 명의 아이들이 그런 경우를 당하고 있다고 합니다. ㉢불과 열두어 살 정도의 아이들이 밥도 제대로 먹지 못하고 낮은 ㉣자금을 받으며 초콜릿을 만들고 있는 것입니다.

07 윗글에 반영된 작문 계획이 <u>아닌</u> 것은?

기출
① 연구 결과를 근거로 활용하자.
② 제목을 의문형으로 해서 시선을 끌자.
③ 아프리카 아동의 노동 착취 현실을 소개하자.
④ 농장에서 일하는 아이들을 주요 독자로 삼자.

08 ㉠~㉣을 고쳐 쓴 것으로 적절하지 <u>않은</u> 것은?

기출
① ㉠ : 재료
② ㉡ : 채
③ ㉢ : 무려
④ ㉣ : 임금

07
④ '소비자 여러분~'을 참고할 때, 독자층은 초콜릿 소비자로 보는 것이 적합하다.
① ○○○○의 연구 결과 제시 (○)
② '초콜릿이 어떻게 만들어지는지 아시나요?'라는 의문형 제목 (○)
③ 아프리카 아동의 노동 착취 현실 소개 (○)

08
열두어 살 정도의 아이들이 힘든 노동을 하고 있다는 내용을 드러내기 위해서는 '불과'를 사용하는 것이 더 적절하다.
㉠ ┌ **재료** : 물건을 만드는 데 들어가는 감 (음식 재료, 건축 재료)
　 └ **소재** : 어떤 것을 만드는 데 바탕이 되는 재료 (첨단 소재)
㉡ ┌ **채** : 이미 있는 상태 그대로 있다는 뜻을 나타내는 말
　 └ **체** : 척, 그럴듯하게 꾸미는 거짓 태도나 모양
㉢ ┌ **불과** : 그 수량에 지나지 아니한 상태
　 └ **무려** : 그 수가 예상보다 상당히 많음
㉣ ┌ **임금** : 근로자가 노동의 대가로 사용자에게 받는 보수
　 └ **자금** : 사업을 경영하는 데에 쓰는 돈

ANSWER
07. ④ **08.** ③

※ 다음 글을 읽고 물음에 답하시오. (9~11)

> 몇 년 전 미국의 주간지 「타임」에서는 올해 최고의 발명품 중 하나로 '스티키봇(Stickybot)'을 선정했다. 이 로봇 기술의 핵심은 한 방향으로 힘을 가하면 잘 ㉠붙어 떨어지지 않지만 다른 방향에서 잡아당기면 쉽게 떨어지는 방향성 접착성 화합물의 구조를 가진 미세한 섬유 조직으로, 도마뱀의 발바닥에서 ㉡착안한 것이다.
>
> 스티키봇처럼 살아 있는 생물의 행동이나 구조를 모방하거나 생물이 만들어내는 물질 등을 모방함으로써 새로운 기술을 만들어 내는 학문을 생체 모방 공학(biomimetics)이라고 한다. 이는 '생체(bio)'와 '모방(mimetics)'이란 단어의 합성어이다. 그 어원에서 알 수 있듯이 생체 모방 공학은 자연에 대한 체계적이고 조직적인 모방이다.
>
> 칼과 화살촉 같은 사냥 도구가 육식 동물의 날카로운 발톱을 모방해 만든 것이라고 한다면 생체 모방의 역사는 인류의 탄생과 함께 시작되었다고 ㉢하는 과언이 아니다. 이렇듯 인간의 모방은 인류 문명의 발전에 기여해 왔고, 이는 앞으로도 계속될 것이다. ㉣그러므로 우리는 일상생활 속에서 '철조망이 장미의 가시를 모방한 것은 아닐까?', '(ⓐ   )'하는 의문을 가져 보기도 하고, 또 이를 통해 다른 생명체를 모방할 수 있는 방법을 생각해 보기도 하는 태도를 기를 필요가 있다.

09 윗글을 통해 알 수 있는 것으로 적절하지 않은 것은?

① 스티키봇의 핵심 기술
② 생체 모방 공학의 개념
③ 육식 동물과 초식 동물의 차이
④ 도마뱀의 발바닥을 모방한 로봇

10 ⓐ에 들어갈 수 있는 질문으로 가장 적절한 것은?

① 사다리는 의자의 다리를 모방한 것은 아닐까?
② 갑옷은 갑각류의 딱딱한 외피를 모방한 것은 아닐까?
③ 배의 모터는 자동차의 튼튼한 엔진을 모방한 것은 아닐까?
④ 아파트의 거실은 한옥의 넓은 마루를 모방한 것은 아닐까?

09
제시된 글은 '스티키봇'의 핵심 기술과 특징에 대한 설명을 바탕으로 하고 있으며, ③ 육식 동물과 초식 동물의 차이는 알 수 없다.

10
ⓐ에는 생체 모방 공학에 대한 질문이 들어갈 수 있다. 생체 모방 공학이란 생물이 만들어 내는 물질들을 모방한 새로운 기술로 ②가 적절하다.

ANSWER

09. ③ 10. ②

11 윗글을 고쳐 쓰기 위한 방안으로 가장 적절한 것은?

기출

① ㉠은 잘못된 표기이므로 '붙혀'로 수정한다.

② ㉡은 부적절한 어휘이므로 '착각'으로 수정한다.

③ ㉢은 문장의 호응을 고려하여 '해도'로 수정한다.

④ ㉣은 이어질 내용을 고려하여 '그렇지만'으로 수정한다.

11

'~(이라)해도 과언이 아니다.'라는 문장은 자주 쓰이는 관용구이다.

12 다음 글을 바르게 해석하지 <u>못한</u> 것은?

12

주민들의 증언이나 설문조사 자료는 확인되지 않는다.

> 〈건의문〉
>
> 양지빌라 주민 여러분께
>
> 안녕하세요. 저는 102호에 사는 ○○○입니다. 우리 양지빌라는 이름대로 볕이 잘 들고 따뜻한 마음씨를 가진 주민들이 사는 곳입니다. 하지만 최근 층간소음 문제로 불미스러운 일이 발생하고 있습니다. 자칫 주민들 간의 감정의 골이 깊어질까 염려되는 마음에 건의를 드리고자 합니다.
>
> 첫째, 늦은 저녁에는 최대한 이웃집을 배려해 주세요. 망치질이나 악기 연주는 중단해 주시고, 아이들이 뛰지 않도록 주의를 주시기 바랍니다. 물소리나 세탁기 소리도 밤에는 시끄러울 수 있습니다. 우리 집의 바닥은 아랫집의 천장임을 인식하고 서로 배려해 주셨으면 합니다.
>
> 둘째, 층간 소음 발생 시 부드러운 말로 항의해 주세요. 이웃 간에 언성을 높이는 순간 우리 빌라의 화목은 깨지고 말 것입니다. 서로 배려하여 말한다면 얼굴을 붉히지 않고도 문제를 해결할 수 있습니다.
>
> 다시 한 번 층간소음 문제와 관련하여 이웃 간의 배려를 지켜주시기를 당부드립니다. 감사합니다.

① 건의문 형식을 통해 주민들에게 층간 소음 해결을 촉구하고 있다.

② 주민들에게 크게 두 가지 사항에 대해 건의하고 있다.

③ 주민들의 증언과 설문조사를 통해 주장을 강화하고 있다.

④ 예상독자를 고려하여 정중한 어투로 표현하였다.

ANSWER

11. ③ 12. ③

13 다음은 '낙후된 ○○상가 철거 및 도시 시민을 위한 녹지공원 확충'에 대한 글쓰기 개요이다. ㉠과 ㉡에 들어갈 내용으로 가장 적절한 것은?

주제문 : 낙후된 ○○상가 일대를 철거하여 도심 속 녹지공원을 확충하자.

Ⅰ. 서론 : ○○상가와 인근 지역 녹지 실태
Ⅱ. 본론
    1. ○○상가의 철거 및 녹지공원 조성의 필요성
        가. 건물 노후화와 지역 슬럼화로 인한 재개발 필요성 증대
        나. 숲을 활용한 미세먼지 흡착 효과, 대기오염 개선효과 기대
        다. 도시 미관의 증진 및 도시 시민들의 삶의 질 증대
    2. ○○상가의 철거 및 녹지공원 조성의 장애 요인
        가. 고비용
        나. ○○상가 소유자, 상인들의 반발
        다.   ㉠
    3. 해결방안
        ㉡
Ⅲ. 결론 : ○○상가의 재개발 및 녹지공원 조성 촉구

① ㉠ : 상가 철거에 따른 영업 손실
② ㉠ : 건물 소유자 및 상인들에 대한 보상안 마련
③ ㉡ : 도심의 온도가 높게 나타나는 열섬현상 완화
④ ㉡ : 도시 경제 활성화에 기여할 수 있는 관광자원의 필요성 증대

13
②는 해결방안 ㉡에 해당한다.
③, ④는 녹지대 조성의 필요성에 해당한다.

ANSWER
13. ①

※ 다음 글을 읽고 물음에 답하시오. (14~15)

> 저는 소설 작가 지망생 이연우입니다. 제가 작가가 되기로 ㉠ 결단을 한 이유는 어렸을 때부터 자주 읽었던 소설책 ㉡ 탓이었습니다. 저는 소설을 정말 좋아합니다. 이야기 속에는 온갖 아름다운 것들과 ㉢ 설렘이 있습니다. 소설 작가가 되어 하나의 세계를 창조한다는 것은 정말 근사한 일이라고 생각합니다. ㉣ 그리고 제 친구는 그림에 관심이 많습니다. 저는 요즘 연습 삼아서 조금씩 글을 쓰고 있습니다. 하지만 아직 한 번도 다른 사람에게 보여준 적이 없어요. 그래서 오늘 여러분께 제 소설의 일부를 보여드리고 싶습니다. [　㉮　]

14 ㉠~㉣을 고쳐 쓴 방안으로 적절하지 않은 것은?

① ㉠ : '결단'보다는 '결심'으로 고쳐 쓰는 것이 더욱 자연스럽다.

② ㉡ : '~탓'은 부정적인 맥락에서 사용하므로, '덕이었습니다.'로 수정한다.

③ ㉢ : '설레다'의 명사형인 '설레임'으로 고쳐 쓴다.

④ ㉣ : 글의 통일성을 해치므로 삭제한다.

15 ㉮에 들어갈 내용으로 아래의 〈조건〉을 모두 만족하는 것은?

> 〈조 건〉
> • 의문형 어미를 활용할 것
> • 비유법을 활용할 것
> • 글쓰기 과정은 의미를 구성하여 소통하는 사회적 상호 작용임을 드러낼 것

① 여러분의 비평이 제 소설에 많은 도움이 되지 않겠습니까?

② 부디 시간을 내주신다면 여러분은 저에게 천사 같은 고마운 사람이 되지 않을까요?

③ 읽어주는 이가 없다면 제 소설은 외로운 산에 핀 꽃과 다름없을 겁니다.

④ 그렇다면 제 소설 속에서 저와 여러분이 마치 친구처럼 대화할 수 있지 않을까요?

14
'설레임'은 '설레다'의 명사형인 '설렘'의 잘못된 표현이다. ㉢은 어법에 맞게 쓰였으므로 고쳐 쓰면 안 된다.

15
① 비유법이 활용되지 않는 문장이다.
② 글쓰기는 사회적 상호 작용이라는 의미를 담지 못하고 있다.
③ 의문형 어미가 누락되었다.

ＡＮＳＷＥＲ
14. ③ 15. ④

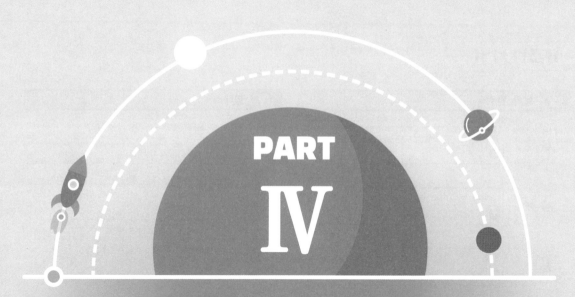

PART IV

문 법

1 말의 단위

음운 — 말의 뜻을 구별해 주는 최소 단위
예 ㅇ, ㅖ, ㅃ, ㅡ, ㄷ, ㅏ

↓

음절 — 소리의 덩어리로 발음의 최소 단위
예 예+쁘+다 (3음절)

↓

형태소 — 뜻을 가진 가장 작은 말의 단위
예 예쁘-, -다

↓

단어 — 독립하여 의미를 나타낼 수 있는 가장 작은 단위 예 예쁘다

↓

어절 — 문장을 구성하는 토막 단위로 띄어쓰기와 대체로 일치 예 얼굴이 / 예쁘다 (2어절)

↓

구와 절 — 여러 어절로 이루어진 집합체
예 그 애는 얼굴이 예쁘다.

↓

문장 — 주어와 서술어를 포함하여 완결된 내용을 나타내는 단위
예 그 애는 얼굴이 예쁘다.

2 음운

말의 뜻을 구별해 주는 소리의 가장 작은 단위이다.

밥	/ 삽	'ㅂ' → 'ㅅ'
	→ 봄	'ㅏ' → 'ㅗ'
	\ 밤	'ㅂ' → 'ㅁ'

※ 이렇듯 말의 뜻을 구별해 주는 'ㅂ, ㅅ, ㅁ, ㅏ, ㅗ' 등은 모두 음운에 해당한다.

① **자음** : 공기의 흐름이 목이나 입 안에서 방해를 받으며 나오는 소리 예 ㄱ, ㄴ, ㄷ

② **모음** : 공기의 흐름이 장애를 받지 않고 순조롭게 나오는 소리 예 ㅏ, ㅐ, ㅓ, ㅔ

3 형태소

뜻을 가진 가장 작은 말의 단위이다.

자립성의 여부에 따라	
자립 형태소	홀로 쓰일 수 있음 예 닭, 모이
의존 형태소	홀로 쓰일 수 없고 다른 말에 의존함 예 -이, -를, 먹-, -는, -다
의미의 실질성에 따라	
실질 형태소	실질적인 의미를 지닌 형태소 예 닭, 모이, 먹-
형식 형태소	문법적인 의미를 지닌 형태소 예 -이, -를, -는-, -다

4 단어

문장에서 자립할 수 있는 가장 작은 단위이다.

단어	단일어		하나의 어근으로 이루어짐 예 밤, 바다
	복합어	합성어	어근+어근 예 밤+바다
		파생어	어근+접사 / 접사+어근 예 햇밤, 맨손

어근	단어를 형성할 때 실질적인 의미를 나타내는 부분 예 햇나물, 집게
접사	어근에 붙어 그 뜻을 제한하는 부분 예 햇나물, 집게

5 품사

① **체언** : 문장에서 주로 주성분으로 쓰인다.

명사	구체적이거나 추상적인 대상의 이름을 나타내는 단어 예 사랑
대명사	사람, 사물, 장소의 이름을 대신하여 가리키는 단어 예 나, 여기
수사	물건의 양이나 순서를 가리키는 단어 예 하나, 둘, 일, 이

② **용언** : 문장에서 주로 서술어로 쓰인다.

동 사	사람이나 사물의 움직임을 나타내는 단어 예 먹다, 걷다
형용사	사람이나 사물의 상태나 성질을 나타내는 단어 예 멋있다, 나쁘다

③ **수식언** : 다른 성분을 꾸며 주는 역할을 한다.

관형사	문장 속에서 '어떠한'의 방식으로 명사, 대명사, 수사를 꾸며 주는 단어 예 새 집, 헌 집
부 사	문장 속에서 '어떻게'의 방식으로 주로 동사, 형용사를 꾸며 주는 단어 예 매우 바쁘다.

④ **관계언** : 주로 체언 뒤에 붙여 쓴다.

조 사	체언 뒤에 붙어서 다른 말과의 문법적 관계를 나타내거나 특별한 뜻을 더하는 단어 예 봄이 온다, 간식도 먹었다.

⑤ **독립언** : 문장에서 독립적으로 쓰여 어느 위치에나 놓일 수 있다.

감탄사	감정을 나타내는 단어 예 우와, 어머나

6 문장 성분

① **주성분** : 문장을 이루는 데 꼭 필요한 성분

주 어	'누가', '무엇이'에 해당하는 부분으로, 동작이 나 행위의 주체 예 친구가 꽃을 주었다.
목적어	'누구를', '무엇이'에 해당하는 부분 예 친구가 꽃을 주었다.
서술어	'어찌하다', '무엇하다'에 해당하는 부분 예 친구가 꽃을 주었다.
보 어	서술어 '되다 / 아니다'의 앞에서 서술어를 보 충해 주는 말 예 친구가 사장님이 되었다.

② **부속성분** : 문장에서 주성분을 꾸며 주는 성분

관형어	설명하는 대상 앞에서 이를 꾸며 줌 예 나는 새 일기장을 샀다.
부사어	주로 서술어를 꾸며 줌 예 배가 몹시 고프다.

③ **독립성분** : 다른 성분들과 직접적 관계를 맺지 않고 독립적으로 쓰이는 문장 성분

독립어	부름, 감탄, 응답 등을 나타냄 예 아아, 드디어 퇴근이다.

7 서술어의 자릿수

한 자리 서술어	주어 하나만 필요로 하는 서술어 예 강아지는 귀엽다.
두 자리 서술어	주어 이외에 또 하나의 필수적인 문장 성분을 필요 로 하는 서술어 예 강아지는 사료를 먹는다.
세 자리 서술어	주어를 포함하여 세 개의 필수적인 문장 성분을 필 요로 하는 서술어 예 나는 강아지에게 사료를 주었다.

8 문장의 종류

홑문장	'주어＋서술어'의 관계가 한 번만 이루어진 문장 예 엄마가 얼굴에 미소를 띠었다.
겹문장	두 개 이상의 홑문장이 합쳐져서 이루어진 문장 예 나는 서점에 갔고, 유신이는 영화관에 갔다. → 이어진 문장 나는 시내에 서점이 많다는 것을 알았다. → 안은 문장

9 문장 성분 간의 호응

주어와 서술어의 호응	예 내가 하고 싶은 말은 너를 사랑한다. → 내가 하고 싶은 말은 너를 사랑한다는 것 이다. (O)
부사어와 서술어의 호응	예 뜰에 핀 꽃이 여간 탐스럽다. → 뜰에 핀 꽃이 여간 탐스럽지 않다. (O)
목적어와 서술어의 호응	예 그는 노래와 춤을 추었다. → 그는 노래를 부르고 춤을 추었다. (O)

기초다지기

10 자주 틀리는 맞춤법

표준어	비표준어
• 깍두기	• 깍뚜기
• 깨끗이	• 깨끗히
• 설거지	• 설건이, 설겆이
• 떡볶이	• 떡복끼, 떡볶기
• 찌개	• 찌게
• 백분율	• 백분률
• 오뚝이	• 오뚜기
• 씁쓸하다	• 씁슬하다
• 며칠	• 몇일
• 화병	• 홧병
• 굳이	• 구지, 궂이
• 왠지	• 웬지
• 웬만하면	• 왠만하면
• 오랜만에	• 오랫만에
• 오랫동안	• 오랜동안
• 희한하다	• 희안하다
• 어이없다	• 어의없다
• 널찍한	• 넓직한
• 서슴지	• 서슴치
• 대물림	• 되물림
• 짜깁기	• 짜집기
• 앳되다	• 애띠다
• 핼쑥하다	• 핼쓱하다
• 닦달하다	• 닥달하다
• 구레나룻	• 구렛나루
• 내로라하는	• 내노라하는
• 뒤치다꺼리	• 뒤치닥거리
• 구시렁거리다	• 궁시렁거리다
• 다음에 봬요.	• 다음에 <u>뵈</u>요.
• 그러면 <u>안</u> 돼요.	• 그러면 <u>않</u> 되요.
• 제가 할 거예요.	• 제가 할 거에요.
• 진실이 <u>드러났</u>다.	• 진실이 <u>들어났</u>다.

11 중의적 표현

하나의 표현이 둘 이상의 의미로 해석되는 것이다.

① 어휘적 중의성

다의어	예 '손'이 크다. → 신체의 일부분인 '손' / 씀씀이를 의미하는 '손'
동음이의어	예 말이 많다 → 언어 / 동물

② 구조적 중의성

• 수식 범위에 의한 중의성

예 멋진 그녀의 차 ─┬─ 그녀가 멋지다.
                    └─ 차가 멋지다.

• 부정어의 범위에 의한 중의성

예 친구들이 전부 오지 않았다. ─┬─ 친구들이 아무도 오지 않았다.
                    └─ 친구들 중 일부만 왔다.

• 주체에 의한 중의성

예 찬규가 보고 싶은 친구가 많다. ─┬─ 찬규가 보고 싶어 하는 친구가 많다.
                    └─ 찬규를 보고 싶어 하는 친구가 많다.

• 접속 조사에 의한 중의성

예 나는 연우와 너를 기다렸어. ─┬─ 나는 연우와 함께 너를 기다렸어.
                    └─ 나는 혼자서 연우와 너를 기다렸어.

미래는 현재 우리가 무엇을 하는가에 달려 있다.
– 마하트마 간디

Chapter
01 국어의 역사

구체적인 국어 자료를 통해 국어가 변화하는 실체임을 이해하고 고대 국어, 중세 국어, 근대 국어의 시대별 특징에 대해 파악해야 합니다. 한글 창제 이후의 중세 국어와 현대 국어를 비교하여 국어의 역사성을 이해하는 데 중점을 두어 학습하는 것이 좋습니다.

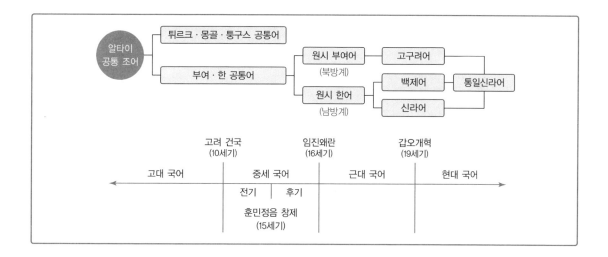

01 고대 국어

1 고유 명사의 표기 - 한자 차용

(1) 고대의 국어 생활

음성 언어나 몸짓 언어를 통해 즉각적인 의사소통은 할 수 있었지만, 문자가 없었기 때문에 기록을 하기 위해서는 바위나 나무 등 자연물에 그림을 그리는 방식을 택했다.

예 선사 시대 '울산 대곡리 반구대 암각화'

(2) 한자의 차용과 보급

우리말은 있으나 우리글이 없던 시절(한글 창제 이전)에는 한자를 이용하여 기록했는데, 초창기에는 사람의 이름이나 지명 등의 고유 명사를 한자를 이용하여 우리말 식으로 표기하였다.

[고유 명사의 표기 방식 – 음차와 훈차]

고유 명사 \ 표기 방법	음 차		훈 차	
소나	희다 소	어찌 나	쇠 금	내 천
	素那(소나)		金川(금천)	

※ 한자의 의미를 버리고 음만 빌려 오는 경우 : '소나'를 표기하기 위해 '素那'로 적고 그 음을 빌려 옴
한자의 음을 버리고 의미만 빌려 오는 경우 : '소나'를 표기하기 위해 '金川'으로 적고 그 뜻을 빌려 옴

(3) 국어식 한문

한자로 표기되어 있기는 하지만 우리말 어순에 따라 적은 것이 특징이다. 그러나 우리말의 형식 형태소(조사, 어미)는 표기하지 못해서 의미가 분명하게 전달되지 못하는 한계가 있다.

> 신라 시대 금석문 자료인 '임신서기석'
>
> | 若 | 此 | 事 | 失 | 天 | 大 | 罪 | 得 | 誓 |
> |---|---|---|---|---|---|---|---|---|
> | 만약 약 | 이 차 | 일 사 | 잃다 실 | 하늘 천 | 큰 대 | 죄 죄 | 얻다 득 | 맹세하다 서 |
>
> 만약 이 일을 어기면 하늘로부터 큰 죄를 얻게 됨을 맹세한다.

2 종합적인 표기 체계 – 향찰

신라인들은 한자의 소리와 뜻을 빌려 문장의 조사와 어미까지 표현하는 방법을 택했는데, 이를 향찰이라고 한다.

심화학습 향찰 표기의 특징

1) 한자의 음과 뜻을 빌려 우리말의 형태와 의미 요소를 전면적으로 기록하는 표기 체계이다.
2) 주로 실질적 의미(체언, 어간)의 실질 형태소는 한자의 뜻을 적고, 문법적 기능(조사, 어미)의 형식 형태소는 한자의 음을 적는다.
3) 표기 문자는 한자이지만 당시의 신라인들은 우리말로 읽었다.

서동요(薯童謠)

☑ 핵심정리

- **갈래** : 4구체 향가
- **주제**
  ① 표면적 : 선화 공주의 은밀한 사랑
  ② 이면적 : 선화 공주에 대한 연모의 정
- **글쓴이** : 서동(백제 제30대 무왕)

- **성격** : 민요적, 참요적, 동요적
- **표기** : 향찰
- **의의**
  ① 현전하는 가장 오래된 향가
  ② 향가 중 유일한 동요

善化公主主隱
음   뜻음

他密只嫁良置古
뜻 음뜻 음뜻 음

薯童房乙
뜻 음

夜矣卯乙抱遣去如
뜻 음 뜻 음 뜻

ㄱ

ㄴ ㄷ

ㄹ

선화 공주님은

남 몰래 결혼하고

맛둥서방을

밤에 몰래 안고 가다.

— '삼국유사' 권 제2

✔ 바로바로 CHECK

㉠~㉣ 중 한자의 음을 이용한 표기에 해당하는 것은?

① ㉠   ② ㉡
③ ㉢   ④ ㉣

해설 ㉡ '只'은 한자의 음을, 나머지는 모두 한자의 뜻을 이용하여 표기하였다.

정답 ②

한눈에 감 잡기

한자의 뜻을 이용한 표기와 한자의 음을 이용한 표기 구분

	善	化	公	主	主	隱
뜻	착하다	되다	귀인	님	(님)	숨다
음	(선)	(화)	(공)	(주)	주	(은)

	他	密	只	嫁	良	置	古
뜻	(남)	(그윽하다)	다만	(시집가다)	어질다	(두다)	옛
음	타	밀	(지)	가	(량)	치	(고)

	薯	童	房	乙
뜻	(마)	아이	방	새
음	서	(동)	(방)	(을)

	夜	矣	卯	乙	抱	遣	去	如
뜻	(밤)	어조사	토끼	새	(안다)	보내다	(가다)	(같을)
음	야	(의)	(묘)	(을)	포	(견)	거	여

02 중세 국어

1 훈민정음 서문

☑ 핵심정리

- 갈래 : 번역문
- 출전 : 월인석보본 훈민정음
- 주제 : 훈민정음 창제의 취지
- 성격 : 설명적, 교시적
- 의의 : 15세기 국어의 모습을 알 수 있는 귀중한 자료

- '훈민정음'의 창제 정신
  ① 자주 정신
  ② 애민 정신
  ③ 창조 정신
  ④ 실용 정신

世·솅 宗종 御·엉 製·졩 訓·훈民민正·졍音흠

나 ·랏 :말ᄊ ·미¹ 中듕國·귁·에 달·아² 文문字·쫑·와·로 서르 ᄉᆞᆺ·디³ 아·니 ᄒᆞᆯ·ᄊᆡ ·이런
　　　　　　 자주 정신(주체성)

젼·ᄎᆞ·로⁴ ㉠어·린⁵ 百·ᄇᆡᆨ姓·셩·이 니르·고·져⁶ ·홇·배 이·셔·도⁷ ᄆᆞ·ᄎᆞᆷ :내 제·ᄠ·들⁸ 시·러
　　　　　 의미의 이동 : 어리석다 愚 → (나이가) 어리다 幼　　　　　　　　　　　　　　　 저 + ㅣ(관형격 조사)

·펴·디⁹ :몯 홇 ·노·미¹⁰ 하·니·라
　　　　 놈 – 의미의 축소 : 일반적인 사람 → 남자의 비속어　　　　　　▶ 훈민정음 창제의 배경

·내 ·이·를 爲·윙·ᄒᆞ·야 :어엿·비¹¹ 너·겨 ·새·로『㉡·스·믈여·듧 字·쫑·를 밍·ᄀ
애민 정신　　　　　　　　　 의미의 이동 : 가엽다 → 예쁘다　　　　　　　　　　『 』: 창조 정신

노·니¹²』:사ᄅᆞᆷ:마·다 :히·ᅇᅧ¹³ :수·ᄫᅵ¹⁴니·겨 ·날·로 ·뿌·메¹⁵ 便뼌 安한·킈 ᄒᆞ·고·져 홇 ᄯᆞ·ᄅᆞ
　　　　　　　　　　　　　　　　　　　　　　　　　　　　　　　　　　　　　실용 정신

·미니·라¹⁶
　　　　　　　　　　　　　　　　　　　　　　　　　　　　　　▶ 훈민정음 창제의 취지

　　　　　　– '훈민정음(訓民正音)', 세조(世祖) 5년(1459년)

✦ 낱말풀이

1 :말ᄊ ·미 : 말이
2 달·아 : 달라서.
3 ᄉᆞᆺ·디 : 통하지.
4 젼·ᄎᆞ·로 : 까닭으로.
5 어·린 : 어리석은.
6 니르·고·져 : 이르고자.
7 ·홇·배 이·셔·도 : 할 바가 있어도.
8 ·ᄠ·들 : 뜻을.
9 펴·디 : 펴지. 펼치지.
10 ·노·미 : 사람이.
11 :어엿·비 : 불쌍히. 가엾게.
12 밍·ᄀ노·니 : 만드니.
13 :히·ᅇᅧ : 하여금.
14 :수·ᄫᅵ : 쉬이. 쉽게.
15 ·뿌·메 : 씀에. 사용함에.
16 ᄯᆞ·ᄅᆞ·미니·라 : 따름이다.

✦ 현대어 풀이

세종 임금이 몸소 지은, 백성을 가르치는 바른 소리
우리 나라 말이 중국과 달라 한자와는 서로 통하지 아니하여서 이런 까닭으로 어리석은 백성이 말하고자 하는 바가 있어도 마침내 제 뜻을 펴지 못하는 사람이 많다.
내가 이것을 가엾게 생각하여 새로 스물여덟 글자를 만드니, 모든 사람들로 하여금 쉽게 익혀서 날마다 쓰는 데 편하게 하고자 할 따름이다.

(1) 자음(초성 17자)의 제자 원리

① **상형의 원리** : 발음 기관의 모양을 본떠 기본자 'ㄱ, ㄴ, ㅁ, ㅅ, ㅇ'을 만들었다.

② **가획의 원리** : 기본자에 획을 하나씩 더하여 'ㅋ, ㄷ, ㅌ, ㅂ, ㅍ, ㅈ, ㅊ, ㆆ, ㅎ'를 만들었다(기본자보다 소리가 세짐).

③ **이체자** : 'ㆁ(옛이응), ㄹ, ㅿ'는 기본자와 닮은 꼴이지만 소리가 세지지 않으므로 가획의 원리에서 벗어난 글자이다.

구 분	기본자			가획자	이체자
어금닛소리 [아음(牙音)]		혀의 뿌리가 목구멍을 닫는 모양을 본뜸	ㄱ	ㅋ	ㆁ (옛이응)
혓소리 [설음(舌音)]		혀가 윗잇몸에 붙는 모양을 본뜸	ㄴ	ㄷ → ㅌ	ㄹ (반설음)
입술소리 [순음(脣音)]		입의 모양을 본뜸	ㅁ	ㅂ → ㅍ	―
잇소리 [치음(齒音)]		이의 모양을 본뜸	ㅅ	ㅈ → ㅊ	ㅿ (반치음)
목구멍소리 [후음(喉音)]		목구멍의 모양을 본뜸	ㅇ	ㆆ → ㅎ	―

(2) 모음(중성 11자)의 제자 원리

① 상형의 원리 : 만물을 구성하는 세 가지 요소인 '하늘, 땅, 사람'의 모양을 본떠 기본자 '·, ㅡ, ㅣ'를 만들었다.

② 합성의 원리 : 기본자끼리 합성하여 초출자와 재출자를 만들었다.

기본자			초출자	재출자
하늘 천(天)	●	둥근 하늘의 모양을 본뜸 ·	ㅗ ㅏ ㅜ ㅓ	ㅛ ㅑ ㅠ ㅕ
사람 인(人)	ㅣ	사람이 일자로 서 있는 모양을 본뜸 ㅣ		
땅 지(地)	━	땅의 평평한 모양을 본뜸 ㅡ		

(3) 훈민정음의 창제 정신

① 자주 정신 : 중국말을 따르지 않고, 우리나라 말을 따른 우리 글자를 만들었다.

② 애민 정신 : 어린 백성들이 말하고자 하는 바가 있어도 제 뜻을 표현하지 못함을 가엾게 여겼다(군주로서 백성을 사랑하는 정신).

③ 창조 정신 : 모방이 아닌 창조적 의지로 스물여덟 글자를 새로 만들었다.

④ 실용 정신 : 백성들이 쉽게 익혀서 쓸 수 있도록 하였다.

> ※ 세계 속 한국어의 위상
> - 한글의 우수성 : 한글은 자음과 모음의 결합으로 수많은 발음을 표기할 수 있는 과학적인 문자 체계이다.
> - 한류 열풍 : 세계화의 흐름을 타고 한류 열풍이 가속화되면서 한국어 능력 시험을 응시하는 지원자 수가 해마다 늘어나고 있다.

✔ 바로바로 CHECK

01 ㉠과 관계 깊은 의미의 변동은?

① 음운의 축소　　　② 의미의 축소
③ 의미의 이동　　　④ 의미의 확대

> **해설** '어리다'는 '어리석다 → 나이가 적다'로 의미가 이동되었다.

02 다음 중 ㉡에 해당하지 않는 것은?

① ㅸ　　　　　　② ㅿ
③ ㆁ　　　　　　④ ㆆ

정답 01. ③　02. ①

한눈에 감 잡기

1. 스믈 여·듧 字·쭝 : 28자(밑줄은 기본자)

초성 17자	ㄱ, ㄴ, <u>ㄷ</u>, ㄹ, <u>ㅁ</u>, ㅂ, <u>ㅅ</u>, ㅇ, ㅈ, ㅊ, ㅋ, ㅌ, ㅍ, ㅎ, ㆆ, ㆁ, ㅿ
중성 11자	<u>·</u>, <u>ㅡ</u>, <u>ㅣ</u>, ㅗ, ㅏ, ㅜ, ㅓ, ㅛ, ㅑ, ㅠ, ㅕ

2. '세종 어제 훈민정음'의 특징

표기법	• 서로 같은 자음을 나란히 쓰는 방법(각자 병서)이 사용됨 **예** ㄲ, ㄸ, ㅃ, 말ᄊᆞ미 • 이어 적기(앞 음절의 끝소리를 뒤 음절의 첫소리로 옮겨 적는 방법)가 보편적임 　**예** 말ᄊᆞ미, ᄠᅳᆮ, 노미 • 받침에는 8종성 표기법(ㄱ, ㄴ, ㄷ, ㄹ, ㅁ, ㅂ, ㅅ, ㆁ를 사용)이 쓰임 **예** ᄉᆞᆺ디(← ᄉᆞᆾ디) • 동국정운식 한자음 표기법이 쓰임 **예** 世·솅宗·종 御엉·製·졩 字쫑
음 운	• 현대에는 사용하지 않는 소실 문자(ㅸ, ㆆ, ㅿ, ㆁ, ·)를 모두 사용 • 양성 모음(·, ㅏ, ㅗ, ㅑ, ㅛ, ㅘ처럼 어감이 밝고 산뜻한 모음)과 음성 모음(ㅓ, ㅜ, ㅕ, ㅠ, 　ㅡ, ㅝ처럼 어감이 어둡고 큰 모음)끼리 결합하는 규칙(모음조화)이 잘 지켜짐 **예** 뿌메 • 단어의 첫머리에 여러 개의 자음(어두 자음군)이 쓰임 **예** ㅺ, ㅽ, ᄠᅳᆯ
문법 현상	• 명사형 어미 '-옴/움-'이 규칙적으로 쓰임 **예** 뿌메(ᄡᅳ-＋움＋에) • ㄹㅇ 활용형이 규칙적으로 나타남 **예** 달아(← 다ᄅᆞ + 아) • 비교 부사격 조사 '에'가 쓰임 **예** 듕귁에 • 이유를 나타내는 종속적 연결 어미 '-ㄹ씨(~하기 때문에)'가 쓰임 **예** 아·니홀·씨
의 미	• 현대로 오며 의미가 이동된 어휘가 사용됨(의미의 이동) **예** 어린, 어엿비 • 현대로 오며 의미가 축소된 어휘가 사용됨(의미의 축소) **예** 놈

[중세 국어와 현대 국어의 차이점]

구 분	중세 국어	현대 국어	차이점
음 운	니르·고·져	이르고자	• 한글 ㅣ 모음 앞에서 'ㄴ'이 탈락하여 'ㅇ'으로 바뀜 • 근대 국어 시기에 어미 모음의 양성화 경향에 따라 '-져'가 '-자'로 바뀜
	·뜨·들	뜻을	어두 자음군이 소실되어 현대에서는 된소리로 바뀜
	펴·디	펴지	구개음화 영향으로 '-디'가 '-지'로 바뀜 ※ 구개음화: ㄷ, ㅌ + ㅣ → 지, 치 ⑩ 해돋이
	·스·믈	스물	원순모음화 영향으로 'ㅡ'가 'ㅜ'로 바뀜
문 법	中듕國·귁·에	중국과	중세 국어에는 비교나 기준을 나타내는 부사격 조사 '에'가 있었으나 현대에는 '과'로 바뀜
의 미	어·린	나이가 적은	중세 국어에서는 '어리석은'의 뜻이었으나 현대에는 의미가 이동함
	·노·미	놈이 (남자를 낮춤)	중세 국어에서는 '보통 사람'의 뜻이었으나 현대에는 의미가 축소함
	:어엿·비	예쁘게	중세 국어에서는 '불쌍하게'의 뜻이었으나 현대에는 의미가 이동함

2 소학언해

> ☑ **핵심정리**
>
> • **갈래** : 언해
> • **주제** : 효와 친교의 도
> • **글쓴이** : 선조의 명을 받아 교정청에서 번역·간행한 책
>
> • **성격** : 교훈적, 유교적
> • **의의** : 16세기 국어의 모습을 알 수 있다.

(1) 효의 시작과 마침 – 관련 오륜 항목 : 부자유친(父子有親)

孔·공子·ㅈ 曾증子·ㅈㄷ ·려¹ 닐 ·러² 골 ᄋ ·샤 ·ᄃᆡ
공자+ㅣ (주격 조사) – 방점도 계속 사용되고 있음

·몸 ·이며 얼굴³ ·이며 머 ·리털 ·이 ·며 ·술 ·흔 父 ·부
　　　　의미의 축소 : 형체 → 안면

母:모 ·ᄭᅴ 받ᄌ ·온 거 ·시 ·라 敢:감 ·히 헐 ·워⁴ 샹히 ·오
　　　　이어 적기 방식(연철 표기)　　　헐우어(사동 표현)

> **날말풀이**
>
> 1 曾증子·ㅈㄷ ·려 : 증자에게.
> 2 닐·러 : 일러. 말하여.
> 3 얼굴 : '꼴, 형체, 형태'의 뜻. 오늘날에는 의미가 축소되어 '안면'만을 뜻하게 됨.
> 4 헐·워 : 헐게 하여. 다치게 하여.

·디⁵ 아 ·니 :홈 ·이 :효 ·도 ·이 비 ·르 ·소미 ·오⁶ ·몸 ·을 셰 ·워⁷ 道:도 ·를 行ᄒᆡᆼ ·ᄒ ·
　　끊어 적기 방식(분철)　　　　　　　　　　　　　　　모음 조화의 혼란

야 일 :홈⁸ ·을 後:후世:셰 ·예 ·베 ·퍼 『·뻐⁹ 父 ·부母:모를 :현 ·뎌케¹⁰ :홈 ·이 :효 ·도 ·이
　끊어 적기 방식(분철)　　　　　　　以(써 이)를 직역한 표현(~로써)

무 ·춤 ·이니 ·라¹¹』『 』: 관련 한자 성어 – 입신양명(立身揚名)
끊어 적기 방식(분철)

낱말풀이

5 상ᄒᆡ ·오 ·디 : 상하게 하지.
6 비 ·르 ·소미 ·오 : 비롯함이고. 시작이고.
7 ·몸 ·을 셰 ·워 : 입신하여. 출세하여.
8 일 ·홈 : 이름.
9 ·뻐 : 한문의 '以'를 직역한 표현임. '이로써, 그것으로써' 정도로 해석하여 연결하면 됨.
10 :현 ·뎌케 : 현저(顯著)하게. 드러나게.
11 무 ·춤 ·이니 ·라 : 마침이니라. 마지막이니라. 끝이니라.

현대어 풀이

공자께서 증자에게 일러 말씀하시기를, 몸과 형체와 머리털과 살은 부모께 받은 것이라, 감히 헐게 하여 상하게 하지 아니함이 효도의 시작이고, 입신(출세)하여 도를 행하여 이름을 후세에 날려 이로써 부모를 드러나게 함이 효도의 끝이니라.

(2) 벗의 유형

:유 ·익ᄒᆞᆫ ·이 :세 가 ·짓 :벋¹ ·이오 :해 ·로온 ·이 :세 가 ·짓 :벋 ·이니 直 ·딕ᄒᆞᆫ ·이² ·를
　　　　　　　　　끊어 적기 방식(분철)　　　　　　　　　　　　유익한 벗 ①

:벋ᄒᆞ ·며 :신 ·실ᄒᆞᆫ ·이³ ·를 :벋ᄒᆞ ·며 들:온 ·것 한 ·이⁴ ·를 :벋ᄒᆞ ·면 :유 ·익 ·ᄒᆞ·고 :거
　　　　유익한 벗 ②　　　8종성법 표기　　유익한 벗 ③

·동 ·만 니 ·근 ·이⁵ ·를 :벋ᄒᆞ ·며 아:당ᄒᆞ ·기⁶ 잘 ·ᄒᆞ ·ᄂ ·이를 :벋ᄒᆞ ·며 :말ᄊᆞᆷ ·만
해로운 벗 ① – 관련 속담 : 속 빈 강정, 빛 좋은 개살구　　　해로운 벗 ② – 관련 한자 성어 : 교언영색(巧言令色)

니 ·근 ·이⁷ ·를 :벋ᄒᆞ ·면 해 ·로 ·온이 ·라
　해로운 벗 ③

※ 해로운 벗과 관련된 한자 성어 : 근묵자흑(近墨者黑)

낱말풀이

1 :벋 : 벗. 친구.
2 直 ·딕ᄒᆞᆫ ·이 : 정직한 이. 솔직한 이.
3 :신 ·실ᄒᆞᆫ ·이 : 신실(信實)한 이. 믿음직한 이.
4 들:온 ·것 한 ·이 : 들은 것(견문, 학식)이 많은 이.
5 :거 ·동 ·만 니 ·근 ·이 : 몸짓(행동)만 익숙한 이. 거짓으로 행동만 앞세우는 이.
6 아:당ᄒᆞ ·기 : 아첨하기.
7 :말ᄊᆞᆷ ·만 니 ·근 ·이 : 말만 익숙한 이. 말ᄊᆞᆷ(15세기) → 말ᄊᆞᆷ(16세기) : 각자 병서가 쓰이지 않음

현대어 풀이

유익한 벗이 셋이고, 해로운 벗이 셋이니, 정직한 이를 벗하며, 신실한 이를 벗하며, 견문이 많은 이를 벗하면 유익하고, 행동만 익은 이를 벗하며, 아첨하기를 잘하는 이를 벗하며, 말만 익은 이를 벗하면 해로우니라.

[중세 국어의 특징 – '세종 어제 훈민정음', '소학언해']

음운	• 된소리가 등장하였다. • 어두 자음군이 존재하였다. → 17세기 초에 된소리로 바뀜 • 모음 조화 현상이 잘 지켜졌으나, 후기에는 부분적으로 지켜지지 않았다. • 성조가 있었고 방점으로 표기되었다.
문법	• 명사형 어미 '–옴/움'이 있었으나 혼란스럽게 사용되다가 '–기'가 사용되었다. • 중세 특유의 주체 높임법, 객체 높임법, 상대 높임법이 있었다.
어휘	• 현대와 형태는 같으나 다른 의미로 사용된 어휘들이 있었다. • 이웃 나라와 접촉하는 과정에서 몽골 어, 여진 어 등의 외래어가 들어왔다. • 고유어와 한자어의 경쟁이 계속되었다. → 앞 시기에 비해 한자어 쓰임 증가
표기법	• 이어 적기가 쓰이다가 후기에는 끊어 적기와 이어 적기가 혼용되었다. • 동국정운식 한자음 표기에서 현실적인 한자음 표기로 바뀌었다. • 우리말로 말하고 한자로 쓰는 언문 불일치가 계속되었고 한글 문체는 아직 일반화되지 못하였다.

✔ 바로바로 CHECK

01 이 글에 제시된 유익한 벗이 아닌 것은?

① 마음이 곧고 바른 친구
② 착실하여 믿음을 주는 친구
③ 들은 것이 많아 배울 것이 있는 친구
④ 남의 기분을 상하지 않게 말하는 친구

해설 • 유익한 벗 : 정직한 이, 믿음직한 이, 학식과 견문이 많은 이
• 해로운 벗 : 행동만 익숙한 이, 아첨을 잘하는 이, 말만 익숙한 이

02 이 글에 나타난 중세 국어의 모습으로 알맞지 않은 것은?

① 방점으로 성조를 나타내었다.
② 명사형 어미 '–기'가 사용되었다.
③ 끊어 적기 방식만 사용되고 있다.
④ 현재 사용되지 않는 모음이 사용되었다.

해설 '니근이'에서 보듯이 이어 적기도 사용되고 있다.

정답 01. ④ 02. ③

03 근대 국어

1 동명일기

– 의유당 남씨

☑ 핵심정리

- **갈래** : 기행문(수필)
- **주제** : 귀경대에서의 일출 광경 감상
- **가치** : 여성 특유의 섬세한 필치와 예리한 관찰이 돋보이는 18세기 국어의 소중한 자료
- **성격** : 사실적, 묘사적, 비유적, 주관적

- **표현상 특징**
  ① 시간의 흐름에 따른 내용 전개
  ② 치밀한 묘사
  ③ 사물의 형상을 비유하여 표현함

홍싁이 거록ᄒᆞ야 붉은 긔운이 하늘을 쮜노더니 이랑이 소리를 놉히 ᄒᆞ야 나를 불러 져긔 믈밋츨 보라
붉은 색–홍색(紅色)   기생 이름

웨거ᄂᆞᆯ 급히 눈을 드러 보니 믈밋 홍운을 헤앗고 큰 실오리 ᄀᆞᆺᄒᆞᆫ줄이 붉기 더욱 긔이ᄒᆞ며 긔운이 진홍
외치거늘   붉은 기운

ᄀᆞᆺᄒᆞᆫ 것이¹ ᄎᆞᄎᆞ 나 손바닥너비 ᄀᆞᆺᄒᆞᆫ 것이 그믐밤의 보는 숫불빗 ᄀᆞᆺ더라. ᄎᆞᄎᆞ 나오더니 그 우ᄒᆞ로 젹
해의 붉은 기운을 비유함   숫불빛

은 회오리밤² ᄀᆞᆺᄒᆞᆫ 것이 붉기 호박³ 구슬 ᄀᆞᆺ고 ᄆᆞᆰ고 통낭ᄒᆞ기ᄂᆞᆫ⁴ 『호박 ⊙도곤』 더 곱더라
수평선에 반쯤 걸려 있는 해를 비유   『 』: 호박보다–비교 부사격 조사

▶ 해가 뜨기 직전의 모습

『 』: 햇살이 바다 위를 비치는 모습을 비유함
그 붉은 우ᄒᆞ로 흘흘 움즉여 도ᄂᆞᆫ듸 처엄 낫던 붉은 긔운이 『빅지 반 쟝 너비만치』 반ᄃᆞ시 비최며 밤
생동감 있는 표현   백지(白紙)   반듯이

ᄀᆞᆺ던 긔운이 히 되야 ᄎᆞᄎᆞ 커 가며 큰 징반만ᄒᆞ여 붉웃붉웃 번듯번듯 쮜놀며 젹식⁵이 왼 바다희 ᄭᅵ치며
해의 비유 ②   생동감이 드러남

몬져 붉은 기운이 ᄎᆞᄎᆞ 가시며⁶ 히 흔들며 쮜놀기 더욱 ᄌᆞ로⁷ᄒᆞ며 항⁸ ᄀᆞᆺ고 독 ᄀᆞᆺᄒᆞᆫ 것이 좌우로 쮜놀며
붉은 기운–해 뜬 뒤 해 주위에 어리는 기운(직유법)

황홀이 번득여 냥목⁹이 어즐ᄒᆞ며 붉은 긔운이 명낭¹⁰ᄒᆞ야 첫 홍싁을 헤앗고 텬듕의¹¹ 징반 ᄀᆞᆺᄒᆞᆫ 것이 수레
해의 비유 ③–해가 공중에 솟아오른 상태

박희¹² ᄀᆞᆺᄒᆞ야 믈 속으로셔 치미러 밧치ᄃᆞ시 올나붓ᄒᆞ며 항독 ᄀᆞᆺᄒᆞᆫ 긔운이 스러디고 처엄 붉어 것츨 빗최
던 거슨 모혀 소혀텨로¹³ 드리워 믈 속의 풍덩 ᄲᅡ디ᄂᆞᆫ 듯시브더라 일싀이 됴요¹⁴ᄒᆞ며 믈결의 붉은 긔운이
바다 위에 비치는 해의 기운

ᄎᆞᄎᆞ 가시며 일광이 쳥낭¹⁵ᄒᆞ니 만고 텬하의 그런 장관은 딕두¹⁶ᄒᆞᆯ 딕 업슬 듯ᄒᆞ더라
뛰어난 경치

▶ 해가 떠오르는 모습

　홍색(紅色)이 거룩하여 붉은 기운이 하늘을 뛰놀더니, 이랑이 크게 소리를 질러 나를 불러, 저기 물 밑을 보라고 외치거늘, 급히 눈을 들어 보니, 물 밑 홍운(紅雲)을 헤치고 큰 실오리 같은 줄이 붉기 더욱 기이하며, 기운이 진홍(眞紅) 같은 것이 차차 나 손바닥 너비 같은 것이 그믐밤에 보는 숯불빛 같더라. 차차 나 오더니, 그 위로 작은 회오리밤 같은 것이 붉기가 호박(琥珀) 구슬 같고, 맑고 통랑(通朗)하기는 호박보다 더 곱더라.

　그 붉은 위로 홀홀 움직여 도는데, 처음 났던 붉은 기운이 백지(白紙) 반 장 너비만큼 반듯이 비치며, 밤 같던 기운이 해 되어 차차 커 가며, 큰 쟁반만하여 불긋불긋 번듯번듯 뛰놀며, 적색(赤色)이 온 바다에 끼치며, 먼저 붉은 기운이 차차 없어지며, 해 흔들며 뛰놀기 더욱 자주 하며, 항아리 같고 독 같은 것이 좌우로 뛰놀며, 황홀(恍惚)히 번득여 두 눈이 어질하며, 붉은 기운이 명랑하여 첫 홍색을 헤치고, 하늘 한가운데 쟁반 같은 것이 수레바퀴 같아서 물 속에서 치밀어 받치듯이 올라붙으며, 항, 독 같은 기운이 없어지고, 처음 붉게 겉을 비추던 것은 모여 소의 허처럼 드리워 물 속에 풍덩 빠지는 듯싶더라. 일색(日色)이 조요(照耀)하며 물결에 붉은 기운이 차차 없어지며, 일광(日光)이 청랑(晴朗)하니, 만고천하(萬古天下)에 그런 장관은 견줄 데 없을 듯하더라.

1 진홍 곳흔 것이 : 진홍(眞紅) 같은 것이.
2 회오리밤 : 밤송이 속에 외톨로 들어앉아 있는, 동그랗게 생긴 밤.
3 호박 : 호박(琥珀). 지질 시대 나무의 진 따위가 땅 속에 묻혀서 탄소, 산소 따위와 화합하여 굳어진 누런색 광물.
4 통낭ᄒ기는 : 통랑(通朗)하기는. 속까지 비치어 환하기는.
5 적셕 : 적색(赤色).
6 가시며 : 없어지며.
7 즈로 : 자주.
8 항 : 항아리.
9 냥목 : 양목(兩目). 두 눈.
10 명낭 : 명랑(明朗). 흐린 데 없이 밝고 환함.
11 텬듕의 : 천중(天中)의. 하늘 한 가운데의
12 수레박희 : 수레바퀴.
13 소허트로 : 소의 허처럼.
14 됴요 : 조요(照耀). 밝게 비치서 빛남.
15 쳥낭 : 청랑(晴朗). 맑고 명랑함.
16 디두 : 대두(對頭). 적이나 어떤 세력, 힘 따위와 맞서 겨룸.

01 이 글의 두드러진 내용 전개 방식은?

① 묘사　　　② 분석
③ 비교　　　④ 대조

해설 이 글은 일출 광경의 모습을 시간의 순서대로 묘사해 놓은 작품이다.

02 밑줄 친 조사의 쓰임이 ㉠와 가장 유사한 것은?

① 한강은 검용소로부터 시작된다.
② 우리는 바다에서 희망을 건진다.
③ 사랑하는 사람과 살고 있어 행복하다.
④ 누나는 나보다 키가 작지만 마음은 넓다.

해설 '-도곤'은 비교 부사격 조사로 현대어의 '-보다'와 같다.
예 호박도곤, 널라와, 자식에게

정답 01. ① 02. ④

한눈에 감 잡기

1. 내용 전개 방식

| 서사 | + | 점층 | ⇒ 해돋이 모습을 시간의 흐름에 따라 점층적으로 묘사함 |

2. '해'를 비유한 표현 : 회오리밤, 큰 쟁반, 수레박희

3. 해의 '붉은 기운'을 비유한 말

큰 실오리 ᄀᆞᄐᆞᆫ 줄(큰 실오리 같은 줄) → 손바닥 너비 ᄀᆞᄐᆞᆫ 것(손바닥 너비 같은 것), 빅지반 쟝 너 비만치(백지 반 장 너비만치), 항 ᄀᆞᆺ고 독 ᄀᆞᄐᆞᆫ 것(항 같고 독 같은 것) → 소혀

4. 중세 국어와 차이점

표기법	• 분철이 확대된 모습을 보인다. **예** ᄀᆞᄐᆞᆫ 것이, 긔운이, 믈 속으로서
	• 중철 표기가 나타난다. **예** 믈밋촐, 것촐
	• 재음소화 표기가 나타난다. **예** 붓흐며, 놉히
	• 어중의 'ㄹㄹ'이 'ㄹㄴ'으로 표기된 예가 있다. **예** 올나
	• 'ㆁ'이 쓰이지 않는다. **예** 쟁반
음 운	• 'ㅿ' 소멸 **예** 처섬 → 처엄
	• 성조가 소실되어 방점이 안 나타난다.
	• 모음 조화 파괴가 매우 심하다. **예** 나를, 웨거눌, 보는, 거눌
문법 현상	명사형 어미 '-기'가 매우 활발하게 쓰였다. **예** 붉기, 통낭ᄒᆞ기
어 휘	감각이나 색채를 나타내는 단어들이 매우 활발하게 쓰였으며 순 한글 어휘가 많이 나타난다.

2 독립신문 창간사

☑ 핵심정리

• **갈래** : 논설문, 신문 사설
• **주제** : 독립신문의 창간 취지와 의의
• **가치** : 우리나라 최초의 한글로 된 신문으로 한글 전용의 채택과 띄어쓰기의 확대를 보임
• **성격** : 설명적, 계몽적

• **표현상 특징**
  ① 주장을 제시하고 그에 대한 근거를 제시함
  ② 언문 일치의 문제가 나타남
  ③ 어절 단위의 띄어쓰기가 완전하지 못함
• **의의** : 19세기 말 국어의 모습을 알 수 있는 자료

우리신문이 한문은 아니쓰고 다만 국문으로만 쓰는거슨 샹하
<small>한문을 그대로 직역한 문체　　한글　　　상하귀천(上下貴賤)</small>

귀쳔이 다보게 홈이라 또 국문을 이러케 귀졀을 쎄여 쓴즉 아모라
<small>띄어 쓰기</small>

독립신문 ▼ 🔍검색

1896년 4월 7일 창간. 최초의 민간 신문이
며 보통사람들이 쉽게 읽을 수 있도록 한글
을 사용한 점이 특징이다.

도 이신문 보기가 쉽고 신문속에 잇는 말을 자세이 알어 보게 홈

이라『각국에셔는 사룸들이 남녀 무론ᄒ고 본국 국문을 몬저 비화 능통ᄒ 후에야 외국 글을 비오는 법인
<small>막론하고</small>

듸 죠션셔는 죠션 국문은 아니 비오드리도 한문만 공부 ᄒ는 ᄭᆞ둙에 국문을 잘아는 사룸이 드물미라』
<small>한글　　　　　　　　　　　　　　　　　　　　　　　　　　　　『　』: 국문에 대한 외국과 조선의 상반된 태도</small>

죠션 국문ᄒ고 한문ᄒ고 비교ᄒ여 보면 죠션국문이 한문 보다 얼마가 나흔거시 무어신고ᄒ니『첫ᄌᆡ는 비
<small>불필요한 말</small>

호기가 쉬흔이 됴흔 글이요』『둘ᄌᆡ는 이글이 죠션글이니 죠션 인민 들이 알어셔 빅ᄉᆞ을 한문ᄃᆡ신 국문으
<small>『　』: 국문이 한문에 비해 우월한 점 ① – 배우기 쉬움　　　　　　　　　백사(百事), 모든 일을</small>

로 써야 샹하 귀쳔이 모도보고 알어보기가 쉬흘터이라』『한문만 늘써 버릇ᄒ고 국문은 폐ᄒ 까둙에 국문
<small>『　』: 국문이 한문에 비해 우월한 점 ② – 알아보기가 쉬움　　　　　　버린(쓰지 않은)</small>

만쓴 글을 죠션 인민이 도로혀 잘 아러보지못ᄒ고¹ 한문을 잘알아보니 그게 엇지 한심치 아니ᄒ리요』
<small>『　』: 우리 나라 사람이 국문을 사용하지 않는 주객전도식 언어 현실을 비판함　　　　매우 한심하다(설의법)</small>

『또 국문을 알아보기가 어려운건 다름이 아니라 첫ᄌᆡ는 말마ᄃᆡ을 ᄶᆡ이지 아니ᄒ고 그져 줄줄ᄂᆞ려 쓰는
<small>세로 쓰기</small>

ᄭᆞ둙에 글ᄌᆞ가 우희 부터는지 아ᄅᆡ 부터는지 몰나셔 멧번 일거 본후에야 글ᄌᆞ가 어ᄃᆡ 부터는지 비로소
<small>어중의 ㄹㄹ 활용형이 ㄹㄴ형으로 나타남　　　　　주격 조사 '가' 쓰임</small>

알고 일그니 국문으로 쓴편지 ᄒᆞ쟝을 보자ᄒ면 한문으로 쓴것보다 더듸 보고 또 그나마 국문을 자조 아니
<small>의고적 표현, '까닭에'라는 뜻</small>

쓴는 고로 셔툴어셔 잘못봄이라』그런고로 정부에셔 ᄂᆞ리는 명녕²과 국가 문젹³을 한문으로만 쓴즉
<small>『　』: 국문을 알아보기 어려운 이유: ① 띄어쓰기를 하지 않음, ② 국문을 자주 쓰지 않음　　　의고적 표현, 쓰기 '때문에'라는 뜻</small>

한문 못ᄒ는 인민은 나모 말만 듯고 무슴 명녕인줄 알고 이편⁴이 친이 그글을 못 보니 그사룸은 무단이
<small>남의　　　　　　　　　　　　　　　　　　　　　　　　　　아무 이유 없이</small>

병신이 됨이라 한문 못 ᄒ다고 그사룸이 무식ᄒ사룸이 아니라 국문만 잘ᄒ고 다른 물졍과 학문이잇스면

그사룸은 ㉠한문만ᄒ고 다른 물졍과 학문이 업는 사룸 보다 유식ᄒ고 놉흔 사룸이 되는 법이라『죠션
<small>우물 안 개구리, 좌정관천(坐井觀天)</small>

부인네도 국문을 잘ᄒ고 각식 물졍과 학문을 비화 소견이 놉고 ᄒᆡᆼ실이 졍직ᄒ면 무론 빈부 귀쳔 간에 그
<small>온갖, 여러</small>

부인이 한문은 잘ᄒ고도 다른것 몰으는 귀죡 남ᄌᆞ 보다 놉흔 사룸이 되는 법이라』『우리 신문은 빈부
<small>『　』: 여성 평등 사상(근대적 사고)</small>

귀쳔을 다름업시 이신문을 보고 외국 물졍과 ᄂᆡ지 ᄉᆞ졍을 알게
<small>누구나 다　　　　　　우리 나라 안–내지(內地)</small>

ᄒᆞ랴는 ᄯᅳᆺ시니 남녀 노소 샹하 귀쳔 간에 우리 신문을 ᄒᆞ로 걸너
<small>(← 걸러) ㄹㄴ형 활용형으로 나타남</small>

멧둘간 보면 새지각과 새학문이 싱길걸 미리 아노라』
<small>『　』: 독립 신문 창간의 의의</small>

– '독립신문(1896년)'

날말풀이

1 아러보지못ᄒ고 : 원문에는 '아러보보지못ᄒ
고'로 나와 있음. 아마도 오식인 듯함.

2 명녕 : 명령(命令).

3 문젹 : 문적(文籍).

4 이편 : 자기가 자신 스스로를 대접하여 부
르는 말.

[근대 국어의 특징 : 임진왜란 직후(17세기 초)~19세기 말]

- 방점이 완전 소실되었다. → 16세기 후반부터 성조 동요
- 문자 'ㆁ', 'ㆆ', 'ㅿ' 등이 사라졌다.
- 음운 'ㆍ(아래 아)'가 완전히 소실되었다. → 표기법상에는 계속 남아 있어 한글 맞춤법 통일안(1933년)에 의해서 폐지될 때까지 쓰임
- 한글 사용의 폭이 확대되었다.
- 개화기에 이르러 한글 사용이 확대되면서 문장의 구성 방식이 현대의 그것과 거의 비슷하게 바뀌었다.

✔ 바로바로 CHECK

01 이 글의 내용을 통해서 알 수 있는 독립신문의 특징이 **아닌** 것은?

① 순 우리말 표기만을 사용한 한글 전용 신문이다.
② 주된 독자는 한문을 많이 아는 상층 지식인이다.
③ 띄어쓰기를 함으로써 독자들이 내용을 쉽게 이해할 수 있다.
④ 외국과 국내 사정을 독자들에게 알리는 것이 주된 목적이다.

해설 독립신문은 최초의 한글로 된 신문이다. 따라서 주된 독자는 한문을 많이 아는 상층 지식인에만 국한되지는 않고 빈부귀천 없이 모두 볼 수 있다.

02 이 글의 내용을 고려할 때 ㉠을 표현하기에 가장 적절한 속담은?

① 수박 겉 핥기
② 우물 안 개구리
③ 도랑 치고 가재 잡기
④ 업은 아이 삼 년 찾기

해설 우물 안 개구리 : 넓은 세상의 형편을 알지 못하는 사람

정답 01. ② 02. ②

한눈에 감 잡기

1. 주관적 띄어쓰기

예 우리신문, 아니쓰고, 쓰ᄂᆞᆫ거슨, 다보게, 국문만쓴(CF 국문만 쓴), 무식ᄒᆞᆫ사ᄅᆞᆷ이

2. 기존 문자 생활의 문제점

- 국문은 안 배우고(자주 사용하지 않고) 한문만 배운다.
- 띄어쓰기를 하지 않아 가독성이 떨어진다.

3. 독립신문의 표기 방식

- 국문 전용 : 넓은 독자층 확보를 위해
- 띄어쓰기 : 글을 알아보기 쉽게 하기 위해

4. '독립신문 창간사'에서 어법이나 표기법이 현대와 다른 점

표기상 특징	• 현대 국어에서보다 띄어쓰기 의식이 덜 발달되어 있어 어절 단위의 띄어쓰기가 잘 이루어지지 않고 있다. 예 우리신문, 아니쓰고, 쓰ᄂᆞᆫ거슨 • ㅅ계 합용병서가 쓰이고 있어 현대 국어와 차이를 보인다. 예 ᄯᅩ, ᄯᅦ여, ᄭᅡ닭 • 음가가 소실된 '·'가 여전히 쓰여 보수적인 표기를 보인다. 예 잇ᄂᆞᆫ, 무론ᄒᆞ고 • '오'가 이미 소멸된 시기인데도 표기에는 남아 있다. 예 ᄒᆞᆷ이라, 아노라 • 근대 국어 시기에 많이 나타나는 재음소화 표기(예 놉흔)와 중철 표기(예 쓰ᄂᆞᆫ, ᄯᅳᆺ시니)가 남아 있다. • 부분적으로 아직 연철표기 방식이 남아 있다. 예 일그니 • 목적격 조사의 혼란이 나타난다. 예 빅ᄉᆞ을, 말마ᄃᆡ을
문법상 특징	• 문장 끝에서 '-라' 형식이 보편적으로 쓰이고 있는데 '-다' 형으로 문장을 맺는 현대 국어와 차이를 보인다. 예 샹하귀쳔이 다보게 ᄒᆞᆷ이라 • 한문 구조를 그대로 직역한 문투를 반영하고 있어 문장 구조에 있어 아직 한문의 영향에서 벗어나지 못하고 있다. 예 아니쓰고 • 한문의 영향을 받은 의고적 표현들이 많이 나타난다. 예 그런고로, -ㄴ즉 • 의문형 종결 어미가 현대 국어의 것과 다른 양상을 보인다. 예 무어신고 ᄒᆞ니

실력 탄탄 다지기 실전 예상문제

※ 다음 글을 읽고 물음에 답하시오. (1~7)

> (가) 나·랏:말ᄊᆞ·미 中듕國·귁·에 달·아 文문字·ᄍᆞᆼ·와·로 서르 ᄉᆞᄆᆞᆺ·디 아·니ᄒᆞᆯ·ᄊᆡ·이런 젼·ᄎᆞ·로 어·린 百·ᄇᆡᆨ姓·셩·이 니르·고·져·홇·배 이·셔·도 ᄆᆞ·ᄎᆞᆷ:내 제·ᄠᅳ·들 시·러 펴·디 :몯홇·노·미 하·니·라
> ·내·이·ᄅᆞᆯ 爲·윙·ᄒᆞ·야 :어엿·비 너·겨·새·로·스·믈 여·듧 字·ᄍᆞᆼ·ᄅᆞᆯ ᄆᆡᇰ·ᄀᆞ노·니 :사ᄅᆞᆷ:마·다 :ᄒᆡᅇ·ᅇᅧ :수·ᄫᅵ 니·겨·날·로·ᄡᅮ·메 便뼌安한·킈 ᄒᆞ·고·져 홇 ᄯᆞᄅᆞ·미니·라
> – 「훈민정음 서문」
>
> (나) 孔·공子·ㅣ 曾증子·ᄌᆞᄃᆞ·려 닐·러 ᄀᆞᆯᄋᆞ·샤·ᄃᆡ·몸·이며 얼굴·이며 머·리털·이·며·ᄉᆞᆯ·ᄒᆞᆫ 父·부母:모·ᄭᅴ 받ᄌᆞ·온 거·시·라 敢:감·히 헐·워 샹·ᄒᆡ·오·디 아·니 :홈·이 :효·도·ᄋᆡ 비·르·소미·오·몸·을 셰·워 道:도·를 行ᅘᆡᇰ·ᄒᆞ·야 일:홈·을 後:후世:셰·예 :베퍼·ᄡᅧ 父·부母:모ᄅᆞᆯ :현·뎌케 :홈·이 :효·도·ᄋᆡ ᄆᆞ·ᄎᆞᆷ·이니·라
>
> 〈중략〉
>
> [A] :유·익ᄒᆞᆫ·이 :세 가·짓 :벋·이오 :해·로온·이 :세가·짓 :벋·이니 直·딕ᄒᆞᆫ·이·ᄅᆞᆯ :벋ᄒᆞ·며 :신·실ᄒᆞᆫ·이·ᄅᆞᆯ :벋ᄒᆞ·며 들:온·것 한·이·ᄅᆞᆯ :벋ᄒᆞ·면 :유·익ᄒᆞ·고 :거·동·만 ㉠<u>니·근</u>·이·ᄅᆞᆯ :벋ᄒᆞ·며 아:당ᄒᆞ·기 잘·ᄒᆞ·ᄂᆞᆫ·이·ᄅᆞᆯ :벋ᄒᆞ·며 :말ᄉᆞᆷ·만 니·근·이·ᄅᆞᆯ :벋ᄒᆞ·면 해·로·온 이·라
> – 「소학언해」

01 (가)의 창제 정신으로 적절하지 <u>않은</u> 것은?

① 애민 정신　　② 실용 정신
③ 창조 정신　　④ 탐미 정신

01
'훈민정음'의 창제 정신 : 자주 정신, 애민 정신, 실용 정신, 창조 정신

02 (가)에 나타난 국어의 특징으로 적절한 것은?

① 방점이 사용되지 않는다.
② 구개음화된 표기가 사용되었다.
③ 분철 위주의 표기가 사용되었다.
④ 현재는 사용하지 않는 자음, 모음이 사용되었다.

02
현재 사용되지 않는 자음과 모음(ㆁ, ㆆ, ㅿ) 등이 사용되고 있다.

ANSWER
01. ④ 02. ④

03 (가)에 사용된 다음 단어를 현대어로 풀이한 내용으로 적절하지 <u>않은</u> 것은?

① 달아 – 낡아서　② 젼ᄎ – 까닭
③ 노·미 – 사람이　④ 밍ᄀ노니 – 만드니

03
'달아'의 뜻은 '다르다'이다.

04 (가)에서 〈보기〉에 제시된 내용과 동일한 생각이 드러난 **과난도** 것은?

> ┌ **보기** ┐
>
> 　첫지는 빅호기가 쉬흔이 됴흔 글이요 둘지는 이글
> 이 죠션글이니 죠션 인민 들이 알어셔 빅스을 한문디
> 신 국문으로 써야 샹하 귀쳔이 모도보고 알어보기가
> 쉬흘터이라　　　　　　　　　– 「독립신문 창간사」

① 나·랏:말ᄊ·미 中듕國·귁·에 달·아
② 이런 젼·ᄎ·로 어·린 百·빅姓·셩·이 니르·고
·져·홇·배 이·셔·도
③ ᄆ·ᄎᆞᆷ:내 제·ᄠ·들 시·러펴·디 :몯 홇 ·노·미
하·니·라
④ :사ᄅᆞᆷ:마·다 :히·ᅇᅧ :수·뷔 니·겨·날·로·뿌·
메 便뼌安한·킈 ᄒ·고·져

04
〈보기〉는 국문이 한문보다 나은 점을 밝힌 부분이다. 국문이 한문보다 나은 점은 배우기 쉽고 모든 조선인들이 사용 가능하다는 것이므로, ④의 생각과 동일하다.

05 (나)의 [A]에 나타난 중세 국어의 특징으로 가장 적절한 **기출** 것은?

① 된소리를 표기하였다.
② 주격 조사 '가'가 쓰였다.
③ 방점을 사용하여 성조를 표시하였다.
④ 오늘날에 쓰이지 않는 'ㅿ'이 쓰였다.

05
중세 국어에서 글자 옆에 찍는 점을 방점이라 하며 성조를 표시하는 역할을 한다.

ANSWER
03. ①　04. ④　05. ③

06 (나)에서 밑줄 친 ㉠의 현대어 풀이로 적절한 것은?

기출
① 이른
② 해로운
③ 익숙한
④ 믿음직한

07 (가), (나)에 나타난 국어의 특징이 <u>아닌</u> 것은?

고난도
① (가)에서는 모음조화 현상이 잘 지켜졌으나 (나)에서는 부분적으로 지켜지지 않았다.

② (가)는 현대에 이르러 의미가 변화된 단어가 사용되었지만 (나)에서는 그러한 예가 확인되지 않는다.

③ (가)에서는 이어 적기가 보편적이었으며 (나)에서는 끊어 적기와 이어 적기가 혼용되었다.

④ (가), (나) 모두 현대국어와는 다르게 띄어쓰기가 잘 지켜지지 않았다.

08 다음은 훈민정음의 자음자 제자 원리이다. 설음 의

기출 예로 옳은 것은?

> 해례본의 제자해에 따르면, 자음자의 첫 번째 원리는 상형의 원리이다. 즉, 자음자는 자음 발음 기관의 모양을 본떠서 그 기본 글자 다섯 자를 만들었다. 아음(牙音, 어금닛소리)은 혀뿌리가 목구멍을 닫는 모양을 본뜨고, 설음(舌音, 혓소리)은 혀(끝)가 윗잇몸에 붙는 모양을 본뜨고, 순음(脣音, 입술소리)은 입모양을 본뜨고, 치음(齒音, 잇소리)은 이 모양을 본뜨고, 후음(喉音, 목구멍소리)은 목구멍의 모양을 본뜬 것이다.

① ㄴ
② ㅁ
③ ㅅ
④ ㅇ

※ 다음 글을 읽고 물음에 답하시오. (9~11)

㉮ 중세 국어의 특징 중 하나는 소리 나는 대로 표기하는 ㉠ 이어 적기가 일반적으로 쓰이다가 후기에는 끊어 적기와 이어 적기가 혼용되는 양상이 나타나기도 하였다는 점이다.

㉯ 불 ·휘 기 ·픈 남 ·ㄷ 부 ·래 아 ·니:뮐 ·ㅆ
곶:됴 ·코 여 ·름 ·하ᄂ ·니
:ᄉ ·미기 ·픈 ·므 ·른 ·ᄀᄆ ·래아 ·니그 ·츨 ·ㅆ
:내 ·히이 ·러바 ·ᄅ ·래 ·가ᄂ ·니

– 「용비어천가」 제2장

㉰ 뿌리가 깊은 나무는 바람에 흔들리지 아니하므로
　☐이 좋고 ☐가 많이 열리니.
　☐ 깊은 물은 가뭄에 그치지 아니하므로
내가 이루어져 ☐ 가나니.

– 「용비어천가」 제2장, 현대어 풀이

09 ㉠에 해당하는 것을 (나)에서 찾으면?

기출
① 불 ·휘　　　　② 아 ·니
③ 기 ·픈　　　　④ ·하ᄂ ·니

10 (나)의 밑줄 친 부분을 (다)의 ☐ 안에 현대어로 옮길 시 적절하지 <u>않은</u> 풀이는?

① 곶 → 꽃
② 여 ·름 → 여름
③ 싀 ·미 → 샘이
④ 바 ·ᄅ ·래 → 바다에

09
어간(깊–)과 어미(–은)를 소리 나는 대로 표기(이어 적기)한 결과 '기 ·픈'으로 표기한다.

10
'여 ·름'은 고어로 '열매'를 의미한다.
• 여 ·름(열음) → 열매
• 녀름 → 여름

ANSWER
09. ③　10. ②

11 (나)와 (다)를 비교하여 알 수 있는 국어의 변화 양상으로 적절하지 <u>않은</u> 것은?

(나)		(다)	변화 양상
① :됴 ·코	→	좋고	구개음화의 영향
② :내 ·히	→	내가	주격 조사 '이'의 소멸
③ 보로 ·매	→	바람에	'·'의 소멸
④ ·구모 ·래	→	가뭄에	방점의 소멸

11
이전에 사용되던 주격 조사 '이'에 더불어 주격 조사 '가'가 새로이 등장하였다. '이'는 소멸되지 않고 현대 국어에 이르기까지 주격 조사로 쓰이고 있다.

ANSWER
11. ②

※ 다음 글을 읽고 물음에 답하시오. (12~15)

가 츠츠 나오더니 그 우흐로 젹은 회오리밤 ᄀᆞᆺᄒᆞᆫ 것이 붉기 호박 구슬 ᄀᆞᆺ고 묽고 통낭ᄒᆞ기ᄂᆞᆫ 호박도곤 더 곱더라

그 붉은 우흐로 흘흘 움죽여 도ᄂᆞᆫ디 처엄 낫던 붉은 긔운이 빗지 반 쟝 너빗만치 반ᄃᆞ시 비최며 밤 ᄀᆞᆺ던 긔운이 히 되야 츠츠 커 가며 큰 징반만ᄒᆞ여 붉웃붉웃 번듯번듯 뛰놀며 젹식이 왼 바다희 ᄭᅵ치며 몬져 붉은 기운이 츠츠 가시며 히 흔들며 뛰놀기 더욱 ᄌᆞ로 ᄒᆞ며 항 ᄀᆞᆺ고 독 ᄀᆞᆺᄒᆞᆫ 것이 좌우로 뛰놀며 황홀이 번득여 냥목이 어즐ᄒᆞ며 붉은 긔운이 명낭ᄒᆞ야 첫 홍식을 헤앗고 텬듕의 징반 ᄀᆞᆺᄒᆞᆫ 것이 수레박희 ᄀᆞᆺᄒᆞ야 믈 속으로셔 치미러 밧치ᄃᆞ시 올나 븟ᄒᆞ며 항독 ᄀᆞᆺᄒᆞᆫ 긔운이 스러디고 처엄 붉어 것츨 빗최던 거ᄉᆞᆫ 모혀 소혀텨로 드리워 믈 속의 풍덩 ᄲᅢ디ᄂᆞᆫ 듯시브더라 일식이 됴요ᄒᆞ며 믈결의 붉은 긔운이 츠츠 가시며 일광이 청낭ᄒᆞ니 만고 텬하의 그런 장관은 디두할 디 업슬 듯ᄒᆞ더라

– 의유당, 「동명일기」

나 우리신문이 한문은 아니쓰고 다만 국문으로만 ㉠쓰ᄂᆞᆫ거슨 샹하귀쳔이 다보게 ㉡홈이라 ᄯᅩ 국문을 이러케 귀졀을 쎄여 쓴즉 아모라도 이신문 ㉢보기가 쉽고 신문속에 잇ᄂᆞᆫ말을 자셰이 ㉣알어 보게 홈이라 각국에셔는 사ᄅᆞᆷ들이 남녀 무론ᄒᆞ고 본국 국문을 몬저 빈화 능통ᄒᆞᆫ 후에야 외국 글을 빈오ᄂᆞᆫ 법인디 죠션셔는 죠션 국문은 아니 빈오드리도 한문만 공부 ᄒᆞᄂᆞᆫ 까둙에 국문을 잘아ᄂᆞᆫ 사ᄅᆞᆷ이 드물미라 죠션 국문ᄒᆞ고 한문ᄒᆞ고 비교ᄒᆞ여 보면 죠션국문이 한문 보다 얼마가 나흔거시 무어신고ᄒᆞ니 첫ᄌᆡ는 빈호기가 쉬흔이 됴흔 글이요 둘ᄌᆡ는 이글이 죠션글이니 죠션 인민 들이 알어셔 빅ᄉᆞ을 한문디신 국문으로 써야 샹하 귀쳔이 모도보고 알어보기가 쉬흘터이라 한문만 늘써 버릇ᄒᆞ고 국문은 폐흔 까둙에 국문만쓴 글을 죠션 인민이 도로혀 잘 아러보지못ᄒᆞ고 한문을 잘알아보니 그게 엇지 한심치 아니ᄒᆞ리요 ᄯᅩ 국문을 알아보기가 어려운건 다름이 아니라 첫ᄌᆡ는 말마디을 쎼이지 아니ᄒᆞ고 그져 줄줄ᄂᆞ려 쓰ᄂᆞᆫ 까둙에 글ᄌᆞ가 우희 부터ᄂᆞᆫ지 아리 부터ᄂᆞᆫ지 몰나셔 몃번 일거 본후에야 글ᄌᆞ가 어디 부터ᄂᆞᆫ지 비로소 알고 일그니 국문으로 쓴편지 ᄒᆞᆫ쟝을 보자ᄒᆞ면 한문으로 쓴것보다 더듸 보고 ᄯᅩ 그나마 국문을 자조 아니 쓰ᄂᆞᆫ 고로 셔툴어셔 잘못봄이라 그런고로 정부에셔 ᄂᆡ리ᄂᆞᆫ 명녕과 국가 문젹을 한문으로만 쓴즉 한문못ᄒᆞᄂᆞᆫ 인민은 나모

말만 듯고 무슴 명녕인줄 알고 이편이 친이 그글을 못 보니 그사름은 무단이 병신이 됨이라 한문 못 혼다고 그사름이 무식혼사름이 아니라 국문만 잘ㅎ고 다른 물졍과 학문이잇스면 그사름은 한문만ㅎ고 다른 물졍과 학문이 업ㄴ 사름 보다 유식ㅎ고 놉흔 사름이 되ㄴ 법이라 죠션 부인네도 국문을 잘ㅎ고 각식 물졍과 학문을 빅화 소견이 놉고 힝실이 졍직ㅎ면 무론 빈부 귀쳔 간에 그부인이 한문은 잘ㅎ고도 다른것 몰으ㄴ 귀죡 남즈 보다 놉흔 사름이 되ㄴ 법이라 우리 신문은 빈부 귀쳔을 다름업시 이신문을 보고 외국 물졍과 닉지 ㅅ졍을 알게 ㅎ랴ㄴ 쯧시니 남녀 노소 샹하 귀쳔 간에 우리 신문을 ㅎ로 걸너 몃돌간 보면 새지각과 새학문이 싱길걸 미리 아노라.

– 「독립신문 창간사」

12 ㉠~㉣에 대한 설명으로 적절하지 않은 것은?
① ㉠ : 'ㆍ' 표기를 사용하고 있다.
② ㉡ : 이어 적기를 사용하고 있다.
③ ㉢ : 명사형 어미 '기'를 사용하고 있다.
④ ㉣ : 모음조화가 파괴된 형태이다.

12
홈이라(끊어 적기), 호미라(이어 적기)

13 (나)에서 다루고 있는 내용이 아닌 것은?
① 국문을 사용함으로써 얻을 수 있는 장점
② 신분 제도와 남녀 차별로 인한 문제점
③ 공식 문서를 한문으로 표기할 때 발생하는 문제점
④ 신문을 읽음으로써 기대되는 효과

13
신분 제도와 남녀 차별로 인한 문제점은 지문에 드러나 있지 않다.

14 (나)를 통해 알 수 있는 독립신문의 표기 원칙으로 적절한 것은?
① 한글 전용, 이어 적기
② 한글 전용, 끊어 적기
③ 한글 전용, 띄어쓰기
④ 국한문 혼용, 끊어 적기

14
한글 전용, 띄어쓰기를 원칙으로 함을 알 수 있다.

ANSWER
12. ② 13. ② 14. ③

15 (나)가 발표된 시기의 국어가 가지고 있는 특징은?

① 성조가 있었고 그것은 방점으로 표기되었다.

② 우리말을 표기할 고유한 문자 체계를 가지고 있지 못했다.

③ 한자의 음과 뜻을 빌려 우리말의 형태와 의미를 기록했다.

④ 한글 사용이 확대되면서 문장의 구성 방식이 현대와 거의 비슷해졌다.

ANSWER

15. ④

02 현대 국어 문법

현대 국어 문법은 우리말의 규칙과 규범에 대한 부분으로 음운의 변동, 한글 맞춤법의 원리, 문법 요소 등이 학습 범위입니다. 비음화, 유음화, 된소리되기, 구개음화, 모음 탈락, 반모음 첨가, 거센소리되기 등의 음운 변동의 개념과 주요 예시를 학습하고, 한글 맞춤법의 원리를 이해하며, 담화 상황에 맞게 사용된 높임·시간·피동·인용 표현 등의 문법 요소를 파악할 수 있어야 합니다.

01 음운의 변동

1. 표준 발음법
[표준어 규정]의 제2부에 있는 것으로 발음 생활에서 나타날 수 있는 혼란을 막기 위해 제정되었다. 표준 발음법은 표준어의 실제 발음을 따르되, 국어의 전통성과 합리성을 고려하여 정함을 원칙으로 한다.

2. 음운 변동
① 일정한 조건에서 다른 음운으로 규칙적으로 변화하는 현상이다.
② 말소리의 규칙이므로 표기에 반영되지 않는 것도 있다.
③ 표준 발음법은 음운 규칙을 바탕으로 만들어진다.

3. 국어의 자음 체계

조음 방식 / 조음 위치			입술소리 (양순음)	잇몸소리 (치조음)	센입천장소리 (경구개음)	여린입천장소리 (연구개음)	목청소리 (후음)
안울림 소리	파열음	예사소리	ㅂ	ㄷ		ㄱ	
		된소리	ㅃ	ㄸ		ㄲ	
		거센소리	ㅍ	ㅌ		ㅋ	
	파찰음	예사소리			ㅈ		
		된소리			ㅉ		
		거센소리			ㅊ		
	마찰음	예사소리		ㅅ			ㅎ
		된소리		ㅆ			
울림소리		비음	ㅁ	ㄴ		ㅇ	
		유음		ㄹ			

4. 국어의 모음 체계

혀의 높이 \ 혀의 위치	전설 모음		후설 모음	
	평순 모음	원순 모음	평순 모음	원순 모음
고모음	ㅣ	ㅟ	ㅡ	ㅜ
중모음	ㅔ	ㅚ	ㅓ	ㅗ
저모음	ㅐ		ㅏ	

5. 음운 변동 규칙의 종류

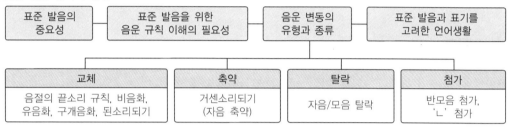

표준 발음의 중요성	표준 발음을 위한 음운 규칙 이해의 필요성	음운 변동의 유형과 종류	표준 발음과 표기를 고려한 언어생활

교체	축약	탈락	첨가
음절의 끝소리 규칙, 비음화, 유음화, 구개음화, 된소리되기	거센소리되기 (자음 축약)	자음/모음 탈락	반모음 첨가, 'ㄴ' 첨가

1 음절의 끝소리 규칙

제8항	음절의 끝소리(받침소리)는 'ㄱ, ㄴ, ㄷ, ㄹ, ㅁ, ㅂ, ㅇ'의 7개 자음만 발음한다.

제9항	받침 'ㄲ, ㅋ', 'ㅅ, ㅆ, ㅈ, ㅊ, ㅌ', 'ㅍ'은 어말 또는 자음 앞에서 각각 대표음 [ㄱ, ㄷ, ㅂ]으로 발음한다.

> 예 닦다[닥따], 키읔[키윽], 키읔과[키윽꽈], 옷[옫], 있다[읻따], 빚다[빋따], 꽃[꼳], 솥[솓], 뱉다[밷:따], 앞[압], 덮다[덥따]

제10항	겹받침 'ㄳ', 'ㄵ', 'ㄼ, ㄽ, ㄾ', 'ㅄ'은 어말 또는 자음 앞에서 각각 [ㄱ, ㄴ, ㄹ, ㅂ]으로 발음한다.

> 예 넋[넉], 넋과[넉꽈], 앉다[안따], 여덟[여덜], 넓다[널따], 외곬[외골], 핥다[할따], 값[갑], 없다[업:따]

다만 1. '밟-'은 자음 앞에서 [밥]으로 발음

> 예 밟다[밥:따], 밟소[밥:쏘], 밟지[밥:찌], 밟는[밥:는 → 밤:는], 밟게[밥:께], 밟고[밥:꼬]

다만 2. '넓-'은 다음 경우에 [넙]으로 발음

> 예 넓-죽하다[넙쭈카다], 넓-둥글다[넙뚱글다]

제11항　겹받침 'ㄺ, ㄻ, ㄿ'은 어말 또는 자음 앞에서 각각 [ㄱ, ㅁ, ㅂ]으로 발음한다.

　　예 닭[닥], 흙과[흑꽈], 맑다[막따], 늙지[늑찌], 삶[삼ː], 젊다[점ː따], 읊고[읍꼬], 읊다[읍따]

다만, 'ㄺ'은 'ㄱ' 앞에서 'ㄹ'로 발음한다.　예 맑게[말께], 묽다[묵따], 묽고[물꼬]

2 비음화

받침 'ㄱ, ㄷ, ㅂ'이 'ㄴ, ㅁ'을 만나 비음으로 변하는 현상이다.

제18항　받침 'ㄱ(ㄲ, ㅋ, ㄳ, ㄺ), ㄷ(ㅅ, ㅆ, ㅈ, ㅊ, ㅌ, ㅎ), ㅂ(ㅍ, ㄼ, ㄿ, ㅄ)'은 'ㄴ, ㅁ' 앞에서 [ㅇ, ㄴ, ㅁ]으로 발음한다.

　　예 먹는[멍는], 국물[궁물], 깎는[깡는], 키읔만[키응만], 몫몫이[몽목씨], 긁는[긍는], 흙만[흥만], 옷맵시[온맵씨], 짓는[진ː는], 닫는[단는], 있는[인는], 맞는[만는], 젖멍울[전멍울], 쫓는[쫀는], 붙는[분는], 꽃망울[꼰망울], 놓는[논는], 잡는[잠는], 밥물[밤물], 앞마당[암마당], 밟는[밤ː는], 읊는[음는], 없는[엄ː는], 값매다[감매다]

3 유음화

제20항　'ㄴ'은 'ㄹ'의 앞이나 뒤에서 [ㄹ]로 발음한다.

　　예 난로[날ː로], 신라[실라], 천리[철리], 광한루[광ː할루], 대관령[대ː괄령], 칼날[칼랄], 물난리[물랄리], 줄넘기[줄럼끼], 할는지[할른지]

[붙임] 첫소리 'ㄴ'이 'ㄶ', 'ㄾ' 뒤에 연결되는 경우에도 이에 준한다.

　　예 닳는[달른], 뚫는[뚤른], 핥네[할레]

다만, 다음과 같은 단어들은 'ㄹ'을 [ㄴ]으로 발음한다.

　　예 의견란[의ː견난], 임진란[임ː진난], 생산량[생산냥], 결단력[결딴녁], 공권력[공꿘녁], 동원령[동ː원녕], 상견례[상견네], 횡단로[횡단노], 이원론[이ː원논], 입원료[이붠뇨], 구근류[구근뉴]

4 된소리되기 규칙

제23항 받침 'ㄱ(ㄲ, ㅋ, ㄳ, ㄺ), ㄷ(ㅅ, ㅆ, ㅈ, ㅊ, ㅌ), ㅂ(ㅍ, ㄼ, ㄿ, ㅄ)' 뒤에 연결되는 'ㄱ, ㄷ, ㅂ, ㅅ, ㅈ'은 된소리로 발음한다.

> 예 국밥[국빱], 깎다[깍따], 넋받이[넉빠지], 삯돈[삭똔], 닭장[닥짱], 칡범[칙뻠], 뻗대다[뻗때다], 옷고름[옫꼬름], 있던[읻떤], 꽂고[꼳꼬], 꽃다발[꼳따발], 낯설다[낟썰다], 밭갈이[받까리], 솥전[솓쩐], 곱돌[곱똘], 덮개[덥깨], 옆집[엽찝], 넓죽하다[넙쭈카다], 읊조리다[읍쪼리다], 값지다[갑찌다]

제24항 어간 받침 'ㄴ(ㄵ), ㅁ(ㄻ)' 뒤에 결합되는 어미의 첫소리 'ㄱ, ㄷ, ㅅ, ㅈ'은 된소리로 발음한다.

> 예 신고[신: 꼬], 껴안다[껴안따], 앉고[안꼬], 닮고[담: 꼬], 삼고[삼: 꼬], 더듬지[더듬찌], 얹다[언따], 젊지[점: 찌]

다만, 피동, 사동의 접미사 '-기-'는 된소리로 발음하지 않는다.

> 예 안기다, 감기다, 굶기다, 옮기다

5 구개음화

제17항 받침 'ㄷ, ㅌ(ㄾ)'이 조사나 접미사의 모음 'ㅣ'와 결합되는 경우에는, [ㅈ, ㅊ]으로 바꾸어서 뒤 음절 첫소리로 옮겨 발음한다.

> 예 곧이듣다[고지듣따], 굳이[구지], 미닫이[미: 다지], 땀받이[땀바지], 밭이[바치], 벼훑이[벼훌치]

[붙임] 'ㄷ' 뒤에 접미사 '히'가 결합되어 '티'를 이루는 것은 [치]로 발음한다.

> 예 굳히다[구치다], 닫히다[다치다], 묻히다[무치다]

6 반모음 첨가

모음으로 끝나는 형태소 뒤에 단모음으로 시작하는 형태소가 올 때 반모음이 첨가되는 현상이다.

제22항 다음과 같은 용언의 어미는 [어]로 발음함을 원칙으로 하되, [여]로 발음함도 허용한다.

> 예 되어[되어/되여], 피어[피어/피여]

[붙임] '이오, 아니오'도 이에 준하여 [이요, 아니요]로 발음함을 허용한다.

7 모음 탈락

└── 원래 있었던 소리가 사라지는 것

두 모음이 이어서 소리가 날 때 하나의 모음이 탈락하는 음운 현상으로 'ㅏ, ㅓ' 탈락과 'ㅡ' 탈락이 있다. 예 기뻐(기쁘+어), 서서(서+어서), 꺼서(끄+어서), 예뻐(예쁘+어)

8 거센소리되기(자음 축약)

└── 두 소리가 합쳐져 하나의 새로운 소리로 바뀌는 현상

'ㅎ'과 자음 'ㄱ, ㄷ, ㅂ, ㅈ'이 합쳐지면 각각, 거센소리 'ㅋ, ㅌ, ㅍ, ㅊ'으로 바뀐다.

예 놓- + -고 = [노코], 낳- + -다 = [나타],
법 + 학 = [버팍], 좋- + -지 = [조치]

> ✔ 바로바로 CHECK
>
> **다음 중 음운 변동이 나머지와 다른 것은?**
> ① 소나무(솔+나무) ② 바느질(바늘+질)
> ③ 예뻐(예쁘+어) ④ 노코(놓- + -고)
>
> 해설 ④는 축약(거센소리되기)이고, ①, ②, ③은 탈락이다.
>
> 정답 ④

심화학습 ─ 기타 음운 변동의 예

ㄴ 첨가		합성어 및 파생어에서, 앞 단어나 접두사의 끝이 자음이고 뒤 단어나 접미사의 첫음절이 '이, 야, 여, 요, 유'인 경우에는, 'ㄴ' 음을 첨가하여 [니, 냐, 녀, 뇨, 뉴]로 발음한다. 예 솜-이불[솜ː니불], 홑-이불[혼니불]
모음 축약		두 모음이 하나의 이중 모음으로 축약되는 현상이다. 예 맞추- + -어 → 맞춰
탈락	자음군 단순화	• 음절 끝에서 두 개 이상의 자음을 연속하여 발음할 수 없기 때문에 하나를 탈락시키는 현상이다. • '여덟'과 같이 단독으로 발음되거나 '짧+다'와 같이 자음으로 시작하는 말에 연결될 때 [여덜]과 [짤따]에서 보듯 겹받침 중 하나만 발음된다.
	자음 탈락	• 음절의 끝 자음이 그 뒤에 오는 자음이나 모음의 영향 때문에 없어지는 음운 현상이다. • 'ㄹ' 탈락 예 바느질(바늘+질), 따님(딸+님) • 'ㅎ' 탈락 예 놓- + -아 = [노아], 끊- + -어 = [끄너]

02 한글 맞춤법의 기본 원리

1 한글 맞춤법의 이해

(1) 한글 맞춤법의 개념

한국어를 한국 언어사회의 규범이 되게끔 어법에 맞게 표기하는 방법이다.

(2) 한글 맞춤법의 제정 이유

말을 글자로 적을 때 저마다 다르게 적는다면 그 뜻을 제대로 파악하지 못하게 되기 때문에 이러한 혼란을 피하고 효율적으로 의사소통하기 위해서 한글 맞춤법을 제정하였다.

2 한글 맞춤법의 기본 원리

(1) 표음주의와 표의주의 중요⁺

> **제1항** 한글 맞춤법은 표준어를 소리대로 적되(표음주의), 어법에 맞도록 함을 원칙으로 한다(표의주의).

① 표음주의 : 소리대로 적으며, 표기와 소리가 같다.

  예 짐군(X) → 짐꾼(O), 하늘, 딸기

② 표의주의 : 뜻을 파악하기 쉽게 형태소의 본래 모양을 밝혀 어법에 맞게 적는다. 표기와 소리가 같지 않다.

  예 해도지(X) → 해돋이(O), 꼰나무(X) → 꽃나무(O)

③ 표음주의와 표의주의 공존 : 두 개의 용언이 결합했을 때 앞 단어의 어간과 어미의 모양을 어법에 맞게 적기도 하고, 소리대로 적기도 한다.

  → 본래 뜻이 유지되고 있는 경우에는 어법에 맞게 적는다(표의주의).

  예 들어가다('들다+가다'로 분석 가능)

  → 본래 뜻에서 멀어진 경우에는 소리대로 적는다(표음주의).

  예 드러나다('들다+나다'로 분석 불가)

(2) 띄어쓰기

| 제2항 | 문장의 각 단어는 띄어 씀을 원칙으로 한다. |

※ 예외 : 조사

| 제41항 | 조사는 그 앞말에 붙여 쓴다. |

예 봄이, 봄도, 봄이다

| 제43항 | 단위를 나타내는 명사는 띄어 쓴다. |

예 스무 살, 옷 두 벌

| 제44항 | 수를 적을 적에는 '만(萬)' 단위로 띄어 쓴다. |

예 오천사백육십삼만 이천칠백팔십칠

(3) 사이시옷 중요⁺

앞말이 모음으로 끝나는 합성어에서 'ㅅ'이 덧붙는 현상이다.

| 제30항 | 사이시옷은 다음과 같은 경우에 받치어 적는다. |

① 앞말과 뒷말 중 하나는 순우리말이어야 한다.

예 나룻배(순우리말+순우리말), 전셋집(한자어+순우리말)

→ 단, 다음 6개 단어(숫자, 셋방, 횟수, 곳간, 찻간, 툇간)는 '한자어+한자어'의 결합이기는 하나 예외적으로 사이시옷을 표기한다.

② 뒷말의 첫소리가 된소리로 나는 경우   예 시냇가(시내까)

③ 뒷말의 첫소리 'ㄴ, ㅁ' 앞에서 'ㄴ' 소리가 덧나는 경우   예 잇몸(인몸)

④ 뒷말의 첫소리 모음 앞에서 'ㄴㄴ' 소리가 덧나는 경우   예 깻잎(깬닙)

✔ 바로바로 CHECK

다음 중 사잇소리 표기가 잘못 쓰인 것은?

① 그 애의 콧날은 정말 날카로워.
② 시냇가에 나뭇잎 편지를 띄울게.
③ 잘못한 댓가를 톡톡히 치르게 될 거야.
④ 깃발이 나부끼는구나.

해설 '댓가'는 대가(代價)의 잘못이다. '한자어+한자어'의 경우에는 사이시옷 표기를 쓸 수 없다.

정답 ③

한눈에 감 잡기

알아두면 좋은 '한글 맞춤법'

조항		예 시
[제6항] 구개음화	'ㄷ, ㅌ' 받침 뒤에 종속적 관계를 가진 '-이(-)'나 '-히-'가 올 적에는 그 'ㄷ, ㅌ'이 'ㅈ, ㅊ'으로 소리 나더라도 'ㄷ, ㅌ'으로 적는다.	• 맏이[마지] • 핥이다[할치다] • 해돋이[해도지]
[제7항] 'ㄷ'소리 받침	'ㄷ' 소리로 나는 받침 중에서 'ㄷ'으로 적을 근거가 없는 것은 'ㅅ'으로 적는다.	• 덧저고리[덛쩌고리] • 돗자리[돋짜리]
[제10항] 두음법칙	한자음 '녀, 뇨, 뉴, 니'가 단어 첫머리에 올 적에는, 두음 법칙에 따라 '여, 요, 유, 이'로 적는다.	• 녀자 → 여자(女子) • 뉴대 → 유대(紐帶) • 년세 → 연세(年歲)
[제11항] 두음법칙의 예외	다만, 모음이나 'ㄴ' 받침 뒤에 이어지는 '렬, 률'은 '열, 율'로 적는다.	• 실패률 → 실패율(失敗率) • 분렬 → 분열(分裂) • 백분률 → 백분율(百分率)
[제15항]	용언의 어간과 어미는 구별하여 적는다.	먹다/먹고/먹어/먹으니

심화학습 ─ 기타 어문 규정

1) 표준어 규정

① [제1장 제1항] 표준어는 교양 있는 사람들이 두루 쓰는 현대 서울말로 정함을 원칙으로 한다.

② [제2장 제5항] 어원에서 멀어진 형태로 굳어져서 널리 쓰이는 것은, 그것을 표준어로 삼는다.
  예 강남-콩(X)/강낭-콩(O), 삭월-세(X)/사글-세(O)

③ [제2장 제7항] 수컷을 이르는 접두사는 '수-'로 통일한다. 예 수-꿩, 수-강아지
  → 단, 다음의 경우는 예외로 한다. 예 숫-양, 숫-염소, 숫-쥐

2) 외래어 표기법

외국에서 들어온 외래어를 한글로 적는 방법을 나타낸 규정이다.

① [제1장 제1항] 외래어는 국어의 현용 24자모로만 적는다.

② [제1장 제2항] 외래어의 1음운은 원칙적으로 1기호로 적는다.
  예 'f'는 'ㅎ' 혹은 'ㅍ'으로 소리 나지만 이 중에 한 개의 기호로만 적는다.

③ [제1장 제3항] 받침에는 'ㄱ, ㄴ, ㄹ, ㅁ, ㅂ, ㅅ, ㅇ'만을 쓴다.

④ [제1장 제4항] 파열음 표기에는 된소리를 쓰지 않는 것을 원칙으로 한다.

⑤ [제1장 제5항] 이미 굳어진 외래어는 관용을 존중하되, 그 범위와 용례는 따로 정한다.

※ 'ㅈ, ㅊ'은 'ㅑ, ㅕ, ㅛ, ㅠ' 대신 'ㅏ, ㅓ, ㅗ, ㅜ'를 쓴다. 예 시쥬(X)/시추(O)

3) 국어의 로마자 표기법

국어를 로마자로 적는 방법을 규정한 것이다.

[모음 표기 일람]

ㅏ	ㅓ	ㅗ	ㅜ	ㅡ	ㅣ	ㅐ	ㅔ	ㅚ	ㅟ	
a	eo	o	u	eu	i	ae	e	oe	wi	
ㅑ	ㅕ	ㅛ	ㅠ	ㅒ	ㅖ	ㅘ	ㅙ	ㅝ	ㅞ	ㅢ
ya	yeo	yo	yu	yae	ye	wa	wae	wo	we	ui

[붙임 1] 'ㅢ'는 'ㅣ'로 소리 나더라도 'ui'로 적는다. 예 광희문 Gwanghuimun

[자음 표기 일람]

ㄱ	ㄴ	ㄷ	ㄹ	ㅁ	ㅂ	ㅅ	ㅇ	ㅈ
g, k	n	d, t	r, l	m	b, p	s	ng	j
ㅊ	ㅋ	ㅌ	ㅍ	ㅎ	ㄲ	ㄸ	ㅃ	ㅆ	ㅉ
ch	k	t	p	h	kk	tt	pp	ss	jj

① [제3장 제1항] 음운 변화가 일어날 때에는 변화의 결과에 따라 적는다.

   예 종로[종노] Jongno, 신라[실라] Silla, 좋고[조코] joko

   → 단, 체언에서 'ㄱ, ㄷ, ㅂ' 뒤에 'ㅎ'이 따를 때에는 'ㅎ'을 밝혀 적고, 된소리되기는 표기에 반영하지 않는다. 예 집현전 Jiphyeonjeon, 압구정 Apgujeong

② [제3장 제2항] 발음상 혼동의 우려가 있을 때에는 음절 사이에 붙임표(−)를 쓸 수 있다.

   예 해운대 Hae−undae

③ [제3장 제3항] 고유 명사는 첫 글자를 대문자로 적는다.

   예 부산 Busan

④ [제3장 제4항] 인명은 성과 이름의 순서로 띄어 쓴다. 이름은 붙여 쓰는 것을 원칙으로 하되 음절 사이에 붙임표(−)를 쓰는 것을 허용한다.

   예 송나리 Song Nari (Song Na−ri)

⑤ [제3장 제5항] '도, 시, 군, 구, 읍, 면, 리, 동'의 행정 구역 단위와 '가'는 각각 'do, si, gun, gu, eup, myeon, ri, dong, ga'로 적고, 그 앞에는 붙임표(−)를 넣는다.

   예 제주도 Jeju−do

⑥ [제3장 제6항] 자연 지물명, 문화재명, 인공 축조물명은 붙임표(−) 없이 붙여 쓴다.

   예 남산 Namsan

03 문법 요소

[장면에 따른 표현 방식]

1) 장면에 대해

담화, 즉 이야기는 말하는 이, 듣는 이, 둘 사이에 오가는 정보, 장면으로 구성된다. 특히 장면은 언어적 의사소통이 이루어지는 구체적인 시간과 공간, 담화 상황의 분위기, 그 상황과 관련된 사건 등을 포함한다. 담화의 장면을 파악하려면 담화에 참여하는 참여자, 참여자들 사이의 관계와 심리적 태도 등을 고려해야 한다. 장면은 담화의 의미를 해석하는 데 영향을 미치므로 이를 바르게 파악하고 이해하는 것이 중요하다.

2) 심리적 태도가 드러나는 표현

심리적 태도는 담화의 장면에 말하는 이가 일이나 상대를 파악하는 방식을 뜻한다. 상대에 대해 말하는 이가 느끼는 심리적 거리, 어떤 사건의 상태를 해석하는 말하는 이의 관점 등이 심리적 태도에 해당한다. 말하는 이의 심리적 태도는 원근 표현, 부정 표현, 피동 표현, 사동 표현, 높임 표현 등과 같은 다양한 표현 방법을 통해 나타난다. 원근 표현은 주로 지시 표현을 통해 물리적인 거리를 나타내지만, 상대에 대한 심리적인 거리를 나타내기도 한다. 높임 표현 역시 심리적 거리를 나타내는 데 쓰일 수 있다. 어떤 사건의 상태를 해석하는 화자의 관점은 부정 표현, 피동 표현, 사동 표현 등과 관련된다.

1 지시(원근) 표현

지시 표현 '이, 그, 저'는 담화 상황에 따라 다르게 사용될 수 있으므로 유의할 필요가 있다.

① '이' : 말하는 이에게 가까이 있거나 말하는 이가 생략하고 있는 대상을 가리킬 때 쓰는 말이다.

② '그' : 듣는 이에게 가까이 있거나 듣는 이가 생각하고 있는 대상을 가리킬 때 쓰는 말로, 듣는 사람이 이미 알고 있는 것을 언급하는 데에도 더러 쓰인다.

③ '저' : 말하는 이와 듣는 이로부터 멀리 있는 대상을 가리킬 때 쓰는 말로, 지시되는 대상이 눈에 보인다는 전제가 따른다.

2 시간 표현

시간 표현은 시간을 나타내는 표현을 말하며, 국어에서는 시제와 상이라는 문법 요소로 실현된다.

- 발화시 : 서술 대상의 동작이나 상태가 전달되는 시점
- 사건시 : 동작이나 상태가 일어나는 시점

(1) 시제(時制)

말하는 이가 발화시를 기준으로 사건시의 앞뒤를 제한하는 기능, 시간의 외적 위치를 보이는 것(=시점)

과거 시제	말하고자 하는 사건이 말하는 시점 이전에 일어남 → 사건시가 발화시보다 앞선 시간 예 철수가 밥을 먹었다. 일을 하였다.
현재 시제	말하고자 하는 사건이 말하는 시점에 일어남 → 사건시와 발화시가 같은 시점 예 철수가 밥을 먹는다. 일을 한다.
미래 시제	말하고자 하는 사건이 말하는 시점 이후에 일어남 → 발화시를 기준으로 사건시가 뒤선 시점을 나타내는 것 - 추측, 의지 예 철수가 밥을 먹을 것이다. 일을 할 것이다. 일을 하겠다.

(2) 상(相)

발화시를 기준으로 동작이 일어나는 모습을 나타낸 문법 기능, 시간의 내적 양상을 보이는 것(= 동작상)

진행상	동작이 진행되고 있음을 보이는 것 예 책을 읽고 있다.
완료상	동작이 완료되었음을 보이는 것 예 책을 단숨에 읽어 버렸다.

> **✔ 바로바로 CHECK**
>
> 말하는 시점이 동작이나 상태가 일어나는 시점보다 앞선 시제를 무엇이라고 하는가?
>
> ① 과거 시제　　② 현재 시제
> ③ 미래 시제　　④ 진행상
>
> 해설 동작이 일어나는 시점보다 말하는 시점이 앞선 시제는 '미래 시제'이다.
>
> 정답 ③

3 높임 표현

말할 때 화자와 청자와 말하는 대상의 관계에 따라 높임 관계를 달리 표현하는 것을 높임 표현이라 한다. 이때 사용되는 문법 요소가 높임법으로, 선어말 어미 '-시-', 조사 '께', 특수한 어휘 '주무시다, 드리다' 등과 같은 표현을 통해 실현된다.

(1) 주체 높임법

① 말하는 이가 문장의 주어가 지시하는 대상, 곧 서술의 주체에 대하여 높임의 태도를 나타내는 문법 기능

② 선어말 어미 '-(으)시-', 주격조사 '께서', 동사에 의해 실현

> 예 할아버지께서 노인정에 가시려고 한다.

(2) 객체 높임법

① 말하는 이가 문장의 목적어나 부사어가 지시하는 대상, 곧 서술의 객체에 대하여 높임의 태도를 나타내는 문법 기능

② '모시다, 드리다'와 같은 동사, 부사격 조사 '께'에 의해 실현

> 예 그녀는 시어머니를 모시고 병원에 갔다.
> 영희는 선생님께 책을 드렸다.

(3) 상대 높임법

화자가 청자를 높이거나 낮추는 표현으로, 주로 종결 어미에 의하여 실현되며 격식체와 비격식체가 있다.

격식체	하십시오체	'-(으)십시오'	예 자리에 앉으십시오.
	하오체	'-(으)오'	예 자리에 앉으오.
	하게체	'-게'	예 자리에 앉게.
	해라체	'-아라/-어라'	예 자리에 앉아라.
비격식체	해요체	'-아요/-어요', '-지요'	예 자리에 앉아요.
	해체	'-아/-어', '-지'	예 자리에 앉아.

✔ 바로바로 CHECK

01 밑줄 친 단어가 객체를 높이고 있는 것은?

① 할아버지께서 마당에 <u>계십니다.</u>
② 할머니께서 시장에 <u>가셨습니다.</u>
③ 방에서는 할머니께서 <u>주무십니다.</u>
④ 할아버지께 말씀을 <u>여쭈었습니다.</u>

해설 ①, ②, ③ 주체 높임법

02 높임법이 잘못 쓰인 문장은?

① 할머니는 시력이 매우 좋다.
② 할아버지께서 노인정에 가셨다.
③ 민수는 할머니께 용돈을 드렸다.
④ 그녀는 시어머니를 모시고 병원에 갔다.

해설 ① 좋다 → 좋으시다

정답 01. ④ 02. ①

4 부정 표현

어떤 명제를 부정하는 표현을 부정 표현이라 한다. 이때 사용되는 문법 요소가 부정법으로, '안' / '못'과 '아니 하다' / '못하다' 등이 사용된다. 언어 내용의 의미를 부정하는 문법 기능이다.

부정문 실현 방법	'못' 부정문 (능력의 부정)	짧은 부정문 : '못' 예 그는 술을 못 먹는다.
		긴 부정문 : '못하다' 예 그는 술을 먹지 못한다.
	'안' 부정문 (의지의 부정)	짧은 부정문 : '안' 예 그는 술을 안 먹는다.
		긴 부정문 : '아니 하다' 예 그는 술을 먹지 않는다.

5 피동 표현

주체가 다른 주체에 의해서 어떤 동작을 당함을 표현하는 것을 피동 표현이라 한다.

→ 목적어 ×

능동(能動)	주어가 제 힘으로 행하는 동작을 나타내는 문법 기능
피동(被動)	주어가 남의 행동에 의해 행해지는 동작을 나타내는 문법 기능
피동문 실현 방법	동사 + 피동 접미사 '-이-, -히-, -리-, -기-' / '-어지다', '-되다', '-게 되다' 예 영수가 성호를 문 쪽으로 밀었다. – 능동 표현 성호가 영수에게 문 쪽으로 밀렸다. – 피동 표현

※ 이중피동 금지 : '먹혀지다'와 같이 피동 접미사 '-히-'와 '-어지다'가 두 번 사용된 것을 이중피동이라고 한다. 올바른 피동 표현은 '먹히다'이다.

심화학습 ─ 사동 표현

주동(主動)	주어가 직접 동작을 하는 것을 나타내는 문법 기능
사동(使動)	주어가 남에게 동작을 하도록 시키는 것을 나타내는 문법 기능
사동문 실현 방법	동사 + 사동 접미사 '-이-, -히-, -리-, -기-, -우-, -구-, -추-' / '-시키다', '-게 하다' 예 갓난아기가 의자에 앉아 있다. – 주동 표현 형이 갓난아기를 의자에 앉혔다. – 사동 표현

6 인용 표현

말하는 이가 다른 사람의 말 혹은 글을 옮겨 전하는 것을 인용이라 한다. 이때 어떠한 방식으로 옮기느냐에 따라 직접 인용과 간접 인용으로 나뉜다.

직접 인용	말하는 이가 다른 사람의 말을 그대로 옮기는 방식 → 인용문에는 따옴표(" ")를 하고, 조사 '라고'를 사용함 ⑩ 그 애는 내게 "초밥이 먹고 싶어."라고 말했어.
간접 인용	말하는 이가 다른 사람의 말을 자신의 표현으로 바꿔 옮기는 방식 → 인용절의 종결 어미를 바꾸고, 조사 '고'를 사용함 ⑩ 그 애는 내게 초밥이 먹고 싶다고 말했어.

✔ 바로바로 CHECK

다음 밑줄 친 부분 중에서 피동 표현이 바르게 쓰이지 않은 것은?

① 벌써 휴일이 끝났다니 <u>믿겨지지</u>가 않아!
② 나뭇가지가 바람에 <u>꺾였다</u>.
③ 도둑이 경찰에게 <u>잡혔다</u>.
④ 파도에 <u>휩쓸리는</u> 조각배

해설 '믿겨지지'는 피동 표현이 두 번 반복되어 이중 피동이 된 사례이다. 피동 접미사 '-기-'와 '-어지다' 중에서 하나만 사용하여 '믿기지' 혹은 '믿어지지'로 수정하는 것이 좋다.

정답 ①

실력 탄탄 다지기
실전 예상문제

01 단어의 발음이 바르게 표기되지 <u>않은</u> 것은?

① 옷[옫]   ② 낮[낟]

③ 밖[박]   ④ 잎[입]

01
옷은 음절의 끝소리 규칙에 따라 [옫]으로 발음된다.

02 다음 중 발음이 <u>잘못된</u> 것은?

① 꽃–만[꼰만]   ② 설–날[설날]

③ 먹–는[멍는]   ④ 물–난리[물랄리]

02
'설–날'은 유음화에 따라 [설ː랄]로 발음되어야 한다.

03 다음에서 설명하는 음운의 변동은?

> • 자음 'ㄷ, ㅌ' + 모음 'ㅣ' → 'ㅈ, ㅊ' + 'ㅣ'
> • 굳이 → [구지], 해돋이 → [해도지], 같이 → [가치]

① 구개음화   ② 자음동화

③ 음운의 탈락   ④ 음절의 끝소리 규칙

03
구개음화 현상에 대한 설명이다.

04 다음 중 비음화 현상이 일어나는 것끼리 묶은 것은?

고난도
① 국물, 앞마당, 닥나무

② 신라, 깎는, 값매다

③ 한라산, 국민, 발전

④ 속도, 저렇게, 맏이

04
• 비음화 : 국물[궁물], 앞마당[암마당], 닥나무[당나무], 값매다[감매다], 깎는[깡는], 국민[궁민]
• 유음화 : 신라[실라], 한라산[할라산]
• 된소리되기 : 발전[발쩐], 속도[속또]
• 거센소리되기 : 저렇게[저러케]
• 구개음화 : 맏이[마지]

ANSWER
01. ① **02.** ② **03.** ① **04.** ①

05 음운의 탈락이 일어나지 <u>않은</u> 낱말은?

① 바느질　　　　　② 소나무

③ 아드님　　　　　④ 손가방

06 다음 중 음운의 변동 현상이 나머지와 <u>다른</u> 하나는?

① 먹이- + -어 → 먹여

② 끄다- + -어 → 꺼

③ 맞추- + -어 → 맞춰

④ 그리- + -어 → 그려

07 **기출** 다음 규정으로 발음하지 <u>않는</u> 것은?

> **표준 발음법**
> [제20항] 'ㄴ'은 'ㄹ'의 앞이나 뒤에서 [ㄹ]로 발음한다.

① 생산량　　　　　② 대관령

③ 신라　　　　　　④ 천리

08 **기출** 다음 규정을 참고할 때, 올바른 발음 표기가 <u>아닌</u> 것은?

> **표준 발음법**
> [제10항] 겹받침 'ㄳ', 'ㄵ', 'ㄼ, ㄽ, ㄾ', 'ㅄ'은 어말 또는 자음 앞에서 각각 [ㄱ, ㄴ, ㄹ, ㅂ]으로 발음한다. 다만, '밟-'은 자음 앞에서 [밥]으로 발음하고, '넓-'은 다음과 같은 경우에 [넙]으로 발음한다.
> 넓-죽하다[넙쭈카다] 넓-둥글다[넙뚱글다]

① 앉다[안따]　　　② 밟다[밥 : 따]

③ 훑다[훈따]　　　④ 없다[업 : 따]

09 다음 규정의 ㉠에 해당하는 예로 알맞은 것은?

기출

> **한글 맞춤법**
>
> [제30항] 사이시옷은 다음과 같은 경우에 받치어 적는다.
>
> 1. 순우리말로 된 합성어로서 앞말이 모음으로 끝난 경우
>
>   ⋮
>
> 2. 순우리말과 한자어로 된 합성어로서 앞말이 모음으로 끝난 경우
>   (1) 뒷말의 첫소리가 된소리로 나는 것
>   (2) 뒷말의 첫소리 'ㄴ, ㅁ' 앞에서 'ㄴ' 소리가 덧나는 것 …… ㉠
>   (3) 뒷말의 첫소리 모음 앞에서 'ㄴㄴ' 소리가 덧나는 것

① 냇물   ② 잇몸
③ 아랫니   ④ 제삿날

10 한글 맞춤법에 맞는 문장은?

기출

① 깍뚜기가 맛있게 보인다.
② 구름이 걷히자 파란 하늘이 드러났다.
③ 나는 참치를 넣은 김치찌게를 좋아한다.
④ 몇일 동안 친구를 만나지 못해서 소식이 궁금하다.

09
④ 제사(한자어) + 날(우리말) → 제삿날
① 냇물, ② 잇몸, ③ 아랫니는 '순 우리말로 된 합성어'로서 앞말이 모음으로 끝나고 뒷말의 첫소리 'ㄴ, ㅁ' 앞에서 'ㄴ' 소리가 덧나는 것에 해당한다.

10
'드러나다'는 본뜻에서 멀어진 용례이다. 두 개의 용언이 어울려 한 개의 용언이 될 때, 앞말의 본뜻이 유지되고 있는 것은 그 원형을 밝히어 적고(넘어지다, 돌아가다 등), 본뜻에서 멀어진 것은 밝히어 적지 않는다(드러나다, 사라지다 등).
① 깍두기(O) – 깍뚜기(X)
③ 김치찌개(O) – 김치찌게(X)
④ 며칠(O) – 몇일(X)

11 다음 한글 맞춤법 규정을 잘못 적용한 것은?

기출

> [제11항] 한자음 '랴, 려, 례, 료, 류, 리'가 단어의 첫
> 머리에 올 적에는, 두음 법칙에 따라 '야, 여, 예,
> 요, 유, 이'로 적는다.
> 다만, 모음이나 'ㄴ' 받침 뒤에 이어지는 '렬, 률'은
> '열, 율'로 적는다.

① 규율(規律) 　　② 선율(旋律)

③ 백분율(百分率)　④ 시청율(視聽率)

12 다음 중 한글 맞춤법의 규정에 알맞은 것은?

① 늙으막 　　② 설거지

③ 깨끗히 　　④ 일찌기

13 다음의 밑줄 친 부분의 시제와 동작상을 바르게 연결한 것은?

> 두 학생이 나와서 <u>공부하고 있었다.</u>

① 과거 시제 - 완료상　② 미래 시제 - 완료상

③ 현재 시제 - 진행상　④ 과거 시제 - 진행상

14 다음 중 주체 높임법의 예가 아닌 것은?

① 어머니, 이것 받으세요.

② 아버지께서는 안방에 계시다.

③ 아버지께서 나를 꾸중하셨다.

④ 아버지께서는 걱정거리가 있으시다.

11

④ 시청율(X) → 시청률 : 한자음 '률'이 단어의 첫머리에 오지 않았고 모음이나 'ㄴ' 받침 뒤에 이어지지 않았기 때문에 원형 그대로 '률'을 사용한다.
① 규율, ② 선율, ③ 백분율은 모음이나 'ㄴ' 받침 뒤에 이어지는 '렬', '률'을 '열', '율'로 적는다.

12

'① 늘그막, ③ 깨끗이, ④ 일찍이'로 써야 한다.

13

말하고자 하는 사건이 말하는 시점 이전에 일어났으므로 과거 시제이고, 동작이 진행되고 있으므로 진행상이다.

14

상대 높임법은 청자인 상대방을 높이거나 낮추는 방법으로 ①은 청자인 어머니를 높인 상대 높임법이다.

ANSWER

11. ④　12. ②　13. ④　14. ①

15 다음 문장의 높임의 대상과 종류를 바르게 짝지은 것은?

> 누나가 할머니께 용돈을 드렸다.

① 누나 – 주체 높임법
② 누나 – 상대 높임법
③ 할머니 – 주체 높임법
④ 할머니 – 객체 높임법

16 높임법이 가장 자연스러운 것은?

① 할머니, 과일 좀 먹을래요?
② 영희야, 선생님이 빨리 오래.
③ 회장님의 말씀이 있으시겠습니다.
④ 철수는 어머니께 책을 갖다 주었다.

17 다음 중 '의지'의 부정을 표현한 것은?

① 나는 운동을 안 했다.
② 나는 운동을 못 했다.
③ 나는 그를 못 만났다.
④ 내가 그 문제를 풀었다.

18 다음 중 피동 표현이 쓰인 문장은?

고난도
① 고양이가 쥐를 잡았다.
② 엄마가 아이를 안았다.
③ 동진이가 기지개를 켰다.
④ 나는 방송이 믿어지지 않았다.

19 다음 문장과 동일한 오류가 드러난 것은?

> 그녀는 웃으면서 들어오는 친구에게 인사를 했다.

① 뜰에 핀 꽃이 여간 탐스럽다.
② 선생님께서 너 오시라고 했어.
③ 내가 하고 싶은 말은 너를 사랑한다.
④ 한결같이 어려운 이웃을 돕는 사람이 많다.

20 어법에 맞고 자연스러운 문장은?

① 나는 도무지 그 일을 할 수 있다.
② 어제는 비와 바람이 심하게 불었다.
③ 그는 차마 할머니 곁을 떠날 수 없었다.
④ 동생은 어제 작은아버지 댁에 갈 것이다.

19
'그녀는 웃으면서 들어오는 친구에게 인사를 했다.'는 중의성을 내포한 문장으로 수식어와 피수식어의 호응이 적절하지 않다.
④ 수식어와 피수식어의 호응
→ 어려운 이웃을 한결같이 돕는 사람들이 많다. (O)
① 부사어와 서술어의 호응
→ 뜰에 핀 꽃이 여간 탐스럽지 않다. (O)
② 높임법의 활용
→ 선생님께서 너 오라고 하셔(오라셔). (O)
③ 주어와 서술어의 호응
→ 내가 하고 싶은 말은 너를 사랑한다는 것이다. (O)

20
① '도무지'는 아무리 해도 안 될 때 쓰는 말로 부정어와 호응하는 부사어이다. 부정어와 호응하는 부사어(여간, 절대로, 도무지, 결코, 차마 등)
② 주어와 서술어의 호응관계를 고려하여 '비가 내리고'로 표현한다.
④ '어제'라는 부사어를 고려하여 서술어의 시제를 '갔다'로 한다.

ANSWER
19. ④   20. ③

NOTE